西北政法大学自编系列教材

犯 罪 学

FAN ZUI XUE （修订版）

主　编○王　娟
副主编○谭　堃
撰稿人○(以撰写章节先后为序)
　　　王　娟　谭　堃　杨春献
　　　刘　辉　郑　涵　张　洁

中国政法大学出版社

2020·北京

总 序

西北政法大学是一所法学特色鲜明，哲学、经济学、管理学、文学等学科相互支撑、协调发展的多科性大学。学校是西北地区法学教育研究中心和人文社会科学研究的重要基地，被誉为政法人才培养国家队的"五院四系"之一，是陕西省重点建设的高水平大学、一流学科建设高校，是全国政法大学"立格联盟"和西安高校"长安联盟"的成员单位。建校82年来，学校扎根祖国西部，形成了"政治坚定、实事求是、勇于创新、艰苦奋斗"的"老延大"优良传统，铸就了"严谨、求实、文明、公正"的校训，凝练了"法治信仰、中国立场、国际视野、平民情怀"的育人理念，培养了15万余名德才兼备、德法兼修的高素质专门人才。这些人才以"专业扎实、工作踏实、作风朴实、为人诚实"的特点深受用人单位和社会各界好评。

教材体系建设是育人育才的关键，高水平教材是培养德才兼备、德法兼修高素质专门人才的重要依托。习近平总书记提出："要抓好教材体系建设，形成适应中国特色社会主义发展要求、立足国际学术前沿、门类齐全的哲学社会科学教材体系。"西北政法大学历来高度重视教材建设，在积极推进"马工程"重点教材统一使用的基础上，鼓励和支持专业学术造诣高、教学经验丰富的教师参与教材编写，加强教材研究，创新教材呈现方式和话语体系，大力推进习近平新时代中国特色社会主义思想进教材、进课堂、进头脑。学校自2017年启动新一轮自编系列教材建设，重点编写系列特色教材、实践（实验、技能）类教材、双语教材，力求做到重点难点突出、理论实践结合、深度广度兼容、原理前沿兼顾，确保教材的科学性、前沿性，增强教材的针对性和实效性。

系列教材凝结着全体编写人员和出版社编辑的辛勤付出，欢迎选用，同时期望广大师生和实务界同行提出宝贵建议和意见。我们将及时根据使用和评价情况，丰富内容，优化结构，持续打造西北政法大学高水平特色系列教材，为哲学社会科学教材体系建设做出贡献。

西北政法大学

2019 年 8 月

修订说明

现实社会中，犯罪形势的变化和犯罪预防理念的更新，迫切需要犯罪学进行事实分析和理性思考。基于此，本次修订在全面准确地阐述犯罪学的基本概念和理论，总体结构不变的基础上，充分吸收本学科最新的研究成果，并关注近年来犯罪的结构变化和动态发展趋势，以期保持教材内容的科学性、系统性和实用性。本次修订的特点体现在以下几个方面：

第一，调整、补充了犯罪现象部分的内容。为适应新的犯罪变化态势，对原有"犯罪状况"部分内容进行了更新和调整；增加了"犯罪现象的测量"的内容，在注重犯罪学实证研究的背景下，该部分内容为人们对犯罪问题的量化分析提供了基本思路和科学方法。

第二，进一步完善了犯罪原因的体系。通过增加犯罪被害原因，对犯罪原因的阐述更趋完整与合理，也使犯罪被害预防更具针对性和实效性。

第三，充实了类型犯罪部分的内容。根据犯罪形势的变化，在青少年犯罪、恐怖主义犯罪、有组织犯罪、职务犯罪和环境犯罪等类型犯罪中进行了内容的更新和调整。新增了暴力犯罪、性犯罪、无被害人犯罪和网络犯罪等章节，为新的类型犯罪研究提供了基本素材。

第四，增加了拓展阅读。为了深化各章节知识的掌握和思考，分别在每章后增加了拓展阅读的文献，对最新的研究成果和理论前沿问题进行指引，以期开阔学习者、研究者的犯罪学理论视野。

新时期，我国社会治理新方略逐渐成型，社会治理方式面临着根本性的变革，这必将影响到我国社会治安综合治理基本策略实现路径的转变。在此背景之下，本次修订过程中，我们删减了一些不适时宜的内容，以与当下我国社会治理与犯罪预防的基层实践相协调。

本书修订版能够顺利出版，感谢西北政法大学的鼎力支持，感谢中国政法大学出版社以及编辑的协力与襄助。

本次修订由王娟任主编，谭堃任副主编，刘辉、杨春献、张洁、郑涵参加编写。初稿经主编、副主编调整、修改后最终定稿。西北政法大学刑法学专业硕士研究生李小芳、魏薇、孙建彬协助进行了文字校对。各章节撰写分工如下：

王娟：第一、三、五、六章，第七章第一、二、五、六节，第八、十二、十三、十四章；

谭堃：第二、四、九、十、十六、十八、二十、二十一、二十二章；

杨春献：第七章第三、四节；

刘辉：第十一、十七章；

郑涵：第十五章；

张洁：第十九章。

编　者

2020 年 1 月

目 录

第一编 绪 论

第一章 犯罪学概述 …………………………………………… 3

第一节 犯罪学的概念 / 3

第二节 犯罪学的研究对象 / 7

第三节 犯罪学的理论基础和研究方法 / 18

第二章 犯罪学的历史发展 …………………………………… 27

第一节 犯罪学的思想渊源 / 27

第二节 西方犯罪学的历史发展 / 34

第三节 我国犯罪学的历史发展 / 54

第二编 犯罪现象

第三章 犯罪现象概述 …………………………………………… 61

第一节 犯罪现象的概念 / 61

第二节 犯罪现象的类型 / 68

第三节 犯罪现象的状况与特点 / 71

第四章 犯罪行为 …………………………………………………… 93

第一节 犯罪行为概述 / 93

第二节 犯罪行为的类型 / 97

第三节 犯罪行为的形成过程 / 100

第五章　犯罪人与犯罪被害人 ·· 105

　第一节　犯罪人 / 105

　第二节　犯罪被害人 / 111

第三编　犯罪原因

第六章　犯罪原因概说 ·· 127

　第一节　犯罪原因概述 / 127

　第二节　犯罪原因系统的结构 / 130

　第三节　研究犯罪原因的理论前提 / 135

　第四节　中外的主要罪因理论 / 141

第七章　犯罪的社会原因 ·· 169

　第一节　犯罪社会原因概述 / 169

　第二节　经济因素与犯罪 / 171

　第三节　政治因素与犯罪 / 174

　第四节　文化因素与犯罪 / 179

　第五节　家庭学校因素与犯罪 / 186

　第六节　社区因素与犯罪 / 195

第八章　犯罪的个体原因 ·· 199

　第一节　犯罪的个体原因概述 / 199

　第二节　生物因素与犯罪 / 201

　第三节　意识因素与犯罪 / 205

　第四节　心理因素与犯罪 / 210

　第五节　精神障碍与犯罪 / 224

第九章　犯罪的被害原因 ·· 228

　第一节　犯罪被害因素及其理论 / 228

　第二节　犯罪被害原因的表现 / 230

第四编　犯罪预防

第十章　犯罪预防的一般原理 ·············· 237
第一节　犯罪预防概述 ／ 237
第二节　犯罪预防的内容与方法 ／ 241
第三节　我国犯罪预防的基本模式 ／ 248

第十一章　犯罪预测 ···················· 258
第一节　犯罪预测概述 ／ 258
第二节　犯罪预测的内容和种类 ／ 260
第三节　犯罪预测的基本方法 ／ 264

第十二章　犯罪的社会预防 ··············· 267
第一节　犯罪社会预防概述 ／ 267
第二节　犯罪的宏观社会预防与微观社会预防 ／ 270
第三节　犯罪被害预防 ／ 282

第十三章　犯罪控制 ···················· 291
第一节　犯罪的治安控制 ／ 291
第二节　犯罪的刑罚控制 ／ 300
第三节　对犯罪人的矫治 ／ 306

第五编　类型犯罪

第十四章　青少年犯罪 ·················· 315
第一节　青少年犯罪的概念 ／ 315
第二节　青少年犯罪的特点 ／ 316
第三节　青少年犯罪的原因 ／ 320
第四节　青少年犯罪的预防 ／ 324

第十五章　有组织犯罪 ·················· 333
第一节　有组织犯罪的概念 ／ 333
第二节　国外及我国港澳台地区的有组织犯罪 ／ 335

第三节　有组织犯罪的基本形态及其特征 / 339

第四节　有组织犯罪的原因 / 344

第五节　有组织犯罪的防控 / 347

第十六章　恐怖主义犯罪 ··· 351

第一节　恐怖主义犯罪的概念 / 351

第二节　恐怖主义犯罪的特点 / 352

第三节　恐怖主义犯罪的原因 / 356

第四节　反恐怖主义犯罪的对策 / 359

第十七章　职务犯罪 ··· 363

第一节　职务犯罪的概念 / 363

第二节　职务犯罪的现状与特点 / 364

第三节　职务犯罪的原因 / 368

第四节　职务犯罪的预防 / 373

第十八章　环境犯罪 ··· 381

第一节　环境犯罪的概念 / 381

第二节　环境犯罪的特点 / 382

第三节　环境犯罪的原因 / 384

第四节　环境犯罪的防治对策 / 385

第十九章　网络犯罪 ··· 390

第一节　网络犯罪的概念 / 390

第二节　网络犯罪的特点和发展趋势 / 393

第三节　网络犯罪的原因 / 396

第四节　预防网络犯罪的对策 / 398

第二十章　暴力犯罪 ··· 403

第一节　暴力犯罪的概念 / 403

第二节　暴力犯罪的现状与特点 / 404

第三节　暴力犯罪的原因 / 407

第四节　暴力犯罪的对策 / 409

第二十一章　无被害人犯罪 ··· 411

第一节　无被害人犯罪的概念 ／ 411

第二节　无被害人犯罪的类型 ／ 412

第三节　无被害人犯罪的原因 ／ 415

第四节　无被害人犯罪的对策 ／ 417

第二十二章　性犯罪 ·· 421

第一节　性犯罪的概念 ／ 421

第二节　性犯罪的现状与特点 ／ 422

第三节　性犯罪的原因 ／ 424

第四节　性犯罪的对策 ／ 427

第一编　绪论

第一章 犯罪学概述

第一节 犯罪学的概念

一、犯罪学的概念

犯罪学,是研究犯罪现象及其规律的科学。自人类社会出现犯罪以来,人们对犯罪的关注和思考始终就没有停止过。但是,作为一门学科,犯罪学的形成是人类社会进入资本主义时期以后,随着社会矛盾的日益尖锐导致犯罪急剧上升,从而引起人们重视和研究的结果。一般认为,犯罪学在词源学上是由拉丁文 Crimen(犯罪、罪行)和希腊文 Logos(学说、知识)组合而成的,意思是"关于犯罪的学说和知识体系"。"犯罪学"一词最早是由法国人类学家托皮纳尔(Paul Topinard)于 1879 年在其著作《人类学》中首次提出的,他认为犯罪学是研究犯罪行为的科学。1885 年意大利犯罪学家加罗法洛(Raffaele Carofalo)出版了一部专门研究犯罪人和犯罪行为问题的论著,书名就叫《犯罪学》,此后这个术语就被普遍地采用了。

犯罪学自 19 世纪 70 年代在欧洲产生到现在,已经历了 100 多年的历史。长期以来,围绕着犯罪学的概念、学科性质、研究对象以及理论结构等基本问题,人们有不同的认识。对于犯罪问题,可以从社会、心理、生物和经济等多方面进行综合分析和研究。这种综合性学科总要随着社会和相关学科的发展,随着对犯罪现象认识的深入,不断调整自己的研究方向和内容,所以在犯罪学发展的不同历史时期,便有与它相适应的不同的犯罪学定义。另外,各国法律制度及文化传统的差异,决定了不同国家对犯罪学的界定也不同。例如,德国的孔德·凯塞尔在其著作《犯罪学》中认为:犯罪学是有关犯罪行为、犯罪者、社会的消极行为，以及对此行为实行监督的知识的有机综合。[1] 德国学者施温特教授认为，犯罪学是一个跨学科的研究领域，它涉及一切旨在研究犯罪规模、犯罪现象、犯罪原因、犯罪人、被害人、社会异常现象、对被判刑人的改造以及刑罚或剥夺自由的处分效果的经验科学。[2] 美国学者瓦尔德和伯纳德认为，犯罪学就是研究犯罪原因的科学，它仅以犯罪原因为研究对象。[3] 还有学者认为，犯罪学是综合、完整地研究犯罪人以确定其违法犯罪的原因及治理措施的科学。

就犯罪学研究对象及其研究目的而言，可从总体上分为狭义犯罪学和广义犯罪学。狭义的犯罪学通常被认为是研究犯罪原因的科学，其研究对象为犯罪和犯罪人。在狭义的犯罪学即犯罪原因研究中，由于学者的学科背景不同，所采取的立场、观点及方法也不同。有学者将狭义犯罪学又分为犯罪生物学和犯罪社会学。犯罪生物学是从生物学角度来研究犯罪原因，具体研究犯罪人的人格、素质上的各种因素对犯罪的影响，如体型、体质、性别、性格、精神、心理状态等与犯罪的关系及对犯罪的影响。犯罪生物学又包括多种分支学科，诸如犯罪人类学、犯罪心理学、犯罪精神病学、狭义的犯罪生物学。意大利人类学派的学者倾向于犯罪人类学研究，德国、奥地利等国的一些学者则注重犯罪心理学与犯罪精神病学的研究。犯罪社会学是把犯罪作为一种社会现象加以研究的，它用社会学的观点研究社会结构以及社会生活等多种因素对犯罪的影响。例如，家庭、学校、社区环境、经济状况、文化教育、职业、婚姻等社会因素对犯罪的影响。另外，还研究季节、气候、地域等自然环境因素对犯罪的影响。因此，犯罪社会学又包括犯罪社会心理学、犯罪地理学以及犯罪统计学等。美国、东欧等国的一些犯罪学学者，苏联和我国的一些犯罪学研究者，均倾向于犯罪社会学研究。

与狭义犯罪学相对应的是广义犯罪学。广义犯罪学不仅研究犯罪现象及其发生的原因和规律，而且还要研究预防犯罪的对策。即广义犯罪学包括犯罪现象论、犯罪原因论和犯罪对策（预防）论三部分。预防犯罪对策学包括监狱学（刑罚学）、刑事政策学、犯罪侦查学或警察学等。英国、美国、日本及中国的学者大多采用广义犯罪学。不过，广义犯罪学的研究范围究竟有多大，各国学

[1] 参见［德］孔德·塞尔：《犯罪学》，赵可等译，西北政法学院科研处1983年版，第16页。
[2] 参见徐久生：《德语国家的犯罪学研究》，中国法制出版社1999年版，第8页。
[3] 参见比较犯罪学编写组：《比较犯罪学》，中国人民公安大学出版社1992年版，第4页。

者在认识和表述上不尽相同。20 世纪最著名的美国犯罪学家之一萨瑟兰（Sutherland）认为，犯罪学的内容包括三个主要部分：形成法律的过程、违反法律的过程以及对违法者反应的过程。在某一社会中存在某些不当行为，该行为被这一社会认定为犯罪，此即法律的形成；一些人为所欲为而犯罪就构成了对法律的违反过程；该社会以刑罚及其他制裁性措施对违法行为作出反应，即为对违法者的反应过程。因此，萨瑟兰认为法律社会学、犯罪原因学以及研究防止犯罪的对策——包括刑罚以及与刑罚相关的各种处遇方法的刑罚学均属于犯罪学的内容。美国的犯罪学家雷克利斯（Reckless）则认为，犯罪学主要研究三个领域：侦察；治疗；解释犯罪和犯罪行为。还有的犯罪学家认为犯罪学的内容应当更加广泛，如美国犯罪学家吉布斯认为，犯罪学研究应当回答这样几个问题：为什么犯罪率有差别？为什么个人在犯罪方面有差别？为什么对犯罪的反应有差别？什么是可能的控制犯罪的手段？而日本学者吉益修夫则主张有关犯罪审判技术的诸学科，如法医学、审判心理学、司法精神病学等也应包括在犯罪学的范围内。由此可见，持广义犯罪学的学者是将犯罪学完全等同于刑事科学。

苏联犯罪学是在 20 世纪 20 年代形成和发展起来的，在 30~50 年代停滞了一段时间，到了 50 年代中期又重新恢复了犯罪学理论研究。其《犯罪学》教科书中这样写道：犯罪学是建立在马克思列宁主义理论基础上的。它研究犯罪现象及其原因，研究犯罪人的特征以及预防犯罪现象的措施。犯罪学是社会学和法学两门社会科学的边缘学科，是社会法学。

我国犯罪学是从总体上对犯罪现象进行综合认识的一门刑事科学。它是研究一定历史阶段的犯罪现象、犯罪原因和犯罪预防的科学。具体而言，我国犯罪学是揭示犯罪现象产生、发展和变化的规律，探索犯罪产生的原因和条件，寻求控制、预防和治理犯罪对策的刑事科学。

二、犯罪学的特性

（一）犯罪学是刑事科学中的重要组成部分

刑事科学就是研究犯罪的科学，像刑法学、刑事侦查学、刑事诉讼法学、监狱法学等都是研究犯罪的科学，而犯罪学是刑事科学中的重要组成部分，它以其独特的研究对象与其他刑事科学相区别。在刑事科学体系中，有的学科研究查找犯罪和犯罪人的技术手段和策略方法（刑事侦查学或称犯罪侦查学），有的学科研究犯罪的法律特征和犯罪的法律后果（刑法学），有的专门研究追究犯罪人刑事责任的司法程序（刑事诉讼法学），有的则研究剥夺犯罪人自由的刑罚执行（监狱学或称刑事执行法学），而犯罪学是从整体上对犯罪现象进行研究，并探寻其产生原因和预防对策的学科。

（二）防犯罪于未然是犯罪学与其他刑事学科区别的重要特征

在刑事科学体系中，犯罪学侧重对未然之犯罪的防范和控制，而其他的刑事科学则是针对已然的犯罪与犯罪人的惩罚和矫治。这一特性集中体现在犯罪学的研究对象与任务上。防范和控制犯罪、惩罚犯罪和矫治犯罪人是刑事科学体系中的三个基本层次。刑法学、监狱学等其他刑事学科着重研究犯罪发生后如何惩罚犯罪和矫治犯罪人等问题，而犯罪学则着重研究犯罪产生的原因和预防对策等犯罪实际发生前的情况。在19世纪中后期以前，人们主要是在犯罪实际发生后，采取严厉惩罚和强制矫治措施，希望以此减少犯罪的发生，但事实与人们的愿望相去甚远，犯罪并未因刑罚的严酷而减少，相反却愈演愈烈。于是，人们意识到要想防患于未然，必须将目光移向犯罪发生之前，着力研究犯罪产生的原因，进行犯罪的事前预防，这时，犯罪学便应运而生。早期的犯罪学即狭义犯罪学，就是犯罪原因学。将人类对犯罪的关注提前到犯罪发生之前，是犯罪学这门学科的基本价值所在，也是刑事科学领域中的一次重大飞跃。虽然犯罪原因、犯罪预防等犯罪发生前的情况不像犯罪发生后的内容那样容易把握、易于操作，但它对提高人类的认识至关重要。犯罪学发展到现阶段，其主要价值就是帮助人们提高认识水平，以此来提高整个社会控制和预防犯罪的能力，这是犯罪学所肩负的一项艰苦而长期的任务。

（三）犯罪学是多学科交叉的综合性学科

综合性涉及犯罪学作为一门学科的内部关系，交叉性则涉及其学科的外部关系，而这两重关系实际上是相通的。犯罪学由于其研究对象——犯罪的性质所决定，而具有跨学科的特点。[1] 犯罪发生的原因复杂多样，作为一种社会现象，其发生原因与经济政治有关，与文化教育有关，与社会矛盾和冲突也有关；作为一种个人行为，其发生原因与个人的心理有关，与生理因素有关，与人们的意识观念关系更加紧密。涉及内容的广泛和复杂，决定了研究方法的多样。犯罪学针对不同内容，广泛运用多种方法进行研究，其派生出的各分支学科分别从不同角度研究犯罪现象、犯罪原因和犯罪预防。例如，犯罪生物学研究犯罪与生理因素之间的关系，就必然要以生物学知识为基础并以生物学方法进行

---

[1] 参见陈兴良："刑事一体化视野中的犯罪学研究"，载《犯罪学论丛》，中国检察出版社2003年版，第59页。

研究；而犯罪心理学具体研究犯罪与心理因素之间的关系，它以心理学知识为基础并运用心理学的方法进行研究；而以社会学知识为基础并以社会学方法研究犯罪，形成了犯罪社会学，犯罪社会学中有各种学术理论，形成了多种流派，这是现代犯罪学研究的主流。目前，犯罪与经济的关系的研究成为热点问题，而在这一关系中又形成了两个分支：①具体研究经济犯罪现象及其发生、变化的原因，研究经济犯罪的防治策略等问题，形成了犯罪学的分支学科——"经济犯罪学"；②以经济分析的方法研究犯罪行为的发生，研究犯罪成本和犯罪收益以及犯罪控制成本等问题，形成了另一分支——"犯罪经济学"。犯罪原因的复杂性决定了犯罪控制、犯罪预防的多样性，这也是系统控制论、综合预防论研究的前提。西方犯罪学家将犯罪学看成是一门"科际整合的科学"，这就意味着，犯罪学是在整合多种学科的理论观点和研究方法的基础上建立并发展的。

综上所述，犯罪学是多学科交叉的综合性学科。它既包含了各分支学科的基本内容，又高于这些分支学科，是对分支学科的概括和综合。需要指出，综合学科仍是独立学科，因为它有自己独立的研究对象并形成了相对独立的知识体系。

第二节 犯罪学的研究对象

研究对象是一门独立学科得以确立的前提条件。对犯罪学研究对象的认识，涉及对犯罪本质、犯罪原因等一系列根本性问题的认识。顾名思义，犯罪学是以犯罪为研究内容的科学。因此，对犯罪概念的理解不同，犯罪学研究对象的确定就会有一定差别。所以，要合理界定犯罪学的研究对象，首先要弄清犯罪学中的犯罪概念。

一、犯罪学中的犯罪概念

如何定义犯罪，涉及从哪个层次和角度研究犯罪问题。由于不同学科研究犯罪的目的不同，可以对犯罪在不同层次或同一层次的不同角度进行研究，这样也就必然有不同的犯罪定义，这些定义有的在内涵上有所不同，有的则在外延上存在差异。对于犯罪学意义上的犯罪概念，学界有不同观点。第一种认为，犯罪学中的犯罪概念应等同于刑法学中犯罪的概念，即犯罪是违反刑事法律、应当受到刑罚处罚的行为；第二种认为，犯罪学的犯罪概念的外延应大于刑法学意义上的犯罪概念，即犯罪是严重危害社会的、应受制裁的行为；第三种认为，应适当扩大刑法学犯罪概念的外延，使其也适用于犯罪学，即犯罪是具有社会危害性、违反刑事法律、应受刑罚处罚或者必须予以社会监控或矫治的行为。第一种认识缩小了犯罪学意义上犯罪概念的外延，而第三种认识试图将两者兼顾起来，但我们知道两门学科的研究领域与目的不同，想要用一个相同的犯罪概念统摄两个不同的学科，既无必要，也无实际意义。基于以上理由，我们认为，在犯罪学与刑法学中应分别使用各自不同的犯罪概念。其实二者间既有明显的区别，也有本质上的联系。犯罪学中的犯罪为刑法学的法定犯罪的确定奠定了基础，而刑法学中的犯罪则是对犯罪学所研究的犯罪的法律认可。

犯罪学是以探讨犯罪发生及演变规律，寻求预防、减少犯罪途径为目的的，因此，在研究范围上它把刑法中的法定犯罪当作典型形态，同时并不排除对与法定犯罪相接近的违法行为和不良行为的研究，因为这些行为起着诱发犯罪或直接转化为犯罪的作用，所以正确解释这些行为，对于科学地认识犯罪、解释犯罪和预防犯罪具有重要作用。

犯罪学中所指违法行为是与法定犯罪最接近的行为，主要包括：①比照刑法规定的准犯罪，它是指那些具有严重社会危害性，仅仅由于行为人不具有刑事责任能力或造成的危害尚未完全达到法定程度，而未被刑法规定为犯罪的行为，包括：不满法定最低刑事责任年龄的少年实施的严重危害社会的行为；精神病人在不能辨认或不能控制自己行为的时候所实施的严重危害社会的行为。刑法排除了这些行为的犯罪性，而犯罪学将这两类犯罪作为具有独立意义的行为，在预防上采取有针对性的特别措施。②具有刑事责任能力的人所实施的社会危害性非常接近法定犯罪的行为，这里包括未造成严重后果的盗窃、攻击、虐待、性乱、欺诈行为以及应当受到类似刑罚处罚的行为，如应当受治安管理处罚的行为。③待犯罪化的行为，是指那些具有严重的社会危害性，现行刑法虽未规定为犯罪，但应当或有待于规定为犯罪的行为。主要包括：已经被人们普遍认识到具有严重社会危害性，国家权力机构正准备通过刑事立法将其规定为犯罪的行为；尚未为人们所普遍认识，但确实具有严重危害性，应提醒人们注意，有必要将其规定为犯罪的行为。

犯罪学中所说的不良行为，或称越轨行为，是指触犯了社会舆论、道德规范、习俗、禁忌或某些规章条例，与违法行为相近的、可能向犯罪转化或引起其他犯罪的行为，如卖淫、赌博、滥用毒品等无被害人犯罪和少年的吸烟、酗酒、夜不归宿、逃学、对公共财产的贪占挪用和毁坏等不良行为。

总之，从犯罪学研究的目的出发，犯罪的范围应包括刑法中的犯罪以及与法定犯罪有密切联系，但尚未达到法定犯罪程度的违法行为和不良行为。这些行为虽然存在着程度上的区别，但它们之间是相互联系、递进演变的关系，在形成原因上存在着一致性。所以，正确解释犯罪学中的犯罪行为，研究行为人在生活和成长过程中的变化与社会影响，对于科学地分析犯罪原因，把握犯罪发展变化规律，最终预防犯罪具有积极的价值。

需要指出的是，犯罪学在研究个体犯罪行为的同时，还要注重对社会犯罪现象的把握，把微观的个体行为与宏观的现象研究结合起来。犯罪学研究表明，犯罪的产生既有社会因素的影响，又有个人生理因素与心理因素的作用，是社会属性与个体属性的有机结合和辩证统一。因此，在犯罪学中犯罪是一种社会现象，同时又是一种个体行为。

二、犯罪学的研究对象

犯罪现象、犯罪原因和犯罪预防是犯罪学研究对象的具体内容。现象、原因、预防是犯罪问题的不可分割的组成部分。犯罪学不仅应当研究犯罪现象及其原因，而且还应当研究社会如何预防和治理犯罪的问题，特别是如何运用非法律手段去预防犯罪的问题。一门科学不仅应当准确地描述和正确地解释一种现象，而且应当为准确地预测和有效地控制这种现象提出科学依据。对于犯罪学来说，有效地预测、控制犯罪离不开对犯罪现象的科学描述，而描述和解释犯罪现象最终还是要落实到预测和控制犯罪的实践上。因此，犯罪现象、原因和对策是犯罪学的基本内容，它主要解决犯罪的基本状况、如何产生、如何应对三个问题，也符合认识事物的"是什么""为什么""怎么办"这三个基本方面。

具体来讲，我国犯罪学的研究对象主要包括：

（一）犯罪现象

犯罪现象是社会现象，是犯罪学研究的最基本素材，是犯罪学研究的基础。社会中的犯罪现象，即犯罪的情况、特点及其变化规律，既反映犯罪原因，又为预防犯罪提供客观依据。根据犯罪现象表现层次深浅程度的不同，犯罪现象可划分为犯罪情况、犯罪特点和犯罪规律。

犯罪情况，是指某一国家或地区在某一时期犯罪数量、类型，犯罪发生的时间和地域以及犯罪人的构成情况（年龄、职业、性别等）。犯罪情况是最表浅的客观事实，是探究犯罪原因、寻求预防对策的基本事实依据。

犯罪特点，是指犯罪现象所表现出来的犯罪和犯罪人的个别或一般的某种特殊性或共同性。这种特性往往是通过对犯罪情况的比较（纵向、横向）显现出来的。它可以从犯罪的数量增减，严重犯罪的比例，犯罪性质、种类、手段、危害以及犯罪成员结构的变化等各个方面表现出来。犯罪特点是对犯罪情况的深层认识。把握了犯罪特点可以说是对犯罪情况认识的升华，又是进一步认识犯罪规律的必经的思维阶段。

犯罪规律，是指一定条件下犯罪的升降、涨落，发展和变化的一般趋势或必然倾向，即犯罪质和犯罪量的一般运动变化过程。对犯罪情况的统计分析到对犯罪规律的认识过程，是感性认识到理性认识的深化过程。犯罪规律通过犯罪情况和犯罪特点加以体现，同时又决定未来的犯罪情况和犯罪特点。犯罪学的主要功能就是要认识、掌握犯罪规律，准确地预测未来犯罪，提出有效的防范对策。

（二）犯罪原因

犯罪学理论的基本范畴和观点都与犯罪原因紧密相连，犯罪原因既是犯罪学对象的核心，又是犯罪学理论的出发点。在一定意义上，犯罪学的重要任务就是查明并解释犯罪原因并进而减少和消除犯罪原因。

犯罪原因的研究是从果溯因的过程，也就是由犯罪现象去考察、剖析犯罪产生的原因。所以衡量犯罪学科学与否的重要标志，就要看它是否客观地、准确地解释了犯罪现象和犯罪原因之间的因果联系方式及其因果联系程度。

犯罪原因的基本原理包括犯罪原因的概念、特性、结构层次及理论前提。犯罪原因是引起犯罪发生的各种因素相互作用的过程。我们坚持的是犯罪原因的综合因素论。这表明，我国的犯罪原因研究是将犯罪原因作为一个多元、多层次、多变量、综合性的动态系统，其中既有政治、经济、文化等因素，又有心理、生理以及行为等因素；既有主观因素，又有客观因素；既有直接因素，又有间接因素，并且这些因素并不是独立的，而是相互联系、相互作用的，即结合成一定的原因系统，引起某种犯罪的发生。犯罪原因的研究要坚持实事求是的科学态度。对于社会主义社会为什么存在犯罪，在我国相当长的一段时间内，人们是用阶级斗争的观点来加以解释的，并认为犯罪是阶级斗争的反映。这种以阶级斗争为纲的犯罪原因论，已不能说明现实社会犯罪现象的存在及发展。

犯罪是各种社会矛盾的综合反映，这是基本的犯罪规律，我国现阶段的犯罪现象产生及其变化不是孤立的，它必然要受社会的政治、经济、文化、教育以及其他社会现象的影响，要受现实社会的物质生活条件和社会意识的制约。

对于个体犯罪行为的发生，我们既要看到犯罪人的不良心理、个人品质在行为发生过程中的主导作用，又要看到客观环境中存在的促成、诱发犯罪的因素的影响和作用。总之，犯罪现象的产生要受到社会多方面、多层次因素的影响，而具体犯罪行为的产生也并非只是行为人单方面某一因素的作用，它同样是多种因素综合作用的结果。

（三）犯罪预防

犯罪预防是犯罪学研究的目的和归宿，无论是犯罪现象的研究，还是犯罪原因的研究，归根到底是为了寻求预防犯罪的措施和对策，防止犯罪的发生。犯罪预防是针对犯罪产生的原因而采取的各种手段和措施，犯罪预防措施的制定要与不同层次的原因相对应，针对犯罪的一般社会原因要采取整体预防；针对个体原因采取特殊预防；针对特定的类型犯罪采取分类预防。传统的狭义的观点把犯罪预防理解为国家为打击犯罪而运用的各种刑事法律手段，它涉及的内容主要是刑事立法、司法和行刑机关的刑事处罚政策。而现代的广义的观点认为，犯罪对策不仅包括以直接防止犯罪为目的的各种刑事政策，还包括与间接防止犯罪有关的各种社会政策。

犯罪预防是犯罪学体系中的主要内容之一，犯罪预防具体研究以下几个问题：①犯罪预防的一般原理。这是指犯罪预防的概念、基本原理、预防方法、基本模式等问题。②犯罪预测。这主要是指在掌握过去和现在犯罪可靠资料的基础上，对未来的犯罪发展趋势进行的推断和展望。它是犯罪预防的重要信息来源，是制定相应对策和措施的依据。③犯罪预防的主体。这就是说，全社会各行各业，各种组织和公民都有义务和责任进行犯罪预防，其中政法机关在犯罪预防中起主导作用。④犯罪预防的体系和措施。在犯罪预防的综合治理方针指导下，建立起社会预防、心理预防、治安预防和刑罚预防的体系，针对不同对象采取不同的预防措施，通过人民调解、社会帮教、工读教育、监狱改造与矫治等多种手段，采取特种行业的防范和控制、特定区域的防范、特定人口（流动人口）的管理等多种途径，预防犯罪的发生。

三、犯罪学的功能

犯罪学的研究对象着重从犯罪学本身阐明犯罪学的基本内容和范围。犯罪学的功能是通过其研究对象所涉及的范围分析犯罪学的作用，是犯罪学研究过程中所产生的作用和社会价值。具体而言，犯罪学的功能主要有：

（一）提高对于犯罪规律的认识

正确认识犯罪现象，关键是认识犯罪规律。通过犯罪现象了解犯罪的本质特征，通过犯罪现象寻找犯罪产生的原因，这些都是犯罪规律。在犯罪学产生以前，人们并没有认识到犯罪的规律。那时候，人们与犯罪进行斗争基本上是凭经验、靠严刑峻法。犯罪学产生以后，人类同犯罪作斗争就逐渐向理性方面转变，当然这种转变至今远未完成，因为犯罪规律还需要根据社会的发展、犯罪形势的不断变化，继续深入地进行探索。

犯罪规律有基本规律和具体规律之分。基本规律是指一切犯罪（不受时间、空间限制）的本质特征和发展趋势。具体规律是指某类犯罪（受时空条件限制）的基本特征和变化原因。关于基本规律，它涵盖一切犯罪，抽象程度高、解释现象面广，但针对基本规律所制定的解决方法，可操作性差。犯罪产生的根源在于社会结构内部矛盾，要解决这一矛盾，非一朝一夕之功，需要依靠社会的健全与完善。具体规律则恰好相反，抽象程度低，解释现象面窄，有利于现象描述和进行量化分析，其结论的应用性强。实践中针对具体规律，人们提出了防范措施，其可行性、可操作性较基本规律的防范措施要强。

（二）指导刑事政策的制定

犯罪学通过研究犯罪情况及变化、犯罪成因，为制定刑事政策提供了理论依据。刑事政策是指国家根据犯罪的发展状况对犯罪人和犯罪行为运用刑罚和有关措施进行惩罚和预防的方针、策略。不同国家在不同时期根据社会治安的情况，刑事政策的具体内容会有不同侧重。制定或调整刑事政策所依据的是犯罪情况及其变化规律。实践中，并非所有的刑事政策一经制定都是合理的、有效的。刑事政策的有效性在很大程度上取决于对犯罪情况、规律的认识程度，即犯罪学研究的深度。从学科发展渊源看，刑事政策学是在对犯罪深入研究的政策思考中产生的。

刑事政策对刑事立法和刑事司法具有导向作用。有关打击范围的划定，包括：有些危害行为犯罪化和有些罪名的非罪化；打击重点的确定，主要体现在依据某一时期社会治安基本情况确定"专项整治"的对象；打击力度的大小，有关从重、加重处罚，从轻、减轻处罚的规定的调整，在司法实践中的量刑活动，都要受刑罚政策制约；惩治方式的设计，刑罚仅是一种惩治方式，目前实践中对罚金刑的大量适用，就体现了惩治方式的转变，这也符合自由刑、罚金刑为中心的世界刑罚制度的发展趋势。这四个问题都与对犯罪的认识有直接关系。当然，这些问题的决策不能简单地依据犯罪数量，更重要的是应对犯罪态势，即犯罪的目前状况、变化原因和发展趋势进行分析，这样决策才可能收到最好效益。任何刑事政策和刑事法律的制定和修改，都必须建立在对犯罪情况的发展变化和犯罪成因进行调查和分析的基础上。而犯罪学关于犯罪状态及犯罪预测的研究，有关犯罪的社会心理、经济学原因的研究，正是刑事政策和刑事法律赖以建立和修改的基本依据。

（三）建立和健全犯罪预防体系

犯罪预防是一系列打击和预防犯罪活动的总和，它是一项复杂的系统工程，需要从体系上进行整体规划。如果缺少犯罪预防体系的考虑必然会导致重惩罚、轻矫治，重打击、轻预防的顾此失彼的情形，从而影响整个预防工程效益的发挥。

犯罪学所建立的犯罪预防体系，体现了综合治理社会治安的精神。在犯罪预防中，只靠一个机关，仅用一种手段和措施要达到治理和预防犯罪的目的是不可能的。犯罪产生的原因是复杂的、综合性的，与此相对应，犯罪预防也必须同时从全方位、多角度进行。从主体上，需要各部门齐抓共管，通力合作，既要依靠公安、检察、法院等专门机关的骨干力量，及时有力地打击犯罪，又要充分发挥社会组织、部门等社会各界的力量，根据不同的情况采取不同的方式和手段，从保护、指导、治理和减少被害机会等不同侧面预防犯罪的发生。运用刑事惩罚手段惩治犯罪是犯罪预防的重要方面，是治理犯罪的有效手段之一，而依靠社会力量进行的防范活动也是犯罪预防的基本内容。这样，各种力量相互结合，各种手段相互配合、互相衔接，形成了一个完整的预防犯罪体系。

四、犯罪学与邻近学科的关系

犯罪现象是一种极为复杂的社会现象，同社会各方面有广泛的联系。犯罪学作为一个独立的研究领域，在研究犯罪现象时不可避免地要借鉴和运用其他学科的研究成果，所以我们说犯罪学是一门综合性学科，它与邻近学科既有区别，又有联系，相互交错，彼此促进。它除了与法学学科，主要是刑事法律学科的关系密切外，还与其他社会科学，如伦理学、社会学、心理学有关联，与其他某些自然科学，如生理学、人类学、精神病学、遗传学也有一定联系。

犯罪学与相邻学科的关系表现为在研究对象上的相互渗透和研究方法上的相互借鉴。下面着重分析犯罪学与相邻学科的区别与联系。

（一）犯罪学与刑法学

刑法学的基本内容是犯罪和刑罚，它主要解决正确定罪、适当量刑的问题，它把犯罪与犯罪的法律后果、犯罪与犯罪人的责任问题紧紧地联系起来。在科学发展史上，犯罪学渊源于刑法学。至今犯罪学已形成了自己特定的研究领域、研究目的和研究方法。

在刑事法律学科中，犯罪学与刑法学有着紧密的联系。主要表现在：①犯罪学中的犯罪是以刑法规定的犯罪为典型形式，并在此基础上确定自己的研究范围。搞不清什么是犯罪，就不可能科学地揭示犯罪产生的真正原因，就会把其他社会现象的原因与犯罪的原因混为一谈，就不可能提出有效的犯罪预防对策。②刑法学确定的犯罪种类是犯罪学研究的必要条件。犯罪学对各种具体犯罪、各类型犯罪人的研究，是借助刑法的犯罪分类方法加以确定的。当然，犯罪学从其研究角度出发，对刑法学中的犯罪分类亦有所发展。③刑法学研究的制裁犯罪的刑罚方法和刑罚制度是犯罪学研究的重要内容。犯罪学要把刑罚作为影响犯罪生成的重要因素来对待，研究打击犯罪对于预防犯罪的影响，并以自己的研究结论为刑法学的研究，诸如犯罪人的主观心理态度、量刑原则、刑罚种类、刑罚制度等方面，提供理论和实践的依据，为刑事立法和刑事司法服务。

犯罪学和刑法学都以犯罪现象作为研究对象，但二者的研究角度不同。两者的区别主要表现在：①从研究对象上看，犯罪学研究的是犯罪现象、犯罪原因、犯罪预防，刑法学的研究对象是犯罪与刑罚。对于同一犯罪，犯罪学着眼于犯罪的动态过程，注重揭示犯罪的实际状况、犯罪规律以及预防犯罪的途径和措施，而刑法学则揭示犯罪的构成要件、犯罪数额及应判处的刑罚幅度。②从学科性质上看，刑法学是一门规范性的法律科学，它以成文法为根据，对犯罪进行规范性研究，注重揭示犯罪的法律特征以及犯罪与刑罚之间的相互关系。而犯罪学则是一门事实性的刑事科学，它以犯罪发生的过程为立足点，注重揭示犯罪的原因、犯罪的规律以及预防犯罪的有效方法。③从研究内容上看，犯罪学的研究视野更为广阔，它不仅仅研究已为刑事司法系统作出反应的犯罪，而且也研究未被刑事司法系统作出反应的犯罪及与犯罪有着密切联系的某些违法行为和社会越轨行为；不仅要研究犯罪动机，还要研究形成犯罪动机的各种因素；不仅研究刑事惩罚制度，也研究影响犯罪生成的各种因素及其整个预防犯罪的社会宏观体系。

犯罪学促进刑法发展，从犯罪学方面看，刑法学要利用犯罪学的研究成果进行刑法改革，犯罪学所揭示的实际犯罪现象及其变化趋势，使刑法学研究能够及时注意到哪些社会危害行为需要刑法予以调整，哪些行为应从刑法中删除，刑罚应趋向重惩还是轻缓，刑事处罚方法应如何改进等。因此，犯罪学的研究成果为刑法的修改和完善、刑法研究领域的拓展，提供了事实基础，促进了刑事立法和刑事司法的发展。

（二）犯罪学与刑事政策学

刑事政策学是一门新兴的学科，是以运用刑罚及其有关制度惩治和防范犯罪为研究内容的科学。犯罪学和刑事政策学都是从刑法学中分离出来而形成的独立的学科。

刑事政策学立足于刑事政策，探求犯罪与刑罚的相互关系，注重阐明采用何种刑罚方法及其制度才能最有效地防止犯罪。它不仅包括立法对策，也包括司法对策及行刑对策；不仅指实体法的对策，也指程序法的对策。它是从刑罚及其制度对犯罪生成的影响和作用的角度来说明刑事政策对预防犯罪的效果。其任务是完善刑事手段，达到预防犯罪的目的。而犯罪学的任务是运用一切社会政策预防犯罪。犯罪学通过揭示犯罪产生的原因，有的放矢地制定各种预防犯罪的社会政策，如教育政策、刑事政策、劳动政策、人口政策和福利政策等，以此构建完整的犯罪预防体系，达到有效预防犯罪的目的。显然，刑事政策仅仅是众多社会政策中的一个组成部分。如果说刑事政策学研究的是惩治已然犯罪的政策，那么，犯罪学研究侧重的则是防患于未然的政策。这表明犯罪学的研究视野较刑事政策学更为广阔。

虽然犯罪学与刑事政策学对预防犯罪对策的研究角度有所不同，但是，二者又有着密不可分的联系。犯罪学与刑事政策学的研究目的是一致的，都以制定预防犯罪的政策为其基本任务，并且二者在研究内容上相互渗透。犯罪原因与刑事对策是双方的共同内容，事实上，脱离了犯罪原因，刑事政策学根本无法研究刑事对策，而犯罪预防包括刑事政策，也正是犯罪学研究的基本内容。不过二者的侧重点有所不同。犯罪学注重观察惩治犯罪对预防犯罪的影响，研究刑事政策在预防犯罪体系中的地位与作用；刑事政策学则要具体剖析每一个刑事政策的原则、内容及适用方法等。总之，犯罪学与刑事政策学是从各自的角度完成共同的预防犯罪的任务。刑事政策学的研究成果是犯罪学的有机组成部分，而犯罪学的研究成果也为刑事政策学提供了事实依据，是刑事政策学发展的必要动力。

（三）犯罪学与犯罪心理学

犯罪心理学是研究犯罪人心理活动及其规律的科学。犯罪行为的发生，实际是犯罪人心理活动的外在表现，是犯罪人主观心理的反映。犯罪心理学从犯罪心理结构、形成及变化的角度，考察犯罪生成的原因，探求犯罪心理的规律及矫治犯罪心理的方案。从心理方面剖析犯罪产生的原因是完全必要的，但是，犯罪心理学本身并不能说明犯罪的社会原因，不能科学地、全面地揭示犯罪现象的运动过程。所以，犯罪心理学仅是犯罪学的有机组成部分。犯罪心理学的研究成果深化了犯罪学的研究内容，开阔了犯罪学的研究视野，为制定预防犯罪的对策提供了重要的依据。

在犯罪学的研究中，除了研究促使犯罪行为发生的客观因素、客观条件以外，还必须对犯罪人的主观因素进行研究，这就要求犯罪学应该借助心理学的研究成果，解释犯罪人的心理与行为的联系，说明犯罪的成因。犯罪学运用心理学的原理和知识，对犯罪动机的形成过程、心理机制进行研究，分析犯罪心理的形成和变化规律，不同类型的犯罪人的心理特点、哪些变态心理容易导致犯罪等，找出影响犯罪心理的各种因素，以便控制外部条件，改善内部条件，进行心理矫正，有效地预防犯罪。

（四）犯罪学与犯罪侦查学

犯罪侦查学是一门研究收集、检验和运用证据，如何揭露犯罪和证实犯罪的技术和策略的科学。犯罪侦查学对犯罪学的形成与发展起着重要作用，犯罪学与犯罪侦查学既有区别，又有联系。

犯罪侦查学的任务是与具体的犯罪行为作斗争，它注重什么人、什么时间、在什么地点实施了某一犯罪行为，其目的是再现已经发生过的犯罪过程，为侦破案件，查明犯罪人、获取证据材料服务。在依法定程序对犯罪人进行惩处的同时，针对在观察中发现的有利于犯罪的薄弱环节，提出具体的预防措施和建议，以便堵塞漏洞，消除犯罪条件和诱发因素。而犯罪学注重研究犯罪原因和预防对策，它首先把犯罪作为一种社会现象来研究，通过揭示和消除犯罪的共同原因来实现普遍性的犯罪预防。无论是犯罪侦查学的研究范围，还是研究方法，都不同于犯罪侦查学。犯罪侦查学主要采用技术和自然科学的方法，犯罪学则主要采用社会学、心理学、统计学的方法。

犯罪学与犯罪侦查学的联系表现在它们的研究成果可以相互利用。犯罪侦查学研究的防止犯罪的技术手段和具体措施丰富了犯罪学的研究内容，也是犯罪学提倡的预防犯罪的一种有效途径；犯罪学借助犯罪侦查学的研究成果，可以通过大量的统计数字、典型案例系统地研究犯罪的原因。犯罪侦查学的研究成果为犯罪学研究提供了可靠的事实材料，同时，犯罪学的研究成果如犯罪人的个性特点、社会环境对犯罪率升降的影响、罪前情景对具体犯罪行为的生成以及被害人在犯罪发生过程中的作用等，有助于侦查人员准确地分析、判断案情，提出正确的侦查推理，形成正确的侦查构想，保障犯罪侦查学完成侦破案件的任务。

（五）犯罪学与社会学

社会学是以社会现象、社会行为等社会问题为研究对象的科学。它以人类的社会生活及其发展为研究对象，从而揭示存在于人类历史阶段的各种社会形态的结构及其发展的过程和规律。社会生活中出现的一切社会问题总是紧密地联系在一起的，需要进行综合、全面的研究。所以，社会学的研究必然涉及社会的经济、政治、教育、文化、人口、民族、家庭以及犯罪等各方面的问题。由此，犯罪问题是社会学研究的对象之一，不过，社会学的研究角度不同于犯罪学。社会学着眼于各种社会结构、社会控制功能、人的社会化过程不完全及存在的缺陷而引起的各种社会问题，如家庭的解体、工作环境的影响、失业、社会分配不合理、流失问题、卖淫嫖娼、赌博、酗酒等因素对犯罪生成的影响，来说明社会的病症，提出改良社会的政策。在这一点上，它与犯罪学关于犯罪的社会原因部分相互交叉。但是，犯罪学毕竟是研究犯罪产生、发展及其变化的客观规律的科学，是专门性学科。它既要从宏观方面吸取社会学研究的成果，又要从微观方面借鉴社会学分支学科研究的结论，同时，对社会学提出的有关犯罪问题作出具体的回答。必须指出，社会学所揭示的犯罪的社会原因，尚不能反映犯罪原因的全部内容，犯罪学不仅要研究犯罪的社会原因，还要研究犯罪的个体原因及两者的相互作用过程，进而为预防犯罪提供理论和实践依据。总之，犯罪学的建立和发展，必将丰富和推进社会学理论的研究，两者相互交叉，共同促进和发展。

（六）犯罪学与监狱法学

犯罪学与监狱法学都是刑事法学的重要分支学科。监狱法学的主要任务是依据法律对犯罪人实施惩罚和改造，它属于刑事规范学。而犯罪学是专门以犯罪现象及其发展变化的一般规律为研究对象的学科，它的主要任务是研究犯罪现象的产生原因、特点、发展趋势及对策的一般原理和一般方法，属于刑事事实学。为此，监狱法学必然充分利用犯罪学的研究成果，切实掌握犯罪发生的原因和规律，特别是类型犯罪和个体犯罪发生的原因和规律，为监狱行刑中对犯罪人的改造和教育提供科学的依据。同时，监狱实施的对犯罪人的惩罚和改造也是社会治安综合治理的基本环节之一，是犯罪预防的一项根本性措施。监狱法学在提高刑罚功效、对犯罪人进行再社会化、预防重新犯罪的社会因素和条件等方面的研究成果，可以为犯罪学的研究提供信息和资料，使其更好地进一步探索控制犯罪现象的产生及其存在的途径。因此，20世纪80年代末，我国学者提出了"刑事一体化"的科学观点，[1]倡导对犯罪学、刑法学和监狱法学进行一体化的研究和学习。

第三节　犯罪学的理论基础和研究方法

方法是认识客观世界的手段，运用的研究方法是否科学，关系到研究方向是否正确和研究成果的取得是否具有真理性。正如马克思曾提出的那样："不仅探讨的结果应当是合乎真理的，而且引向结果的途径也应当是合乎真理的。"在这方面，犯罪学的研究也不例外。犯罪学的研究方法，作为认识犯罪现象及其发生变化的原因，寻求预防和减少犯罪途径的手段，可以分为两个层次。第一个层次是理论基础层次，这是犯罪学理论建立的基础，即用什么样的世界观来认识犯罪和研究犯罪；第二个层次是基本方法层次，即研究犯罪问题的具体方法、技巧。理论与方法是犯罪学研究的两个必不可少的方面，这两个方面有机结合，才能确保犯罪学研究沿着科学、理性的方向发展。

一、犯罪学的理论基础

（一）马克思主义理论

马克思主义哲学即辩证唯物主义和历史唯物主义，是研究人类社会本质及其规律的科学的世界观和方法论。犯罪学的研究，也离不开辩证唯物主义和历史唯物主义基本原理的指导。比如，分析产生犯罪的原因时，就要运用辩证唯物主义的观点；分析产生犯罪的社会环境因素时，则需要对其作历史唯物主义的考察。以辩证唯物主义和历史唯物主义为理论指导，我们就可以揭示犯罪现象的本质、特点以及成因和发展趋势；就可以认识犯罪的预防、控制措施。

犯罪学研究必须坚持一切从实际出发、实事求是、理论联系实际的思想。在研究社会犯罪现象时，必须客观地评价和认识社会存在的各种事实和现象，犯罪现象即是其中之一。研究的结论要符合客观实际，决不能凭主观臆断以偏概全，失去客观性。在研究社会犯罪时，还必须注意事物的可能性与现实性、偶然性和必然性、确定性与概率性之间的联系，把握历史、现实与未来的关系，

---

[1]　参见储槐植：《刑事一体化与关系刑法论》，北京大学出版社1997年版，第294~304页。

以便准确地认识不断变化的犯罪现实，有效地进行犯罪预测，积极地进行社会控制。

犯罪学研究，必须坚持社会现象具有普遍联系、相互制约及不断变化的原理。犯罪现象作为一种社会现象，与整个社会的物质文明和精神文明发展水平密切相关。个人的犯罪行为是社会犯罪现象的有机组成部分，它的形成是社会经济、政治、思想、文化、教育、法律、道德以及家庭方面的各种因素综合作用于个人生理、心理和思想意识的结果。因此，分析犯罪原因时，必须从社会整体中观察犯罪现象与周围各种社会现象的相互关系，从相互的社会联系中掌握犯罪现象的产生和发展趋势，而不能孤立地、片面地看待犯罪现象，不能割裂其与外部世界的固有联系。在把握事物的相互关系、相互制约原理的同时，还要看到社会生活是不断变化的。犯罪现象随着社会生活在经济、政治、文化等方面的变化而变化，我们从犯罪现象本身固有的内在矛盾及其运动变化中研究犯罪现象，掌握犯罪现象的过去、现在和未来，就能比较深入地认识犯罪现象的本质属性和变化趋势。

研究犯罪问题，必须坚持事物内部的矛盾运动是事物发展变化的基本原因的原理，运用阶级分析的方法分析犯罪现象。犯罪现象是阶级社会存在的一种社会现象，是人类社会阶级矛盾和阶级斗争的表现。在阶级社会里，国家和法是代表和维护居于统治地位的阶级的利益和意志的。所以，国家的社会制度不同，国家和法所确认的犯罪行为也不同。只有运用阶级分析的方法，才能清楚地分析复杂的犯罪现象并作出科学结论。

研究社会犯罪现象，必须看到社会存在是质和量的相互统一，可以从质和量两个方面的内容去把握犯罪现象的性质和发展变化规律。质是量的前提，量是质的表现。犯罪学在质的规定性的前提下，强调准确的定量分析和比较。只有运用质和量的统一的观点，才能科学地掌握犯罪现象的本质、特点和规律。

（二）非犯罪学学科理论

要对犯罪问题进行全面系统的综合研究，还要借助于法学、社会学、心理学、统计学等非犯罪学学科的理论成果，这些非犯罪学学科理论是进行犯罪研究的理论前提。比如，犯罪现象的数量特征、数量规律和数量关系之中具有的内在的统计属性，只有借助于统计学原理和统计的方法，才能科学地、客观地反映犯罪现实。这就说明统计学在犯罪学研究中的作用。这部分理论基础包括能够从某一方面或某一角度显示犯罪现象的特征和犯罪成因以及预防犯罪决策的相关学科的原理、知识和方法。比如，社会学中有关社会控制即社会舆论和社会心理在预防和约束犯罪行为中的作用的原理等。随着犯罪学研究的不断深化和发展，非犯罪学学科的理论和方法将不断运用和渗入到犯罪学的研究之中。这对于拓宽犯罪学的研究视野，验证犯罪学研究成果具有重大的指导作用。

（三）现代科学方法论

现代科学方法论是在自然科学发展过程中逐步形成的科学方法论，它包括系统论、控制论、信息论、协同论、耗散结构论和突变论等。它们的产生，使人类认识自然、认识社会的思维方式发生了很大变化，对于我们补充、更新社会科学包括犯罪学方法论有着重要意义。

二、犯罪学的研究方法

每门学科都有自己的理论基础和研究方法，理论指导方法，方法寓于理论之中。犯罪学研究的具体方法，必须以上述基本方法论为依据。犯罪学的研究方法多种多样，实践中运用较多的是犯罪调查方法、犯罪统计方法和比较研究法等三种方法。

（一）犯罪调查方法

犯罪调查是社会调查中的一种形式。所谓调查方法，是指运用科学的手段和技术，有目的的、有计划地，比较全面、系统地直接搜集有关社会现象的实际资料，并在此基础上进行综合分析的实践活动，是通过实际调查取得第一手资料，用以说明有关事实及其发生原因、与外界社会现象的相互关系，并提供解决问题的线索的科学方法。犯罪学借助普遍调查、抽样调查、典型调查和个案调查等具体方法，对犯罪现象进行实际考查，获取新的资料，描述犯罪现象，进行定性分析和定量分析，解释犯罪现象发生变化的规律。

1. 犯罪调查的主要类型。犯罪调查根据调查对象的不同，有以下具体类型：

（1）普遍调查。简称普查，又叫全面调查或整体调查。这是一种对调查对象总体进行调查统计的方法，需要无一遗漏地逐个进行。其范围可以是全国性的或地区性的、部门性的、系统性的。其特点是可以反映基本情况，资料全面。但是，普查是一项复杂的社会工程，工作量较大，在时间、人力、物力上花费较多。在犯罪学方面，全国性的普查只是对一些案发数目、增加和降低的比率等方面进行的全面统计。实践中，较多采用的还是地区性的和系统性的普查，对特定社会范围的、局部的犯罪情况进行整体调查。这样的调查，对于全面了解和掌握犯罪的性质、类型、特点、分布等的新情况、新动向具有重要价值，为研究工作提供了全面、可靠的数据资料。

（2）抽样调查。这是一种从调查对象总体中依照一定的方式和规则，抽取部分对象作为样本进行调查，并以此调查结果推论调查对象总体特征的方法。抽样调查虽不是全面调查，但用样本推断总体，具有较高的准确性，可以获取可靠的资料而优越于典型调查、重点调查、个案调查等非全面调查。此外，抽样调查还省时省力。因此，它成为现代社会调查中广为采用的方法，也是社会学研究中最被重视、最常运用的调查方法。对于犯罪学来说，抽样调查的运用也较为普遍。运用抽样调查方法进行犯罪情况的调查，能够通过样本分析得出总体评价，即能够从分散的、部分的犯罪状况中，推论出犯罪现象的总体情况。

（3）典型调查和重点调查。这是一种在对调查对象总体进行初步全面了解的基础上，选取若干个别的具有代表性的对象，做进一步深入、细致的调查，借以认识调查对象总体情况的方法。在这里，关键是选取的典型要准确，要真正具有代表性，即在一定程度上反映出调查对象总体的情况。由于典型调查和重点调查的对象具有明显的特殊性，并且，难以从典型对象、重点对象推及对象总体，因而具有一定的局限性。尽管如此，犯罪学研究经常采取典型调查和重点调查的方法，通过对典型的或重点的一类犯罪行为和犯罪人的调查、分析，借以掌握犯罪现象的新动向。

（4）个案调查。其又称个案研究。这是一种将调查对象作为一个整体单位，即一个"个案"，对其全部现象、全部过程及其特征给予详细描述和定性分析的方法。个案调查一般以一个人、一个事件、一个群体、一个社区为研究单位。通过个案研究可以了解和推论其所代表的同类社会现象和同类社会问题。在犯罪学中，个案调查对象应选择那些在刑事案件中所占比重较多的、能够代表犯罪的某种变化趋势的案件。通过个案调查，找出某一类犯罪的共同特征，揭示其规律性，以便制定和采取有效的对策。

2. 犯罪调查的具体方式。犯罪调查是以认识、了解犯罪，进而预测、预防犯罪为根本目的的。因而，必须保证调查资料的可靠性和有效性。犯罪调查是社会调查的有机组成部分，因此，应掌握社会调查的科学方法。科学的社会调查的具体方式，主要有以下几种：

（1）问卷法。即使用问卷进行社会调查，搜集社会资料的一种方法。问卷是由调查研究人员依照研究假设和有关量度指标而设计的、以问答为主要形式的书面调查表。问卷要由调查对象自己填写或由访问者代为填写。问卷回收后进行资料汇总统计、归纳分析，从中得出结论。问卷调查法的优点在于调查的标准化，且问卷可以邮寄而能在极其广泛的范围内、较为分散的各种群体中使用，因此，问卷调查法比较方便和经济。其不足之处是答卷人因对问题的理解程度和思想顾虑不同而对问卷的可靠性有所影响，尤其是在对犯罪人使用时，因其认罪态度或其他原因，回答问题往往缺乏真实性，难以达到预期目的。尽管如此，问卷调查法仍是现代社会调查（包括犯罪调查）的一种重要的、经常使用的、效果显著的方法。

（2）访问法。这是一种与调查对象直接交谈而获取社会资料的调查方法。一般由访问者提出问题，受访者照其要求提供情况。访问的形式可以是个别交谈，也可以是召开座谈会。在犯罪的社会调查中，经常使用访问法。如访问犯罪人的亲属朋友、老师同学，或同案犯、案件承办人、监狱管理人等，以便从多方面调查了解和综合分析犯罪人的具体情况。访问法具有面对面的特点，易于掌握调查对象的情绪和态度，资料丰富，方式灵活，预期效果较好。但其代表性不强，难于进行定量分析，调查对象易受调查人员的影响，还需要投入较多的人力和时间。

（3）观察法。这是一种现实地获取感性社会资料的最一般、最常用的调查方法。调查研究人员在不作任何参与的条件下，从外部主要通过自己的视觉等感官，耳闻目睹地直接体验和收集研究对象的信息。观察者必须保持客观性，切忌渗入个人感情色彩而失去真相。此外，观察者还可借助摄影、录音、录像等技术手段进行观测。观察法又可分为直接观察和间接观察、局部观察与普遍观察、经常观察与定期观察、介入观察与不介入观察等。对于犯罪研究，运用观察法能够具体掌握各类犯罪人的思想、心理和行为特点，并有助于提高对犯罪人的改造教育工作的成效。观察法可以符合客观实际地、准确无误地获取第一手、可靠性高的材料。但是观察的对象、数量有限，难以进行定量分析，其准确性还受观察者进入观察环境的局限和主观心理的影响，而从旁观察又难以深入实质。

（4）参与法。它实际是观察法的深入运用。研究人员直接进入研究对象的社会环境与社会关系之中，参加研究对象在社会群众中的日常活动。但是，研究人员必须隐藏自己的真实身份和研究目的。由于与研究对象终日生活在一起并取得信任，研究人员不仅可以掌握研究对象活动的全过程和常规生活，而且还可观察、分析其心理状态、思想变化，从而获得全面、深入、丰富、真实的资料。但是，参与法易于形成爱憎偏见，带上个人感情色彩，使研究人员失去客观立场，并且需研究人员投入较多的时间和精力。

（5）文献法。亦称文件研究法或资料分析法，是一种借助于阅读有关书报杂志、政府机关团体组织的文件、报表、记录以及档案史料、个人回忆录、日记等资料，从中搜集、引证、分析研究对象的方法。可以说，这是一种书面的、间接进行的社会调查。文献法的应用较为方便、有效和普遍，但也有其局限性和片面性，即研究人员使用的是他人调查搜集的资料，而这对于研究者来说是第二手资料。

（二）犯罪统计方法

统计是人们认识社会和改造社会的一种不可缺少的、重要的方法和工具。任何事物都是质与量的辩证统一，社会现象更非个别事件而是大量存在的事实，社会科学研究也不能局限于某个或某几个个别事件，而应着眼于大量的社会现象。这就需要借助于社会统计，在观察、搜集和分析、综合大量材料的基础之上，把握社会现象的本质、特征和规律性。统计研究方法的特点是标准化程度高、综合性强。对于犯罪学，统计研究方法的应用具有极为重要的作用和意义。通过调查统计和综合分析，在科学的社会犯罪指标体系的基础上，运用平均分析法、相关分析法、对比分析法、因素分析法、动态分析法等具体的统计分析方法，对犯罪现象的质和量的辩证统一前提下的数量关系和数量特征进行研究，全面、系统、动态地认识作用于犯罪现象的那些普遍的、经常的、主要的、决定性的因素和条件，进而在总体上把握社会犯罪现象的严重程度，包括发生的规模、速度，犯罪现象与各种社会因素的依存、制约关系，以及犯罪现象的发展趋势。这样，就能够如实地反映社会犯罪现象的客观情况和规律性，为国家打击犯罪、预防犯罪的决策提供科学参考。同时，也可以借以评估现行有关对策和措施的效益程度。犯罪统计也是国家机关进行社会管理和社会控制的一种强有力的手段。犯罪统计还为犯罪学的研究提供了必不可少的、丰富的第一手材料。

比利时数学家和社会学家阿道夫·凯特勒是第一个把概率论引入社会犯罪研究的人。他提出犯罪现象具有一定的统计规律。凯特勒认为：犯罪就其现象来说是偶然不定的，但就其实质来说却有一定的规律存在，而这种规律需要在对犯罪现象进行大量的统计观察的基础上证实出来。他从大量的犯罪事件的统计分析中，证实了人的年龄、性别、教育、职业等人口特征与犯罪的相关性，社会、经济、政治、道德等社会因素对犯罪的作用，季节、气候等自然环境条件对犯罪的影响，并预测了犯罪的趋势。马克思对此曾给予肯定的评价："凯特勒先生在 1829 年发表的对可能出现的罪行的估计，不仅仅以惊人的准确性预算出了后来 1830 年在法国发生的犯罪行为的总数，而且预算出了罪行的种类……

统计数字证明，社会的这一或那一部分国民犯罪行为的平均数与其说决定于该国的特殊政治制度，不如说决定于整个现代资产阶级社会所特有的基本条件。"[1]

总之，定性分析和定量分析相结合，是犯罪学研究科学性的体现。长期以来，我国对于犯罪现象和犯罪问题的研究从总体上看是定性分析，诸如从经济、社会、家庭等影响来分析犯罪原因，但仅有这种定性分析还很不够，在我国社会主义市场经济条件下还应该加强定量分析，即探索犯罪现象的量的规律性。比如，在某一时期，犯罪集中于哪些职业环境、哪个年龄段的人，集中在哪些地区、哪个时期，集中的程度如何；犯罪与何种社会的、自然的现象相关，其相关程度如何；某些犯罪现象今后一定时间内可能会上升或下降，其上升或下降的幅度是多少，等等。目前，我国犯罪学已开始重视在实际调查资料的基础上，将定性分析和定量分析结合起来，在调查中间找规律。由天津社会科学院犯罪学研究中心和天津市警察学会共同组织，周路主编的《当代实证犯罪学》即是这一研究方法的代表作。

近年来，在全球范围内，运用大数据推动经济发展、完善社会治理、提升政府服务和监管能力正成为趋势。所谓大数据，是以容量大、类型多、存取速度快、应用价值高为主要特征的数据集合。随着大数据时代的到来，对数量巨大、来源分散、格式多样的数据实现了采集、存储和关联分析，这为数据的高效应用提供了可能，也必将给犯罪学中的数据统计带来根本性变革。大数据必将为客观地反映我国社会的犯罪情况和社会预防控制犯罪提供依据，有助于提高预测犯罪趋势的准确性和可信度。

（三）比较研究方法

有比较才能有鉴别，有鉴别才能有发展。比较研究法是犯罪学研究中的重要方法，它是把不同时期、不同国家和地区的犯罪现象进行对比，进而了解其产生、发展和变化的因素，发现其内部变化和相互之间的联系，预测犯罪的发展趋势的研究方法。比较研究主要包括横向的比较研究和纵向的比较研究两个方面。从横向观察，通过比较同一时期不同国家或同一国家的不同地区的犯罪形成过程、特点和抑制犯罪的措施，我们就能认识不同国家和地区犯罪的共性和特性，进而才能真正认识我国犯罪产生及其存在的不可避免性。例如，在同一时间，比较城市和农村犯罪的人数、犯罪的类型、犯罪人的社会构成及其特

---

[1]《马克思恩格斯全集》（第8卷），人民出版社1961年版，第579页。

征等，以掌握城乡犯罪的不同情况，进而寻求造成这种情况的原因，以便有针对性地采取措施。横向比较也是一种固定的、相对静止状态下的横剖式研究，它主要是显示或说明同一时期不同范围的犯罪现象及其成因等方面的相同点和不同点。通过纵向观察，比较同一国家或同一地区不同历史时期的犯罪状况、结构和动态，形成规律及对策。例如，比较我国不同历史时期犯罪率的升降涨落，分析社会环境、社会政策变化对犯罪的影响作用，就能掌握犯罪现象的动态和趋势，探寻犯罪现象的变化原因。纵向比较主要是从历史发展的角度进行纵贯式的研究，目的在于把握犯罪现象的动态特征、规律及其制约因素，了解过去，解释现在，推测未来。

比较研究的范围十分广泛，可以扩大至古今中外。当然，研究历史的和国外的情况，要遵循客观、现实的原则，辨别良莠，借鉴对我们有用的东西。通过比较，掌握在不同社会经济发展水平下，不同情况和社会环境中，犯罪现象的不同特点以及共同具有的规律性的趋向。我国目前的社会主义市场经济体制与运行机制的建立在带来一系列积极因素的同时，也产生了一些不利于犯罪控制的消极因素，从而使我国的犯罪出现了新情况、新问题。他山之石，可以攻玉，一些主要资本主义国家经济发展得比我国早，有些我们正在经历或尚未经历的情况他们已经经历过。我们通过比较研究，就能够从一些国家和地区经济与犯罪的关系中得到启发，避免走弯路，为在市场经济条件下寻求预防和控制犯罪的有效途径提供有益的参考。

☺ 思考题

1. 什么是犯罪学？如何认识犯罪学的特性？
2. 犯罪学中的犯罪概念。
3. 犯罪学的研究对象及其功能。
4. 犯罪学与邻近学科的关系。
5. 犯罪学研究的理论基础。
6. 犯罪学的研究方法。

➡ 拓展阅读

1. 周路主编：《当代实证犯罪学新编——犯罪规律研究》，人民法院出版社2004年版。

2. 白建军:《法律实证研究方法》,北京大学出版社 2014 年版。

3. 许春金等:《刑事司法与犯罪学研究方法》,五南图书出版股份有限公司 2016 年版。

4. ［英］克莱夫·科尔曼、詹妮·莫尼罕:《解读犯罪统计数据——揭示犯罪暗数》,靳高风等译,中国人民公安大学出版社 2009 年版。

第
二
章

犯罪学的历史发展

第一节　犯罪学的思想渊源

一、我国犯罪理论的思想渊源

自从人类社会产生犯罪现象以来，便存在着有关犯罪的思想。我国古代许多杰出的思想家、政治家，在论政和论道过程中，都不同程度地涉及了这个问题。尽管他们的观点零散、未成体系，但其中一些见解精辟，即使对于今天，也具有极其重要的借鉴和参考价值。

在法学思想和犯罪问题上，许多思想家、政治家都进行了有益的思考和探索，提出了许多富于思辨和哲理的观点。在犯罪的产生和治理方面，他们都从维护本阶级的阶级利益出发，从犯罪与经济、犯罪与政治，以及犯罪与文化道德的相互关系上提出自己的认识。

公元前 11 世纪，我国的西周初期，政治家周公主张"明德慎罚""德刑并用"，要求对犯罪进行具体分析，区别对待"眚"（过失）与"非眚"（故意）、"非终"（偶犯）与"唯终"（惟终）、累犯以及认罪态度等不同情节；并要求罪止一身"不相及"，反对"乱罚无罪杀无辜"；甚至要求"毋庸杀之，故惟教之"。我国古代还有"杀人者死，伤人及盗抵罪"这样罪刑相适应的量刑思想，并有"赦老、赦幼、赦愚蠢（精神病患者）"和"宥弗识、宥过失、宥遗忘"等颇具人道主义精神的"三赦""三宥"原则。

到了春秋战国时期，社会变动，各种思想非常活跃，"百花齐放，百家争鸣"。人们关于犯罪的思想观点层出不穷，也提出了许多很有见地的观点。我国的法家先驱管仲认为，"法者，所以兴功惧暴也；律者，所以定分止争也"。他认为扬善止暴是法律的一个重要的社会功能，主张重视赏罚的作用，提出"劝之以赏赐，纠之以刑罚"。但他认为"至罚则虑""诛罚重则乱愈起"。管仲提出"善为政者，仓廪实而囹圄虚；不善为政者；囹圄实而仓廪虚"，并提出"仓廪实则知礼节，衣食足则知荣辱"的名言。管仲认为，"凡治国之道，必先富民，民富则易治也，民贫则难治也……民富则安乡重家，安乡重家则敬上畏罪，敬上畏罪则易治也。民贫则危乡轻家，危乡轻家则敢凌上犯禁，凌上犯禁则难治也"。他把道德与物质生活条件联系起来，同时也把犯罪同经济条件的好坏联系起来，这对于古代以至于今天我们从经济方面认识犯罪的产生都具有一定价值。除此之外，管仲还提出，"育幼无成范，囹圄虽实，杀戮虽繁，奸不胜矣"，强调人的社会化的重要性；"育幼无方，则民意绝乱必滋生，而上位危也"，认为若不能教育好下一代，势必导致犯罪增多，甚至危及掌权者的统治地位。

春秋末期，儒家学派创始人孔丘（前551~前479年）继承了周公"明德慎罚"的思想，并进而发展成为"德主刑辅"的观念，重视道德的教化作用。他提出"道之以政，齐之以刑，民免而无耻；道之以德，齐之以礼，有耻且格"，强调道德教育感化人心比一味惩罚会得到更好的效果，认为以刑罚手段治理国家，虽然可使老百姓不敢犯罪，但他们并不懂得犯罪的可耻，如用道德去规范和感化并加强礼教，老百姓就会感到犯罪可耻而不会犯罪，即使犯罪会反省悔改。孔丘认为，人之初"性相近，习相远，苟不教、性乃迁"，人的本性相差不多，只是后来的生活环境造成了极大的差别。这一观点，对于犯罪社会原因的研究更具有深刻意义。他还主张掌权者和执法者"修己安人"。这是因为"其身正，不令而行；其身不正，虽令不从"，如若掌权执法者自己行为不端，势必导致上行下效，虽有法令，也得不到遵从。他期望"以德去刑"，通过"德治""胜残去杀"，从而达到"无讼"的境界。

墨家的代表人物墨翟（约前478~前392年）认为，统治者"厚作敛于百姓，暴夺民衣食之财"，致使"富贵者，奢侈；孤寡者，冻馁"，百姓"饥寒并致，故为奸邪"。这就直接揭示出压迫和剥削是犯罪产生的根源。墨翟还主张统治者"赏当贤，罚当暴，不杀无辜，不失有罪"，若能如此，即可"劝善""止暴"而自然达到"去罪而安国"的目的。墨家有关犯罪问题的观点在我国封建社会是极富代表性的。他们把犯罪同统治阶级的骄奢淫逸、铺张浪费联系起来，并提出了发展生产、反对浪费的经济立法思想。这种思想对预防和减少犯罪具有重要意义。

战国后期的政治家韩非（约前280~前233年）是集法家思想之大成者，其提出"以法为本"的"法治"主张。他认为"民主性""喜其乱""恶劳而乐佚",应该"重刑止奸",强调犯罪的主观原因,但又看到人口众多、财富匮乏等社会因素的作用,认为"古者,丈夫不耕,草木之实足食也;妇人不织,禽兽之皮足衣也。不事力而养足,人民少而财有余,故民不争,是以厚赏不行,重罚不用,而民治之。今人有五子,不为多,子又有五子,大父未死,而有二十五孙,是以人民众而货财寡,事力劳而供养薄,故民争,虽信赏罚累,而不免不乱"。

战国时期关于人性善恶的辩论,也带有犯罪原因的探讨。在这场辩论中,孟子以孔丘创建的儒教为基础,提出了"性善论",认为"人性之善也,犹水之就下也,人无有不善,水无有不下"。孟子从"仁政"出发,认为要使人们遵守法律,主要不应靠刑罚而应靠教化。他主张对人们"教以人伦:父子有亲,君臣有义,夫妇有别,长幼有序,朋友有信",这样才可以做到"从亲其亲,长其长,而天下太平"。"仁、义、礼、智,非由外铄我也,我固有之也。"同时,孟子认为,治天下不可以无法度,仁政者治天下应以法度"正五音,成方圆";提出了"省刑罚""薄税敛"的"仁政"主张;认为"富岁,子弟多懒;凶岁,子弟多暴",并主张"若民,则无恒产,因无恒心。苟无恒心,放辟邪侈,无不为己。及陷于罪,然后从而刑之,是罔民也";认为贫困是迫使人们犯罪的原因,所以,他说:"民能做到菽粟如水火,而民也有不仁者乎!"他认为,物质财富的丰富是消除犯罪的根本途径。

性恶论与性善论相对立,该观点的首倡者是战国时期的哲学家荀况。他认为,"人之性恶,其善者伪也"。人的自然本性是"恶"的。荀况认为"人生而有欲",如果"欲而不得,则不能无求;求而无度量分界,则不能不争",人的私欲是产生犯罪的一个原因。人"目好色,耳好音,口好味,心好利,骨体肤理好愉佚",放任其欲望,必然发生"残贼"和"淫乱","故为之立君上之势以临之,明礼义以化之,起法正以治之,重刑罚以禁之,使天下皆出于治,合于善也"。荀况主张"隆礼重罚",以"治国安民",认为"不教不诛,则刑繁而邪不胜;教而不诛,则奸民不惩;诛而不赏,则勤励之民不劝"。

这一时期,还有"性无善恶论"和"性有善有恶论"。告子认为,"人性之无分于善不善也,犹水之无分于东西也"。世硕提出,人性有善有恶,"举人之善性养而致之则善长,恶性养而致之则恶长",强调人性的善恶是后天形成、后天教养的结果。

汉朝大儒董仲舒(前179~前104年)认为"刑者法之辅",主张"德主刑辅",并从人性上解释犯罪的根源。他认为天"两有阴阳之施,身亦两者有贪仁之性","贪"性和好"利"促使人们犯罪。"利者体之养也""体不得利不能安",若妨碍人民获得"安体"之利,将引起犯罪。"民不乐生,尚不避死,安能避罪!""富者田连阡陌,贫者无立锥之地",是人民"逃亡山林,转为盗贼"的根源。

南宋思想家朱熹认为,"刑者,辅治之法",刑罚只是教化的辅助工具,法度禁令只能"制其外",而"道德齐礼"方可"格其心",用"三纲五常"教化人们,使百姓"不待黜陟刑赏一一加于其身"而能"去恶从善"。他发展了"德主刑辅""先教后刑"的思想,并提出狱讼"必先论其尊卑上下,长幼亲疏之分,而后听其曲直之词"。这实际是按伦理纲常、等级名分作出判罪处罚的观点。朱熹认为,"以宽为本而以严济之"的政策必然导致"刑愈轻而愈不足以厚民之俗,往往反以长其悖逆作乱之心,而使狱讼之愈繁",因而极力主张"以严为本,而以宽济之",同时提出恢复自汉朝以来逐步废除的肉刑。他认为若施予犯严重罪行的罪犯以宫刑、刖刑处罚,虽使其躯体残损,但未危及其性命,并杜绝了其继续犯罪的可能。

明末清初的思想家王夫之反对繁法酷刑,主张法简刑轻,并考虑到罪有轻重之别,原由之异,提倡"厚情定罪""明慎用刑"。

我国古代的思想家、政治家在从伦理道德、教育、法治等方面论述犯罪的社会原因的同时,也注意到了个体生理和心理因素对犯罪的影响。例如,"人生而有欲",若欲求过度,则必起非分之心,犯罪就不可避免地发生了。又如,古人提出"少年血气方刚,戒之在斗;成年春性萌动,戒之在色;壮年利欲熏心,戒之在利;老年力衰难御,戒之在积"。这一论述将不同年龄阶段的人的生理、心理特点及容易发生的犯罪准确地加以概括,并以此告诫人们。

以上我国古代有关犯罪问题的种种观点和论说,在不同角度与不同程度上反映了人们对犯罪的发生以及预防犯罪方法的认识和主张。虽然有的观点零散而未成体系,有的甚至有失片面,但是其中许多论述的思想深刻,内容丰富,是我国宝贵的文化遗产,也是我国犯罪学形成和发展的重要思想和理论渊源。

二、外国犯罪理论的思想渊源

早在公元前 5 世纪,欧洲有些思想家就从人体的不同形态、面相特点等生理因素入手来解释犯罪发生的原因。古希腊唯心主义哲学家苏格拉底(Sokrates,前 469~前 399 年)认为,"凡面黑而有恶相者,大都有罪恶的倾向"。柏拉图

（Plato，前427~前347年）则认为，犯罪是由疾病引起的。古希腊哲学家、科学家亚里士多德（Aristotle，前384~前322年）认为，犯罪有遗传性，并从面相、骨相和人的个性、行为特征方面探讨犯罪产生的原因，指出犯罪人头盖骨的形状与一般正常人不同，人的头盖骨的形状与犯罪有关系。

16世纪末随着近代自然科学的发展，骨相学也有所发展，意大利的自然哲学家、骨相学家波尔达认为，人的身体和性格与犯罪有必然的因果关系，变态人格的人，其发展的必然结果就是犯罪。

法国启蒙运动的杰出代表，著名的资产阶级法学家孟德斯鸠（Charles Louis Montesquien，1689~1755年）在1748年发表的主要著作《论法的精神》中提出，犯罪与人的激情、意志和思想关系密切。

德国医学家高尔在1825年发表的《脑的机能》中提出，犯罪与脑的机能有关，并将犯罪区分为激情犯罪和本能犯罪两大类。

在此之后，从人的生理、遗传素质、精神疾病和心理等方面研究犯罪的学者日益增多。如1835年英国学者卜悦卡特在其《犯罪者论》中提出罪犯有先天异常。1857年法国医生莫雷尔在《变质论》一书中提出，犯罪是人体素质退化变质和自然淘汰的结果。

国外历代的思想家在从人的生理和心理角度论证犯罪原因的同时，也十分重视从经济、社会和家庭等方面来解释犯罪发生的原因。

柏拉图认为，私利是引起内乱和罪行的重要原因，主张要废除财产私有制，实行财产共有。同时，他在具体分析人的品性时认为，人的品性中的"较善"部分若占优势，就能控制"较恶"部分，这样人就有理智而不会犯罪；相反，如果一个人对其恶性放松控制，其兽性就会活跃起来，"较恶"部分就会占优势，就会犯罪。同时，他也曾指出，不良的教育和不良的环境影响，是促使人恶性占优势，致使人为非作恶的原因。因此，外在权威力量（国家权力）能够禁止人们放纵欲望，保护个人的正义品德。在此，他强调了法律的不可缺少以及遵守法律的重要性。

亚里士多德是柏拉图的学生，在其著作《政治学》中，他论述了有关法律的许多问题，也涉及有关犯罪的问题。特别是他将财富与犯罪联系起来，论述了犯罪产生的根本原因及其救治方法。他认为，犯罪有三种情况："①有些犯罪是由于缺乏衣食……②但衣食并不是犯罪的唯一原因。人们在温饱之余，或为情欲所困扰，就寻欢作乐以自解烦恼，他毕竟又触犯了刑法。③人们还不仅为了解除其情欲的烦恼，而入于刑网；尽有情欲可得慰藉、名利可以满足的人，还是抱有漫无边际的愿望,追求无穷的权威,于是他终究由于肆意纵乐而犯罪了。"[1] 针对三种犯罪情况,亚里士多德提出"平均财产"、给予适当的职业是个"补救方法","使人人都可以获得生活的必需品,这样就能防止迫于饥寒而起的盗窃行为"。对于第二种犯罪,培养人们的德性,克服过分的欲望。救治第三种犯罪,则应采取教育的方法,使人知道自足,与世无争。亚里士多德在重视财富与犯罪的联系的同时,又从"人性恶"的观点出发,认为"世间重大的罪恶往往不是起因于饥寒而是产生于放肆",主张人的"德性由于我们自己,出于我们的自愿",而且"过恶亦出于自愿",即人的善恶皆源于人们主观上的自由意志。他认为,富裕阶级和贫穷阶层都不具备节制和中庸的美德,他们都不能顺从理性,富裕阶层的人常常会因放肆逞强而犯重罪,生活在贫困阶层的人则会因懒散无赖而犯轻罪,唯有中产阶级善德最佳,境界最高而且野心很小。因比,亚里士多德通过中庸之道去调和奴隶主阶级的内部矛盾,以维护其政治统治。亚里士多德对犯罪问题的探索,在犯罪学发展历史上是有重要意义的。

欧洲中世纪早期,宗教神学占据统治地位,神学家们依据《圣经》来解释犯罪,极力宣扬"原罪"论,抹杀犯罪现象的社会根源。基督教神学最早的表现形式是教父学,它的主要代表是奥古斯丁。他主张"原罪"说,认为人类始祖亚当和夏娃在伊甸园里违背上帝的禁令,偷吃智慧果而犯了罪,这一罪过就传给了后代,成为人类一切罪恶和灾难的根源。即人类与生俱来有罪,因而人间生活就是接受上帝的惩罚和赎罪的过程,只有信仰上帝,"爱上帝,卑视自己",才能受到上帝的恩宠以得救。奥古斯丁认为,大多数人欲望无穷而缺乏理性,而一个"没有理性的人,需要别人用命令来控制他的各种欲望"。他说:"虽然坏的意志是坏的行为的原因,但并没有什么事物是坏的意志的动因……唯有那还没有被其他意志所恶化,而本身就是恶的意志,才是第一个恶的意志。""原罪"说把犯罪原因归结为人的恶的意志,既掩盖了犯罪现象的社会阶级根源,又排斥了外因对犯罪的条件作用。

在欧洲资本主义萌芽时期,对犯罪问题的认识有了明显的进展,某些思想家已经开始注意从社会财产制度上分析犯罪的原因,提出私有制是一切社会祸害的总根源。英国早期空想社会主义者莫尔(Thomas More,1478~1535 年)认为,社会的罪恶,尤其是资本积累,是造成犯罪的主要原因。因此,只有进行根本的社会变革,完全废止私有制度,财富得到平均公正的分配,没有剥削和

---

[1] 〔古希腊〕亚里士多德:《政治学》,吴寿彭译,商务印书馆 2017 年版,第 72 页。

压迫，才能消灭犯罪。这就是莫尔设想的乌托邦社会。他在《乌托邦》一书中还分析了盗窃犯罪和窃贼横行的原因，认为大批贵族"像公蜂一样，一事不作，靠别人的劳动来养活自己"，他们为了扩大收入，对佃农"敲骨吸髓，重重剥削"，使佃农无法生活，不得不去盗窃。由于资本主义的资本原始积累，搞"圈地运动"，造成"羊吃人"的悲惨景象，迫使农民背井离乡，当无以糊口时，除了"挨家沿街讨饭"，农民就"只有盗窃"了。圈地运动造成大批雇工被解雇，为了生存"被解雇的人不去讨饭，不去抢劫……还有什么路可走呢？"莫尔认为，英国当时"对盗窃犯和杀人犯一律处以死刑，不但荒谬而且有害"。他认为，"当一个人走投无路，挨饥忍饿，随你用什么样的重刑，也阻止不了他去盗窃"，统治阶级"纵民为盗，又去办盗"，既不公平又不能收敛。他主张，对盗窃犯应采取交还赃物、照价赔偿或者强制劳动的方式加以惩罚，强调平时的教育在杜绝百姓堕落及犯罪中的作用，对于已经犯罪的罪犯要挽救、保全，促使他们改过自新，以免重新犯罪。莫尔的犯罪学思想在犯罪学思想史上作出了重大的贡献，对以后犯罪学思想的发展产生了积极影响。

在近代资产阶级革命时期，自然法理论一统天下，资产阶级已经用以个人立场为主、强调利己主义的自然法取代了以国家立场为主、注重道德作用的自然法。这一时期，犯罪学的思想比较丰富。美国近代机械唯物主义的奠基人、政治法律思想的代表人物霍布斯（Thomas Hobbes，1588～1679 年）认为，在自然状态下，人对人像狼一样，提出了私欲的冲突产生了"一切人反对一切人的战争"。人的本性是利己的，人为了满足自己的基本需要和获得最高享受，不惜采取各种野蛮的罪恶的手段。人的抢夺性和残忍性甚至超过了野兽，野兽饱餐之后会安静下来，人却永远贪得无厌。同时，竞争、猜忌、沽名钓誉、争权夺利是使人凶横的诱因，而这些是野兽所不具备的。霍布斯还强调，"罪行是一种罪恶在于以言行犯法律之所禁或不为法律之所令""没有法的地方便没有罪恶"，而法律是主权者的命令，所以，犯罪实际上是对国家主权者通过法律所建立起来的社会秩序的侵犯。

与霍布斯同时代的洛克（John·Locke，1632～1704 年）认为，自然状态是自由、和平的境界，而不是一种完全冲突的状态，人们尤其是儿童由好变坏完全是由其所处的环境（广义的教育）所决定的。洛克认为，"违法是不符合正当理性规则的行为"，惩治罪犯的目的是促使其悔改，教育和警戒其不再犯罪。

孟德斯鸠是法国启蒙思想家、著名的古典自然法学派的代表人物，他在《论法的精神》（1748 年）中将犯罪分为四种：危害宗教罪、危害风俗罪、危害公民安宁罪和危害公民安全罪，并进一步把犯罪与封建贵族的特权、贪污腐化及专制制度的各种弊端联系起来。同时，他还提出，犯罪与人的激情、意志和思想有关。孟德斯鸠还特别重视犯罪的地理学研究，例如其认为，"嗜酒的习惯遍及全球，其程度则因气候的寒冷度和潮湿度而异。从赤道到北极，纬度越高就越嗜酒。"[1]

法国空想社会主义者的代表人物马布利认为，人的本性的基本素质是利己、自私，同时人又有怜悯、感恩、友爱等社会品质，这两者构成了人的欲念、贪婪、虚荣、嫉妒等。它们破坏了人们的心灵，支配着人们的思想和行为。他认为，财产私有制是一切社会罪恶、暴政和奴役的根源，社会的不平等使人残酷无情，以至于犯罪。马布利还认为，官场的弊病是导致暴政、营私舞弊和胡作非为的原因。

第二节　西方犯罪学的历史发展

一般来说，西方犯罪学的历史发展以主要的犯罪学派为标志，大致可分为三个时期：18 世纪的古典犯罪学派；19 世纪的实证犯罪学派；20 世纪的犯罪社会学派及其现代犯罪学。

一、18 世纪的古典犯罪学派

从 18 世纪开始，欧洲大陆掀起了一场声势浩大的启蒙运动。启蒙运动的先驱们从理性的观念出发，对宗教神学思想和封建专制统治进行了无情的揭露和批判。古典犯罪学派就是在这场启蒙运动中产生的，它标志着西方对人类犯罪行为进行自然主义探讨的开始，它已不再用神的意志而是用人们自身的因素来解释人的行为。古典犯罪学派是 18 世纪中叶到 19 世纪中叶在西方影响很大的一个学派。古典犯罪学派主要代表人物有意大利的贝卡里亚（Beccaria）、英国学者边沁（Bentham）、德国学者费尔巴哈（Feuerbach），其中以贝卡里亚和边沁最有代表性。

（一）贝卡里亚及其《论犯罪与刑罚》

切萨雷·贝卡里亚（Cesare Beccaria），1738 年生于意大利米兰的一个贵族家庭，早年曾在耶稣教会学院接受教育，后来在帕维亚大学学习法律。1764 年，

---

〔1〕　［法］孟德斯鸠：《论法的精神》（上卷），许明龙译，商务印书馆 2012 年版，第 279 页。

他出版了《论犯罪与刑罚》一书。此书篇幅不大，影响却极为深远，成为犯罪学和刑法学中最重要的经典著作，给当时刑事司法制度改革和发展指明了方向，被誉为划时代的里程碑。贝卡里亚在这部著作中分析了法律与刑罚的基本特征，明确提出了后来为现代刑法制度所确立的三大刑法原则：罪刑法定原则、罪刑相适应原则、刑罚人道原则，并且呼吁废除刑讯和死刑、实行无罪推定。

贝卡里亚的《论犯罪与刑罚》主要论述了下列几个方面的思想观点：

1. 法律特征。制定明确的法律，是古典犯罪学派反对封建司法专横，强调尊重人权的重要主张。贝卡里亚在《论犯罪与刑罚》中，分析了法律特别是刑事法律的特征，认为"只有法律才能规定对犯罪的刑罚"，其他任何人都不可能任意规定对犯罪的刑罚，法律只能由立法者颁布，"颁布法律的权力只属于根据社会契约组成的整个社会的立法者"。贝卡里亚主张严格遵守法律条文，反对在没有法律条文时按法律精神处理案件。"犯罪的真正衡量标准是对社会造成的危害"，他认为，不能用犯罪人的意图来衡量犯罪的严重性，不能用被害人的身份衡量犯罪的严重性，也不能用宗教罪孽作为衡量犯罪轻重的标准。另外，法律应该制定得非常明确而且要十分通俗，其中含糊不清的词句必须修改，法律制定后必须公布于众。贝卡里亚认为，随着能够理解法律并能使用法典的人数的增加，犯罪率就会降低；如果人们不了解法律或对刑罚了解得不准确，就会增加人们犯罪的欲望。

2. 有效刑罚的特性。实行人道主义、使刑罚趋于轻缓是贯穿于《论犯罪与刑罚》中的核心内容。在贝卡里亚看来，在刑罚问题上，实行人道主义，把罪犯当人看，尽量使用轻刑，要比使用重刑更符合人性要求，更有利于全社会人的善良、正义观念的培养，更有利于实现预防犯罪的目的。用惩罚来阻止任何个人伤害他人的利益是必须的，但同时，贝卡里亚对残酷使用刑罚的做法深恶痛绝。他认为，刑罚既能通过造成痛苦来威慑人们，使他们不敢随意进行犯罪行为，同时，也会由于使用不当或被滥用，以致侵害无辜者，对社会造成危害。正如贝卡里亚所指出："严酷的刑罚造成了这样一种局面：罪犯所面临的恶果越大，也就越敢于规避刑罚，为了摆脱对一次罪行的刑罚，人们会犯下更多的罪行。刑罚最残酷的国家和年代，往往就是行为最血腥、最不人道的国家和年代。因为支配立法者双手的残暴精神，恰恰也操纵着杀人者和刺客们的双手。"[1]

贝卡里亚认为，有效刑罚的特性主要体现在以下三方面：

---

[1]　[意] 切萨雷·贝卡里亚：《论犯罪与刑罚》，黄风译，北京大学出版社 2008 年版，第 62 页。

（1）刑罚的及时性。刑罚的及时性指在犯罪后迅速地处以刑罚的特性，犯罪之后判处刑罚越迅速，越接近犯罪，刑罚就越公正，越有益处。

（2）刑罚的必然性（不可避免性）。刑罚的必然性指犯罪之后必然地要受到刑罚处罚的特性，"对于犯罪最强有力的约束力量不是刑罚的严酷性，而是刑罚的必定性，……即使刑罚是有节制的，它的确定性也比联系着一线不受处罚希望的可怕刑罚所造成的恐惧更令人印象深刻。"[1] 因此，贝卡里亚主张，犯罪之后迅速判处不可避免的刑罚具有最大的阻止犯罪的威慑力量。

（3）罪刑相适应。贝卡里亚认为，犯罪与刑罚之间要相称，公共利益要求人们不要犯罪，更不要进行严重危害社会的犯罪。犯罪对公共利益造成的危害越大，实施犯罪的动机越强烈，阻止人们犯罪的手段也应该相应地更强有力。因此，犯罪与刑罚之间必须有一个适当的比例。这表明：刑罚的强度与犯罪的危害程度要相对称，即重罪重罚，轻罪轻罚。"刑罚应尽量符合犯罪的本性，这条原则惊人地进一步密切了犯罪与刑罚之间的重要连接，这种相似性特别有利于人们把犯罪动机同刑罚的报应进行对比，当诱人侵犯法律的观念竭力追逐某一目标时，这种相似性能改变人的心灵，并把它引向相反的目标。"[2]

贝卡里亚在《论犯罪与刑罚》中系统地论述了法律及其刑罚的特征。他的理论对当时的刑事立法和刑事司法改革产生了巨大的推动作用，一些欧洲国家在其思想影响下，修改刑法，废除身体刑、减少死刑条款，有些国家废除死刑、改善犯人的处遇条件。1791 年与 1810 年法国刑法典就是根据贝卡里亚的基本思想制定的。现今许多国家的法律规定、司法制度特别是刑事法学、犯罪学的理论基础，都可以追溯到贝卡里亚的《论犯罪与刑罚》。他的思想影响是深刻而又广泛的。

（二）边沁的功利主义犯罪理论

杰瑞米·边沁（Jeremy Bentham），1748 年 2 月 15 日生于英国伦敦。自幼聪明好学，16 岁从牛津大学毕业，之后在林肯学院攻读法律，后取得律师资格。边沁是英国著名的哲学家和法学家，著有《道德与立法原理导论》。这部著作集中体现了其有关犯罪的理论观点。边沁是功利主义理论的创始人，对于近代刑法学、犯罪学都产生了重要的影响。

边沁功利主义理论的核心观点是，人类的一切行为都受两种基本动力的驱

---

〔1〕 ［意］切萨雷·贝卡里亚:《论犯罪与刑罚》，黄风译，北京大学出版社 2008 年版，第 62 页。
〔2〕 ［意］切萨雷·贝卡里亚:《论犯罪与刑罚》，黄风译，北京大学出版社 2008 年版，第 48 页。

使，即追求快乐和避免痛苦，这是一切道德行为的原因和动力，也是一切不道德行为包括犯罪行为的原因和动力。"获得快乐的期望或免受痛苦的期望构成动机或诱惑，获得快乐或避免痛苦就构成了犯罪的利益"，犯罪人正是为了追求这种利益而进行犯罪的。边沁主张，"个人的利益是唯一现实的利益""社会利益只是一种抽象，它不过是个人利益的总和"。边沁认为，个人利益的满足乃是保证最大多数人的最大幸福的手段。政府应该限制的邪恶，必须大于法律本身因侵犯个人自由而带来的邪恶。若背离了功利原则的需求，就无助于增强快乐，反而遭受痛苦的行为，这就是犯罪，而犯罪行为破坏了社会普遍幸福，应当受到惩罚。对于犯罪和惩罚的关系，边沁提出如下观点：①犯罪人的内心存在着两种相互作用的动机，即驱使犯罪的动机和制止犯罪的动机。如果制止犯罪的动机大于驱使犯罪的动机，犯罪就不会发生；如果驱使犯罪的动机大于制止犯罪的动机，就会诱发犯罪。②社会对于犯罪必须予以处罚，对犯罪者的惩罚是通过给犯罪者施加痛苦，以期收到惩戒和教育的作用。③对犯罪惩罚的严厉程度应该与犯罪之间有一定的比例关系，惩罚给予犯罪人的损失必须大于犯罪人因犯罪所获得的利益，从而达到抑制和消除犯罪动机，最终减少和预防犯罪的目标。

边沁在监狱建筑设计上作了改革性建议，他赞成把监禁作为一种对许多犯罪都适合的刑罚，但对当时流行的监狱建筑提出批评，认为那些监狱使犯人与外界隔离，并且使犯人变得懒惰。因此，他主张将监狱设计成能够有助于犯人悔改，而不仅仅是单纯地把犯人关押在一起的场所。边沁所设计的圆形监狱建筑，呈放射状，控制室在中央，从中央控制室可以看到所有监舍。边沁认为，圆形监狱应当建造在靠近城市中心的地方，以便使其成为一个看得见的提醒物，对可能实施犯罪的每个人起到一种警诫作用，而又不影响对里面犯人的惩罚。因此，圆形监狱既能威慑外面的公众，又能体现对犯人的人道待遇。

边沁的理论对当时和以后的立法和司法改革产生了巨大的影响，他被誉为"伟大的改革家"。他提出的"增进最大多数人的最大幸福"的立法原则被广泛运用，他设计的"圆形监狱"的一些特点在欧洲、美国的早期监狱建筑中得到了体现。最为重要的是，他的功利主义犯罪理论为人们解释犯罪行为的产生提供了重要理论基础，也成为犯罪学中的基本观点之一。

（三）古典犯罪学派有关犯罪原因和犯罪预防理论

古典犯罪学派没有专门论述犯罪的原因问题，但他们的理论中贯穿着对犯罪原因的一些基本看法。首先，在解释犯罪行为发生方面，古典犯罪学派坚持

"自由意志论"，认为一个人只要达到一定的年龄，除精神病人外，都有认识和区分是非善恶的能力，一个人实施犯罪行为完全是其自由意志选择的结果。具有意志自由的人之所以选择犯罪行为，是由其趋利避害的本性决定的。犯罪就是人的本性的再现，任何人都有可能将这种本性外化为行为，用最小的付出获取最大的利益和享受。

西方启蒙思想家洛克和卢梭等人对"自由意志论"思想做过充分的阐述。他们认为，"人的犯罪行为是由违法者不受限制的自由意志决定的"；"自然人的一切活动都是自由意志的体现"；"犯罪也是一样，行为人对自己所犯的罪行要负责，法律惩罚就是基于人的自由意志的行为"；"禽兽是根据本能决定取舍，而人是通过自由意志决定取舍"。[1]

此外，古典犯罪学派在分析犯罪原因时也涉及社会方面的因素。例如，贝卡里亚认为，偷盗通常是由于贫困或实在毫无办法而产生的，抢劫和杀人犯罪是由于穷人和富人之间的贫富差别以及一些人不甘心过贫穷生活而发生的，走私是因为牟利的动机和关税增长的法律所产生的，甚至还指出，有些犯罪的产生是由坏的法律本身造成的，认为严酷的法律会通过削弱人道精神来促成犯罪。

古典犯罪学派对犯罪原因的研究，总的来说不够深入具体。相比之下，他们对预防犯罪更加重视，有较为系统的阐述。正如贝卡里亚所指出的，"预防犯罪比惩罚犯罪更高明，这乃是一切优秀立法的主要目的"；[2] "刑罚的目的仅仅在于：阻止犯罪再次对社会造成危害，并规诫其他人不要重蹈覆辙"。古典犯罪学派所提出的预防犯罪思想，大致可以归纳为以下几点：

1. 法律控制论。这一观点认为，只有依靠制定法律，遵守法律，并在执行法律中贯彻人人平等的原则，才能预防犯罪。正如贝卡里亚所指出的那样，应该制定明确通俗的法律，使人们在打算犯罪时就想到犯罪带来的法律后果，从而打消犯罪念头；只有使每个公民都知道"在什么情况下才是有罪或无罪这一原则"，只有"使宫殿和茅舍，使显贵的人和最贫困的人都同样有受到法律约束的义务"，才能"堵塞走向为所欲为的一切道路"，从而才能预防犯罪。

2. 心理强制论。这一理论认为，人与动物有着根本的区别。人不但能区分善恶，分清是非，而且在"权衡"利弊之后有选择的本性。例如，一个人知道实施一定犯罪后可以得到精神、财产或肉体等方面的快感，同时也知道实施犯

---

〔1〕 参见邵名正等主编：《犯罪学》，群众出版社 1987 年版，第 394 页。
〔2〕 〔意〕切萨雷·贝卡里亚：《论犯罪与刑罚》，黄风译，北京大学出版社 2008 年版，第 102 页。

罪后受到惩罚的痛苦。权衡利弊后，为了免受痛苦，他就可能放弃想要实施的犯罪活动。因此，心理强制可以使人们放弃犯罪，从而达到犯罪预防的目的。这一理论强调，对犯罪行为给予什么程度的惩罚，行为前法律要有明文规定，否则就不能起到预防犯罪的作用。法律对犯罪行为处罚带来的痛苦要大于实施犯罪所带来的快乐，否则也不能起到预防犯罪的作用。所以，消除内心犯罪动机的方式是，"让每个人知道，在其行为之后必然有一个恶在等待着自己，且这种恶要大于源自于为满足的行为动机的恶"。[1] 这是古典犯罪学派代表人物费尔巴哈等人提出的观点。近代刑法学之父费尔巴哈于 1801 年最先在其教科书中以拉丁文格言的形式将罪刑法定原则表述为"法无明文规定不为罪，法无明文规定不处罚"（Nullum crimen sine lege，nulla poena sine lege），而其心理强制说的见解正是该近现代刑法中最重要的基本原则的思想渊源。

3. 刑罚威慑论。这一理论的基本观点是，只有对实施犯罪行为的人给予有效的刑罚惩罚，才能发挥刑罚的威慑力量，维护法律的严肃性，从而才能抑制犯罪，预防犯罪。在古典犯罪学派看来，刑罚的最广泛、最适应的目的就是尽可能地预防犯罪，适应而及时的刑罚是预防犯罪的最好方法，这样可以使有理性的人们因为看到犯罪行为最终受到的惩罚而打消犯罪的念头。但是，对犯罪人实施的刑罚要以犯罪人实施的犯罪行为为基础，对犯罪人惩罚的程度要以犯罪行为的轻重而定，不能滥施刑罚。

贝卡里亚等古典学派犯罪学家的理论对当时的刑事立法和刑事司法都产生了深远的影响。但是，由于古典犯罪学派认为人实施犯罪与否由其自由意志决定，并将行为人的自由意志作为社会对犯罪施加刑罚的基础，而忽视了其他因素对人的犯罪行为的影响，与现实社会状况不相符合，因而使得法国刑法典在日常适用过程中遇到了许多问题。主要包括：①未成年人和精神病人以及有某种心理缺陷的人的意志自由程度不可能与正常人相同，因同等程度的犯罪对他们施以同等程度的惩罚是不合理的；②个性差异及具体环境也对人的意志有影响，人的意志实际上不可能完全自由。在这种背景下，一些学者开始批评、修正古典犯罪学派的理论和原则。实证犯罪学派对古典犯罪学派修正的主要内容是主张人的意志并非自由，环境等因素对人的行为选择有决定性影响。

---

〔1〕 ［德］安塞尔姆·里特尔·冯·费尔巴哈：《德国刑法教科书》，徐久生译，中国方正出版社 2010 年版，第 28 页。

二、19 世纪的实证犯罪学派

（一）19 世纪初期的社会统计学派

19 世纪前期的实证犯罪思想以格里和凯特勒的犯罪统计学最为典型。他们把犯罪作为一种社会现象，用统计方法研究犯罪与各种社会环境因素的关系。法国的统计学家格里（A. M. Guerry）、比利时统计学家凯特勒（Lambert Adolphe Quetelet）是犯罪社会学领域的开拓者，被称为"社会犯罪学家"。当时犯罪统计学、制图学等学科已经得到发展，使人们有可能利用着色生态地图研究犯罪及犯罪率的变化。法国学者格里在 1826 年出版的《论法国道德统计》一书，使犯罪统计第一次成为人类道德的一个衡量标准。它把犯罪统计分为男女性别与犯罪、年龄与犯罪、犯罪的地理分布等项，从社会环境因素解释法国一些地区产生犯罪的原因。凯特勒是著名的数学家、统计学家和社会学家，他把统计学和概率论用于社会现象的研究，对于犯罪的理论观点主要有：

1. 犯罪现象是不可避免的、必然发生的社会现象。凯特勒认为："人类之犯罪行为也正如石头之依重力从上坠下一样，同样体现着自然法则的必然性。"[1] 人是其自然和社会环境及其个体特殊性的产物。社会在一定程度上为犯罪行为的产生创造了条件，犯罪人只是社会制造犯罪的工具而已。每个社会都必然地存在一定数量和某些类型的犯罪行为，这就像新陈代谢的必然结果一样。他认为，通过改变社会制度，进行风俗教育及利用其他一切可以影响人类行为的因素，就能够使人类得到进化，从而使犯罪得到减少。

2. 犯罪研究的统计方法。凯特勒在其著作《论人类及其能力的发达》中，对犯罪现象进行了广泛的统计研究。他从犯罪与年龄、性别、种族、教育、职业、经济状况、地域、季节、气候、风土等因素的联系中，发现一些国家每年犯罪的种类和发生频率具有惊人的一致性；从犯罪人的年龄、性别、贫富、城乡的对比中，也发现了同样的规律性，从而得出结论：对犯罪行为的研究，可以运用科学的统计方法。[2] 马克思对此曾给予相当高的评价，指出："凯特勒先生在 1829 年发表的对可能出现的罪行的估计，不仅仅以惊人的准确性，预算出

---

〔1〕 参见李田夫、杨士祺、黄京平：《犯罪统计学》，群众出版社 1988 年版，第 3 页。

〔2〕 参见陈显容、李正典：《犯罪与社会对策——当代犯罪社会学》，群众出版社 1992 年版，第 66～67 页。

了后来 1830 年法国发生的犯罪行为的总数，而且预算出了罪行的种类。"〔1〕

3. 提出了"犯罪倾向"概念。犯罪倾向是与年龄、性别、职业、教育、气候、季节等因素有关的，在相同的外界条件下个人会犯罪的统计学上的可能性。具有犯罪倾向的人也可能是少数，大部分人是守法的。凯特勒研究了年龄与犯罪关系后认为，"犯罪倾向"在 20～25 岁之间迅速上升到高峰，因为这个年龄段的体力和欲望达到了理智不能充分抑制的最大限度；男性"犯罪倾向"比女性高出 4 倍；夏季时人身犯罪较多，冬季时财产犯罪较多；炎热地区较多发生人身犯罪，严寒地区较多发生财产犯罪；各种种族共存、工商业发达、财富分配不均的国家，均存在着较多的犯罪；教育对犯罪有着重大的影响，上层阶级受教育的程度高，因而从事犯罪的就较少；贫穷并不导致犯罪，而贫富悬殊与地位变化会引起人们的激情和欲望，从而容易引起犯罪。

（二）19 世纪末的实证犯罪学派

19 世纪末的实证犯罪学派，分为犯罪人类学派和早期犯罪社会学派。通常认为，龙勃罗梭是犯罪人类学派的主要代表，菲利和李斯特是犯罪社会学派的主要代表。在实证犯罪学派之下的这两个分支学派中，犯罪人类学派更注重个案研究，犯罪社会学派则从个人和社会两个角度对犯罪和罪犯进行研究，从而提出了犯罪多因论和社会综合预防论。

1. 犯罪人类学派的犯罪学理论。人类学是研究人类起源、进化和人种分类的科学。犯罪人类学就是运用人类学的理论和方法，研究和解释犯罪行为发生原因的科学，该学派的主要代表人物有意大利的龙勃罗梭、菲利和加罗法洛等三名犯罪学家。

（1）龙勃罗梭的犯罪人类学思想。龙勃罗梭早年学医，在军队当过军医，长期从事精神病学、法医学的研究，后来担任精神病院院长。他的教育职业背景为其从事犯罪研究提供了便利条件，1876 年其代表作《犯罪人论》出版。他对士兵、精神病人、犯罪人等进行观察，并进行大量的身体测量、尸体解剖，发现正常的人和犯罪人不仅在性情方面，而且在身体解剖特征方面，都有明显的差异。由此，龙勃罗梭提出了"生来犯罪人"理论，认为犯罪人是出生在文明时代的野蛮人，他们的生物特征决定了他们从出生时就具有原始野蛮人的心理和行为特征，这种行为必然不符合文明社会中的传统、习惯和社会规范，必定构成犯罪。对于决定犯罪人生来就具有犯罪性的这种生物异常特性，龙勃罗

---

〔1〕　参见李田夫、杨士祺、黄京平：《犯罪统计学》，群众出版社 1988 年版，第 3 页。

梭认为，是隔代遗传的结果。隔代遗传是指原始野蛮人的一些特质，经过一定的发展阶段后重新在后一代人中出现，是一种返祖现象。隔代遗传者在生理方面表现出的特征，容易与猿和低等灵长类动物相类似，他们的心理与原始野蛮人的心理相一致，在生物学上是倒退到早期进化阶段的人，他们的行为必然与文明社会不相容，这种行为在文明社会就成为反社会的犯罪行为。

龙勃罗梭总结出天生犯罪人的生理特征有面部不对称，前额扁平，下巴过长，颚骨和颧骨过大，头部大小、形状与正常人不同，眼睛有缺陷，手臂过长，痛觉迟钝，味觉灵敏等 70 多种，认为一个人具有 5 个以上特征的就属于天生犯罪人，而且不同类型的犯罪人，具有不同的生物学上的特征。他举例说，杀人犯有冷酷的、呆滞的眼睛，鼻子像鹰嘴、嘴唇较厚、手臂特长；伪造诈骗犯的嘴唇薄而且直挺。

在心理学方面，"天生犯罪人"最基本的特征是心理上的冷漠和精神上的无知觉状态，由此导致他们的道德意识衰退，缺乏顾忌他人和自我的良心谴责。除这些基本特征外，在犯罪人身上还可以发现各种个性特征：暴力、残忍、缺乏预见、狂妄自大、缺乏节制、淫荡好色等，这些心理上的病态特征与犯罪人的智力程度相适应。龙勃罗梭认为，犯罪和出生、死亡、妊娠一样是自然现象，也是必然现象。那么，对犯罪的防卫也是必然的，接着刑罚也是必然的，它们应依犯罪的危险性程度而定。

龙勃罗梭按犯罪人是否具有天生特质及主观恶性程度将犯罪人分为四种类型：①天生犯罪人；②精神病犯罪人；③激情性犯罪人；④偶发性犯罪人。他认为前两种人是真正的犯罪人，主观恶性大。后两种人区别于天生犯罪人等本性注定要犯罪的人，是那些不具有犯罪故意或在非常情况下而犯罪的人。他们是为了保护个人或家庭荣誉，而不是因反常或敌视社会才去犯罪，所以这些人犯罪无损于社会的安宁，对公众的道德感未造成危害。

龙勃罗梭提出的犯罪控制思想是与其犯罪原因理论相对应的。他指出，处罚犯罪要与犯罪人的主观恶性程度相一致，要与不同类型的犯罪相适应。

龙勃罗梭认为，针对犯罪的生物原因，对那些由于遗传天生具有犯罪倾向的人，不论其是否已经犯罪，都应采取终身监禁、割除生殖器官、流放以至死刑等方法，以防止其危害社会。对由于气候炎热而引起的犯罪，如性犯罪、激情犯罪，可以推行冷水浴加以预防。由于人口稠密而引起的犯罪，应一方面设法控制人口增加，另一方面加强小城镇建设，以吸引人口稠密的大城市人口，同时还应宣传马尔萨斯的人口理论，以控制人口增长率。封建教会的婚姻观念是导致通奸犯罪的重要原因，此外，通奸犯罪也与许多社会环境因素有关，所以，预防通奸犯罪应提倡离婚自由并使妓院合法化，此法能预防因情欲无所发泄而产生的奸淫罪。

龙勃罗梭主张刑罚的目的不在于报应而在于防卫社会，他反对短期监禁，认为监狱非但不能改造罪犯，反而会使其变得更坏。龙勃罗梭主张损害赔偿应成为轻罪的刑罚方式，他指出应广泛适用罚金刑，因为它最经济、最有效、最易于代替其他制裁措施，主张应广泛适用缓刑、假释及其他"开放性"措施。

龙勃罗梭的犯罪学思想对西方犯罪学的产生、发展都具有极其深远的影响，他的历史贡献不容置疑。主要包括：①他开始了对犯罪人犯罪原因的研究，把犯罪研究从犯罪行为研究引向犯罪人的研究，为犯罪学的发展开辟了广阔的天地。龙勃罗梭的理论是以犯罪人为基点，而不是以犯罪行为为基点，主要依据的是生理学、人类学、医学等学科的知识背景。龙勃罗梭的学说曾经被许多学者所追随，在历史上影响相当广泛，持续的时间也很长，以美国的犯罪学家胡顿为代表的现代生物学理论就是沿袭了龙勃罗梭的理论。②龙勃罗梭运用实证的方法取代了理性思辨的方法，开创了犯罪学的实证研究的新阶段，他彻底摆脱了古典学派抽象的犯罪概念，开始运用测量的、统计的、实证和经验的研究方法分析犯罪问题，针对犯罪人展开人类学的系统的研究，从而开辟了一条认识犯罪问题的新途径，也引起了犯罪学研究方法的革命。③他提出了科学化、个别化的犯罪对策，关于犯罪人类型的划分及针对不同的犯罪人采取不同对策的思想，对犯罪学的发展也产生了积极影响。龙勃罗梭通过对犯罪人的研究，阐明了犯罪人的特殊性及导致犯罪发生的原因，并指出社会要有效地防止犯罪就需要对不同的犯罪人根据主观恶性程度给予不同的处遇。

龙勃罗梭的犯罪学说标志着现代犯罪学的开端。他在犯罪学思想的发展中有着重要的地位，是犯罪学的创始人。尽管他提出的一些具体结论、观点现在看来已经过时，但是它们是运用了实证的、比较的方法，在大量的科学研究的基础上提出的。龙勃罗梭在晚年时，也对自己的观点作了修改。在他死后两年出版的《犯罪及其原因和矫治》一书中，承认了生物返祖现象不适用所有罪犯，气候、降雨量、政治、婚姻习惯、宗教信仰等环境因素对犯罪也有一定的作用。[1]

---

[1]　参见［意］切萨雷·龙勃罗梭：《犯罪及其原因和矫治》，吴宗宪等译，中国人民公安大学出版社2009年版，中文版序第11~12页。

（2）菲利的犯罪社会学理论。菲利运用实证主义的研究方法，坚持犯罪现象的决定论，否定了古典学派的"自由意志论"。他认为犯罪与人的生物遗传有着密切的关系，同时他提出不能仅仅用生理因素去解释犯罪，他从有效的社会防卫的目的出发，对罪犯的犯罪行为进行了个人和社会两方面的研究。菲利的主要著作是《实证主义犯罪学》（1883 年）、《犯罪社会学》（1881 年），其中《犯罪社会学》被誉为犯罪社会学派的代表作。菲利的思想对西方犯罪学的发展曾产生重大影响。他既是犯罪人类学派的代表，又是犯罪社会学派的代表。菲利的犯罪学思想相当丰富，集中体现在《犯罪社会学》一书中，主要可归纳为：

第一，关于犯罪原因。在犯罪原因问题上，菲利认为，犯罪并非自由意志的产物。菲利比较系统地继承、发展了龙勃罗梭的理论，他认为犯罪与生物遗传因素有着密切关系，但又提出不能仅仅局限于人类学和心理学理论的解释。他提出了三因素论，认为犯罪并非出于意志力的驱使，而是个人长期或暂时处于自然环境、道德条件之下，内部、外部的因果链条，使他们倾向于犯罪。三因素包括人类学因素、自然因素和社会因素：①犯罪的个人原因（人类学因素），是指犯罪人生理、心理及种族方面的特征。菲利认为，这些特征对犯罪有很大影响，但这种人类学因素必须与其他因素结合，相互作用，才能对犯罪有影响，单从人类学因素方面是不能解释犯罪的原因的。②自然因素，主要是指"我们生活于其中，但并未予以注意的一些物质环境"，主要包括自然资源状况、地形、气候等。菲利认为，自然因素虽不能直接产生犯罪但通过与其他因素结合能够促使犯罪行为的产生，并且影响犯罪现象的变化。他认为，地理状况可以影响社会状况，比如贫富、就业、文化和道德状况等，而这些因素同犯罪有密切关系。③社会因素，是指能够促使人类生活不诚实、不完满的社会环境，包括经济、政治、道德及文化生活中的各种不安定因素。他所说的经济因素包括贫穷和富裕两种情况，贫穷使得人为了生存而把行为准则降低到与初级动物一样的程度，这样一来，就难免要触犯法律、构成犯罪；富裕则可能使人头脑空虚而又不从事体力和脑力劳动，从而产生生活腐化，最后导致贿赂、赌博、吸毒、通奸等犯罪行为的产生。除经济因素外，其他因素如政治、道德及文化生活中的各种不安定因素在与其他因素结合的情况下，也会影响犯罪现象的变化。

在菲利看来，犯罪是这三个方面的因素共同作用的结果。当这三类因素达到一定量的时候，就必然发生犯罪，无论哪一种因素都不能单独解释所有的犯罪。

菲利的三因素论，实际上标志着犯罪学多因素理论的建立。与只强调某一因素与犯罪之间的因果联系的单因素论相比，多因素论一方面反映了犯罪现象本身的复杂多样性，另一方面也说明了犯罪学研究水平的提高，这是犯罪学发展中的一次历史性进步。

第二，关于犯罪人。菲利用生物进化论论证了天生犯罪人论，他认为：自然进化与道德发展是平行发展的，进化程度越高，道德水准和心理能力就相应增高；进化程度较低的生物一定具有一些特定的解剖学特征，而且脑容量也大不相同，远远小于进化程度较高的生物。因此，根据脑容量的大小可判别高等动物和低等动物，可以从一群人中判别出谁是低等人种，谁的心理能力和道德感低于常人。按照菲利的以上分析，犯罪人是一种进化程度低于正常人标准的人。由于正常人的进化程度较高，且具有较高的思维能力，因而具有较高的道德水准，所以很少犯罪。而犯罪人由于进化程度较低，心理能力、道德水准也较低，所以易于实施禽兽般的犯罪行为。

进化不同的动物，可以从内外部的生理、心理特征上加以区分，人们可以从颅相、面相、体型、器官构造等方面把犯罪人与非犯罪人区别开来，这就是人类学理论的生物学依据。

第三，关于"犯罪饱和法则"。任何一种犯罪行为或整个社会的犯罪现象都是人类学因素、社会因素和自然因素三种因素相互作用的结果。在不同类型的犯罪中，各种因素起作用的程度和方式有很大的不同。但总的来说，社会因素所起的作用较大。他认为，"人之所以成为罪犯，并不是因为他要犯罪，而是由于他处于一定的物质和社会条件之下，罪恶的种子得以在这种条件下发芽、生长"。菲利认真考察了1826～1888年欧洲主要国家的犯罪状况，认为每一个国家在客观上都存在着促使犯罪产生和变化的三种因素，这三种因素是不断变化的，并由此影响犯罪现象的变化；犯罪在各年度有升降波动，这种变化不是没规律的，它也有年终平衡；每个国家始终都存在一定数量和一定种类的犯罪，犯罪始终处于与它的原因相适应的饱和状态；有时某个国家也可能出现超饱和的状态，不过最终还是会恢复到饱和状态。

菲利的这一法则是在化学中的饱和定律的启发下，根据他对犯罪统计资料的研究提出的，他认为，"就像一定量的水在一定的温度下会溶解一定量的化学物质，而且不多也不少那样，在有一定的个人和自然条件的特定社会环境中，也会发生一定量的犯罪，不多也不少"。

第四，关于"刑罚代替措施"。菲利把犯罪与刑罚比作洪水与堤坝，认为仅仅依靠堤坝来堵塞洪水，这本身就不符合水力学的要求。在这种重疏导、轻刑罚思想的基础上，菲利提出了著名的"刑罚代替措施"的概念。刑罚代替措施，主要是强调疏导重于惩罚的思想。他提出：社会对犯罪现象所能采取的最有效、最有力的防卫应当是双重性的，一方面，针对犯罪的环境因素改善社会环境，对犯罪进行自然预防，以此替代刑罚；另一方面，根据行为人的生物学状况（可治愈程度），永久或临时性地隔离罪犯。菲利通过举例说明了许多疏导性社会措施都能取代刑罚，并能更好地预防犯罪。在居住条件很差的贫民区，男女老幼共居一室，再重的刑罚也难以制止犯罪的发生。此外，厚给官吏以养廉，可以减少收受贿赂和营私舞弊等渎职犯罪；设置路灯、街灯可以防止或减少盗窃罪的发生；承认私生子的合法权利，可以防止堕胎、溺婴等犯罪。这些都是菲利所说的刑罚代替的具体措施。

（3）加罗法洛的犯罪学思想。加罗法洛与龙勃罗梭和菲利一样，在犯罪原因上否定古典犯罪学派的自由意志说，主张犯罪原因的决定论。他在1885年出版了以《犯罪学》命名的著作，由此，"犯罪学"这个术语被普遍接受。在具体解释犯罪行为产生原因时，他与龙勃罗梭、菲利有所区别。龙勃罗梭强调生理因素对犯罪的影响，菲利主张社会因素对犯罪的作用，加罗法洛则偏重从心理学方面解释犯罪。

加罗法洛最重要的理论贡献在于提出了与"法定犯罪"相对应的"自然犯罪"理论。在他看来，人类有两种属性，一种是保护自己的本能的利己情绪，另一种是基于保护社会的利他情绪。在利他情绪中，最重要的是怜悯和正直的观念。自然犯罪就是触犯了人类社会的这两种基本感情的犯罪。自然犯罪的本质在于对怜悯和正直的违反。由此，"自然犯罪者"属于那种有生理缺陷的人类学类型的人，是一种不能产生利他主义感情的，处于低劣发展状态中的人。自然犯罪为任何文明社会所不容，是真正的犯罪。法定犯罪是国家通过立法规定的属于自然犯罪范畴之外的犯罪，它在不同时期、不同国家都有不同的规定。

与此相适应，加罗法洛将犯罪人分为真正的犯罪人、非真正的犯罪人两大类，并主张对这两类犯罪人，应采取各自不同的法律手段。

加罗法洛认为，既然真正的犯罪人总是道德低劣的人，那么对犯罪人加以分类时，就要以道德低劣的本质和程度为依据，因此，他把真正的犯罪人分为四类，并提出各自的对策措施：①谋杀犯。视杀人如儿戏，毫无道德情感的人，即"天生犯罪人"。对于这种人，死刑是唯一措施。②暴力犯。这是指为了满足自我而施暴者。对于这种人，应将其流放到海外岛屿，限制其行动自由，严禁其脱逃，并对其实行不定期刑。③财产犯。这是指盗窃犯，对这类犯罪人应将其放逐到农场，强迫其劳动。对常习的财产犯，应处以无期徒刑。④风俗犯。这是指心理异常的性犯罪人。对这类犯人，如果患有精神病，应将其监禁于收容所，加以隔离治疗。

对于非真正的犯罪人，加罗法洛认为除科以刑罚外，还应实行强制赔偿的措施。应强制其劳动，劳动所得收入除扣除收容费用外，其余充作损害赔偿和罚金之用。

综上所述可以看出，实证犯罪学派和古典犯罪学派在犯罪研究方面存在很大的差异。由于两大犯罪学派对世界各国犯罪学、刑法学及刑事政策的影响极其深远，因此，当今世界各国犯罪防治政策的制定和实施，仍体现了两大学派的基本精神，绝大多数现代西方犯罪学理论也都是对这两大学派理论的继承和发展。因此，将两大学派进行比较十分必要。它们之间的区别主要表现在：

第一，在产生背景与研究方法上的不同。古典学派是启蒙运动的产物。启蒙运动是一场理性的思想运动，主张人们应当基于个人理性来评价一切社会现象。古典学派受此思想的影响，对当时的宗教神学思想和残酷、无序的刑法制度进行了猛烈的抨击。实证学派的兴起，则是受当时自然科学的影响，试图以科学研究的实证方式，寻求犯罪原因，探求犯罪对策。因此，实证学派的实证研究方法与古典学派的理性思辨是两大学派的根本不同。

第二，在犯罪原因论上的不同。古典学派提倡"自由意志说"，认为人是自由意志的主体，正常的人都有辨别是非善恶的能力，并能决定从善去恶进行行为选择。实证学派则认为，个人的生理、心理因素与环境因素（社会的原因）影响着人的行为，坚持犯罪原因的决定论。

第三，在刑罚裁量依据和刑事责任论上的不同。古典学派认为，在一般情况下，人人都有平等的自由意志，所以刑罚的轻重应以犯罪行为客观危害为标准，坚持道义责任论。古典学派认为，犯罪是有自由意志的人违反理性要求的行为。实证学派则认为，刑罚针对的不是犯罪行为，而是具体的犯罪人，法官不应只根据行为人犯了什么罪就依法处以刑罚，还应考虑行为人的犯罪原因、社会危害性的大小、人格特征、改造好的可能性的大小等因素，因此，该学派主张社会责任论。菲利认为，个体的社会存在就在于他是社会构成中的一员，而社会作为有机体如同有生命的存在物一样，也有维护自我存续的权利，因此，犯罪人之所以要对犯罪行为承担刑事责任，就在于他损害了他生活的社会，这就是作为新的刑事责任基础的社会责任论。其实，社会责任论是强调造成犯罪人实施犯罪的社会因素。

第四，在刑罚目的论上的不同。古典学派认为，对犯罪者科处刑罚是其应得的报应。该学派坚持报应刑论，认为这种报应应为等价的报应，否则，刑罚超过罪责，就违反了公平原则，不符合正义的精神。实证学派则认为，刑罚并非对于犯罪的报应，主张教育刑论，认为按照实证犯罪学理论，犯罪并不完全是行为人自己造成的，社会也没有理由对犯罪人实行罪刑等值的惩罚。刑罚的目的是教育、改造犯罪人，帮助其适应社会，起到保全社会的作用。

2. 早期犯罪社会学派的犯罪学思想。如果说犯罪人类学是犯罪学历史上的一个特定阶段，标志着犯罪学的诞生，那么犯罪社会学则是另一影响深远的重要学派。

犯罪人类学派由于过分重视对犯罪人个人生物性因素的研究，而忽视了社会性因素在犯罪中的作用，因此，遭到了一些国家犯罪学者的广泛批判。一些学者认为，犯罪原因不只在于犯罪人的人体特征，更重要的是在于社会因素，从而加速了犯罪社会学派的形成。

犯罪社会学派产生于 19 世纪末 20 世纪初，该学派以菲利的自然社会原因为基础，把犯罪看成是一种社会现象，着重从社会角度进行研究，这一学派的代表人物是德国著名刑法学家李斯特（Lisit）、意大利学者菲利。李斯特的犯罪学的基点是从犯罪原因论出发，认为犯罪是由无数社会原因和个人原因所造成的。他在研究中发现，社会环境条件在导致犯罪中具有重要作用，他批判了龙勃罗梭的生来犯罪人论，强调了一些社会因素，批判了菲利的犯罪原因论，否定了犯罪的自然原因，认为这是社会原因的一种。他认为，犯罪行为是由社会原因和个人原因共同构成的；人是一定社会的人，犯罪需要犯罪者本身有内在的和外在的各种原因。与菲利不同，他反对人类学派的犯罪原因论，主张人的生理因素对人的行为存在重要影响的同时，更强调社会因素的决定作用。他认为，诸如失业、贫困、酗酒、物价高昂等社会因素对犯罪产生起着重要作用。李斯特是犯罪原因“二元论”的代表，他认为，犯罪行为是在犯罪时罪犯特有的特性与此时此刻罪犯周围外界环境的产物。在他所主张的犯罪的两个原因中，社会原因是主要的。他举例说，冬季之所以发生财产犯罪多，是因为收入减少，取暖人所需燃料短缺，这些都是由经济等社会原因所决定的。他指出，犯罪原因大部分在社会，研究犯罪原因就要研究社会缺陷，消灭社会上的原因，犯罪就自然消灭了。他认为，大众的贫穷是培养犯罪的最大基础，也是遗传素质发生质变的原因。他主张消除犯罪的个人原因是刑事政策固有的任务，消除犯罪的社会原因是一般的社会政策的任务。因此"最好的社会政策，也就是最好的刑事政策"。这就是说，他主张防止犯罪主要是要依靠社会的政策，而不只是用刑罚来禁止犯罪。这种观点对后来西方预防犯罪的理论、实践产生了巨大的影响。

三、20 世纪的犯罪社会学派及其现代犯罪学

（一）20 世纪的犯罪社会学研究

20 世纪上半叶是西方犯罪学发展的鼎盛时期，在这个时期，犯罪学研究在许多国家发展起来，并出现了各种不同流派。其中，犯罪社会学和犯罪社会心理学理论占主导地位，犯罪人类学研究则处于次要地位。

西方犯罪学研究在 20 世纪初以前主要以欧洲为中心，自 1909 年芝加哥成立"美国刑法和犯罪学研究所"以来，犯罪学研究中心由欧洲转移到美国，至今美国的犯罪学研究在整体上仍处于领先地位。由于受 19 世纪欧洲犯罪学家思想的影响，美国犯罪学研究的一个突出特点是把犯罪学研究纳入社会学领域，在研究方法上，十分重视实证主义的研究方法。

20 世纪二三十年代，美国的犯罪学研究得到了一定发展，大批犯罪学论著出版问世。其中，最具代表性的研究成果有：①莫里斯·帕米利的《犯罪学》教科书，包括犯罪规模、表现形式、原因、刑事司法系统（警察、法院、监狱）及其预防和治疗方法。以后美国的犯罪学教科书大都以此为蓝本进行编写。②萨瑟兰的《犯罪学原理》。书中提出了著名的"差别交往理论"。后来，萨瑟兰又发表了关于"白领阶层犯罪"现象的报告，使人们注意到了现代社会中居于社会上层（体面阶层）、有一定经济地位的人的犯罪行为。③以谢尔顿·格卢克和埃利诺·格卢克夫妇为代表的犯罪预测研究、犯罪生态学研究。

20 世纪 30 年代末和 50 年代初，美国的犯罪学研究范围进一步扩展，塞林在分析了美国经济萧条时期犯罪的发展状况后，提出了"文化冲突"理论，把产生犯罪现象的原因归因于不同价值体系之间的冲突。后来有学者提出对"犯罪人"重新认识的观点，并将认定犯罪的过程看成是一个贴标签、下定义的过程，使人意识到并将这一标签内化。从那时起，相互作用（个人与社会之间）的观念，就成为现代犯罪学的一个中心概念。

整个 20 世纪上半叶，以美国为中心的犯罪学研究取得了多方面的重要成果：

1. 接受了以犯罪人为中心的实证主义研究方法。

2. 继承并发展了法国的犯罪社会学观点，塔尔德和迪尔凯姆的主要思想在萨瑟兰、默顿等学者的理论中得到发展。

3. 犯罪学研究的注意力由在传统犯罪人身上向两个方面扩大：①注意到了白领阶层的犯罪现象；②将犯罪被害人及对犯罪行为作出反应的方面，如立法及警察、法院、监狱纳入了犯罪学的研究对象。

自 20 世纪 70 年代以来，西方犯罪学受到了在社会科学领域所出现的从分析到综合的潮流的影响，在理论上出现了新的发展。一方面，一些学者对一些传统理论进行反思并加以修正，在原有理论的基础上增添了新的内容，起到了补充、完善传统理论的作用；另一方面，更多的学者对传统理论进行"整合"，在吸收、综合了各种不同观点后，形成了新的理论观点，推动了现代犯罪学理论的发展。

（二）西方犯罪学的研究现状

在西方社会，犯罪的不断增长和日益严重，吸引着众多的学者对它进行研究。同时，社会科学的不断发展，现代科学技术的进步，使学科之间的相互渗透、相互促进的趋势日益明显。犯罪学作为一门综合学科，成为法学、社会学、心理学、精神病学、教育学、伦理学以及其他相关学科的学者共同研究的领域。同时，也形成了众多理论观点各异的流派。从西方犯罪学研究现状看，主要呈现出以下特点：

1. 犯罪原因理论从单一因素论向多因素综合理论转化。这是西方犯罪学在犯罪原因研究演变过程中表现出来的特点。对犯罪问题进行比较集中的研究是从 19 世纪末叶开始的，而最早从事犯罪学研究的都是从事其他科学研究的生物学家、心理学家和精神病学家等。这些学者都是从自己的专业出发，在自己所从事的职业范围内，运用自己所掌握的某方面专业知识对犯罪进行研究。所以，这些研究者很难摆脱专业知识的限制和研究方法的局限，往往过分强调在自己的研究方向上所取得的成果。这些研究者的理论，一般来讲只从某一单一因素出发研究犯罪，并试图用这一因素对犯罪行为作出合理解释。但由于这些一元论的解释理论之间常常彼此矛盾，难以得出科学的结论，又不能全面说明犯罪现象，因而，从多个角度探讨犯罪的多因素犯罪原因论得以出现并逐渐占据统治地位。在多因素的犯罪原因理论中，学者们从社会因素、个人因素等各个角度探求与犯罪之间的关系，并进一步对各种犯罪理论进行整合，以至多因素的范围日益扩大，由此，肯定了犯罪是大量的互相联系的因素相互作用的结果。

只有对犯罪进行多因素的综合分析，才能真正找到犯罪产生的原因。与这种原因解释的多元化相适应，在犯罪预防上也体现出多样化的特点，即将刑事控制模式、进行心理治疗和个别引导的医疗模式与以改造家庭条件、社会环境为主要目标的社会模式同时应用于司法实践领域。

2. 犯罪预防理论日益受到重视。这是西方犯罪学在发展趋势上表现出来的特点。应该说，犯罪预防思想由来已久，犯罪学作为一门独立的学科形成之后，犯罪预防观念就在其中起着重要作用。但不可否认的是，在早期的犯罪学研究中，犯罪预防没有受到应有的重视。相对犯罪原因的探讨来说，规范的、系统的犯罪预防理论明显缺乏。进入 20 世纪以后，特别是到 20 世纪 50 年代以后，西方国家的犯罪日趋严重，成为西方国家最为严重的社会问题之一。这种现象促使一些犯罪学家认识到，犯罪预防才是犯罪问题研究的最终归宿，与其苦苦专注于犯罪原因的探讨而对犯罪控制无能为力，不如将犯罪原因与控制结合起来，将预防犯罪、控制犯罪纳入犯罪学的研究领域。联合国所属专业机构也致力于预防犯罪的研讨。与这种努力呼应，犯罪预防和犯罪对策的研究开始受到学者们的重视，一些具有可操作性的犯罪预防的理论也得以出现，在实际中收到了较好的效果。

3. 犯罪学的研究视角发生转变。这是西方犯罪学研究角度变化上表现出来的特点。从西方犯罪学的发展历史我们可以看出，古典学派着眼于犯罪行为、危害性和罪责，实证派学者则将注意力集中在犯罪人、危险性上，它主要从人本身探求犯罪发生的原因，也包含社会环境影响个人行为的某些观点，并注重运用教育刑对犯罪人进行改造，力图使个人重新回归社会。现代犯罪学特别是 20 世纪 60 年代末以来，在研究视角上呈现出新的变化。学者们不再以静态方式研究犯罪行为的发生，而是把犯罪成因解释为一种由犯罪人、被害人和社会一起参与的社会过程。因此，现代犯罪学不仅对被别人标定为犯罪的那些人的行为进行研究，而且对把别人标定为犯罪的那些人的行为进行深入探究，如警察、法庭、监狱，形成了标签理论。这一理论从新的视角审视了被害人以及各种社会监控措施，在看到社会监控所具有的预防犯罪的作用的同时，对它们所起的促使犯罪或继续犯罪的作用进行了新的评价。一些犯罪学家把"犯罪行为"和"犯罪人"理解为用于标定一些行为和个人的一种称谓，而他们的任务就是揭示这种称谓的社会过程。20 世纪 70 年代，有学派注意到社会的立法者和维护法律的司法机关在确定犯罪行为范围时的主观倾向，他们用批判的视角对下层贫困阶层的违法者和特权阶层的违法者在地位上进行区别，并尖锐地指出资本主义社会是犯罪的根源。因此,要减少和消灭犯罪,必须从改造社会制度入手。

4. 青少年犯罪问题受到普遍关注。这是西方犯罪学在研究侧重类型上表现出的特点。自从第二次世界大战结束以来,西方许多国家的青少年犯罪率大幅度上升,新的犯罪类型不断出现,犯罪手段趋向现代化,已经危及了社会安全和统治阶级的利益,以至于许多国家的政府投入大量的人力和财力来研究阻止和控制犯罪的有效途径。

青少年犯罪已成为犯罪学研究的中心议题之一。青少年犯罪的日益增加,引起了各国普遍的重视。因而涉及青少年犯罪的一系列社会问题都成为犯罪学研究的课题,如青少年的教育问题、就业问题、家庭婚姻状况等。联合国 1955年开始的 5 年一届的预防犯罪和罪犯待遇大会,把青少年犯罪问题纳入了中心议题,有关青少年犯罪低龄化趋势、暴力犯罪、性犯罪及其青少年吸毒等问题也成为犯罪学研究的重要问题。

除青少年犯罪之外,其他类型犯罪近年来也日益严重。暴力袭击、各种财产犯罪以及跨国、跨境的犯罪引起了人们的忧虑。于是,各国政府在这方面加大了犯罪预防理论和控制对策的研究力度。

5. 国际有关犯罪的学术交流与合作频繁。这是西方犯罪学研究在国际社会影响上表现出的特点。由于犯罪出现了共同发展的趋势和国际化倾向,国际有关研究犯罪问题的学术交流和国与国之间的相互合作十分频繁。联合国在第 24届联大会议上指出:"社会进步与发展应当致力于铲除产生犯罪、违法,尤其是未成年人犯罪的条件。"国际性的犯罪学机构,如联合国预防和控制犯罪委员会、国际刑事警察组织、联合国区域间犯罪和司法研究所以及国际犯罪学会,在犯罪问题的国际性交流、打击跨国跨境犯罪的国际合作方面作出了重大贡献,也促进了当代犯罪学研究的发展。

联合国预防和控制犯罪委员会(The Committee on Crime Prevention and Control)是联合国经济及社会理事会下属的专家委员会,它主要负责每 5 年举行一次的联合国预防犯罪和罪犯待遇大会的筹备工作,讨论和协调各国在预防犯罪方面共同关心的问题;该委员会还根据各国主权平等和不干涉内政的原则,制定预防犯罪领域内国际合作项目和提出有关建议;推动交流各国在预防犯罪和刑事司法领域取得的经验;促进罪犯享受更人道的待遇;向联合国主管机构及其大会提出有关报告和建议。所有这些,都充分反映了国际社会对世界的普遍问题——犯罪的关注。

（三）苏联对犯罪问题的研究

苏联在苏维埃社会主义国家建立初期，就十分重视对犯罪问题的研究，还建立了专门研究犯罪的组织机构。1925年，在莫斯科成立了犯罪与犯罪人的国家研究所，主要查明促使一般犯罪现象和某些犯罪上升的原因和条件，研究与犯罪现象作斗争的方法和刑事政策，研究被剥夺自由的人以及制定对他们进行惩治的方法和体系。20世纪30年代末至50年代中期，由于受犯罪问题不是社会主义胜利条件下最迫切的问题的思想影响，犯罪学的研究处于停滞状态。60年代初，苏联犯罪学理论又被列入主要的法学研究领域。自此，一些科研机构、大专院校都开始有组织地开展研究，并将理论研究与应用研究有机地结合起来。1963年，又成立了犯罪学研究的领头机构，即全苏研究犯罪原因和制定预防犯罪措施研究所，并且出版了《苏维埃犯罪学》。40多年来，苏联犯罪学发展很快，出现了大批犯罪学家，他们出版了许多有关犯罪学的专著，对一系列犯罪问题进行了较深入的研究，并且形成了与西方国家不同的苏维埃犯罪学体系。1984年，苏联国家奖授予了5名犯罪学家。他们的理论观点无论在全社会的水平上，还是在社会集团和个人水平上，都取得了相当大的进展，[1] 如N. N. 卡尔佩茨的《犯罪现象问题》（1969年）、《现代刑法和犯罪学问题》（1976年），B. H. 库德里雅夫采夫的《犯罪学中的因果关系》（1968年）和《违法原因》（1976年），A. M. 雅科夫列夫的《犯罪现象和社会心理学》（1970年），H. Φ. 库兹涅佐娃的《犯罪行为与犯罪现象》（1969年），A. B. 萨哈罗夫的《论苏联的犯罪人和犯罪原因》（1961年）。

就犯罪问题的本质，苏联学者认为，"犯罪是社会和历史形成的现象……它同社会主义制度是不相容的，是旧社会的残余，在共产主义建设中一定可以而且应该加以消灭"。他们认为犯罪问题的本质是社会问题，会随着社会制度的完善而逐渐消亡。针对犯罪原因，苏联学者一般认为，其应当是一种物质现象和思想意识现象、社会方面的现象和个人方面的现象相互联系的社会表现和个人表现的总和。犯罪者个人的主观原因是犯罪行为直接的、最接近的原因，但犯罪不是纯个人现象，而是社会因素和个人因素交互作用而形成的。苏联犯罪学对犯罪预防十分关注，它系统地探讨了犯罪预防的概念、犯罪预防体系的组织原则和活动的基本原则、预防措施的分类、犯罪预防的主体以及特定区域、特定类型犯罪的预防等。可以说，苏联犯罪学研究在一定程度上是以犯罪预防为

---

[1] ［苏］B. K. 兹维尔布利等主编：《犯罪学》，群众出版社1986年版，第39~44页。

中心而展开的。

第三节　我国犯罪学的历史发展

一、我国犯罪学的历史

我国对犯罪学的系统研究，最早开始于 20 世纪 20 年代末期。最初学者们主要是翻译和介绍西方犯罪学的研究成果，其中，较具代表性的研究成果是：龙勃罗梭的《犯罪人论》（刘麟生译，1922 年），《实证派犯罪学》（许楼庭译，1936 年），德国学者马勃的《审判心理学大意》（陈大齐译，1922 年），日本学者寺田精一的《犯罪心理学》（张廷键译，1927 年），美国学者齐林的《犯罪学与刑罚学》（查良译，1936 年）等。西方和日本等国犯罪学著作的介绍，促进了我国犯罪学研究的起步。20 世纪 20 年代末至 30 年代末，我国学者在接受国外学者犯罪学研究成果的基础上，开始研究当时中国社会的犯罪问题，并且拟定和出版了一批犯罪学著作。例如，1932 年许鹏飞的《犯罪学大纲》，1933 年孙雄的《犯罪学研究》，李剑华的《犯罪学》及《犯罪社会学》，鲍如为的《犯罪学概论》。上述学者致力于犯罪问题的研究，取得了很大成就，对犯罪学的发展起了积极的促进作用。特别应当提到的是，老一辈社会学家、犯罪学家严景耀先生在 1934 年撰写的《中国的犯罪问题与社会变迁的关系》一书，在大量的实证调查的基础上，将犯罪问题同中国的社会问题联系起来，把犯罪问题和社会制度联系起来。直至今天，这些理论仍不失其现实的指导意义。

新中国成立后，由于受"左"的思想干扰，特别是苏联对社会科学否定、取消主义态度的影响，犯罪学研究在一段时期内处于停滞状态。我国理论上把犯罪现象、犯罪预防和对策作为一门独立学科进行研究是在 20 世纪 70 年代末，这是在突如其来的犯罪浪潮冲击下被迫作出的选择。70 年代末至 80 年代初，青少年犯罪日益严重，犯罪率急剧上升，引起了全社会的关注。1979 年中央首次转发了中宣部等八个单位《关于提请全党重视解决青少年违法犯罪的报告》。为了响应中央通知精神，全国掀起了一个研究犯罪问题的热潮。这一时期犯罪学研究的特点主要表现为：以马克思主义的理论为指导，从中国的实际情况出发，坚持理论与实践相结合的原则，对我国青少年犯罪的历史与现状、特点和趋势、原因及治理与预防对策进行了广泛而深入的研究。

二、我国犯罪学的现状

我国犯罪学的建立虽然起步晚、历时短，却取得了显著的成绩。首先，我国涌现出一大批专门从事犯罪学教学与研究的专家、学者，以及有志于从事犯罪学研究的司法实践工作者。他们有一定的理论研究水平和专业知识，其中很多人具有丰富的实践经验。理论工作者和实践工作者相结合，共同研究犯罪问题，共同促进中国的犯罪学研究，丰富了中国犯罪学研究的理论与实践。其次，我国犯罪学架构起了完善的研究团体体系。全国性团体包括1982年成立的青少年犯罪研究会。此后，许多省、自治区和直辖市也相继成立了青少年犯罪研究会。1992年4月，中国犯罪学研究会成立，它标志着中国犯罪学作为一门独立的学科已取得了社会的认可，也标志着中国犯罪学的研究进入了新的发展阶段。再次，犯罪学理论研究成果丰硕。其一，犯罪学理论刊物相继问世，如《预防青少年犯罪研究》《青少年犯罪问题》《犯罪与改造研究》《公共安全研究》《犯罪研究》等，为犯罪学理论研究提供了交流平台。其二，犯罪学教材和专著不断涌现。这些教材和专著体系日趋完善，内容论述也有相当的深度。最后，犯罪学课程建设取得显著成效。目前各政法院校和综合大学法律系、法学院都较为普遍地开设了犯罪学课程。许多院校招收犯罪学研究方向的硕士研究生，为我国犯罪学的教学与科研，为犯罪防治实践部门输送了大批优秀人才。

尽管我国犯罪学发展迅速，但必须看到，我国犯罪学至今仍处在创建阶段，还存在许多不足，主要包括：其一，犯罪学的研究尚未得到足够的重视。在我国，犯罪学研究的专门人才缺乏，没有形成阵营整齐、学派分明的犯罪学专业队伍；除了专门的法律工作者之外，极少有精神病学家、医生及社会心理学家等从事其他学科研究的专业人员加入其中；犯罪学的研究和成果没有得到我国科学界的普遍重视和正式认可，以至于犯罪学在很大程度上被视为各种与犯罪问题相关的学科组成的一个综合学科；从整个研究经费的投入和犯罪学研究机构的设置与活动看，国家的支持力度不够。犯罪学得不到足够的重视，必然影响学者们对犯罪问题研究的积极性，进而影响整个犯罪学理论的发展。所以，要想使犯罪学有长足的发展，全社会都要重视对犯罪问题的研究，加强不同领域、不同学科专家、学者之间的合作，重视对犯罪学专门人才的培养，并通过各种渠道和各种努力，逐渐将犯罪学的研究成果应用于刑事立法和社会治安综合治理的实践。其二，犯罪学基础理论研究不足。我国目前的犯罪理论研究还存在着不少问题：①在犯罪原因的研究上，很多文章未分清角度、未区分概念，而进行无谓的争论；不少文章往往有一得之见，但都是片面真理，众说纷纭，莫衷一是；犯罪原因研究是犯罪学研究中最敏感的部位，不少文章表现出思想有意无意的保守，观念或多或少的陈旧。②目前的综合治理研究多停留在经验阶段，没有做到理论化、科学化；对于综合治理的研究还在做表面文章，没有做到逐步深入化、具体化。③中国犯罪研究定量分析少，定性分析多。在一定程度上分析问题不抓一定的量，缺乏科学定性，影响了研究的进展。因此，犯罪学的研究不能仅仅停留在为应用而研究和应用的经验水平层面，更不能将犯罪学的研究降低到单一的服务性研究。而离开了基础理论，离开了对犯罪问题的"实证考察"与"超前探索"相结合的研究模式，也很难对犯罪问题做深入的探索，不可能构建起科学的犯罪学体系。所以，深化犯罪学基础理论研究，扎扎实实地致力于犯罪学学科建设，是我们已经面临且亟待解决的一个问题。

其三，犯罪学总体研究水平不高。我国目前整体的犯罪学研究，针对满足复杂多变的现实需求而言，无论是在理论体系上，还是在应用功能上，其作用均未得到充分发挥。因此，犯罪学研究有待突破现有的研究水平，科学确定犯罪学的研究范围，不断发展和开拓诸如犯罪统计学、犯罪心理学、刑事政策学等新的领域，注重学术思想、理论观点的创新，构建自己独立的专业基础理论和研究平台，从而形成一个全新的、独立的、对现实社会的犯罪控制具有直接指导意义的犯罪学理论体系。

思考题

1. 中外犯罪理论的渊源思考。

2. 古典犯罪学派的犯罪学理论。

3. 犯罪人类学派的犯罪学思想。

4. 古典犯罪学派与实证犯罪学派在犯罪认识上的主要区别。

5. 早期犯罪社会学派的犯罪学思想。

6. 西方犯罪学的研究现状。

拓展阅读

1. ［意］切萨雷·贝卡里亚：《论犯罪与刑罚》，黄风译，北京大学出版社2008年版。

2. ［意］切萨雷·龙勃罗梭：《犯罪人论》，黄风译，北京大学出版社2011

年版。

3. ［意］切萨雷·龙勃罗梭:《犯罪及其原因和矫治》，吴宗宪等译，中国人民公安大学出版社 2009 年版。

4. ［意］加罗法洛:《犯罪学》，耿伟、王新译，中国大百科全书出版社 1996 年版。

5. ［意］恩里科·菲利:《实证派犯罪学》，郭建安译，中国人民公安大学出版社 2004 年版。

6. ［意］恩里科·菲利:《犯罪社会学》，郭建安译，中国人民公安大学出版社 2004 年版。

7. ［英］吉米·边沁:《立法理论》，李贵方等译，中国人民公安大学出版社 2004 年版。

第二编　犯罪现象

第三章 犯罪现象概述

第一节 犯罪现象的概念

一、犯罪现象的概念

犯罪现象是我们研究犯罪问题首先接触的基本事实，是犯罪学理论体系中的一个重要组成部分，是整个犯罪学研究的前提和基础。作为第一手基本的原始素材，犯罪现象既有量的特性，又有质的属性。一定的犯罪原因产生了一定的犯罪现象，一定的犯罪现象是这一犯罪原因的外化和结果。通过一定的犯罪现象，我们就可以查明这种现象背后深层次的犯罪原因，提出有的放矢的犯罪预防对策。

犯罪现象是指在一定时空条件下由犯罪原因所决定的有关犯罪、犯罪人及其被害人形态的诸客观事实的总和。犯罪学对犯罪现象的研究在于尽可能客观地描述犯罪现象的基本要素，为系统地探求犯罪原因，寻求和改进犯罪预防体系和建立科学的犯罪学理论提供事实基础。犯罪原因引起犯罪现象，而犯罪现象反映并决定于犯罪原因，但犯罪学要求在犯罪学体系中先研究犯罪现象，继而探寻其深层的犯罪原因及其真实的罪因结构以及与犯罪现象的互动关系，从而建立有的放矢的预防犯罪对策。事实上，犯罪学的所有理论和体系都建立在对于犯罪现象真实、客观描述的基础上。在一定意义上甚至可以说，对于某种犯罪学理论最客观、最直接的衡量标准，就是看它对于犯罪现象的调查、分析和描述是否真实、准确和具有说服力，即看它是否运用了有效的手段和方法对犯罪现象进行客观、真实和全面的描述，以利于准确地把握犯罪现象的基本态势。当然，对于犯罪的规定和社会反应会随着时间和空间条件的变化而不同。

因此，在一定时空中，只有从这一前提出发，才能准确把握和正确理解犯罪现象的状态、结构和变化趋势等情况。

二、犯罪现象的特性

犯罪现象虽然千差万别、多种多样，但也具有共同的表现其质的规定性的一般特性，这些特性主要表现在以下几个方面：

（一）直观性

犯罪现象属于看得见、感知得着的"明摆着的"事实，犯罪现象通常表现为各种各样丰富而零散、具体而表浅的基本事实，如各种犯罪行为、犯罪的时空分布、发案率与被害状况、犯罪人的构成特征以及犯罪亚文化现象等。这些现象作为既有的事实，首先直接而清晰地呈现在人们面前。一般来说，人们无需通过理性思维即可感知这些客观的、真实的现象。犯罪学正是依据这些基本素材逐步分析其犯罪原因，然后设计预防犯罪的对策。例如，从 20 世纪 80 年代中后期开始，我国的贪污、走私、行贿受贿等"经济犯罪"发案率大幅度上升，这是人们首先感知到的基本事实。我们正是根据这一事实的调查、分析来推知和确定它发生的原因。

（二）因果性

一方面，一定的犯罪现象总是一定的犯罪原因的产物，一定的犯罪原因总要通过一定的犯罪现象来加以显现和表述。当然，同一犯罪现象可能由不同的犯罪原因引起，而同一犯罪原因也可能通过不同的犯罪现象显现出来。另一方面，犯罪现象的量和质的变化，也会影响某种犯罪原因的作用，从而形成因果互动，使犯罪现象彼此之间由于互动易位而成为对方存在与运动变化的犯罪原因。另外，一定的预防对策针对一定的罪因结构才有根本价值，它受犯罪现象、罪因结构的制约。现象、原因、预防三者的因果制约作用，被称为"三维因果思维法则"。

（三）综合性

犯罪现象是集合概念，是包括一切有关犯罪、犯罪人和被害人的各类现象的集合体。其中，既有由犯罪原因直接产生的犯罪主现象，又有围绕主现象派生的多层次、多侧面显现犯罪的副现象；既有以犯罪人及其行为所构成的加害现象，又有以被害人及其被害为另一方的被害现象；既有公开暴露的显性现象，又有像"犯罪黑数"这样的隐性现象；既有相对稳定的静态犯罪现象，如犯罪状态、犯罪结构，又有处于运动状态的诸如"犯罪趋势"的动态犯罪现象。并且，各类犯罪现象常常相互交叉、重叠。犯罪现象的综合性，为我们分析犯罪现象提供了基本的概念工具和思维模式，从而达到准确地描述犯罪现象，进而查明犯罪原因的目的。

三、犯罪现象的描述

描述犯罪现象即描述组成犯罪现象的各种犯罪的总和，它以三个基本数据为特征，即犯罪状况、犯罪结构、犯罪动态。除此之外，还包括犯罪所带来的消极后果及造成的损失。

（一）犯罪状况

犯罪状况是犯罪现象最直观的经验事实。它是指一定时空条件下犯罪的总量指标和相对指标等数量方面的表现以及犯罪类型、危害程度、时空分布和犯罪人以及被害人的构成状况。就犯罪统计而言，发案率代表了违法犯罪案件的最大量，能真实地反映特定地区的社会治安状况，从一定程度上暴露出该地区在政治、经济、文化和教育、自然环境等因素的状况与问题。因此，研究过去和现实的犯罪状况，不仅是查明犯罪原因、制定预防犯罪对策的主要准备阶段，而且也为预测未来的犯罪现象、及时调整预防犯罪对策和社会公共政策提供了重要的事实根据。

（二）犯罪结构

犯罪结构是依据犯罪学原理，通过对各种犯罪进行分类然后确定的某种比例关系。通过犯罪结构的测量、分析，我们就能够对类型犯罪的社会危害性进行比较，对犯罪成员的构成作出评价，在总体上把握住犯罪活动的规律和特点，为某一类型犯罪的预防活动提供依据。犯罪结构包含着多方面的对比关系。这些关系从不同侧面反映出犯罪现象的质的规定性。

1. 反映犯罪性质的比例关系。重罪与轻罪的比重；传统犯罪或新型犯罪所占的比重；依据犯罪学原理所划分的各类犯罪的比重。

2. 反映犯罪成员身份结构特点的比例关系。①青少年（或未成年人）与老年人犯罪的比重。这种比例关系依据对一定年龄段的划分及其犯罪年龄群和非犯罪年龄群的比较来加以确定。②男性犯罪与女性犯罪的比重。③初犯（偶犯）与重新犯罪的比重。④不同职业或社会阶层成员犯罪的比重。

3. 反映犯罪的实施方式。从犯罪学角度看，可分为单独犯罪和有组织犯罪；自然人犯罪和单位犯罪。犯罪实施方式是衡量一个国家或地区犯罪的组织化程度和破坏能力的主要依据之一。近年来，犯罪行为结构的变化突出反映在高科技犯罪和跨国犯罪的增多。高、新、尖技术的普遍应用，使新技术领域的犯罪越来越多。相对而言，这类犯罪的社会危害性也较大。另外，犯罪的国际化趋势增强。随着国际交流的日益频繁，经济一体化趋势的出现也促使犯罪全球化趋势日益明显，表现为：传统的国内犯罪如盗窃、诈骗、拐卖人口等犯罪向国外发展，而传统的跨国性犯罪和国际性犯罪有增无减，如洗钱犯罪、毒品犯罪和恐怖主义犯罪。因此，加强国际刑事司法合作，有效打击跨国犯罪成为当务之急。

4. 犯罪的空间分布。犯罪的空间分布特点表现为不同地理区域的犯罪率和犯罪类别的差异。测量的基本范围有：农村犯罪与城市犯罪、沿海地区犯罪与内陆地区犯罪、经济发达地区犯罪与经济不发达地区犯罪等空间范围内的犯罪特点。

5. 犯罪的时间分布。犯罪的时间分布是指在一天的不同时刻或一年的不同季节中，犯罪数量和不同犯罪类型的发生比率。

（三）犯罪动态

犯罪动态是指犯罪现象在时间上的发展和变动，用来描述犯罪现象的状态和结构在未来某一时期内的变化趋势。它涉及许多变量的定性和定量分析，通过一些综合性的统计资料和典型调查，测定出犯罪现象的变化方向和范围，及时、主动地调整犯罪预防体系，为制定新的预防措施提供依据。犯罪预测研究就是犯罪动态研究的延伸。通常对犯罪动态的分析，是将犯罪现象的统计数值按照时间的先后顺序排列起来形成一定的数列，并由此反映犯罪现象形成的高峰期的规律，以及犯罪现象发展变化的趋势。

1. 犯罪高峰期。犯罪高峰期有两种含义：一是指在一定时期内，犯罪绝对数量最高的一段时间。二是犯罪集中发生的年龄段，即犯罪的高发年龄段。人的生长要经历许多阶段，当人的心理与生理发育不平衡、心理发育与社会化不平衡时，就容易发生犯罪。这种年龄段被称为人的生长发育过程中的犯罪高发或易发年龄段，即犯罪高峰期。当然，不同类型的犯罪，其犯罪高峰期也有所不同。

2. 犯罪趋势。犯罪趋势是指根据犯罪统计的归纳和概括而得出的一段时间内的犯罪发展动向，包括犯罪绝对量的增减、犯罪主体结构的变化、犯罪行为结构的变化、某类犯罪的增减等。犯罪趋势是犯罪动态的客观反映，对于一定时期内刑事政策的制定具有重大参考价值。当然，对于犯罪趋势的预测还要考虑其他统计数据和因素，这样的预测才能真实、可靠，如犯罪绝对数增加率与人口增长率是否一致，犯罪主体结构与人口结构变化是否保持合理比例，犯罪趋势变化与社会政治、经济形势、文化结构的变化有无密切关系。

犯罪现象的发生会带来多方面的消极后果。在这些消极后果中，最直接的并且可以进行计量的便是经济损失。同时，还会产生一系列消极的社会影响。从经济耗费方面对犯罪现象进行描述，能够更客观、真实地反映出犯罪现象的增减情况。例如，在描述犯罪现象时，如果不同时期犯罪总量大体相同，得出的结论是犯罪没有增加。但通过计算犯罪的经济损失，发现犯罪的经济损失超过了前一时期，这就证明犯罪增加了。这种增加不仅仅是一种量的增加，而是从另一方面反映了质的变化，即犯罪造成的损害严重了，这意味着更大程度的人身伤害和财物的毁损。另外，将用于刑事司法系统的支出，用于犯罪预防的费用，与犯罪所造成的经济损失进行比较，可以比较清楚地看出社会在犯罪控制中的"投入"。

四、犯罪现象的测量

犯罪现象的测量是运用数量统计的方法，对表述犯罪现象的一些指标进行具体的测定与量化，使犯罪现象得以准确直观地呈现。有关犯罪现象的统计研究方法在犯罪学研究方法中已有阐述，在此注重犯罪现象测量的基本类型和重要指标。

（一）犯罪现象测量的基本类型

1. 犯罪现象的表现形式。一般而言，犯罪现象有两种基本的表现形式，个体犯罪现象和总体（整体）犯罪现象。个体犯罪现象是由个体犯罪行为表现出来的某一具体的犯罪现象，包括具体犯罪人和犯罪产生的过程、特定的生活背景和犯罪经历等情况。总体（整体）犯罪现象是指一定时空条件下犯罪现象整体的综合表现。个体犯罪现象和总体犯罪现象既存在区别又有联系。总体犯罪现象由个体犯罪现象构成，个体犯罪现象包含在总体犯罪现象之中，它们是整体与部分、一般与个别的关系。但是，总体犯罪现象不是个体犯罪现象的简单拼凑，它具有许多新的结构体系。总体犯罪现象注重表现宏观的社会面的犯罪状况、犯罪结构和变化趋势，个体犯罪现象主要反映个体犯罪行为的发生状况和产生过程等诸多现象。

2. 犯罪现象测量的基本类型。从测量主体的角度划分，犯罪现象的测量可分为官方犯罪统计和非官方犯罪调查、犯罪的自我报告和犯罪的被害者调查。

（1）官方犯罪统计，是刑事司法机关在其职能活动中所进行的各阶段的犯罪统计，是掌握一个国家和地区犯罪基本状态的重要依据。目前，我国的犯罪统计主要分布在公安、检察、法院和监狱等方面的司法统计，具体包括公安机关的"刑事立案"统计，检察机关的批捕犯罪嫌疑人、自侦案件及提起公诉案件的统计，法院一审、二审关于刑事案件收案及结案的统计以及监狱关于收押犯人的统计。

在美国，联邦调查局、司法部、法院、检察、警察、矫正机关等均有各自相应的司法统计，其中，美国联邦调查局的统一犯罪报告（The Uniform Crime Reports，简称 UCR）最具代表性。它涵盖了美国每年度的犯罪总数、每 10 万人口中的犯罪率、不同地区的犯罪状况、犯罪性质及人员构成情况、犯罪出捕率、执法情况等。官方犯罪统计比较规范，可持续性强，是相对稳定的犯罪统计，但由于不同时期犯罪圈划定的相对性，统计手段、统计程序的不统一等问题，与官方犯罪统计相伴的是犯罪黑数的存在。

犯罪黑数，又称犯罪暗数或隐数，是指实际发生却因各种原因而未纳入官方犯罪统计中的犯罪数量。任何一个国家的犯罪统计，都难以做到绝对准确无误，犯罪黑数的存在也是难以避免的。但是，大量的犯罪黑数会影响官方统计的真实性，进而影响政府的犯罪决策。针对这一现象，20 世纪 40 年代和 60 年代，分别在美国兴起了两种犯罪调查：自我报告和被害者调查。自我报告是指通过问题卷调查等方法，让被调查者匿名报告自己在过去一段时间内的犯罪行为，从犯罪者的角度补充官方犯罪统计的不足。被害者调查是指从居民中抽样，调查他们在过去一段时期内受到犯罪侵害的情况，通过发现居民被害的数量确定实际发生的犯罪数量以及与犯罪相关的一些问题，从被害者的角度矫正官方统计的不足。

（2）非官方的犯罪调查，是某些研究机构或人员为了进行犯罪问题的研究对犯罪现象所做的统计调查活动。根据犯罪研究问题的不同，非官方犯罪调查可涉及多方面的内容，通过犯罪被害者调查、犯罪因素统计等所得数据与官方犯罪统计相互印证和比较，以便全面、客观地掌握犯罪现象的数量特征、数量关系和数量变化。

上述几种犯罪统计和测量方法对我们了解、掌握犯罪状况都有帮助，但各种方法在收集频率、覆盖地区、统计对象、测量犯罪或被害的类型及统计指标的设计上存在差异，各有优点，同时也存在某些缺陷。

（二）犯罪现象测量的指标

犯罪现象测量指标也称犯罪统计指标，是指某一具体时间、地点条件下犯罪现象数量特征、数量关系和数量变化的概念和数值。按照指标形式，犯罪统计指标可分为总量指标和相对指标。

1. 总量指标。又称绝对指标，是统计资料经过汇总整理后所得到的反映犯罪现象总体规模和水平的总和指标，它用具有计量单位的绝对数表示，如发案数、立案数、人犯数等。例如，1991 年我国立案数为 236.57 万起，2014 年全国立案数为 653.97 万起，2017 年全国各级法院判决生效被告人 127.6 万人。

2. 相对指标。又称相对数，是用两个有联系的指标进行对比的比值来反映犯罪现象数量特征和数量关系的指标，通常分为结构相对指标、比例相对指标、比较相对指标、强度相对指标和动态相对指标。

结构相对指标是按一定的标准将总体内某一部分数值与总体数值对比所得的比值。它反映类型特征和各种构成状态，常用百分数表示。例如，某地一年内发生暴力犯罪 190 起，其中杀人 32 起、伤害 58 起、强奸 36 起、抢劫 34 起、其他 30 起。从中可以得出这 190 起暴力犯罪的结构相对指标为杀人占 16.84%、伤害占 30.53%、强奸占 18.95%、抢劫占 17.89%、其他占 15.79%。

比例相对指标，是将总体内某一部分数值与另一部分数值对比所得的比值，常用系数或倍数表示。例如，上例中某地 190 起暴力案中伤害案是杀人案的 1.8 倍。这就是比例相对指标。

比较相对指标，是将某一总体指标与另一总体同类指标对比所得的比值。它反映了犯罪现象在不同国家、地区以及同一国家和地区在不同时期的差异程度，常用倍数或百分数表示。例如，甲地一年内发生盗窃案 1200 起，乙地一年内发生盗窃案 1800 起，则乙地一年内发生的盗窃案是甲地的 1.5 倍。这就是比较相对指标。

强度相对指标，是将两个有联系但不同的指标对比所得的比值。它是反映犯罪现象的密集程度的相对指标，常用复名数单位表示。例如，犯罪率是指一定时空范围内犯罪数与人口总数对比而计算的比率，主要有发案率、立案率，通常用万分比或十万分比表示，单位是"起/万人"或"起/10 万人"。

动态相对指标是将总体不同时期的同类指标对比所得到的比值。它反映了犯罪现象发展变化的程度和趋势，常用百分数表示。例如，某地 2013 年度发生电信诈骗案 1200 起，而 2014 年度发生电信诈骗案 1800 起，则该地 2014 年度发生的电信诈骗案是上一年度的 150%。

第二节　犯罪现象的类型

一、犯罪现象类型的概念

所谓犯罪现象的类型，就是指根据各种犯罪现象的性质、特征及其表现方式等不同情况，按照一定的目的或标准对它们进行的划分和归纳。

犯罪现象是极其复杂的社会现象，要想掌握犯罪现象的本质及其规律，查明各种犯罪现象产生的原因，首先要对犯罪现象进行宏观归纳和科学的分类，这是进行犯罪研究的必要步骤。缺少了这一步，就不能把极其复杂的犯罪现象条理化、系统化。因此，犯罪现象类型的研究对深入研究犯罪现象、探索其原因和对策具有极其重要的意义，也是犯罪学中对类型犯罪进行研究的重要方法。

二、研究犯罪现象类型的意义

（一）研究犯罪类型的理论意义

进行犯罪分类的研究，在理论上可以更加具体地把握犯罪的本质，掌握其演变规律。犯罪是极其复杂的，同时又具体地呈现在现实社会生活中，或者说犯罪表现为不同的犯罪类型。我们在研究中需要对不同类型的犯罪进行深入探讨，在此基础上，进一步认识犯罪的一般规律。比如，对犯罪特点的探讨，我们不仅要研究一般的或共同性的特点，而且更要研究个别类型的犯罪的特点。显然，我们对这些不同类型犯罪的特点认识得愈深刻，对犯罪的一般特点则概括得愈科学。对犯罪原因的研究也是如此，揭示不同类型犯罪的特殊性原因是深刻认识犯罪的一般原因的前提和必要步骤。因此，我们探讨多种不同类型犯罪的共同点与揭示个别类型犯罪的特殊性是同等重要的，二者是相辅相成、相互联系的。从哲学意义上讲，它们是共性与个性、普遍性与特殊性的统一，这也是我们研究犯罪类型的理论价值所在。

（二）研究犯罪类型的立法、司法实践意义

1. 立法意义。任何立法都是以客观上实际存在或有可能存在的事实为前提的。刑事立法都是针对某一种类犯罪，是为揭露犯罪、制裁犯罪和控制犯罪而制定。同时，它还要随着形势的发展、犯罪情况的变化而变化。因此，要制定出切实可行的、有效的刑事法律，就必须对刑事犯罪进行全面、科学的分析和研究。其中，对犯罪类型的研究是不可缺少的重要部分。我国刑法就是从客观存在和社会需要出发，在进行了科学的调查研究之后制定的，是与客观存在的犯罪类型相符合的。显然，脱离犯罪分类和对犯罪类型的科学研究，要制定出有完整科学体系，符合客观实际的刑事法律是根本不可能的。

2. 司法实践意义。不同类型的犯罪所表现出的特点有所区别。司法机关在依法揭露、惩处不同类型的犯罪的时候，一方面要遵循同犯罪斗争的一般规律，同时更要遵循与某一犯罪类型相适应的特殊规律。针对不同类型的犯罪，在侦查中采取相应的手段和措施。在审判时，定罪、量刑都要考虑到不同的犯罪类型，以做到准确、合法。从改造罪犯的角度来讲，更需要将不同类型的罪犯分管、分押，有针对性地实施教育、改造和挽救措施。因此，犯罪类型的研究，对于司法机关的工作具有重要的实用价值。

此外，犯罪类型的研究，无论是对犯罪率的变化情况、犯罪趋势的预测，还是对犯罪统计的信息处理，以及对犯罪进行比较研究等，都是不可缺少的。

三、犯罪现象的基本类型

（一）主犯罪现象与副犯罪现象

根据犯罪现象的地位，可分为主犯罪现象与副犯罪现象。

所谓主犯罪现象，是指犯罪行为和罪犯本体及直接表现其特性的诸客观事实。这里的犯罪行为是指诸如杀人、强奸、放火或者贪利型、功利型、淫欲型、暴力型、智能型等各种具体的犯罪行为或犯罪行为类型；罪犯则指诸如少年犯、青年犯、老年犯，或者男犯、女犯、偶犯、惯犯，或者机会犯、状态犯、杀人犯、盗窃犯、放火犯等具体犯罪人或犯罪人类型。为犯罪行为或犯罪人所直接具有而表现其特性的客观事实则更为多样，如：犯罪的时空分布及其规律，形形色色的罪犯主观构成，犯罪人的人格特征与犯罪经历，等等。虽然它们并非犯罪行为或罪犯本体，却为其所直接具有，而非其派生、衍化的结果。

所谓副犯罪现象，是指由犯罪行为或罪犯所派生并围绕其本体而表现其特性的诸客观事实。其特点在于，它们并非犯罪行为或罪犯所"直接具有"或"固有"，而只是它们的派生物，相对于主现象其与本体的联系是间接而微弱的，如犯罪征兆、犯罪技术、犯罪指标、犯罪情境、犯罪的季节性与技术化，以及罪犯标签、罪犯的社会化和犯罪亚文化现象等。

一般来说，犯罪原因与犯罪行为的因果联系是直接的，而与副犯罪现象的因果联系则是间接的。主犯罪现象与副犯罪现象的划分，有助于人们区分各种犯罪现象的等级及其与犯罪原因的联结程度，从而为从犯罪现象入手探查犯罪原因奠定科学的基础。

（二）显性犯罪现象与隐性犯罪现象

根据犯罪现象的显隐程度，可分为显性犯罪现象与隐性犯罪现象。

所谓显性犯罪现象，是指公开显现的犯罪或者表征罪犯的反社会性，而表现为外化的社会、生物—生理现象的诸客观事实。例如，"犯罪状况"范围的犯罪现象就是外在的、具象性的客观事实，而无论它是主犯罪现象还是副犯罪现象。再如，有关罪犯的非精神形态的社会、生物—生理现象也是显性犯罪现象，如罪犯特征、罪犯标签、犯罪冲动，等等。一般来说，这类犯罪现象比较直观而表浅，凭借人的感官即可感知。

所谓隐性犯罪现象，是指存在于犯罪人的精神领域或犯罪行为内部，具有抽象性结构，因而常常必须借助理性思维才能深知的犯罪现象，或者说，是犯罪内化并表现为精神形态的犯罪现象，如犯罪的反社会性、犯罪倾向、犯罪的动力定型、犯罪人的心理文饰技巧以及变态人格、"阴暗心理"等。作为"犯罪规律"范围的犯罪现象以及"犯罪特点"的大部分内容，与犯罪状况相比，它们较为隐蔽。一般来说，这类犯罪现象比较内在、隐秘，虽可感知，却无具象，必须借助理性思辨才能深知。犯罪学的任务不仅在于如实描述和勾勒出显性犯罪现象，而且要由表浅入深层，探知隐性犯罪现象，掌握全面的犯罪现象。

（三）静态犯罪现象与动态犯罪现象

根据犯罪现象的表现形态，可分为静态犯罪现象与动态犯罪现象。

所谓静态犯罪现象，是指反映犯罪与犯罪人所具有的相对稳定特性的诸客观事实。例如，犯罪规律是一种反映犯罪的基本趋势、显现犯罪的一般倾向的犯罪现象，反映犯罪和犯罪人的各种因素的必然或固定的联系，具有相对稳定不变的特点。因此，犯罪规律是一种静态犯罪现象。

所谓动态犯罪现象，是指反映犯罪与犯罪人所具有的不断变化特性的诸客观事实。例如，犯罪趋势、犯罪动态、犯罪征兆、犯罪冲动、犯罪过程等，均属于动态犯罪现象。"犯罪动态"既可泛指某一较大时空的总体犯罪态势，也可以用来描述特定时空、人群或者犯罪类型的近期发展，还可以说明某一犯罪个体的行为状态与发展趋向，所展现的是一种波动变化的"动态"犯罪现象。

动态犯罪现象与静态犯罪现象仅仅是在一定的时空条件下对犯罪现象所作的人为划分。因此，所谓静态犯罪现象只是一种相对静止状态，是一种以静止的面目出现的运动过程。一般来说，犯罪学研究是在"动"与"静"的关系中寻求犯罪现象的辩证解释。

（四）加害犯罪现象与被害犯罪现象

根据犯罪现象的侵害关系，可分为加害犯罪现象与被害犯罪现象。

所谓加害犯罪现象，是指由侵害他人权益的犯罪及其主体承受的诸客观事实。这些现象均为"加害"性质的犯罪及其主体一方所造成，反映了具有"加害"性质的犯罪及其主体的多种直观形态。犯罪倾向、犯罪暗数、犯罪技术、犯罪率，以及罪犯特征、犯罪亚文化等，均为加害犯罪现象。

所谓被害犯罪现象或者被害现象，是指由被害及其被害人所承受或者造成并且反映了具有"被害"性质的有关被害人的诸客观事实，如共同被害、被害人的转换与易位、被害人的被害倾向性与被害受容性、被害人的赔偿与补偿，以及被害原因、被害预防、被害预测、"斯德哥尔摩综合症"等。

实际生活中，加害与被害双方互动关系的错综复杂性，特别是存在着被害与加害的转换、被害人与加害人的易位现象，使得同一主体可能"既是被害人又是加害人"，制造了加害现象的两面性。这种二重组合现象恰恰反映了犯罪现象的动态场景和复杂性，同时为刑事责任的合理分担提供了事实依据。

第三节　犯罪现象的状况与特点

一、我国犯罪的状况和特点

犯罪现象是一种复杂的社会现象，它不是孤立存在的，而是随着政治、经济的发展和变革而不断发生变化。事实证明，犯罪历来是特定历史时期多方面因素综合作用的结果，是各种社会矛盾互相作用、相互冲突的结果。犯罪从其总体的发展变化来看，呈现时升时降、起伏交替的变化过程。中华人民共和国成立以来，我国犯罪发展、变化的历史与现状充分说明了这一点。我国犯罪的发展史可分为两个阶段，每个阶段分为三个时期。

第一阶段，改革开放前的政治、经济相对封闭阶段（1950~1978年）。犯罪呈平稳中起伏状态，出现了三次犯罪高峰。第二阶段，改革开放后，建设社会主义现代化新时期。刑事发案连年增多，呈现位阶性攀升。犯罪率围绕高位平台上下波动，在2016年、2017年出现回落。

（一）社会主义初创时期的犯罪状况与特点

从 1949 年 10 月中华人民共和国成立到 1956 年基本完成社会主义改造，新中国迅速医治了战乱的创伤，安定了社会秩序；开始了第一个五年计划，发展了国民经济；巩固了人民民主专政，基本完成了社会主义改造，完成了由新民主主义向社会主义的转变；在迅速恢复国民经济的基础上，开展了有计划的经济建设，基本完成了生产资料私有制的社会主义改造。中华人民共和国成立初期，我们国家饱经战乱的创伤，是在极低的起点上开始社会主义的全面建设，所面临的是一个经济落后、社会混乱的社会局面和状况，社会治安秩序十分混乱，刑事案件发案率比较高。这个时期犯罪的特点是：

1. 犯罪率高，形成了我国第一次犯罪高峰。1950 年，全国共统计各种刑事案件 51 万起，按当时人口总数 5.5 亿计算，发案率为 9.3/万。这个记录在我国犯罪历史发展上保持了 30 年，即 1950 年的刑事发案高峰是改革开放前历史阶段中最高的一次。形成这一次高峰的原因十分明显，主要是由于当时客观的社会环境。1949 年国民党政权崩溃后，残留有大批的军警特务和反动党团分子，他们不甘心旧政权的失败，在各地进行着大量的破坏活动；同时，中华人民共和国成立后，强力取缔了贩毒、吸毒、卖淫和赌博等现象，由此形成了较高的犯罪率。

2. 从犯罪性质上看，以国家政权和社会主义制度为犯罪客体的反革命犯罪比重大，主要表现为旧政权残留分子对新政权的仇恨、颠覆、破坏。刑事案件与政治斗争交织在一起，是这一高峰的主要特点。犯罪分子采取的犯罪手段主要是制造谣言、刺探情报、破坏交通、抢劫物资、暗杀干部、组织武装暴乱、越狱等。据统计，1950～1952 年逮捕的反革命罪犯为普通刑事罪犯的 3 倍。1955 年，全国逮捕的各类犯罪分子中，反革命分子占 42.34%。

这段时期，反革命分子与不甘心失败的旧社会渣滓互相勾结，组织武装暴乱、恐怖暗害，实施散发、张贴反革命标语、传单等反革命犯罪活动。他们有的千方百计窃取军事、政治、经济等各方面的情报；在一些重要的国防工业部门和基本建设部门制造破坏事故，其中政治性破坏事故占全部破坏事故的 1/3；有的明目张胆地持械袭击一些区乡政府，绑架和暗害基层干部和群众中的积极分子，有的公开威胁群众，不准群众与人民政府合作；为制造谣言，挑拨部分落后群众，制造各种骚乱和反革命的暴乱。1950 年春天到秋天的半年多时间里，就有近 4 万干部、群众积极分子被反革命分子杀害；反动会道门则利用群众迷信、落后的思想，乘机造谣惑众，发展道徒，散布变天思想。其中，在陕西抓获反动会道门头子 434 名，并挖出各式地洞、暗堡 102 处，缴获大批枪支弹药等。

3. 暴力性、破坏性犯罪数量多。犯罪行为包括武装土匪强盗、杀人、纵火、割电线、炸仓库、炸桥梁、伪造货币等。另外，旧社会遗留的犯罪较多，如制毒、贩毒、赌博、卖淫、嫖娼、拐卖人口等。

4. 经济领域里的违法犯罪活动极为普遍。一些不法资本家以经济犯罪的方式进行对抗、报复社会，实施偷工减料、哄抬物价、偷税漏税、盗窃国家经济情报以及投机倒把等犯罪活动。进行这种违法活动的资本家数量很大，大体占私营工商业户的 20%~30%，这种现象在全国大中城市尤其突出。

总之，这一时期的刑事犯罪主要来自敌对阶级分子，不法资本家以及依附于剥削制度的旧社会渣滓，他们占查获的刑事犯罪成员的 90%。从犯罪情况看，反革命犯罪多，普遍刑事案件少；惯匪、惯犯较多，偶犯较少；中老年案犯多，青少年案犯少；本地人作案多，外地人流窜异地作案较少。针对这一社会治安状况，1950 年，中央发布了镇压反革命的"双十决定"，对土匪、恶霸、特务、反动党团骨干、反动会道门头子进行坚决镇压，之后又相继制定了《中华人民共和国惩治反革命条例》和《中华人民共和国惩治贪污条例》。由于采取了相应的对策，这次高峰来势凶猛而回落也迅速。1956 年刑事案件降到 18 万件，发案率从 1950 年的 9.3/万下降到 1956 年的 2.9/万。这一时期，全国（除我国台湾地区外）每年平均发生的各种刑事案件 29 万起，按人口平均，发案率为 4.1/万。在镇压反革命的同时，全国公安机关对其他刑事犯罪分子也给予了沉重的打击，缉捕盗匪，禁绝烟毒，取缔妓院，查封赌场，收容了大批游民。对于经济领域的犯罪活动，如破坏社会主义建设、破坏抗美援朝物资供应、贪污行贿、走私贩毒及破坏金融秩序等犯罪，政府发动了"三反""五反"运动，严厉地打击了经济犯罪活动。到了 1956 年刑事案件发案较低，出现了中华人民共和国成立后的"太平盛世"，与同时代的世界其他国家相比较，创造了经济增长速度快、发案较低且平稳的范例。实践证明，党在中华人民共和国成立后头 7 年所确定的指导方针和基本政策是正确的，相应地，国民经济得到了迅速的恢复和发展，社会风气普遍好转，社会秩序迅速稳定，人民群众安居乐业。从犯罪的情况看，犯罪也呈现出急剧下降的趋势。

（二）开始全面建设社会主义时期的犯罪状况和特点

从 1957 年到"文化大革命"前夕，我国的犯罪呈现出大起大落的发展趋势。形成这种现象的直接原因除行为人的主观原因外，还在于政治上的"左倾"、经济上的冒进和自然灾害等因素的作用。1959~1962 年是我国国民经济的困难时期，当时人民生活水平明显下降，城乡社会治安混乱，刑事案件的发案率明显上升。1959 年，全国发生各种刑事案件 20.05 万件，发案率为 2.98/万；1961 年，全国发生的各种刑事犯罪案件达到 42 万起，按当时的人口，发案率为 6.4/万，其中大案 2.48 万起，成为我国犯罪的第二次高峰时期。这一时期刑事犯罪的特点，从犯罪类型分析，以侵犯财产犯罪居多，特别以盗窃、抢夺犯罪为主体。主要表现在哄抢粮食，盗窃耕牛、农具等生产资料，诈骗和投机倒把等。盗窃案所占比例最大，达到 81%，是上升幅度最大的一类犯罪。天灾人祸造成这一时期群众性的偷盗和哄抢成风，社会治安秩序混乱。偷盗几乎是由群众粮食短缺，基本食品、生活品缺乏造成的。哄抢国家物资的案件一般开始于 1960 年，1961 年达到高峰。群众主要是哄抢粮食，其次是哄抢煤、盐、粮与生活必需品。抢劫在 1950 年前后已基本绝迹，这一时期又开始抬头。从作案成员分析，新生的刑事犯罪分子与人民内部蜕化变质的犯罪分子增多；进行有组织的破坏活动的敌对分子减少，中老年犯罪分子作案相对减少。如果说刑事犯罪第一次高峰归结于旧社会遗留的反动势力与一些社会渣滓对新生政权的反抗的话，那么第二次高峰则更多地归结于群体性的哄抢盗窃行为。

与第一次高峰相同，1961 年犯罪高峰到达顶点后也迅速回落，1962 年回落到 30 万起左右，接近一般年份的平均水平。到了 1964 年降到 25 万起，发案率为 3.5/万。社会秩序随着国民经济的恢复也很快好转，各种犯罪案件也呈现稳中有降的趋势。1965 年全国发生的刑事案件降至 24 万起，发案率约为 3.3/万。1964 年至 1966 年上半年，又成为全国治安形势最好的时期，是中华人民共和国成立后发案的低谷。

（三）"文化大革命"时期的犯罪状况和特点

我国犯罪学界一般公认，1966~1976 年的"文化大革命"期间是中华人民共和国成立后的第三次犯罪高峰。

此次犯罪高峰有着自身特殊的社会政治原因，这是本次犯罪高峰产生的根本性原因。与这一社会政治原因相适应，这一时期，我们社会的基本伦理道德规范受到了极大冲击，尚不健全的社会主义法制遭到了严重的破坏和践踏，各级党组织与政府无法行使正常职能，社会控制系统瘫痪。更为严重的是公、检、法被砸烂，专政职能受到严重削弱，打、砸、抢横行，公民基本的人身权利无法保证，产生了一大批政治上的冤、假、错案。人民群众的思想、言行都受到了错误的引导，从而产生了一种以极度混乱的社会政治、经济为社会背景，以畸形单一的社会伦理道德为特点的社会大震荡。与此同时，广大的青少年被卷入"造反、抄家、武斗、扫四旧"等侵犯公民人身权利的违法行为中，使社会秩序混乱，刑事犯罪猖獗。据统计，刑事案件从 1967 年的 16 万起到 1972 年上升为 40 万起，1973 年又继续上升至 53.5 万起，发案率为 6/万。1973~1978 年，犯罪的数量保持在 54 万起左右，出现了新中国成立后的第三次犯罪高峰。

在此期间，刑事犯罪的又一个显著特点表现为犯罪主体方面的变化，这就是青少年犯罪人数的大大增加。青少年犯罪在整个刑事犯罪中所占比例愈来愈大，从 50 年代的 20% 上升到"文革"后期的 60% 左右。由此，青少年犯罪问题就成为全社会一直关注的一个十分重要的社会问题。"文革"给我国带来了诸多灾难，而青少年犯罪问题的凸显则是这诸多灾难中最为深重的灾难之一。

总结这段历史期间的犯罪情况，我们发现它的一个显著特点是刑事犯罪与政治上的动荡交织在一起。用犯罪学的观点看，这一时期是最具犯罪生成的社会条件的时期。在当时的历史条件下，犯罪行为是在"革命"和"造反"的旗号下进行的，并且表现为群体性的大规模破坏法律的行为，且打、砸、抢、抓、抄等暴力事件合法化、普遍化。当时的公安机关和司法机关受到严重冲击，难以履行正常的控制和管理职能。因此，这一时期的犯罪现象持续的时间长，社会危害后果亦十分严重。

（四）建设社会主义现代化新时期的犯罪状况和特点

建设社会主义现代化的新时期，即改革开放后的犯罪状况大致可分为三个时期：

1. 1978~1988 年的犯罪状况。这一时期的年均犯罪率为 6.29/万，与较具可比性的社会主义初创时期相比，年均犯罪率增长最高的 1981 年的犯罪率为 8.9/万，低于 1950 年的 9.3/万，但犯罪现象总体上是在上升。由于人口基数的增加，犯罪现象的总量比中华人民共和国成立初期大量增加，并且自 1978 年至 1983 年犯罪总量增长的势头明显。1976 年 10 月，粉碎了"四人帮"。在十一届三中全会后，我国实行对外开放和对内搞活经济的政策，国家进入了新的发展时期。粉碎"四人帮"以后的开始几年，刑事犯罪活动还相当严重，犯罪率没有降下来，而且还不断地发生一些骇人听闻的重大恶性案件，犯罪分子在有些地区还十分嚣张，有的已经发展到无所顾忌的地步。在一些地区，主要是一部分大中城市，犯罪活动特别是刑事犯罪活动还十分严重。改革开放后，我国进行了一系列深刻而又全面的改革。新旧体制交替，必然伴随社会的大震荡，同时引发了多种社会矛盾与冲突，造成了犯罪的急剧上升势头。据统计，1978 年犯罪案件总数为 53.5 万起，1979 年为 63.3 万起，1977～1979 年全国每年平均发生的各种刑事案件为 57 万多起，按人口平均为 6.5/万。随后，刑事犯罪上升的幅度加大。1980 年，全国发生的各种刑事犯罪案件总数为 75.7 万件，发案率为 7.7/万。1981 年，全国发生的各种刑事犯罪案件总数为 89 万起，当时全国人口总数接近 10 亿，按当时的人口计算，平均发案率为 8.9/万，这是中华人民共和国成立后的第四次犯罪高峰。1982 年，全国发生的刑事案件数为 74 万件，发案率为 7.4/万。到了 1983 年上半年发案率上升，并且严重刑事犯罪表现突出，犯罪率猛增至 15/万。在犯罪类型上，以强奸、流氓、抢劫、盗窃等暴力的恶性犯罪案件为特征，青少年犯罪案件在进入 80 年代的头 3 年里，在整个刑事案件中的比率高达 70%左右。他们无视国家法律，聚众斗殴，掠夺财物，强奸、轮奸妇女，无恶不作，严重扰乱了社会公共秩序。总的来看，1978～1983 年刑事发案率总的趋势是上升的。尤其是 1983 年前后，刑事犯罪案件上升的幅度更大。

面对如此严重的犯罪情况，为尽快扭转社会治安的不正常状况，全国人大常委会作出了《关于严惩严重危害社会治安的犯罪分子的决定》。1983 年下半年按照"依法从重从快"的方针，在全国范围内开展了声势浩大的"严厉打击严重刑事犯罪"的斗争。经过这次突击式的运动方式的严厉打击，1984 年犯罪总量降到了这一阶段的最低点，为 51.4 万件。这表明，"严打"作为一种"治标措施"，在一定条件下对于及时遏制治安形势的恶化是有积极意义的。

1985 年 5 月以后很快又出现了案件上升的势头。特别是重大案件，发案趋势很不稳定。粉碎"四人帮"后至 1984 年，每年的发案数为 5 万～6 万起左右，而 1986 年重大案件发案数达到 9.7 万起，1987 年达到 12.2 万起，1988 年达到 20.5 万起。同时，青少年犯罪仍然十分突出，在社会犯罪各年龄组中，所占比重呈上升趋势。进入 90 年代，我国犯罪案件仍呈增加之势。1991 年，全国刑事立案数是 236 万起，比 1990 年增加了 6.7%。1992 年，在调整了盗窃犯罪案件的立案标准后，全国刑事犯罪案件立案 158 万多起，其中重大犯罪案件有 45 万多起，犯罪率为 13.86/万。虽然有所降低，但并不意味着社会治安形势好转。1994 年，全国刑事案件立案 166 万起，比 1993 年同期上升 5.9%，其中大案上升 20.1%。1995 年，全国立案数为 169 万件，立案率为 14.2/万，法院一审刑事案件数为 49.6 万件，比 1994 年上升了 3.15%。1996 年 4 月，由中央部署侦破了一大批重大案件，并下令追捕负案逃犯。这次打击的重点是杀人、抢劫、强奸、盗窃和贩毒等严重危害社会治安的犯罪和经济犯罪中的贪污、贿赂、挪用公款和金融诈骗、偷税抗税、伪造国家货币等行为。

80 年代中后期出现了严重犯罪的急剧增长，社会治安形势的恶化。这种反弹说明：对于"严打"应当给予科学的定位；对于犯罪现象的事后打击，无论采用什么形式，始终只能是治一时之乱，使恶性犯罪案件和发案在一定时间受到某种程度的遏制，却未能触及真正决定犯罪现象的各种社会的、环境的和个体的致罪因素。当然，从实质上讲，"严打"不失为我国同犯罪作斗争的一种特殊手段，但这一手段积极效能的充分发挥，必须以更为广泛的、深层次的犯罪预防为前提。

2. 1989~1999 年的犯罪状况。这一时期的犯罪数量和犯罪率都维持在较高水平。犯罪在真正意义上成为继我国改革开放后伴生的诸多社会问题中的一个突出问题。在这一期间，全国统计的刑事案件数出现了急剧地上涨，1989 年首次突破百万，达到了 197 万起。在此之后，犯罪总量始终保持在较高水平，年均犯罪率也突破两位数，达到了 16.7/万。

总之，1988~1997 年的立案率保持了一个相对平稳增长的态势，立案率居高不下。1998 年刑事立案率又有较大幅度的上升，从 1997 年的 13.39/万增加到 1998 年的 16.47/万。改革开放后，我国犯罪率是在波动中上升的，尤其是在 1998 年后犯罪率大幅度增长，并保持持续上升的势头。1999 年的立案数为 224.9 万起，2000 年为 363.7 万起，这还不包括大量的犯罪"黑数"。显然，这种增长的幅度以及犯罪率的绝对值已是中华人民共和国成立后的最高纪录。因此，这一时期也被认为是中华人民共和国成立后的犯罪高峰期。

3. 2000 年之后的犯罪状况。继 2000 年全国立案率突破 29.67 起/万后，犯罪率一直保持在高位震荡，并呈现出波动中递增的态势。2001 年至 2008 年 8 年间立案数均在 434 万~488 万起之间徘徊，年均立案率为 36.7 起/万。值得关注的是，2008 年之后，犯罪率再次呈现出较大幅度的增长。2009 年立案数达 557.99 万起，立案率首次突破 42.2 起/万，随后的 2010 年的犯罪率比上年增长了 2.57 起/万，2012 年比上年增长了 3.59 起/万，2013 年又比 2012 年增长了 3.38 起/万。在 2015 年全国立案数再创新高，达到 717.4 万起后，2016 年和 2017 年犯罪率出现回落。

2011 年和 2014 年，犯罪率呈现波动中下降的趋势，但是无论从下降的幅度，还是下降持续的时间来看，都无法改变犯罪率整体持续的高位震荡的态势。

总体而言，1987 年以前犯罪率虽有波动，但幅度不大。然而，自 1988 年社会转型深化期以来，犯罪率呈现持续位阶攀升的态势，其数值不断刷新此前历次犯罪高峰的峰值。1988～1991 年，全国立案数连年增长，而后的 1988～2001 年增幅加大，与此同时也形成了 1991～1997 年以 14.92 起/万为均值的平台，同时，2001～2008 年犯罪率始终围绕 36.66 起/万的均值上下波动。此后，2009 年继续呈现增长的态势，立案数突破 550 万关口，犯罪率进入了 42.2 起/万的新的位阶平台，此后犯罪率即围绕这一高位平台上下波动。

综上所述，中华人民共和国成立至今，在社会不同的发展阶段上，犯罪所表现出的特点也有所不同。国家的政治形势、经济变革以及社会治安情况发生变化，犯罪也随之而变化。这种犯罪发展形势表明：我国犯罪现象整体上是呈现位阶性攀升并在波动中变化的态势，犯罪的增长始终与特定的社会环境、经济发展状况密切相关，与社会变革引发的社会震荡、社会问题密切相关。

二、当前我国犯罪的特点与发展趋势

当前我国犯罪的基本特点，主要有以下几个方面：

（一）经济犯罪呈增长态势，商业犯罪、涉众型经济犯罪及金融犯罪表现突出

市场经济的建立与发展，使经济生活空前繁荣，新的经济行为不断出现。与此同时，经济犯罪也日益猖獗，大案要案之多，犯罪数额之巨，危害之严重都是前所未有的，给国家和人民带来了巨大损失。据最高人民法院统计，1992 年全国判处犯罪数额在万元以上的经济犯罪分子 11 300 多人，占判处经济犯罪分子总数的 34%。1993 年全国检察系统处理 10 万元以上大案 496 起，比 1992 年增加 277%；100 万元以上案件 42 起，是 1992 年的 3.32 倍。贪污、贿赂、挪用公款等利用职权所进行的犯罪案件增多，已经渗透到国家生产经营、购销管理、建筑行业以及经济监督、行政执法各个部门。随着我国反腐败斗争的不断深入，近年来查办了一批职务犯罪案件。据最新统计，全国法院审理贪污贿赂案件数量逐年上升，2000 年 21 431 件，2001 年 20 800 件，2003 年 20 765 件，而到了 2015 年则高达 28 846 件。2017 年作为全面从严治党和惩治贪腐的关键一年，反腐败斗争成果显著。截至 2017 年 12 月 22 日，公布涉及职务犯罪的大案要案信息共计 213 条，涉及厅局级以上官员共 282 人，包括副国级官员 1 名，正部级高官 9 名，"军老虎" 3 名，中央纪委委员 5 名。2018 年上半年，全国纪检监察机关共接受信访举报 168.3 万件次，谈话函询 15.4 万件次，立案 30.2 万件，处分 24 万人（其中党纪处分 20.1 万人）。其中，省部级及以上干部 28 人，厅局级干部 1500 余人，县处级干部 1 万人，乡科级干部 3.7 万人，一般干部

4.5万人，农村、企业等其他人员14.6万人。这些情况说明，在我国实施经济犯罪的犯罪人社会地位较高，主要是一些实权人物；有些案件的行为人虽然职务地位不高，却掌管着部分业务实权或直接接触现金、商品，如银行的信贷员，厂矿企事业单位的财务、供销、保管人员。据江苏省某监狱的调查显示，在经济犯罪分子中，捕前系财会人员的占12.44%，供销员和保管员占20.25%，业务主管占11.8%。

近年来，商业犯罪表现突出。一些人在从事商品经营或服务时，不按照法律和市场规则办事，而是采取欺骗、贿赂、违约、胁迫等手段，假冒名优商标，高价出售伪劣商品，制作虚假广告、侵犯商业秘密，以谋取不法利益。更为严重的是，涉及食品药品安全领域的犯罪目前屡有发生，如轰动全国的安徽阜阳劣质奶粉案、长春长生假疫苗案即是典型。由于商业犯罪所特有的社会基础，它的存在还将持续相当的时间。

涉众型经济犯罪是经济犯罪日益严重的突出表现。所谓涉众型经济犯罪，是指涉及众多不特定被害群体的经济犯罪。其典型形式是非法吸收公众存款、集资诈骗、非法传销等犯罪活动。同时，在证券犯罪、合同诈骗犯罪、农村经济犯罪活动中也存在涉众因素。从查处的涉众型经济犯罪案件看，犯罪组织结构更加严密、分工明确、利益关系密切有序是其突出的特点。犯罪分子往往以公司经营为幌子，以高利率、高回报为诱饵，牟取公众巨额财物。目前，互联网涉众型经济犯罪的多发、高发状况，造成了涉众人数众多、涉案数额巨大、群众损失惨重的现状，严重破坏了金融管理秩序和社会稳定。

金融管理秩序是市场经济秩序的重要方面。我国改革开放政策实行以来，金融事业蓬勃发展，有力地推动着国民经济的发展。同时，金融犯罪活动日趋严重，也出现了许多新的犯罪行为，主要表现为：制贩伪币现象时有发生，金融机构中工作人员利用职务破坏金融秩序的犯罪活动时有发生，金融诈骗近几年表现尤其突出，诸如集资诈骗、贷款诈骗、金融票证诈骗等；另外，洗钱犯罪，证券期货犯罪屡禁不止，严重扰乱了金融管理秩序。

经济犯罪具有明显的职务型、智力型的特点，犯罪分子的作案方式与一般犯罪的区别就是隐蔽性较强、手段高明。近几年发生较多的网络犯罪和经济欺诈犯罪都表现出了这一特点。在经济欺诈犯罪中，犯罪分子往往以合法的形式作为掩盖，或利用实业家的身份以合作投资为名，或利用各种名目签订合同，骗取对方信任，待诈骗得手后，即逃之夭夭。当前网络犯罪也以其高智能的人员构成、高科技的作案手段引起了社会的关注。一些具有较高专业素质和操作技能及经济管理经验的犯罪分子，利用网络等新媒体进行犯罪的案件还会增多。

（二）暴力犯罪表现突出，有组织犯罪活动十分猖獗

近几年来，在整个刑事犯罪中，凶杀、抢劫、强奸、伤害以及爆炸等暴力型犯罪表现突出，特别是过去较少发生的因盗窃、抢劫、强奸等犯罪而杀人灭迹、杀人越货的一案多罪的混合型暴力案件明显增多。

暴力犯罪侵害的客体是受法律保护的公民的人身权利，即生命、身体健康和人身自由的不可侵犯性。有的实施暴力手段或暴力胁迫的目的在于非法占有他人财物，这侵犯了受法律保护的财产关系。除此之外，极端个人暴力犯罪及暴力恐怖主义犯罪侵害的是不特定多数人的生命健康、正常的生活和工作安全以及重大公私财物的安全。

我国近些年来暴力犯罪形势严峻，持枪杀人、持枪抢劫、劫持机船、挟持人质、爆炸以及盗窃枪支弹药等严重暴力犯罪案件连续不断地发生。暴力犯罪案件实施的手段残忍毒辣，有的人连续杀死数人，有的人甚至杀人后碎尸。过去，刑事犯罪中行为人很少使用枪支、爆炸物品作案。在杀人、抢劫等犯罪中，行为人多是使用刀斧、棍棒等凶器作案。进入 90 年代以后，犯罪手段越来越向尖端化方向发展，持枪杀人、持枪抢劫、劫持机船、绑架人质勒索钱财以及盗窃枪支弹药等恶性案件屡有发生。暴力犯罪是衡量犯罪性质重化的尺度，它严重地危害了社会和公共安全，损害了人的生命安全和财产安全，使人们丧失安全感，是对社会危害最为严重的一种犯罪类型。

从犯罪组织形式看，我国刑事犯罪中的有组织犯罪已经从形式低级的团伙犯罪向黑社会性质组织犯罪转化。有的犯罪组织采取暴力、诈骗、伪造和贿赂等手段，有预谋、有计划、有分工地进行走私、贩卖毒品、盗窃、抢劫、绑架人质、开设赌场、娱乐场所等违法犯罪活动；有的称霸一方，恃强凌弱，挤垮别的行业，垄断当地行业，公然非法聚敛巨额财富，然后以洗钱或其他方式渗透到各种合法赢利活动中，如以合法形式投资办企业，最大限度地掠夺利润，以用于非法活动。一些犯罪组织为了扩大其犯罪势力，往往网罗部分社会不法分子，豢养打手，横行霸道，无恶不作，成为破坏治安秩序、危害一方安宁的带有黑社会性质的恶势力。他们拉拢、腐蚀基层干部、执法干部，渗透、控制基层政权，使他们为其充当"保护伞"。同时，一些境外的黑社会组织也不断向我国渗透，暗中勾结境内犯罪分子，在我国发展组织，内外勾结进行各种跨境、跨国犯罪活动。由于有犯罪组织的参与，我国毒品犯罪近年来发展极快，并且势头不减。另外，涉枪犯罪也多是有组织犯罪所为，而武器装备本身就是黑社

会性质犯罪组织发展的标志，这显示出有组织犯罪具有较强的暴力性和武装对抗能力。

（三）青少年犯罪严重，始犯年龄和高峰年龄提前

青少年犯罪一直是现代各国政府和有关国际组织关注的重点问题之一。在我国，青少年犯罪除了受青少年自身具有的生理、心理特点影响外，还深受我国社会转型时期各种负面效应的影响。再加上我国人口年龄结构总体上年轻化，青少年在社会总人口中所占比重较大，使得我国的青少年犯罪自 20 世纪 80 年代初开始一度呈现出十分严峻的态势。官方犯罪统计表明，1978～1980 年的 3 年，青少年犯罪达到了中华人民共和国成立以来的最高峰。犯罪青少年在整个刑事犯罪作案成员中所占的比例，大中城市为 70%～80%，农村约为 60%～70%。这一比例，在当时以及之后的 90 年代中、后期都是最高的。经过 1983 年"严打"，整个社会刑事犯罪上升的势头被遏制住，但犯罪青少年占整个刑事作案成员的比例并未同步下降，1983 年为 60.2%，1984 年为 63.3%，1985 年为 71.24%。从 1986 年起，刑事犯罪在全国范围内出现上升趋势，其中犯罪青少年占刑事作案成员的比例达到 72.47%，1987 年为 74.3%，1988 年为 75.6%，1989 年为 70%。由此可以看出，整个 80 年代，青少年犯罪的数量持续增长，青少年犯罪对社会治安的危害也十分严重。自 90 年代以来，青少年犯罪的整体情况有所改变，在整个刑事作案人员中所占比例也有所降低。据人民法院统计，90 年代前 5 年青少年罪犯在整个刑事犯罪作案人员中所占比例，1990 年为 57.31%、1991 年为 52.88%、1994 年为 49.12%。其中，青少年犯罪人数在严重危害社会治安案件中所占比例，1990 年为 60.82%、1991 年为 57.58%，1992 年为 56.13%，1994 年为 54.94%。[1] 到了 21 世纪，青少年犯罪案件在刑事案件总量的比例继续呈下降趋势，2007 年为 33.91%，2009 年为 30.27%，2012 年为 24.1%，2016 年则下降至 16.77%。从这些数据的比较可以看出，青少年犯罪从总体而言，数量上虽呈下降趋势，但在严重破坏社会治安案件中所占比重还较高，这表明 90 年代前 5 年我国青少年犯罪的性质恶劣，危害仍十分严重。由于 1996 年开展的"严打"及在此之后不断进行的"严打整治行动"和各种专项斗争，1997～2000 年连续 4 年全国人民法院审结的刑事案件中青少年犯罪案件的数量都在下降，1998 年比 1997 年下降 12.46 个百分点，1999 年比 1998 年继续

---

[1] 参见甘重斗主编：《1991 中国法律年鉴》，法律出版社 1991 年版。参见甘重斗主编：《1992 中国法律年鉴》，法律出版社 1992 年版。参见甘重斗主编：《1995 中国法律年鉴》，法律出版社 1995 年版。

下降 1. 68 个百分点（1999 年青少年犯罪占全部刑事犯罪案件的 36. 71%），2000
年又比 1999 年下降 2. 17 个百分点（2000 年青少年犯罪占全部刑事犯罪案件的
34. 45%），比 10 年前的 1990 年下降了 22. 77%。

值得注意的是，随着青少年犯罪向低龄化发展，有些不负刑事责任的未成
年人的违法犯罪行为不进入司法程序，因而未被纳入法院的统计中。因此，我
们对青少年犯罪特别是未成年人犯罪的严重性应予高度重视，不能仅凭统计数
字就对青少年犯罪问题盲目乐观。其实在犯罪青少年中，目前始犯年龄和高峰
年龄都有所提前，未满 18 岁的少年犯罪表现突出。目前我国青少年违法犯罪的
年龄比 50、60 年代平均提前了 2~3 岁。一般是 10~12 岁开始有劣迹，13~15 岁
是违法的高峰年龄段，15~18 岁就开始走向社会犯罪。过了这几个阶段，犯罪
就相对缓和。随着社会的发展，特别是由于各种大众传播媒介的消极影响，青
少年犯罪特别是未成年人犯罪表现出成人化、智能化的特点，团伙作案日益明
显，犯罪活动计划周密、准备充分，运用现代的科技手段实施"高智力"犯罪
的表现突出。

（四）流动人口和社会闲散人员犯罪成为城市社会治安的突出问题

人口流动特别是大量的农村剩余劳动力从农村涌入城市，这是伴随着改革
开放和社会主义市场经济的建立而出现的一种必然现象。它在对经济发展起到
促进作用的同时，也引起了一系列的社会问题，其中最突出的就是违法犯罪增
多、社会治安恶化。据调查，1995 年全国抓获的作案成员中农民占 55. 4%，外
来人员占 27. 6%，社会闲散人员占 19. 8%，这三项合计共 75%，成为城市犯罪
的主要成分。以北京市为例，1994 年、1995 年、1996 年 3 年里，在全市抓获的
犯罪嫌疑人中，外地来京人员高达 50% 左右，2000 年上半年北京查获的外地犯
罪嫌疑人总数虽同比下降了 5. 6 个百分点，但仍占全市抓获的犯罪嫌疑人的
54. 8%。值得注意的是，在社会闲散人员犯罪中，有相当数量是初中毕业升不了
高中以及中途退学、辍学的学生。另外，由于我国产业结构的调整和企业内部
增效减员，还存在大量由于就业不足的"过剩"人口和隐形待业人口。对于这
些人来讲，失去正常的教育和管理，没有合法的经济收入或经济来源不稳定，
当寻找工作无望、生活无着落时，某些人便不顾一切，以至于违法犯罪。据天
津市 1995 年对流动犯罪人员的调查，犯盗窃罪的占 62. 7%，犯抢劫罪的占
11%，犯诈骗罪的占 4. 6%，比非流动人口高出 19 个百分点。由于流动人口的外
出多以血缘、地缘和人缘为纽带，这些人一旦堕入犯罪，很容易三五抱团，共
同实施犯罪。

据中国科学院国情分析组调查，我国在 2000 年农村剩余劳动力为 1.5 亿，2002 年为 1.4 亿，2003 年为 1.7 亿；流动人口 2003 年达 1.21 亿左右，2004 年达 1.4 亿；城市中重新安置就业的人数 2000 年为 361 万，2003 年为 440 万。《中国流动人口发展报告 2018》指出：从 2015 年开始，全国流动人口规模出现缓慢下降。2015 年，国家统计局公布的全国流动人口总量为 2.47 亿人，比 2014 年下降了约 600 万人，2017 年继续减少了 82 万人。这表明，近年来各城市群县内流动人口比重有所下降，而长期居留流动人口将会上升。因此，解决好流动人口、新生代农民工犯罪以及社会闲散人员犯罪问题，是确保社会治安稳定、建设和谐社会的关键所在。

（五）毒品犯罪日益严重，卖淫嫖娼等无被害人犯罪不断蔓延、滋长

自从我国 50 年代禁毒成功后，毒品犯罪在我国基本绝迹。1983 年以后，伴随着国际毒潮的掀起，我国的毒品犯罪案件不断出现，并呈现逐年上升的趋势，且近些年来形势日益严重。自 1981 年云南海关截获了中华人民共和国成立后的第一批毒品后，贩卖、吸食毒品的现象从西南边境地区逐渐向内陆蔓延。80 年代中后期，我国的毒品犯罪急剧增多并不断升级。由于受毒品暴利的诱惑和境内外贩毒活动的刺激，私种罂粟、进行鸦片粗加工的现象在许多地方产生并蔓延。

走私、贩卖、运输毒品等犯罪日益严重。此类犯罪在我国有三类：一类是国际毒品走私活动的渗透和把我国作为贩毒的通道，这是目前我国毒品犯罪的最主要形式；一类是供应国内消费的辗转贩运；再一类就是吸毒者的"以贩养吸"。自 80 年代以来，境外毒品渗透日益严重，国际贩毒势力与国内贩毒分子相勾结，借道我国的云南、广西等边境省份，企图将这些省区作为国际贩毒通道，使这些省区成为受毒品危害的重灾省。另外，内陆地区成为贩运毒品的中转站和毒品集散地。目前，我国已由毒品过境国转变为毒品过境与消费并存的毒品受害国。

种植、贩卖毒品日益严重，必然导致吸毒人数的增加。截至 2017 年，我国登记在册的吸毒人数高达 255.3 万。吸毒现象从边境向内陆、从乡镇向城市扩散。吸毒者人群趋于低龄化，在城镇吸毒者中，青少年占相当大的比例。吸食的毒品从传统的鸦片向精制毒品发展，吸毒的方式逐渐被注射所替代，且吸毒者戒毒后复吸率极高。目前，在全国许多省区不同程度地发现吸贩"摇头丸"的案件。在一些娱乐场所，合成毒品和新精神活性物质的滥用现象突出。由于毒品犯罪的增长与蔓延，与其相关联或诱发的其他犯罪如盗窃、抢劫、贪污、

强奸、杀人、卖淫等也都有不同程度的上升，给社会稳定和人民群众的身体健康带来了严重危害。

我国毒品犯罪的产生和发展主要受到国际贩毒的影响，同时存在着历史上的烟毒祸害、非法暴利的诱惑等历史原因和经济原因，加之吸毒群体的扩大，构成了我国毒品犯罪的客观社会原因。从一些吸毒者特别是青少年吸毒者来看，有的是出于自愿，为了寻求刺激、弥补精神上的空虚而吸毒，有的甚至将吸毒作为一种"时髦""享受"来加以炫耀，也有的则是由于对毒品愚昧无知受诱骗或被强迫而吸毒。针对我国毒品犯罪日益严重的局面，在治理毒品犯罪中必须采取法律措施、经济措施、宣传教育等综合治理对策，加大打击力度，特别是应当大力开展禁毒预防教育，提高全国的禁毒意识。

近些年来，我国卖淫嫖娼等社会丑恶现象呈现蔓延扩展的趋势，而且具有从暗到明的特点，其场所也已由暗地私宿发展到酒店、餐馆、茶座、舞厅等公共场所。目前，无论沿海省市、内地大中城市以至农村乡镇，卖淫嫖娼都表现出迅速发展的局面。据全国公安部门的统计，1984 年查处卖淫嫖娼人员 1.2 万余人，之后年年上升，成倍增长；1989 年已突破 10 万人；1992 年全国查处人数为 24 万人，比 1984 年增长了 10 倍；1994 年全国查处人数为 28.8 万人；由于 1996 年进行集中"严打"斗争，卖淫嫖娼活动迅速蔓延的势头有所减弱；1998 年全国查处人数为 19 万人；1999 年为 21.7 万；2000 年为 22.6 万人。2008 年，公安部治安管理局强化娱乐场所管理，加大禁娼力度，共查处卖淫嫖娼等违法犯罪案件 4.5 万余起、涉案人员 10 万余人。而这一数字只是实际人数的 25% ~ 30%，在卖淫妇女中，有相当数量的是青少年，并且低龄化趋势表现明显。由于卖淫嫖娼活动具有较强的腐蚀性，因此其滋长快、蔓延广，不仅污染社会环境、腐蚀人们的思想，而且诱发、滋生了其他多种犯罪活动。网络成为黄、赌、毒的主要阵地，网络涉黄、涉赌、涉毒愈发严重。由于网络隐秘、传播快、破坏性强的特点，网络涉黄、涉赌、涉毒造成的影响巨大。2017 年，"月光宝盒""狼友""老虎"等直播平台通过传播淫秽物品进行牟利的事件以及多名主播涉黄的事件引起了社会轰动。2018 年，山东查获的一起网络涉赌案件，涉及全国 13 个省市，用户近 20 余万人，涉赌资金高达 20 亿元。由此可见，未来网络涉黄、涉赌、涉毒案件必将呈上升趋势。

（六）犯罪手段日益智能化、技术化和现代化

随着科学技术水平的提高，国内外各种社会信息迅速、广泛地传播，使科学技术成果在服务于社会的同时，也为犯罪提供了新的手段。在当今世界，犯

罪手段的智能性已成为世界尤其是发达国家的主要特征之一。在我国犯罪的实施手段中，有利用化学毒物、爆炸物、电击器实施暴力犯罪的；有利用麻醉药、迷幻药进行盗窃、强奸的；有利用医药技术、窃听技术、通信技术和遥控技术犯罪的；还有利用气象知识、自然环境伪装、破坏犯罪现场以及为逃避制裁而学习反侦查技术的。

近年来，智能性作案手段表现越来越突出，运用先进工具、先进设备的情况不断增多。一些犯罪分子在作案中使用现代通信手段进行联络，驾驶汽车、摩托车作案，提高了犯罪的"效率"。更多的罪犯具有专业知识，使犯罪手段趋向于技术型。一些犯罪分子掌握印刷方面的专业知识，进行伪造货币和其他有价证券的犯罪活动；精通计算机技术以修改软件，贪污、盗窃巨额款项；利用信用卡诈骗；利用生物技术、医药技术等高级专业技术手段进行犯罪活动，如器官移植犯罪、利用新型生物技术进行的犯罪。这些都反映出我国现阶段犯罪手段正趋向技术化和现代化。

随着互联网行业的快速发展，互联网成为犯罪的手段之一，大部分犯罪行为都可以在网络空间或以网络为媒介和手段来实施。近年来，互联网病毒、利用互联网技术偷窃、诈骗、敲诈等案件每年以超过30%的速度增长。互联网是一个虚拟空间，通过互联网的方式实施犯罪的一般是新时代具备专业信息技术知识甚至高智商的年轻一族，因此，互联网犯罪在侦破、取证及立案上比传统的犯罪形式难度更大。而勒索病毒的横行更预示着互联网安全面临着巨大的挑战。2017年5月12日，名为"WannaCry"的勒索病毒在网络上迅速扩散，疯狂袭击公共管理和商业系统，先后有150多个国家和地区的电脑遭受感染，我国也有近3万家机构组织的数十万台机器遭受袭击。此外，随着AI技术的发展，AI网络犯罪初见端倪。不可否认，当AI成为重要的犯罪工具或犯罪主体时，互联网犯罪的防控将面临新的难题。

三、国外的犯罪状况与特点

（一）国际社会犯罪概况

犯罪问题是世界共有的社会问题。虽然犯罪因各国社会环境、文化背景以及风俗习惯的不同而有所区别，但随着工业化、城市化的社会现代化进程的加快，犯罪率增长、犯罪现象严重的现状令各国政府担忧，也引起了国际社会的普遍关注。根据国际刑警组织的报告，在世界范围内，每一秒钟，发生340起抢劫案；每一分钟，发生150起强奸案；每三分钟，发生4起谋杀案。凶杀、吸毒、诈骗、卖淫、盗窃在各国普遍发生，对人类社会的污染十分严重。1990 年2 月，联合国预防和控制犯罪委员会的一项报告表明，过去 10 年间全世界的犯罪数平均每年以 5%的速度递增，这远远超出了人口的平均增长速度，也超出了许多国家和地区控制犯罪的能力。

近些年来，世界各国都面临犯罪问题的困扰，从总的趋势看，其特点主要表现在：

1. 发达国家的犯罪率较为稳定。由于对犯罪的规定不同，美国、瑞士、德国的犯罪率均在每 10 万人口发案 5000～6000 起左右。即使在犯罪控制得较好的日本，犯罪率也在每 10 万人口 1500～1600 起左右。在这些现代化较成熟的国家，犯罪发生率较高但相对稳定，其中财产犯罪占犯罪总数的 82%，其次是侵犯人身罪和有关毒品的犯罪。

2. 发展中国家的多数犯罪以较快的速度增加。对 20 多个国家的调查表明，发展中国家的伤害罪增长率较大，盗窃罪增长率迅速，比同期发达国家伤害罪、盗窃罪的增长率高出许多。就是说，一些发展中国家犯罪率增加得比发达国家要快。从犯罪类型上看，侵犯财产的犯罪和侵犯人身的犯罪占犯罪总数的比例较大；有组织的武装抢劫是较严重的犯罪形式；毒品犯罪已成为发展中国家日益严重的犯罪问题。这些问题在亚洲、非洲、拉丁美洲、中东等地区普遍存在。卖淫活动也是发展中国家较为猖獗的不法行为，青少年犯罪日见增加，这不仅在犯罪趋势不断增加的国家表现明显，而且在犯罪趋势相对稳定的国家亦是突出问题。

3. 近几年，世界范围内日益严重且大量增加的犯罪，主要表现在：①经济领域中的犯罪日益严重，走私、诈骗、投机倒把活动非常猖狂，在商业、经济和技术领域中的犯罪严重，其中有些涉及跨国公司和国际贸易。②跨越国界的犯罪正在大量增加，包括毒品、武器以及人口在内的各种非法贩运和走私。③侵犯国家艺术遗产的犯罪也在增加，许多国家对艺术作品和国家文化遗产都强制管理，但是对艺术珍品、文物的盗窃在各国都屡有发生，并且有增无减。④有组织的国际恐怖主义犯罪、对财物和人身的暴力犯罪严重，包括劫持飞机、船舶和扣留人质、绑架、毁坏公共财产和设施。另外，污染环境的犯罪、计算机犯罪也是危害极大的新型犯罪。在发展中国家和一些经济体制转轨国家，投机倒把、黑市走私十分严重。贪污、贿赂、挪用等各种形式的"白领犯罪"不断增加。

联合国第八届预防犯罪和罪犯待遇大会文件指出：当代世界许多国家和地

区"犯罪统计数字表明，记录在案的犯罪活动在持续增加，犯罪问题在质量和数量上变得愈益严重"。"不仅新的犯罪形式是一个令人震惊的动态，而且常规的犯罪活动，如行凶抢劫、入室盗窃和其他财产犯罪等仍然是一个大问题，造成了公众的不安全感和苦恼。"

（二）几个主要西方发达国家的犯罪状况

1. 美国。

（1）7种指标犯罪严重。自60年代以来，美国社会的犯罪不断增长。据美国联邦调查局犯罪统计报告显示，谋杀、强奸、伤害、抢劫、爆炸、纵火、盗窃这7种犯罪，性质严重，数量众多。在60年代平均每年发案300多万起，比1970年增加了55%。1988年，美国的犯罪率达到5664起/10万，其中财产犯罪继续增长。1991年，美国的刑事犯罪案件高达1487万起。暴力犯罪（杀人、强奸、抢劫、严重伤害）严重，其中持枪犯罪案件尤为突出。1993年，美国的暴力犯罪案件190多万起。在这些案件中，有58.2万起是持枪犯罪案，在24 526起杀人犯罪案中有70%是持枪犯罪。1994年，美国死于枪杀的人数已超过车祸丧生人数。据1995年美国司法部公布的资料，截止到1994年，美国的服刑人数为510万人，占美国成年人口的2.7%。美国目前每10万人中有5483人报案。随着美国经济的发展，到了90年代中后期，美国的犯罪逐渐趋于减少，1997年指标犯罪总数为1319万起，1999年为1163万起，2000年为1160万起，犯罪率也从1991年的5897.8/10万降为2000年的4124/10万。总之，1991~2000年是美国历史上最长的经济增长期，这一时期美国犯罪的特点，无论从犯罪总量上看或从几种严重犯罪数量上看，均为下降的发展趋势，这得益于整个国家的经济发展和社会稳定。当然，单纯从量上分析，美国的盗窃类的财产犯罪较为严重，包括盗窃罪、夜盗罪和偷盗汽车罪等，严重的袭击犯罪、强奸犯罪表现突出。到了21世纪，美国7种指标犯罪继续呈下降的发展趋势。据最新资料显示，2017年美国谋杀、抢劫、强奸和严重伤害罪案件总数相较于2016年降低了0.8个百分比；盗窃案和纵火案的数量也在逐年降低，相较于2016年，2017年盗窃犯罪数量下降了2.9%，纵火案减少了3.5%。

（2）美国的计算机犯罪十分突出。据报道，美国每年因利用计算机犯罪造成的损失达数百亿美元，而警方每年只能追回几十亿美元的损失，破案率只有10%。美国的计算机犯罪涉及的领域相当广泛，类型亦多种多样，表现在通信领域、商业领域以及其他领域。一些人为了减少纳税数进行反政府机构的计算机犯罪；为了寻找犯罪对象，有的色情图像出售商利用计算机进行寻猎性犯罪；

有的在股票、债券、不动产交易中设置计算机虚像，从中骗取高额钱财。随着国际信息高速公路的广泛运用，计算机病毒和其他信息破坏方式，包括遥控计算机恐怖犯罪可以无国界地向世界任何地区和任何目标实施。

（3）白领阶层犯罪是美国社会犯罪面临的严重问题。美国犯罪学家萨瑟兰把资产阶级代表人物的犯罪形象地称为"白领犯罪"。所谓白领犯罪，是相对蓝领犯罪而言的，是指那些处于上层社会经济阶层的人利用其职业活动所进行的犯罪。白领犯罪最重要的表现就是经济犯罪，比如，协议压价、偷税漏税、信用卡诈骗、破产诈骗、股票证券交易中的犯罪、贩卖枪支和麻醉品、贪污贿赂等。由于白领犯罪人特殊的身份、地位，其犯罪的隐蔽性极大。他们同法官、警官串通一气，所以享有相对豁免权而不被治罪。美国国会犯罪委员会主席约翰·科尼斯指出："白领犯罪是美国当前社会上最严重的，无孔不入的，最难侦破的案件。"美国犯罪学家艾兹恩认为：美国白领犯罪与其他犯罪相比，呈现出以下特点：其一是白领犯罪与街头犯罪造成的物质损失相比，前者比后者高出近 10 倍；其二是社会中普遍发生的诈骗等犯罪行为给公众造成了很大的财政负担；其三是白领犯罪在破坏公众对商业活动的信任方面甚至比财产犯罪在经济和物质上所造成的损失更为严重。它通常并不对人身安全产生即时的可辨认的威胁，却是所有的犯罪中威胁最大的，并对美国商业所遵循的道德标准产生腐蚀性影响。

（4）有组织犯罪日益猖獗，危害严重。据调查统计，美国的有组织犯罪活动已经在全国及世界范围内进行，他们结成 24 个辛迪加式的犯罪组织，每个组织有犯罪成员几十人，有的甚至达几百人，组织形式严密，形成了自己的价值观和行为方式，有自己的一套组织规则和"执法机构"。他们从事贩毒、赌博、诈欺、恐吓、暗杀以及卖淫等活动，然后将非法得来的"黑线"进行"洗钱"，投入到"合法"部门，进行非法活动，其行为的社会危害性极大。美国的有组织犯罪已形成全国性和世界性的网络，组织成员不仅有商人、工会领导人，还有政府官员甚至司法人员。他们相互合作、相互协调，贿赂、收买警官和有关官员，为其进一步进行违法犯罪活动铺平道路。

（5）环境犯罪日益引起人们的关注。环境犯罪可分为两类，一类是环境污染，由工业化发展而计划不周或不重视环境问题所引起；另一类是对自然资源的非法破坏，如对森林地带、植物群和动物群的破坏。环境犯罪是发达国家共有的犯罪形式。

（6）仇恨犯罪愈演愈烈。美国是一个移民国家，由于历史的原因，种族、宗教、移民等问题向来比较多样和复杂，不同的文明在碰撞中既有交融，也有冲突，仇恨犯罪就是典型的体现。美国打击仇恨犯罪已近40余年，但犯罪数量仍呈现上涨的趋势。自1968年《联邦仇恨犯罪防治法》通过后，美国包括各州出台了多部反仇恨犯罪的法律，而2009年10月28日总统奥巴马签署的《2009年仇恨犯罪防治法》是美国反仇恨犯罪的重要举措。然而，美国仇恨犯罪的案件仍然呈现上涨的趋势。根据官方最新公布的数据，2017年仇恨犯罪增长率为17%。其中，针对种族或血统的仇恨犯罪率最高，比率为59.6%；对宗教的仇恨犯罪率为20.6%；15.8%源于性取向偏见，对残疾的偏见占1.9%，对性别认同的仇恨占1.6%，对性别的偏见占0.6%。在由种族、血统引发的犯罪中，约48.8%是由对非裔美国人的仇恨引发的，17.5%是由对白人的偏见引发的，10.9%被归类为反拉美裔或反拉美裔偏见。美国仇恨犯罪增长已成必然态势。

除此之外，西方社会的游戏型犯罪、公害犯罪表现也十分突出。游戏型犯罪是"后现代社会"的典型犯罪形式，主要是指一些青少年在"开心"、取乐的消遣活动中所产生的越轨或破坏性行为。公害犯罪在西方也称无被害人犯罪，包括吸毒贩毒、卖淫嫖娼和赌博等。它是发生频率最高的一类犯罪，也是各国十分重视的打击对象。

2. 英国。英国的犯罪问题已经成为严重的社会问题，犯罪呈现逐年增加的上升趋势。据英国内政部公布的材料，1986年，仅英格兰和威尔士两地的犯罪案件就达380万起，平均每分钟发生6起，比1985年增加了7%。1990年第一季度刑事犯罪案件数突破100万起，第二季度又增加了2%，达到110万起，比1989年同期增加了17%。1990年与1989年相比，暴力犯罪和性犯罪分别增长了7.4%和4.3%。1990年英国的暴力犯罪案件发生了18万起，比10年前增加了3倍。暴力案件中最多的是抢劫案，抢劫案占全部案件的74%。英国犯罪活动的一个重要特点是有组织的犯罪显著增加，英国的犯罪集团、黑社会势力是其主要表现形式。一些犯罪组织，如在英国有较强势力的"三合会"，大肆进行有计划、有行动、有掩护的贩毒、走私、卖淫等活动，并参与国外与黑社会相关的"洗钱"活动。英国的犯罪主体是青少年尤其是未成年人和失业者，包括移民工人。英国的青少年犯罪自七八十年代大幅度增加，其中10~17岁的少年犯罪令人担忧。在1986年发生的380万起犯罪案件中，有1/3是17岁以下的少年所为。其中，强奸案件所占比例较大，且有相当数量属于猥亵袭击。英国侵犯财产的犯罪占犯罪案总数的95%以上，大部分属于偷盗性质，特别是偷车和入室盗窃最为严重，占侵犯财产罪的25%。在公共场所，如街头、商店，扒窃及冒充顾客行窃的案件时有发生，其中女性犯罪者占相当比重。英国初次犯罪人数自 2000 年以来连续上涨，截至 2013 年达到最高水平，而后逐渐开始下降。自 2008 年起，英格兰和威尔士刑事审判机构受理的刑事案件呈下降的趋势，2017 年下降了 5 个百分点，创历史新低。羁押率由 2010 年的 24% 增加到 2017 年的 32%，犯罪集团的羁押率有所增加。

2017 年 6 月至 2018 年 6 月，英国共处理 161 万人，包括 138 万被告被起诉，比上一年度降低 4%，定罪比率为 87%，是 10 年来最高的一次。其中，违法驾驶车辆的案件减少了 3%，扭转了自 2014 年以来的上升趋势。实际上，近年来英国盗窃和吸毒的人数减少，是导致英国犯罪率下降的主要原因。

3. 德国。1990 年统一后，德国仍然面临犯罪问题的困扰。1992 年，德国警方登记的案件数为 630 万件，比 1991 年增加了 10%。1993 年上半年发案数又比 1992 年同期增长了 8%。1995 年登记在案的犯罪总数达 667 万件。德国内政部长认为：德国当前犯罪活动的特点是日益国际化、集团化、组织管理现代化、罪行残忍化。当前，德国犯罪最突出的问题就是经济犯罪和新纳粹势力的抬头。1991 年版的德国纸币（面值 50、100、200 马克）被国内及国外的犯罪集团伪造。法兰克福——"德国的犯罪之都"成为毒品的中转站和"洗钱"场所。1993 年，该市发生罪案 14.1 万件，平均每四五个市民一起。德国的犯罪集团与意大利、东欧、俄罗斯以及法国犯罪组织相勾结，共同走私毒品、军火、汽车乃至核原料，给德国经济造成了极大的危害。自 80 年代末起，德国的新纳粹组织活动猖獗，大肆进行排外等暴力犯罪，打、砸、烧外籍居民的住宅，对外籍人员进行人身伤害。从德国官方公布的数据看，德国近几年的犯罪行为和数量呈现上涨趋势。2016 年，德国犯罪总计达 637 万起，比上一年度增加 0.7%。暴力犯罪案件占总案件数量的 6.7%，其中 72% 为严重危害人身安全的犯罪，比上一年度增加 9.9%；谋杀、误杀和故意杀人罪案件数量激增，比上一年度增加 14.3%；强奸和性侵犯案件数量增加 12.8%；只有抢劫案件数量减少了 3.7%。毒品犯罪案件和 IT 犯罪案件激增，枪支类犯罪、侮辱罪等均有不同程度的增加。而盗窃案件的数量有一定程度的下降，降幅为 4.4%。其中，入室盗窃降低了 9.5%，是 9 年来第一次回落。此外，因德国近几年移民、难民人数的增加，移民、难民犯罪数量出现了大幅度的增加，约占犯罪总数的 30.5%。

4. 日本。从日本战后犯罪的整体情况来看，它经历了四次高峰，1948 年和 1949 年是第一次高峰，每年发生刑事案件 160 万件。这与战争造成的全国性的经济破产、城市被毁以及失业、饥荒有关，因而盗窃、抢劫十分猖獗。到了 60

年代中期，由于经济快速发展，大批的农业人口流入城市，造成城市管理和教育的不足，形成了第二个犯罪高峰。1964年共发案160.9万起。接着，犯罪出现了稳中有降的发展局面，1973年形成了犯罪低谷，全国犯罪总数仅为94万件。随后，犯罪开始增加，爆炸、劫持飞机、船舶的重大恶性案件较多发生。1974年爆炸案件达到52件之多，形成了第三次犯罪高峰期。进入80年代后，犯罪增长幅度加大，特别是1985年，犯罪案件达212万件，是战后最高纪录。1991年，犯罪在短暂降低后，开始急速增加，于2002年达到第四个犯罪高峰，累计犯罪案件达285万余件，是有史以来的最高纪录。之后，日本制定了相关的生活安全条例、设置监控等防控措施，制定了官民一体的防范对策，犯罪得到了有效控制，犯罪案件数量大幅度下降。根据最新公布的警察白皮书的数据显示，2017年日本犯罪案件数量约为91万件，相当于2002年犯罪案件总量的1/3。街头犯罪发生的数量显著降低，2017年自行车失窃案件较2002年减少了14%，"飞车党"抢包案件较2002年减少了5%。强盗、放火、强制性交、强制猥亵等案件数量均有不同程度的下降。此外，虐待儿童案件出现大幅度增加，2017年共发生1138件虐待儿童案件，达到了历史新高。总体来讲，日本的成年人犯罪有升有降并逐渐趋于减少。少年犯罪从数量上看虽然在增加，但就其性质而言，恶性犯罪案件减少。近几年发生较多的是强盗和强制猥亵案件，从案件总数上看呈下降趋势。诈骗、冒领、伪造、贪污及渎职等智能型犯罪有所发生，但与前四次犯罪高峰相比，虽然犯罪总量有所增加，但发展趋势有升有降。与西方发达国家相比，日本社会的犯罪率相对平缓，表现出稳中有升，但明显低于西方发达国家的特点。

造成日本社会相对较低犯罪率的原因，主要有以下几个方面：

（1）日本社会的社会控制严密，秩序井然。在日本，犯罪的预防和控制被认为是社区问题。一般都是通过司法控制以外的调解程序来解决一些伤害或殴打等轻微犯罪或冲突的，这也符合普通日本人的法律意识。犯罪的认定、起诉、判决和惩罚都是在社会的参与下进行的。

（2）日本人具有很强的群体观念和社会依附心理。这种观念就会影响人们的行为，从而具有防止犯罪的作用。如果群体中某一成员实施了应受谴责的违法犯罪行为，就会影响到整个群体的声誉，家庭也将蒙受耻辱。正由于此，日本人具有自身约束力，有强烈的遵纪守法的观念。

（3）日本实行严格的家长制，但家长制并非父权制，也并非一味庇护。在人际关系上，无论上级与下级、老师与学生、长辈与子女之间都会相互承担义务、相互宽容。在日本，如果雇主不能为他的雇员提供应有的照顾或雇员不能为公司努力工作，都会有负罪感。

日本著名社会学家福武直在《当今日本社会》中指出："日本犯罪率变动不大这一情况，与其他先进国家形成鲜明的对照。在那些国家，收入的增加和犯罪率的增加有直接对应关系。也许日本正经历着由经济增长所支撑的现代'元禄'和平环境（元禄是指 1688～1704 年，是日本和平繁荣的鼎盛时期，产生了商人阶级）。而实际上，日本与其他国家的不同之处在于，它把收入水平提高，使人民可以有娱乐和消遣，足以解除每天的烦恼。如果将来收入水平需要提高了而又得不到满足，日本也可能要重复其他国家的情况。"

思考题

1. 犯罪现象及其特征。
2. 简述新中国成立后五次犯罪高峰的状况和特点。
3. 当前我国犯罪的基本特点与发展趋势。
4. 近年来国际社会犯罪特点的主要表现。
5. 几个主要西方发达国家的犯罪状况。

拓展阅读

1. 刘广三：《犯罪现象论》，北京大学出版社 1996 年版。
2. 康树华、张小虎主编：《犯罪学》，北京大学出版社 2016 年版。
3. ［俄］B. B. 卢涅耶夫：《二十世纪的犯罪》，黄道秀等译，北京大学出版社 2015 年版。

第四章 犯罪行为

第一节　犯罪行为概述

一、犯罪行为的概念

犯罪学中的犯罪行为，是指行为人实施的具有严重的社会危害性，应当受到处罚的客观外在活动，是犯罪现象的有机组成部分。

1. 犯罪行为是犯罪现象的一个有机组成部分。犯罪行为作为一种主要的犯罪现象，对于真正理解犯罪人和被害人、查明犯罪原因、设置有效的防治对策有重要意义。

2. 犯罪行为是具有严重社会危害性，应当受到处罚的行为。具有严重的社会危害性是犯罪行为最为本质的特征，一个行为如果不具有社会危害性就不能称为犯罪行为；同时，社会危害性必须达到比较严重的程度，否则也不能称为犯罪行为。在这一点上，刑法学中的犯罪行为和犯罪学中的犯罪行为基本上是一致的。但犯罪学中犯罪行为的外延要宽泛得多，不仅包括刑法所规定的犯罪行为，还包括其他具有严重社会危害性的行为。

此处"应当受到处罚"中的"处罚"，要比刑法中"刑罚"的外延宽泛得多，既包括刑罚处罚，也包括非刑罚处罚。

3. 犯罪行为是一种客观的外在活动。犯罪学中的犯罪行为是指犯罪人实施的违法犯罪的行动、动作或举动，是一种客观外在的活动。仅有违法犯罪思想，没有犯罪行动，不能称为犯罪行为。所以，客观实在性是犯罪学中的犯罪行为和刑法学中的犯罪行为的共同特征。但犯罪学研究的对象和任务规定了它不仅要研究客观犯罪行为，还要研究犯罪人的观念与心理，研究犯罪行为的主观原因和客观原因。

4. 犯罪行为是行为人有意识的行为。某种行为虽然造成了一定的危害结果，但不是人的有意识的行为，也就不能称为犯罪学意义上的犯罪行为。所以，下列行为不是犯罪行为：

（1）反射动作，指人在受到外界刺激的情况下，瞬间作出的身体本能反应。例如，正在驾车行驶的汽车司机，由于突然受到强光的刺激而闭上眼睛，致使汽车撞伤人。

（2）睡梦状态中的动作，如梦游症等。在这种情况下，人的举动不是人的意识或意志的表现。因此，行为人的行为即使在客观上造成了危害结果，也不是犯罪学意义上的犯罪行为。

（3）不可抗力作用下的举动，即不是出于行为人的意志或意识，而是由于不能抗拒的外力作用而引起某种行为的发生。比如，消防队员在执行救火任务中，因唯一通道上的桥梁被毁，致使其未能及时赶到现场灭火，造成严重财产损失。

（4）身体遭受暴力强制下的动作，如被犯罪人捆绑后，强行在伪造的文书上按了手印；储蓄所值班人员被抢劫者捆住手脚，而无法保护现金不被抢走。这两种情况均违背了行为人的主观意愿，因而也不是犯罪学意义上的犯罪行为。

需要注意的是，虽然完全丧失刑事责任能力的精神病人实施的行为也是一种无意识的行为，但犯罪学通常将其纳入研究范围，这是因为精神病的产生及其危害行为与一般犯罪行为的产生及危害有相通之处。这是由犯罪学的研究对象决定的，也是犯罪学与刑法学研究对象的区别。

二、犯罪行为的构成要素

犯罪行为的构成要素，是指构成犯罪行为所必备的基本因素。一般包括以下几个方面：

（一）犯罪时间

任何犯罪行为都是在一定时间内实施的，没有犯罪时间，就不会有犯罪行为。刑法学中的犯罪时间与犯罪学中的犯罪时间的意义有所不同。刑法学中的犯罪时间是犯罪构成客观方面的选择要件；而犯罪学则主要从犯罪现象、犯罪原因和犯罪预防的角度来研究犯罪时间。犯罪行为在不同的时间有不同的表现，并呈现某种规律性特征。只有掌握了犯罪行为发生的时间规律和特点，才能从时间因素上有效地预防和控制犯罪行为的发生。

（二）犯罪空间

犯罪空间，即犯罪行为发生的处所和范围。犯罪行为在不同地区有不同的分布表现，并有某种规律性。这种规律性在大小不同的空间范围内都能表现出来。大到世界范围内的不同地区、不同国家，小到一国之内的不同地区都有不同的表现。

（三）人

人包括犯罪人和被害人。任何犯罪行为都是由人实施的，没有犯罪人就无所谓犯罪行为，并且大多数犯罪行为都指向特定的被害人。犯罪人和被害人共存，构成了犯罪图景中的基本事实。

（四）犯罪工具

犯罪工具，指犯罪人实施犯罪行为所使用的器械、物品。在一般情况下，犯罪工具并不是犯罪构成的要件，因此，不影响犯罪的成立，但对认定行为的社会危害性具有重要意义。

（五）行为方式

行为方式，即实施犯罪行为所采取的手段和方法。犯罪手段和方式是犯罪行为的具体体现。犯罪行为方式可分为自由选择的方式和被迫采取的方式两大方面。前者在一般情况下使用，后者在特殊情况下使用。常见的犯罪行为方式主要有秘密方式、公开方式、欺诈方式、暴力方式、威胁方式等。

三、犯罪行为的发生理论

（一）自然生成论（生来犯罪论）

该理论认为犯罪行为是人生来注定的。龙勃罗梭的"生来犯罪人"理论是一种典型的自然生成理论。我国西汉的董仲舒认为犯罪源于人性。他说："天有阴阳之施，身亦有贪仁之性。"人性中由于包含有"善质""善端"，经过教化可以达到"善"的标准。同时，人也具有"贪"性和好"利"的"恶质"，这是促使人犯罪的根源。

（二）后天环境论

该理论认为，行为是人和社会相互作用的产物，环境是不断变化的，人体是相对恒定的，环境作用于人，使行为受环境影响而变化。环境决定论者认为，人的一切能力的差异都是环境造成的，是由环境和教育机构决定的，素质在能力的发展上不起任何作用，否认遗传的作用。

（三）机械论

该理论是从生物学的观点解释行为，认为行为就是由刺激 S 到反应 R，即
S-R。这种观点主要来自动物的实验，而忽视了社会的心理因素，所以它不能正
面回答人类复杂的行为。

（四）多因论

人的行为是多方面因素相结合的产物，即社会、心理和生物等因素相互作
用的结果，是生物、心理和社会的统一体。多因论的犯罪行为发生的理论是符
合客观实际的。

四、犯罪行为发生的规律

犯罪行为发生的规律，是指犯罪行为发生过程中所体现出来的内在本质和
必然性。犯罪行为发生的主要规律有：

（一）必然性和偶然性相结合

犯罪行为人从产生犯罪动机到犯罪行为实施完毕，均体现了事物必然的必
要性。如果犯罪人产生了犯罪决意，着手去实施犯罪行为，犯罪的产生是一种
必然性的趋势。但同时，必然性的存在同样包含着偶然性。认识犯罪发生过程
中所体现的必然性和偶然性，我们可以尽量减少引发犯罪的因素，使犯罪得到
最大程度的控制。

（二）主客观相互作用

犯罪行为的发生过程是一个主客观因素相互作用的过程，二者在这一过程
中互为条件、相互渗透，贯穿于犯罪的始终。犯罪行为是犯罪心理的外化，犯
罪心理是由于主体的需要及外部诱因与内在心理相结合而导致原有的心理结构
解体而产生的。在内外化过程中，主客观因素紧密结合在一起，密不可分。单
一的主观因素不可能产生犯罪心理和犯罪行为。其中，主体因素的产生来源于
客观世界，人的性格、气质、意志等形成于客观世界，且受客观世界的影响。
不良的客观环境对人的主观因素有着决定性作用。同样，主观反映客观，并对
客观具有反作用。犯罪行为的不断深入，导致主体不良心理结构进一步恶化，
主体的认识、观念等会发生相应变化，从而体现为犯罪心理及行为。

（三）隐蔽与公开行为共存

在实施犯罪准备行为之前，人的心理活动作为神经活动存在于人的大脑中。
从犯罪预备阶段开始，心理活动外化为行为，其表现形式具有隐蔽与公开共存
的特点。

对于行为，可以用良性、中性、恶性来分类。由于恶性行为被社会道德、法律所不容，故恶性行为多采取隐蔽方式，而良性、中性行为则多采用公开方式。犯罪行为通常采用秘密方式。但就某一犯罪阶段而言，行为可以是中性或良性而以公开形式表现出来。犯罪人在实施犯罪时往往选择有利于犯罪和适合自己情况的行为方式。

第二节 犯罪行为的类型

犯罪行为的类型，是指根据一定的目的和原则，按照一定的标准，在对各种复杂的犯罪行为进行抽象概括的基础上，根据其内在的相似性所作的分类。犯罪行为的复杂性，决定了分类标准的多样性。

一、按照社会危害性大小进行分类

这种分类方法在世界各国较为普遍。英国 14 世纪的普通法将犯罪分为叛逆罪、重罪和轻罪三类。按古代英国法，叛逆者的土地应被没收上交国王，重罪犯的土地交给领主。在美国，由于不没收叛国者和重罪犯的财产，所以区分叛国罪和重罪的意义不大。于是，源于英国刑法的美国刑法便把重罪与轻罪之分作为最基本的犯罪分类，延续至今。

法国的犯罪学理论将犯罪划分为重大犯罪和轻微犯罪。重大犯罪的性质严重，由法国重罪法院审理并处以重刑；轻微犯罪的社会危害性较轻，由轻罪法院审理并处以惩戒。

俄罗斯联邦刑法典按法定刑轻重将犯罪分为四类：轻罪、中等严重的犯罪、严重的犯罪、特别严重的犯罪。

在我国，有的学者按社会危害程度将犯罪分为危害国家犯罪、普通刑事犯罪、轻微违法犯罪三种类型。所谓的轻微违法犯罪，是指根据刑法不追究刑事责任的行为，其中包括违反《治安管理处罚法》或者其他行政法规应受行政处罚的行为。

二、按照犯罪侵犯的客体不同进行分类

最早按犯罪客体对犯罪进行分类的是意大利的著名学者贝卡里亚。在《论犯罪与刑罚》一书中，他将犯罪分为三类："有些犯罪直接地毁伤社会或社会的代表；有些犯罪从生命、财产或名誉上侵犯公民的个人安全；还有一些犯罪则

属于与公共利益要求每个公民应做和不应做的事情相违背的行为。"[1] 此后，许多西方国家按照贝卡里亚的思路，将犯罪分为侵害国家法益的犯罪、侵害社会法益的犯罪和侵害个人法益的犯罪三类。

我国 1979 年刑法按犯罪侵犯的客体不同将犯罪分为八大类，并且大体上按照由各类客体性质决定的社会危害性的大小，将八类犯罪由重到轻进行排列。1997 年刑法修订后，将八类犯罪增为十大类。

三、按照行为性质进行分类

意大利犯罪学家加罗法洛依据行为的道德评价和规范根据把犯罪行为分为自然犯罪和法定犯罪两大类。此后这种分类方法被西方许多刑法学者和犯罪学者所采纳。

（一）自然犯罪

自然犯罪，是指违反一般人类所共有的怜悯与正直的道德情绪的行为。这种行为从根本上违反了人的本性，因此，在任何社会都会被视为犯罪。

（二）法定犯罪

法定犯罪，是指并不为传统道德所不容，仅因法律禁止而形成的犯罪。这种犯罪往往是国家根据需要而规定的，没有统一确定的标准。

加罗法洛认为，只有自然犯罪才是真正的犯罪；自然犯罪是犯罪学的研究对象。但许多学者认为，绝对不变的犯罪实际上是不存在的，自然犯罪与法定犯罪的区分仅具有相对的意义。

在我国，通常按行为性质的不同将犯罪行为分为五类：财产犯罪、暴力犯罪、智能犯罪、风俗犯罪、破坏犯罪。

四、按行为形成的方式进行分类

将各种各样的犯罪行为加以抽象，犯罪行为分为两种基本形式：作为和不作为。

（一）以作为方式实施的犯罪行为

它是指以积极的行动实施的某些危害社会的犯罪行为，即"不当为而为"。所谓"积极的行动"，是指包含了一系列的积极动作，而不是某一个别的动作。犯罪人只有通过这一系列的积极动作，才能使犯罪行为得以完成，从而实现自

---

[1] ［意］切萨雷·贝卡里亚：《论犯罪与刑罚》，黄风译，北京大学出版社 2008 年版，第 22 页。

己的犯罪意图。

（二）以不作为方式实施的犯罪行为

它是指消极地不实施法律义务所要求的某些动作，从而危害社会的犯罪行为，即"当为而不为"。犯罪行为的不作为方式，必须以行为人负有某种特定义务为前提，否则便不能成为不作为的犯罪行为。

五、按照犯罪人实施犯罪的主观罪过心理进行分类

（一）故意犯罪行为

它是指行为人明知自己的行为会发生危害社会的结果，并希望或放任这种结果的发生。其有两个特征：①在认识因素上，行为人明知自己的行为会发生危害社会的结果；②在意志因素上，行为人对危害结果的发生持希望或放任的态度。

（二）过失犯罪行为

它是指行为人应当预见自己的行为可能发生危害社会的结果，由于疏忽大意而没有预见，或者已经预见而轻信能够避免。过失犯罪行为有两种形式：①疏忽大意的过失，即行为人应当预见自己的行为可能发生危害结果，由于疏忽大意没有预见，以致发生了这种危害结果；②过于自信的过失，即行为人已经预见到自己的行为可能发生危害结果，而轻信能够避免，以致发生这种结果。

（三）无过失行为

它是指行为实施时，行为人既无故意，也无过失。有些行为的行为人虽然主观上没有任何罪过，但其行为在客观上造成了危害结果，具有一定的社会危害性。在英美法系，对一些无罪过犯罪行为也要追究行为人的刑事责任，这在刑法理论上称为绝对责任或严格责任。在大陆法系国家，对无罪过的有害行为基本不追究行为人的刑事责任，只是作为可受行政处罚的违法行为。一些学者认为，法律规定惩罚无罪过行为，与刑法的目的和原则相悖，有失公正。不过，在犯罪学中对无罪过犯罪行为进行研究，分析其产生的原因，并寻求有效的防范对策，也是有必要的。

六、按照犯罪的公开程度进行分类

西方一些学者在对犯罪进行统计研究时，发现实际发生的犯罪行为与司法机关掌握的犯罪行为之间有较大的差距，因此，主张根据犯罪行为的公开程度

将犯罪分为司法犯罪、公开犯罪和实际犯罪三种。司法犯罪是指已经由法院作出判决的犯罪；公开犯罪是指已经为警察和司法机关了解和掌握的犯罪；实际犯罪是指实际发生或客观存在的全部犯罪。

七、按照犯罪形成的特点进行分类

（一）蓄谋性犯罪行为

蓄谋性犯罪行为，是指预谋实施的犯罪行为。这种犯罪行为在形成过程中明显地反映出犯罪人的危害意志在行为选择中的支配地位。

（二）突发性犯罪行为

突发性犯罪行为，是指随着某种情景的出现而突然发生的犯罪行为。这类犯罪行为的实施没有明确的预谋过程，但有明确的目的。

（三）连带性犯罪行为

连带性犯罪行为，是指为了实现既定目的而实施某种行为，由这种行为引发的与行为目的无关的犯罪行为。例如，犯罪人意图盗窃财物而窃取了一个军人的背包，发现包里不仅有钱，还有手枪和子弹，于是把手枪和子弹藏于家中。这种私藏行为便属于连带性犯罪行为。

上述对犯罪所作的种种划分均有其根据和理由，也有各自的局限性。按不同的标准对犯罪行为进行分类，并对不同类型的犯罪行为进行深入研究，有助于整体犯罪现象研究的全面展开和不断深入，有助于确立科学的犯罪对策。

第三节　犯罪行为的形成过程

各个具体犯罪行为的过程虽然各不相同，但仍有一定的轨迹可循。这条发展轨迹以故意犯罪最为清晰、完整，因此，在此以故意犯罪行为的形成过程为典型，对其所经历的犯罪决意、犯罪准备、犯罪实施三个环节进行描述。

一、犯罪决意

犯罪决意，是指实施犯罪行为的决心和意向。犯罪行为由犯罪动机所推动，犯罪动机产生后通常并不马上推动犯罪人立即实施犯罪行为，而是要经历一定的过程，直到犯罪人下定决心实施犯罪行为，即形成犯罪决意。没有犯罪决意就不会有犯罪行为的实施。

根据犯罪决意的形成过程，将其分为三种不同的类型：

1. 预谋犯罪决意。即经过深思熟虑而形成的犯罪决意。这类犯罪决意最为坚定，多表现为实施有预谋的犯罪或有组织的犯罪。

2. 激情犯罪决意。即突如其来的、激烈的情绪刺激而形成的犯罪决意。这类犯罪决意具有突发性，且行为不计后果。

3. 机会犯罪决意。即恰逢某种时机当即形成的犯罪决意。这类犯罪决意的坚定程度较差，没有适当的机遇就不会形成。

除激情犯罪决意外，一般犯罪决意的形成都要经过犯罪人激烈的思想斗争。如果行为人认为某种犯罪行为的实施所获收益大于所造成的损失，就可能作出犯罪决意；如果行为人认为犯罪行为得不偿失，就可能放弃犯罪意图。行为人在作出犯罪决意之时往往会产生一种恐惧感或罪责感，初犯尤其明显。这种恐惧感和罪责感可能促使犯罪人放弃实施犯罪行为。不过，犯罪决意坚定者会尽量克制心理冲动而产生的恐惧感和罪责感，并寻找出各种理由，为实施犯罪辩解。

为了实现犯罪目的，犯罪人有时需要连续实施数个犯罪行为。例如，为了诈骗，伪造国家公文印章。这类犯罪包括数个犯罪行为，所以也有数个犯罪决意，这称为犯罪决意的重叠。犯罪决意的重叠不同于犯罪决意的变更。犯罪决意的变更指犯罪人用新的犯罪决意代替旧的犯罪决意，旧的犯罪决意随之消失。

犯罪决意形成后，并非立即导致犯罪行为的实施。一方面犯罪人要进行犯罪的准备；另一方面，由于与犯罪有关的情况可能发生变化，犯罪人可能作出提前或延缓犯罪行为实施的决意。

二、犯罪准备

所谓犯罪准备，是指为犯罪行为的实施准备工具、制造条件。犯罪人为了能够使犯罪行为得以顺利实施，就要积极创造条件，创造一个有利于犯罪实施的环境，这就是犯罪行为的准备过程。

（一）犯罪准备的主要内容

1. 准备犯罪工具。犯罪工具指为实行犯罪而利用的各种物品。所谓准备犯罪工具，是指制造、寻求犯罪工具，以及使犯罪工具适合于犯罪的需要。准备犯罪工具是最常见的犯罪准备的活动。

2. 学习犯罪技术。犯罪技术是犯罪人实施犯罪行为所需要的各种办法、措施和手段。犯罪技术在一定程度上决定着犯罪目标能否实现以及实现的程度，所以，犯罪人在实施犯罪行为以前，总是想方设法提高犯罪技能，以顺利实现其犯罪目的。随着现代科学技术的发展，犯罪技术也越来越高，反侦查能力相应增强，因此，对犯罪防治对策提出了更高的要求。

3. 收集犯罪情报。犯罪情报，是指与实施犯罪行为有关的各种信息。充分的犯罪情报对于顺利实施犯罪行为至关重要。

4. 制定犯罪计划。犯罪计划是犯罪人在犯罪决意的支配下，对实施犯罪行为具体步骤的策划、安排。犯罪计划的制定和犯罪人的自身状况及所要实施的犯罪类型有一定关系。犯罪计划的制定可能是书面的，也可能是口头的。

一般情况下，很难从犯罪准备行为本身看出其明显的社会危害性，它与一般合法行为没有什么区别，如为杀人购买菜刀。但如果把这些犯罪准备行为与犯罪人的主观意图联系起来，就可看出这些行为所具有的社会危害性。同时，犯罪准备有的表现为一种行为，有的表现为数种行为，但犯罪人在犯罪前实施的任何行为并非都是犯罪准备行为，要把犯罪准备行为与正常行为区别开来。

（二）犯罪准备的放弃

犯罪决意形成后，由于各种主客观原因的影响，犯罪人可能会放弃犯罪准备行为。一种是在犯罪决意形成之后，尚未进行任何犯罪准备即放弃犯罪决意；一种是犯罪准备行为已经开始或已完成了一部分，但随后放弃其余的准备行为。促使犯罪人放弃犯罪准备的因素主要有：

1. 主观方面的因素。犯罪行为是具有严重的社会危害性，应当受到严厉惩罚的行为。犯罪人进行犯罪准备时要承受很大的心理压力，并因此可能导致犯罪预备的放弃。这些因素主要有：①失望。犯罪人在犯罪过程中屡遭失败，对犯罪成功的可能性失去信心而放弃准备行为。②恐惧。犯罪人在准备过程中恐惧心理会逐步增加，害怕一旦败露将会受到严厉的惩罚。这种恐惧不安的心理可能会动摇犯罪人的决意，促使其放弃犯罪准备。③悔悟。犯罪人在准备犯罪过程中可能会受到社会或家庭积极因素的影响，或受到自己良心的谴责而放弃犯罪准备。

2. 客观方面的原因。在共同犯罪中，共同犯罪人之间产生分歧，难以实现分工合作，会促使其放弃犯罪行为的准备；若在犯罪行为准备过程中遇到难以排除的障碍，一些犯罪人就可能放弃犯罪行为的准备。

三、犯罪实施

所谓犯罪实施，是指犯罪人的行为已直接指向犯罪所侵害的目标，是犯罪准备的继续和发展。犯罪准备和犯罪实施均为犯罪动机和犯罪决意所推动，但犯罪实施追求的是犯罪结果，而犯罪准备则是为犯罪实施创造有利条件。

犯罪人实施犯罪行为一般会按原计划进行，达到犯罪目的，犯罪行为即告结束。但实施犯罪行为的过程中有时还会出现以下两种特殊情况：①犯罪行为的实施遇到阻碍，这种阻碍可能是可以克服的阻碍，也可能是无法克服的阻碍。对前者而言，犯罪人会采取相应措施排除阻碍，继续实施犯罪；对无法克服的阻碍，犯罪人只好放弃实施犯罪行为。②犯罪人在犯罪行为实施过程中产生新的动机。在按原计划实施犯罪行为的过程中，犯罪人可能被现场的某些事物刺激而产生其他欲望，从而诱发新的犯罪动机。在这种动机支配下，犯罪人就会继续实施另一种性质的犯罪行为。这种突发的动机导致了犯罪行为的多重出现，给被害人造成了多重损害。

实施犯罪行为的具体方式，既受犯罪行为性质的影响，又受客观环境和犯罪人主观因素的制约。一般而言，犯罪行为的实施具有以下几种方式：

（一）秘密方式

这种方式为大多数犯罪行为所采取。秘密的犯罪方式既能达到犯罪目的，又能较好地逃避法律制裁，是一种代价较小的方式，为大多数犯罪人所选择。但这种方式使犯罪人不能随心所欲地实施犯罪，他们要等待合适的时间，选择合适的地点和工具，以期不被发现。

（二）公开方式

这种方式一般只在犯罪人的犯罪意志无法控制的情况下采取。因为这种方式易于被发现而受到惩罚，代价较大，犯罪人一般不会采取。有些犯罪由其本身性质所决定，只能以公开的方式实施，如抢劫、抢夺等。有些犯罪可以秘密进行，也可以公开进行，如杀人等。有时犯罪人在开始实施犯罪时是以秘密方式进行的，但在犯罪行为实施过程中受到挫折而转化为公开方式。

（三）暴力方式

有些犯罪既是公开实施的，也使用暴力方式。我国刑法规定的有些犯罪只能以暴力方式实施，如抢劫罪、暴力干涉婚姻自由罪等。而有些犯罪既可以用暴力方式，也可用非暴力方式实施，如杀人、伤害等。对暴力的理解必须仅限于犯罪人本人直接行使，犯罪人利用动物作为实施暴力的手段也应视为使用暴力。

（四）欺骗方式

采用这种方式的多为财产犯罪，其特点是在公开场合，犯罪人以虚假的言词或行动来掩盖犯罪事实真相，使被害人上当。

（五）协议方式

即在被害人同意的情况下所实施的犯罪。例如，利用 14 周岁以下幼女的无知，对其施以小恩小惠，幼女虽然同意与其发生性关系，仍以强奸罪论处。这种方式的犯罪相对较少。

以上是依据各自的典型特征对犯罪行为方式所作的划分。在实践中，一种犯罪常常会同时使用几种犯罪方式，如既是暴力的又是公开的，既是欺骗的又是协议的，既有秘密的方式也有公开的方式。

🔵 **思考题**

1. 犯罪行为的概念及其构成要素。

2. 犯罪行为发生的规律。

3. 犯罪行为的形成过程。

4. 犯罪决意的类型。

5. 犯罪行为的实施方式。

🔵 **拓展阅读**

1. 白建军：《罪·恶》，中国人民大学出版社 2015 年版。

2. 楼伯坤：《犯罪行为学基本问题研究》，法律出版社 2014 年版。

3. 张蔚：《犯罪心理分析：邪恶的二十个模样》，中国法制出版社 2019 年版。

4. ［美］亚历克斯·梯尔：《越轨：人为什么干"坏事"?》，王海霞等译，中国人民大学出版社 2014 年版。

第
五
章

犯罪人与犯罪被害人

第一节　犯罪人

一、犯罪人的概念

在犯罪学中，犯罪人是指实施了违法犯罪行为以及其他严重社会越轨行为，应受法律和道德责罚的自然人和法人。理解这一概念，需要注意以下几点：

1. 犯罪人是外显的严重反社会行为的实施者。实施了外显的反社会行为（即严重破坏社会法律秩序、伦理秩序以及政治秩序的行为）是"犯罪人"这一特定身份的"外在标志"。如果没有这一"外在标志"，即使某个人在内心充满了反社会情绪，也仍然不可以称之为"犯罪人"。

2. 犯罪学意义上的犯罪人不同于刑事法律意义上的犯罪人。刑事法律意义上的犯罪人，或叫犯罪主体，一般是指具备刑事责任能力，实施犯罪行为并且依法受到刑罚惩罚的人。这一概念与犯罪学中关于犯罪人的概念具有如下明显的不同：

（1）刑事法律意义上的犯罪人，必须是具备刑事责任能力的人，因年龄、精神状况等不具备刑事责任能力的人，不能成为刑事法律意义上的犯罪人；而犯罪学意义上的犯罪人，虽然以刑事法律的规定为基础，但不完全受刑法规定的限制。

（2）刑事法律意义上的犯罪人，必须是实施了犯罪行为的人；而犯罪学意义上的犯罪人，则不仅包括实施了犯罪行为的人，也包括了实施一般违法行为的人，甚至还包括具有不良行为的人。

（3）刑事法律意义上的犯罪人，必须是依据刑法规范应受刑罚惩罚的人；

而犯罪学意义上的犯罪人，则不仅包括应受刑罚惩罚的人，也包括应接受其他矫治措施的人，还有其他虽然没有受到处罚却应当受到处罚的"实际的"危害行为人，如没有被揭露的"白领犯罪"和各种没有受到处罚的有社会越轨行为的人等。

总之，刑事法律意义上的犯罪人，是应对其犯罪行为承担刑事责任的主体，而犯罪学意义上的犯罪人，则是为了分析犯罪原因、规律及其防治措施而提出的一个科学术语，只能用于犯罪学的研究。在概念的内涵和外延的解释方面，后者更灵活一些，范围也更广泛一些。

3. 行为人只要实施了危害社会的违法犯罪行为，不论其是否已被逮捕、起诉、判刑或是被采取其他矫治措施，均不影响其犯罪人身份的成立。

4. 犯罪人既包括自然人，也包括法人和非法人组织。

二、犯罪人研究的意义

(一) 对犯罪人的研究是学习犯罪学的基础

犯罪学作为一门独立的学科是从研究犯罪人中产生和发展起来的。1876 年，被称为"犯罪学之父"的意大利医生龙勃罗梭出版了他的《犯罪人论》一书，这标志着犯罪学进入了科学时代，成为一门独立的科学。犯罪学应当首先研究犯罪人，这一观点得到了犯罪学各学派的重视，犯罪学者们对犯罪人开展了广泛的研究，犯罪人在犯罪学研究中占有相当的比重。

(二) 对犯罪人的研究有利于深入和全面了解犯罪现象

犯罪人是犯罪行为的实施者，是构成犯罪现象诸要素中最活跃、最复杂的一个。若不研究犯罪人，对犯罪现象的了解就不可能全面。如果不研究犯罪人的构成，不研究犯罪人的生理、心理特征以及犯罪人与外界环境的相互作用，就无法揭示各种犯罪因素如何作用于个人并使之成为罪犯的一般规律，因而也就不能全面彻底地了解犯罪人人格的形成过程和变化发展规律，就不可能理解和说明犯罪现象的原因。

(三) 研究犯罪人有助于预测、预防和治理犯罪

犯罪是一种社会历史现象，要预防和治理犯罪，就必须要研究犯罪行为的主体——犯罪人；犯罪预防在很大程度上表现为对犯罪人的预防。如果对犯罪人的理解不科学，就不利于犯罪原因的分析和犯罪预防措施的制定。对犯罪人的科学研究，使犯罪预防，尤其是特殊预防更具有针对性，也更有效。

三、犯罪人的特征

尽管犯罪人的情况错综复杂、千差万别，但是，绝大多数犯罪人都具有一些共同的特征，这些特征对于分析犯罪原因、发现犯罪规律及制定防治对策有着一定的意义。

（一）犯罪人的人口学特征

犯罪人的人口学特征，主要指犯罪人的性别、年龄、文化、职业、家庭状况和居住区域等方面的特征。

1. 犯罪人的性别特征。一般认为，性别与犯罪发生率及犯罪类型等犯罪因素之间都有着密切的关系。

世界各国的统计资料表明：近些年来，女性犯罪在某些国家虽然有所增加，但在全体犯罪人中，男性仍占绝大多数。例如，据统计，美国1986年的男性犯罪人占80%；联邦德国1985年的男性犯罪人占76.2%；日本1985年的男性犯罪人占81.7%。

在犯罪类型方面，男性犯罪相对集中在"攻击性"的杀人、抢劫、强奸、重伤等暴力性犯罪。女性犯罪则多为非暴力犯罪，如杀婴、卖淫、冒充顾客进商店偷东西、欺诈、伪造等财产犯罪。但是，女性犯罪特别是农村女性犯罪中，因婚姻家庭纠纷发生的女性激情杀人案件比较突出。

2. 犯罪人的年龄特征。对犯罪人的年龄特征进行分析，可以发现易发生犯罪的年龄段，了解各年龄段犯罪人在整个犯罪人中所占的比例及其与犯罪类型的关系。

犯罪低龄化趋势明显。始发违法犯罪多在14~16岁这一年龄段，这是各国的普遍现象，而且未成年人犯罪的比例还有日渐增长的趋势。日本的青少年违法犯罪数量从1972年以来一直上升，1984年刑事犯罪中45%的犯罪人为20周岁以下的青少年。美国1986年全国被捕的人中，15岁以下的占5%，18岁以下的占17%，21岁以下的占31%，25岁以下的占49%。同1985年相比，18岁以下的青少年犯罪增加了3%。我国青少年犯罪亦呈逐年上升趋势。与青少年犯罪形成鲜明对比的是，老年人的犯罪率一直较低。例如，1985年日本老年人仅在嫌疑犯中占4.5%，联邦德国的情况也大致如此。美国1980年65岁以上的人口占全国总人口的10%左右，而在因犯罪被捕的人中只占1%。

世界各国的犯罪学家普遍认为年龄与犯罪类型也有明显联系。例如，青少年多实施杀人、强奸、抢劫、伤害、盗窃等犯罪。据我国北京的统计数据显示，

4/5 的抢劫犯、2/3 的强奸犯和 1/2 的杀人犯是 25 岁以下的青少年。美国的统计数据表明,财产犯罪的高峰年龄约是 16 岁。暴力犯罪的高峰年龄约是 18 岁。中年人多实施欺诈、贪污、侵占、伪造等财产犯罪及报复性犯罪等,老年人多实施轻微犯罪或性犯罪等。

3. 犯罪人的职业特征。职业特征与个人的社会地位、生活方式、经济条件、活动范围、居住状况等有着密切关系,因而与犯罪也有着密切关系。

职业类型与犯罪发生率及犯罪类型均有关系。调查表明,从工、从商或没有固定职业者犯罪率较高,公务员及其他脑力劳动者犯罪率较低。在犯罪类型方面,有调查表明,工商业者多有违反税法的行为和贿赂行为,服务人员犯诈骗、盗窃等罪行的可能性较大,公务员多犯贪污、受贿、渎职罪等。当然,在同一职业中,因地位不同,犯罪亦不相同。但一般来说,相同职业的人比较接近,大多为与其业务有关联的犯罪。

4. 犯罪人的家庭特征。家庭是个人最早接触的社会环境,对于人的一生有着深远影响。因而,家庭状况与个人犯罪也有着密切关系。调查表明,家庭结构不完整、家庭的其他成员中有犯罪者、家庭生活氛围不和谐、家庭居住条件差、家庭经济拮据等是导致青少年犯罪的重要原因。

日本的谷信之报告显示,在东京多摩少年院 1634 名在院生中,有 60.2% 出生于缺损家庭。美国的格卢克在一项调查中发现 86.7% 的少年犯罪人出生于不良家庭。美国的希利调查了芝加哥 584 名少年犯,发现其中 76% 以上的男性、90% 左右的女性出生于贫困家庭。但又有学者报告显示,家庭贫困与否与犯罪并无特别重要的关联。

5. 犯罪人的居住特点。犯罪人的居住特点主要是指犯罪人的家庭居住条件,如居住面积、居住状况和犯罪人居住环境属文化区还是属商业区以及社会环境的治安状况等。

为了从犯罪人的居住状况中找出有规律性的特征,从而制定有效的预防犯罪对策,各国的专家、学者对犯罪人的居住特点进行了许多调查分析,发现居住特点与犯罪有一定关系。一般来看,接近工业与商业区的地方,犯罪率较高,反之则低;城市的犯罪率高,农村的犯罪率低;城市里容易产生犯罪的地区多为生活贫困地区、偏僻地区和行为不良者居住的地区等。

（二）犯罪人的心理学特征

犯罪人的心理学方面的特征对于分析犯罪原因和预防违法犯罪有着特别重要的意义。

1. 犯罪人的需要特征。犯罪人的需要是犯罪行为产生的原动力。犯罪人的动机、兴趣等心理活动都是在个体特殊的需要基础上发生的，因此，研究犯罪人的需要，对于认识犯罪人的犯罪心理具有十分重要的意义。

犯罪人的需要特征是：①需要层次的低级性。综观当今的犯罪人群，显而易见的是在这个群体中，原始性的生物需要多于社会性的需要，低级的物质性需要多于高级的精神性需要。②需要结构的不平衡性。这是一个十分突出而鲜明的特点，就是说，为了满足某一方面的需要而不顾及需要结构中的其他方面。③满足需要的方式具有明显的违法犯罪色彩。

2. 犯罪人的人生观。人生观是人对于人生的看法。犯罪人的人生观具有以极端个人主义为核心的特征。他们无视法纪，伦理观念混乱，道德水准低，一味追求物质享受，及时行乐，信奉"人生在世、吃喝二字"的幸福观，损人利己的价值观，亡命称霸、自我显示的英雄观，无政府主义的自由观，为哥儿们两肋插刀的友谊观和低级下流的乐趣观等。

3. 犯罪人的认识特征。犯罪人的认识特征主要表现为：认识水平低下，对道德、纪律、法律的认识带有严重的片面性和表面性，控制能力较差，是非颠倒，为强烈的个人欲望和私利所支配，具有反社会的个性倾向和意识。

4. 犯罪人的情感特征。犯罪人的情感特征，是指犯罪人对外界刺激肯定或否定的心理反应特征，如快乐、愤怒、厌恶、悔恨等特征，是把握犯罪人个性特征的重要方面。犯罪人的情感具有低级性、情境性、易变性、激情性、应激性、偏执性和情感倾向性倒置等特征。

5. 犯罪人的意志特征。犯罪人的意志特征，是指犯罪人自觉确定犯罪目的，并为实现该目的有意识地支配和调节自身行动的心理过程所显示的特点。犯罪人的意志具有两极性的特点，即为达到犯罪目的而实施犯罪行为的自觉性、坚定性、顽固性和矫治恶习时表现出的脆弱性、易变性；正面意志的薄弱性和反面意志的坚定性等。

（三）犯罪人的行为学特征

犯罪人在行为学方面的特征，主要是指犯罪人与社会发生联系的各种行为特征。了解犯罪人的这一特征，有助于分析、认识犯罪产生、发展的规律。

1. 犯罪人的人际关系。一般说来，犯罪人在对待与周围人的关系上，多表现为与后进的同伴关系密切，形成消极群体，疏远积极群体，常与带有不良或不法行为的群体接触，是亚文化群成员。在对待与师长、父母等长辈的关系上，多表现出冷漠、抵触、反感甚至对立情绪，听不进劝告。在与他人发生冲突时，常选择较为激烈的方式解决问题。

2. 犯罪人对待学习、工作的态度。犯罪人一般厌倦学习、工作，不思上进，怕苦怕累。在校学习时成绩欠佳，多为双差生、流失生或被学校劝退、开除的学生；在工作单位，不遵守规章制度，利用手中掌握的某项权利，以权谋私、以职谋私。

3. 犯罪人对待履行公民义务的态度。一般犯罪人都以冷漠、消极或否定的态度对待公民应履行的义务。消极应付参加的劳动和工作，对集体财产不爱护，对家庭和子女不负责任等。

（四）犯罪人的反社会性特征

1. 具有错误的信念体系。这里所说的信念体系，是指人的世界观、人生观、价值观等系统的观念形态。犯罪人错误的信念体系的主要特征是：极端个人主义，对现存社会持极端的否定或敌视态度，接受某种与社会主流文化相对立的亚文化。由于具有错误的信念体系，犯罪人便会对现行社会制度、规范和价值准则产生强烈的、自觉的对抗或敌视态度，便会更加主动地实施反社会行为。

2. 具有歪曲的需求结构或者需求的满足经常处于挫折状态。

3. 自我意识发展欠缺。具体表现为过于自卑或者自我；良心、羞耻心、责任感、法律意识等内在的自我价值准则不成熟；缺乏应有的自我控制能力。由于自我意识发展欠缺，他们陷入了一种"自我迷失"的状态，既不清楚自己的社会定位，又难以对社会作出正确评价，因而难以适应社会。

4. 具有不良的性格特征。高度内倾或高度外倾、冷漠孤僻、虚伪狡诈、爱慕虚荣、意志力差等。

5. 不良行为方式或生活方式的习癖化。例如，经常给其周围的人制造麻烦，实施打架、酗酒、不正当的性行为等；在与他人交往过程中表现出过分强硬；在与他人往来过程中经常自我显示及耍小聪明；对内容不健康的活动表现出高度的兴奋及热衷；自以为是，一意孤行等。

四、犯罪人的类型

自龙勃罗梭以来，国外犯罪学者提出了各种犯罪人分类理论。由于采取了不同分类标准，分类的结果也就各不相同，而每一种分类方法都适应和服务于特定的犯罪学理论和特定的需要。有的学者把犯罪人分类方法归纳为心理学类型、罪犯社会角色类型和社会学类型三大标准；有的学者则把犯罪人分类方法归纳为量刑与行刑统计的刑事学类型、服务于鉴别和鉴定的诊断学类型和服务于治疗处遇目的的技术学类型等三大标准。按照上述标准，可以划分出不同的犯罪人类型。

目前，在犯罪学界较为典型的犯罪人分类是采取综合性分类标准，因为这种分类标准符合犯罪学研究的目的，也有实际意义：①以犯罪人的年龄为标准，分为青少年犯罪人、成年犯罪人与老年犯罪人；②以性别为标准，分为男性犯罪人与女性犯罪人；③以犯罪人实施犯罪的手段为标准，分为暴力性犯罪人、智能性犯罪人；④以实施犯罪的需要倾向或动机为标准，分为淫欲型犯罪人、贪利型犯罪人、游戏型犯罪人；⑤以犯罪人反社会性强度为标准，分为初犯、再犯、累犯与惯犯；⑥以犯罪人的精神状态是否正常为标准，分为常态犯罪人、精神异常犯罪人；⑦以犯罪人实施犯罪时的情绪状态为标准，分为激情犯罪人与预谋犯罪人；⑧以犯罪人的组织形式为标准，分为个体犯罪人、团伙犯罪人、犯罪自然人与犯罪法人；⑨以犯罪人实施犯罪的性质为标准，分为暴力犯罪人、财产犯罪人和性犯罪人，等等。

上述犯罪人的分类有重叠和交叉，也不可能穷尽已有的全部犯罪人。对于犯罪人的科学分类，还有待于进一步深入研究。

第二节　犯罪被害人

一、犯罪被害人概述

（一）犯罪被害人的概念

犯罪被害人，是指因受犯罪行为侵害而遭受损害的人，包括自然人、法人单位、国家和社会以及抽象制度和信仰。在被害人学上，这一定义包含了三层含义：

1. 犯罪被害人是遭受了犯罪行为侵害，有一定程度的损失或损害的人。犯罪被害人之所以为"被害的人"，就是由于他作为犯罪人的对立面，遭受了犯罪行为的侵犯，而某一行为之所以构成犯罪，也正是由于它侵犯了某种合法权益而使合法权益本身或合法权益的所有者蒙受了损失或损害，这种损害可以是精神的损害也可能是人身及物质的损害；可以是有形的损害，也可以是无形的损害；可以是抽象的危害，也可以是具体的危害，这是构成被害人身份的首要条件。司法实践中人们往往只注意到有形的物质损失，而忽视精神损害，这不利于对被害人进行合理、公正的赔偿，不利于维护其合法权益。

2. 被害人是危害结果的直接或间接承受者。在犯罪被害人中，有的被害人是直接遭受犯罪行为侵害的人，如杀人罪直接剥夺了被害人的生命；伤害罪直接损害了被害人的身体健康；盗窃罪使被害人丧失了财产；性犯罪侵害了被害人性的名誉和性的尊严，这是直接遭受犯罪行为侵害的情况。而现实中，有的被害人则是由于与直接受害人有某种利害关系（往往表现为抚养与亲属关系）而间接受害，与直接受害人构成"共同被害人"。不管是直接被害人还是间接被害人，二者都是犯罪危害结果的承受者，共同承担了某一犯罪行为所造成的损失或损害。对间接被害人的关注，不意味着要加重对犯罪人的处罚，其目的主要是要全面了解被害人被害的状态以及对他们给予适当补偿和合理援助，这将有助于预防他们出于报复的动机而实施犯罪或再次被害。

3. 犯罪被害人包括自然人、法人单位、国家和社会以及抽象的制度与信仰。既然肯定被害人是遭受犯罪行为侵害的人，那么一切承担犯罪危害结果的都属于被害人。从法律上看，自然人、法人、国家都是享有权利又承担义务的实体。在一定条件下，国家和社会被害是客观存在的。在现实社会，抗税罪、逃税罪、非法获取国家秘密罪、叛逃罪、间谍罪、妨害文物管理罪、危害公共卫生罪、破坏环境资源保护罪、危害国防利益罪等类型的犯罪的被害人都是国家和整个社会。在我国刑法中，相当一部分妨害社会管理秩序罪都会出现自然人、法人单位、国家多重被害的现象。与此相类似的还有组织和利用邪教的犯罪，从表面看，受害者是误入邪教或受到蒙蔽的人，但是，他们所传播的邪说直接危害的是国家的利益和人们的信念、信仰。本节所讲的被害人，主要是指自然人。

（二）犯罪被害人的特征

犯罪被害人的特征，主要是指反映在被害人身上，并表明其特定身份和特定被害状态的基本特点和属性。它是对被害人在被害过程中所起的作用及自身过错程度的总体概括，主要包括：

1. 被害性。这是被害人首要的基本特征，它是指由被害人所构成的恰恰足以使其被害的可能性和一般共同特征。一般来说，犯罪被害人的被害性就是被害人在被害前、被害情境中及被害后容易被犯罪人选择为侵害对象，引发犯罪人实施加害行为的原因。被害性包括的方面很多，有年龄、性别、相貌、职业、社会地位等一般状态性的被害性；也有轻信、软弱、暴躁等性格心理上的被害性；还有恶语相激、举止轻浮以及武力挑衅等外部言行上的被害性。这些被害性由被害人的自然特性、稳定的个人素质和一般性活动等因素构成，会独立或相互联系地构成被害人容易被害的情境。

瑞士的被害人学家格雷文认为，被害性就是指"一种由内在、外在两方面因素所决定的，因而使人成为被害人的那种特性"。有人把犯罪者自身的素质、犯罪欲望看作一个常数，将被害人的被害因素看成一个变数，这样，在常数已经确定的场合，犯罪是否发生就取决于变数的大小。所以，考察被害人的被害因素在犯罪过程中所起的作用，对于客观评价犯罪现象、有效预防犯罪被害尤为重要。被害人的被害性主要包括被害人被害的倾向性、被害的敏感性以及被害的受容性。

（1）被害的倾向性。被害的倾向性，是指被害人所具有的足以使自己陷入被害情境并因此遭受被害的趋向和可能。实际上被害的倾向性，就是由于被害人存在着生理和心理上的某些消极因素，并因此招致犯罪人对其进行加害。这些因素是犯罪人犯罪行为的驱使力量。例如，某人具有贪图便宜、轻信他人而急于发财的特性，就易于陷入诈骗犯罪，成为诈骗犯罪的被害人。贪婪、轻信，使得这样的人财迷心窍，被骗上当。这些人就具备了成为诈骗罪被害人的被害倾向性。被害的倾向性成为一些被害人所共同具有的特征，表现在具体的被害人身上，只不过存在着程度方面或类型方面的差别而已。但也要指出一点，只有当外在的加害因素发现并且利用被害人这一特性时，被害的倾向性才会变成被害的现实。

从犯罪行为产生的动机这一角度来看，即在犯罪动机形成或犯罪行为实施的过程中，犯罪人要受到被害人方面的多种被害因素的影响。如果这种影响对犯罪人形成诱惑，从而刺激了他的犯罪欲望，那么就会促使犯罪人产生犯罪动机，加速犯罪行为的实施。

（2）被害的敏感性（易感性）。被害的敏感性，是指被害人对于自身可能的被害或已发生的被害的自我感知状态。这一特征是犯罪人实施犯罪行为的重要条件。同时，被害人通过改进自己的个性心理和行为趋向可以改变这一特征。

一般来说，被害人对于被害都有一定的感知或预感，但也有一些被害人对于即将降临到自己身上的被害或可能发生的被害毫无感觉，或者自己已经陷入被害情境却无知无觉，直到被害实际发生。而对极少数人来说，被害已经发生，仍无感知的，称为"无意识的被害人"。通常情况下，"习惯性被害人"的被害的敏感性很差或完全消失。还有一种情况，称为"被害者盲点症"，就是指由于被害人自身的某种急切的欲望而使其眼界变狭窄，对自己的状况以及外在事实失去客观而冷静的判断能力。例如，在合同诈骗中，被害人往往就是急于购买紧俏物品或急于出售滞销的货物而被骗走定金或财物；在集资诈骗中，被害人为了获取高额利润而自愿拿出自己多年的积蓄，造成血本无归。因此，就这点而言，提高被害人对于被害的敏感性，使被害人及时发现、摆脱可能被害的危险场合、环境，是我们进行事先预防、消除被害的途径之一，也是增强被害人的自律、自卫能力，从而保护被害人的一个有效方法。

（3）被害的受容性。被害的受容性，是指被害人心理上对于自身被害角色的认同和容忍（顺应的状态），主要有以下几种类型：①"预先认同型"，是指被害人在被害前就有一种将被害人这一角色自我内化的倾向，被害后对已发生的受害事实抱有一种认同或容忍的态度。②"长期容忍型"，是对自己长时期的重复被害予以容忍的类型，具有最为典型的被害的受容性，如"习惯性被害人"。③"处境容忍型"，是指被害人因其地位低下，处境恶劣，对被害被迫容忍。处于这种穷困状态的人，往往专注于解决其困境而疏于冷静思考及客观、全面地判断，因而容易成为犯罪的被害人，对自身被害被迫容忍。④"被害隐患不加控制型"，是指被害人处于某种易遭侵害的状态中，被害人对此隐患予以放任，不加控制从而遭受侵害。综上说明，被害性是人的一个普遍属性，如果长期重复被害的话，则被害人对于自己的被害就会产生一种无知无觉、麻木不仁的情况，把被害看成是当然的，常常对自身被害视而不见，这便是一种典型的被害受容性。

2. 互动性。互动性，是指在一定的被害情境中，被害的发生过程是被害人与加害人交互作用的最终结果。相互作用是被害发生的内在机制。

现代犯罪学认为，犯罪不仅仅是犯罪人单方面自由意志的活动，更重要的是，它是犯罪人与被害人交互作用的产物。在某些情况下甚至可以说，没有被害人的参与或"推动"就不可能有犯罪的实施，也不可能有犯罪的产生。现实发生的案例表明，不仅犯罪人、犯罪现象产生了被害人、被害现象，而且被害人的触引、刺激也导致了犯罪人及犯罪现象。西方学者运用社会互动理论研究认为，不能简单地将犯罪与被害看成一个绝对静态的概念，而应当将它们置于社会互动过程中来加以认识。根据自由意志的趋利避害原则，犯罪人可以通过自己的选择，基于基本的生理、心理和社会因素而不实施犯罪。但是，如果他周围的环境不能为他提供作出明智选择的条件，而是形成了诱发犯罪的氛围，行为人就有可能受到影响而实施犯罪。而被害人作为外在因素之一，在与犯罪人的互动过程中，恰恰扮演了这样的角色。因此，对于被害人的互动性的认识，展现了被害人在犯罪发生过程中的真实面目，反映了犯罪发生过程中更为深层的机制。

3. 可责性。可责性，是指被害人因自身的某些过错，如引诱、挑衅、激惹或疏忽过失等态度、行为而促使被害的发生，从而对被害负有一定责任并应受到一定的谴责。这一特征是准确认定被害人的被害因素，从而预防被害并对犯罪公正量刑的依据之一。

一般而言，被害性、互动性和可责性是被害人所具有的基本特性，是客观而理智地认识被害和评价被害人，从而客观而公正地认识与评价犯罪与犯罪人，提出合乎实际的、科学的预防犯罪对策的基本依据。

（三）研究犯罪被害人的意义

1. 犯罪被害人的研究有利于客观、全面地认识犯罪现象和犯罪原因。有犯罪便有被害，有犯罪人就存在被害人。虽然有时被害人表现为国家、社会等抽象的状态，但是，犯罪与被害、犯罪人与被害人仍然是完整犯罪现象的两个必要组成部分。在犯罪被害人学产生之前，对犯罪现象的研究仅停留于犯罪、犯罪人方面；犯罪被害人的研究开展后，理论界不仅深入地研究被害人的特征，而且还研究被害后果、重复被害、多次被害、被害人与犯罪人的关系以及犯罪被害的数量表现等内容。例如，对犯罪被害人调查的研究，能够将未报案的犯罪被害人和轻微的犯罪行为纳入调查统计的视野。实践证明，犯罪被害人调查已成为世界各国研究和解决犯罪黑数的有效手段。由此看出，犯罪被害人的研究从质与量两个角度充实了犯罪现象，有利于我们客观、全面地掌握犯罪与被害的基本状况。

被害人学研究表明，犯罪是加害者对于被害人的侵害，而侵害之所以发生，其原因较为复杂，其中，被害人所扮演的角色不容忽视。在某些情况下，正是被害人本身的特点或行为制造出一种"被害情境"，激发、催化出了犯罪行为，而被害人本身也有由被害者转化成加害人的角色的变化。真实的情况常常是被害者与加害者互动，最后造成了犯罪或被害的发生。因此，分析被害人与加害人互动的过程，也就是查明犯罪原因的过程，这种双向的、二元的犯罪原因观，为最终查明犯罪原因提供了依据。

2. 犯罪被害人的研究有助于促进刑事司法的发展。被害人在犯罪发生中的责任、与刑事司法的关系是被害人研究中的重要内容，这些研究极大地促进了现代刑事司法的进步。许多研究成果已应用于司法实践中，具体体现在以下几个方面：①对犯罪人的处罚更趋公正。被害人与犯罪人的互动关系，被害因素的研究，使人们发现在许多犯罪中被害人对犯罪的发生也需要承担一定的责任，甚至在有的犯罪中，被害人的责任超过了犯罪人。对此进行研究有利于合理分配责任，作出公正裁判。由此，在现代刑事审判中，被害人的责任成为对犯罪人进行处罚时考虑的重要情节。②注重被害人的权利保护。第二次世界大战后，西方国家对被害人的处境开始反思，确保被害人在刑事司法中的权利、地位的呼声越来越高，刑事科学界和司法界开始系统研究被害人与刑事司法的关系，并将之付诸实践。[1] 有关被害人的赔偿、补偿制度成为被害人学研究的重要课题。研究促进了被害人补偿的立法，以便用法律保护被害人的合法权益。③加强被害人与司法机关的合作。刑事司法活动不能脱离被害人而进行，尤其是在刑事诉讼的开始阶段，被害方的配合十分重要。然而，在被害人的权益得到重视之前，被害人与司法机关的关系非常紧张，被害人不信赖司法机关，致使许多案件无法查清。可以相信，随着犯罪被害人学研究的推进，随着被害人权益得到越来越充分的保障，被害人与司法机关的联系会日益密切。

3. 犯罪被害人的研究有助于预防犯罪与预防被害。尽管预防犯罪和预防被害是两个不同的概念，有各自特定的含义，但是它们作为预防犯罪的组成部分互相依赖、互相作用，具有非常密切的关系。传统犯罪学侧重于对预防犯罪及潜在犯罪的研究，其结论单一而有失片面，而被害人学产生后，打破了这种认识格局，它通过对被害人、潜在被害人及其被害因素的研究，探寻如何有效地防止被害。当然，预防被害的一系列措施，既是针对被害问题的，同时也是以社会中的犯罪作为主要依据的，因此，它们之间既相互区别，又不可分割。

被害人学通过揭示被害人容易被害的个性特征、被害原因、条件以及有利被害的环境特征来研究预防被害的对策，提醒人们克服和控制容易被害的一些因素，消除可能被害的条件，同时增强人们对自身被害的敏感性，及时发现和及时摆脱可能被害的危险场合和环境，寻找自我防卫的有效措施。由此看出，被害预防是以广大的社会公众、社会组织为主体的，其目的往往以保护自身利益为主，能调动人民群众参与的积极性、主动性，预防效果更加突出，同时，也将节省刑事司法投入。

二、犯罪被害人的分类

被害人的分类是按照不同标准对被害人所作的类型划分。由于人们所依据

---

[1] ［德］汉斯·约阿希姆·施耐德主编：《国际范围内的被害人》，许章润等译，中国人民公安大学出版社 1992 年版。

的划分被害人的标准不同，划分出的被害人的类型也有所区别。一般地说，被害人的类型有以下几种划分方法：

（一）根据被害类型分类

犯罪学进行犯罪类型划分主要是以犯罪的种类作为依据的，与此相对应，每种类型的犯罪都会产生对应的被害人。按照几种主要的犯罪类型，可以将被害人的类型划分为：

1. 暴力犯罪的被害人。暴力犯罪，一般指杀人、伤害、抢劫、强奸等具有暴力性质的犯罪行为，也有一些一般类型的犯罪伴随着暴力行为。因此，暴力犯罪的被害人就是指因暴力犯罪和因其他性质的犯罪中实施暴力行为而死亡或使其身体遭到严重伤害的被害人。这类被害人在所有被害人中受损害的程度最严重，造成的社会危害最大。

2. 财产犯罪的被害人。财产犯罪主要指侵犯国家、集体和公民个人合法财产的犯罪行为。这类犯罪包括抢劫、盗窃、诈骗等犯罪行为。凡因此犯罪而使其财产遭受损害的法人单位和公民个人，都是财产犯罪的被害人。这类被害人所占比例最大。

3. 性犯罪的被害人。性犯罪主要指侵犯他人性权利的犯罪，如强奸、强制猥亵等。这类犯罪往往带有暴力威胁、引诱、欺骗行为。凡因这类犯罪而使其权利受到侵害的人，都可称为性犯罪的被害人。

4. 经济犯罪的被害人。经济犯罪是当前表现突出、危害极大的一种犯罪类型。它主要指我国刑法中的"破坏社会主义市场经济秩序罪"及"贪污贿赂罪"和"渎职罪"。从表面来看，它的受害者是国家机关、企事业单位，而实质上经济犯罪不仅造成国家、集体财富的巨大损失，而且使国家的市场经济秩序遭到严重破坏，直接损害了党和政府在人民群众心目中的形象。

（二）根据被害人的自然属性分类

被害人的自然属性主要表现为被害人的生理特征和心理特征两个方面：

1. 根据被害人的生理特征所作的分类。按照被害人的年龄，将其分为老年被害人、青年被害人和少年被害人。根据被害人的性别和其他生理特征，将其分为男性被害人、女性被害人及精神正常的被害人、精神上有缺陷的被害人。老年人一般缺乏独立生活能力，判断力减弱而又无自卫能力，往往容易成为犯罪人攻击的目标；女性的生理特点决定了其被害性较强而自我防卫能力较弱，容易成为人身犯罪的侵害对象；儿童和少年因年幼无知，缺乏防备能力，容易成为被害人；智能低下或精神上有缺陷的人由于缺乏判断力、自制力或因情绪、意志不正常，也易于成为各种犯罪侵害的对象。

2. 根据被害人心理特征所作的分类。

（1）轻浮型被害人。这类人举止轻浮，处事态度随便，思想浅薄。尤其是女性，容易接受不良暗示或对加害人形成刺激，容易成为性犯罪的被害人。在非预谋性犯罪中，轻浮的人成为被害人的可能性较大。

（2）贪财型被害人。见财眼开、爱财如命是贪财型被害人的显著特点。犯罪者就是利用这一点，使贪财者陷入其圈套而被害，或因贪财而易与他人发生冲突，因此而被害。

（3）暴怒型被害人。这类人性情暴躁，刚愎自用，不顾他人意愿动辄发怒，易于结怨，从而在伤害、杀人和家庭暴力犯罪中成为被害人。

（4）抑郁型被害人。有抑郁倾向的人，由于缺乏生活热情，对可能发生在自己身上的危险或痛苦难以觉察，往往因悲观厌世而自杀并且容易成为被害人。这类人性情孤僻，对人及外界事物态度冷漠，其弱点常被利用，往往成为某些犯罪侵害的对象。

（5）轻信型被害人。这类人因轻信、疏忽而产生麻痹心理，会给犯罪者提供作案得逞的机会和可能性，易遭诈骗、盗窃、性犯罪的侵害。

（三）根据被害人的过错程度分类

被害人对犯罪的发生所具有的"过错"涉及的核心问题是被害人的过错程度问题。从犯罪发生的角度来讲，这种"过错"主要是针对促成犯罪行为发生的作用而言。由此，被害人的过错责任可分为无过错的被害人、有过错的被害人和有罪的被害人。

1. 无过错的被害人，又称为无辜的被害人。这是社会公众认为的典型的犯罪被害人。这类被害人相对于犯罪行为的发生而言无任何过错，被害的发生完全是基于加害者的犯罪行为。在犯罪的开始阶段，被害者没有任何诱发加害的语言行为。在被害的发生阶段，被害者也没有任何使犯罪意图加深的表现。加害行为的发生就是犯罪人对被害人强行地、无端地侵害。被害人在这种场合没有任何法律和道义上的责任，如幼儿、精神病患者、老年被害人等。

2. 有过错的被害人。被害者有过错，是指在整个犯罪与被害过程中，被害人对犯罪的发生起了不同程度的诱发作用，即如果没有被害人的挑起与诱使，犯罪行为就不会发生或不可能立即发生。正因为被害人有过错，所以，他应当对犯罪的实际发生负有一定责任。这类被害者有三种情况：①过错小于加害者，即犯罪行为发生的主要责任在加害者一方，但被害一方也有一定的过错。在这种场合，被害者的某种不良心理或不恰当行为，虽不决定犯罪行为的发生，但它们可能成为有利于或诱发犯罪行为的因素或条件。如果没有这些因素或条件，犯罪发生的可能性甚少或者犯罪就不会发生。②加害者与被害者的过错相当。这种情况多发生在团伙殴斗和相互伤害的犯罪中。参与人既是犯罪者，也可能成为因犯罪而受害的被害者。他们被害的结果是由他们的犯罪行为引起的，被害者和加害者各有其责。而真正的被害者是社会公共秩序。③过错大于加害者。这种被害人是以积极的形式参与犯罪活动，他所实施的行为成为促使或诱发犯罪行为的主要原因。这种被害者虽然受害，但他对犯罪行为的发生要负主要责任。在激愤状态下实施的某种过失犯罪行为就属于这种情况。被害者实施犯罪行为，而使原来的被害者转化为犯罪者，如防卫过当的过失犯罪。这类案件中，被害人的因素是导致犯罪发生的决定性因素，其受谴责的程度大于过错程度相当的被害人。在一定情境中，由于此模式的存在，犯罪人更容易对自己实施的犯罪进行合理化、合法化解释。事实上，所谓"刑事法庭上的被告、道德法庭上的原告"，往往就是指这类被害——加害关系中的犯罪人。

3. 有罪的被害人。被害人是真正犯罪者即犯罪者被害的情况，这种被害人对其被害要负全部责任，加害人不负刑事责任。这主要包括两种情况：①自己的加害行为引起正当防卫；②没有被害事实存在而伪装成被害人，如果他们的行为已经触犯刑法，应对自己的行为负完全的刑事责任。

（四）根据被害可能性大小分类

不同犯罪的发生情境不同，犯罪被害人被害的情境亦不相同。不过，从犯罪与被害这一互动过程来看，被选作犯罪侵害对象的被害人之间存在被害可能性大小之分：

1. 机会性被害人，是指因偶然的机会而不幸成为被害人的人。机会性被害人不是因自身因素导致被害，而完全是因特定的时空条件导致的，如影院爆炸案中被炸死的与犯罪人根本不相识的人。

2. 状态性被害人，主要是指因其性格、素质上的特征而具有潜在被害倾向的人。这类被害人又分成两种：①因其年龄、职业、精神病理学状态或社会地位而容易被害的人；②因被害人的性格、气质等个人自然特征而容易被害的人，如悲观厌世者、受虐狂等。后一种人被一些学者称为"生来被害人"。

随着被害人学研究的深入，出现了许多新的被害人划分标准。依据这些标准，可以对被害人进行多角度、全方位的分析，使我们对犯罪被害人的认识更加深化，使被害控制的措施更有针对性。

根据被害人是否被害，可分为既然的被害人与潜在的被害人。既然的被害人，是指已经遭受侵害，被害已成既定事实的危害结果的承受者。潜在的被害人，是指已经步入或正在步入被害情境，具有受害的现实可能，但尚未真实被害者。根据被害人对于被害的意愿，可分为自愿性被害人与被迫性被害人。自愿性被害人，是指那些认为被害并不违背自己意愿的被害人；被迫性被害人，是指被害违背自己意愿的人。根据被害人被害的真伪，将被害人分为真实的被害人与虚假的被害人。真实的被害人，是指确实遭受犯罪侵害并因此而成为危害结果承受者的被害人；虚假的被害人，是指基于某种目的，故意谎称或误称自己被害的"被害者"。

三、犯罪被害人与犯罪人的互动关系

（一）共存的"刑事伙伴"关系

被害人与犯罪人的关系是犯罪被害人学揭示的重要问题。在犯罪与被害发生的全过程中，被害人与犯罪人的关系始终是一种动态关系。在犯罪的发生及其控制过程中，犯罪被害人和违法犯罪者都是作为主体而存在并活动的。1941年，德国杰出的犯罪学家汉斯·冯·亨蒂在《论犯罪人与被害人的相互关系》中，首次论述了这一观点，并提出了"犯罪行为的动态概念"。他提出，在犯罪人与被害人之间存在着一种互动关系，被害人在犯罪的发生与犯罪预防过程中不再只是一个被动的客体，而是一个积极的主体。犯罪人与被害人实际是"相辅相成的伙伴"。事实上，被害人"影响并塑造了"他的罪犯。他认为，"犯罪人与被害人之间的联系是犯罪学的一个基本事实。当然，这并不意味着犯罪人与被害人之前达成了协议，或是故意犯罪与被害，但彼此确实存在着互动关系，互为诱因"。被害人的创始人门德尔松1956年发表了《被害人学——生物、心理和社会学的一门新学科》，他将被害人在犯罪与被害的发生过程中的作用推向了极端。他认为，所有的被害人都对自己的被害负有责任。如果没有被害人的作用，就不可能产生犯罪人与被害人这一刑事关系。他将二者以"伙伴"关系相联系，提出了著名的"刑事伙伴"概念。在此之后，被害人与犯罪人在犯罪与被害发生过程中相互依存、相互作用的关系得到认同。

日本著名学者菊田幸一曾就此强调指出：所谓"没有被害人的犯罪"的说法，是不能成立的；"只有被害人而无加害人的犯罪"的说法，至少也是因不太明确谁是加害人而提出的。共存的"刑事伙伴"关系强调了双方主体角色缺一

不可。在刑事犯罪案件中，如果没有被害人有意或无意的"参与"，其互动关系就无从产生。在某些犯罪中，虽然从表面上看无被害人，但其背后必然存在作为被侵害的社会关系的权利主体，它是以一种致害因素间接地参与了与犯罪人的互动过程。

（二）被害人与犯罪人的一般人际关系

被害前被害人与犯罪人的关系可以从二者是否存在一般人际关系上进行考察，具体而言可从两者间的交往进行分析。

被害人与犯罪人的交往关系可以从不同的视角把握。就相识程度而言，他们有的不曾相识，有的互相认识，有一面之交或一般来往，有的却关系密切。从关系性质来看，二者的关系多种多样，如近亲属、朋友、同学、雇佣、邻里、经营中的竞争对手或合作者等。以相识时间看，交往关系可以划分为初次见面和长期相识两类。根据世界各国的实证研究，在各种犯罪类型中，熟人间的侵害占有相当大的比例。中国司法部 1994 年的调查显示，暴力犯罪中被害人与犯罪人相识的比例高达 60.7%，侵财犯罪中被害人与犯罪人存在一定人际关系的比例虽然低于暴力犯罪，但仍然占 39.5%。日本学者的研究表明，在杀人犯罪中，二者相识的比例高达 73%。与我国相比，二者的关系中增加了雇佣关系和交易关系的内容。但在伤害案件中，二者相识的比例仅占 36%。[1] 被害人与犯罪人存在人际关系的现象改变了以往人们认识上的偏差。过去，我们往往认为犯罪人是与被害人素不相识的凶恶之人。事实上，在许多犯罪案件中，正是这种相识关系让人们放松了警惕，使犯罪屡屡得手。

在有些犯罪中，被害人与犯罪人虽不存在人际关系，但他们仍然具有互动关系，因为"人与人之间的互动是以信息传播为基础的"。[2] 信息的传播并不以双方存在人际关系为前提。例如，在入室盗窃中，住宅不住人或门窗无防盗装置就给犯罪人提供了有利作案的条件，形成了两者间的互动关系。所以，有学者提出"机会诱惑力比作案本身的因素更重要"。现代社会中表现较突出的网络犯罪，犯罪人与被害人往往不在同一地域，甚至不在同一国度，犯罪行为之所以发生并得逞，是由于犯罪人收到了被害人具有可以侵入的机密资料与网络安全不足的信息，这导致被害人与犯罪人形成了互动关系。发生这种情况就是因为被害方存在着可以被犯罪人利用的漏洞。

---

〔1〕　郭建安主编：《犯罪被害人学》，北京大学出版社 1997 年版，第 136 页。
〔2〕　郑杭生主编：《社会学概论新修》，中国人民大学出版社 1998 年版，第 163 页。

（三）被害人与犯罪人的互动关系

一般而言，被害人与犯罪人的互动关系表现在不同层面和犯罪发生的不同阶段，具有多样性。从加害与被害的发生角度看，这种互动关系主要体现在被害人在犯罪发生过程中所起的作用，具体表现为以下几种情况：

1. 诱发。在被害人与犯罪人的互动关系中，被害人所具有的某些致害因素被犯罪人利用，诱发了其犯罪行为的发生。这种情形是由于被害人的无知和疏忽大意，或在毫无觉察的情况下实施了让某些犯罪人感到有利于其犯罪的行为，从而强化了犯罪人加害的犯意，最终导致了犯罪的发生。这类人之所以成为被害人，与他们主观上的认识状态和行为倾向有关，有的是由于他们社会阅历较浅、认识水平较低，有的是由于疏忽大意、漫不经心。正是由于这些因素的影响，被害人在一定条件下把自己置于犯罪行为侵害的危险状态中，有的在客观上为犯罪行为的发生提供了某种便利条件。例如，某人在公开场合炫耀自己获得了一笔现金，从而诱发加害人产生犯罪动机，最终使自己成为盗窃罪的被害人。在这一互动关系中，被害人无意识的行为诱发了加害人的犯罪意念，在不自觉的情况下被加害人所"利用"，最终成为被害人。因此，这类被害的发生源于被害人自身的某些容易致害的因素，被害人自身也起着诱发、促使或推动犯罪发生的作用。

2. 冲突。这类被害人被害的原因往往是与自身的故意不当行为直接有关。在这种情形中，正是被害人的有意过错，直接促成了加害人犯罪动机的产生，或者加速了犯罪动机向犯罪行为的转化。在冲突的情形中，被害与加害双方在社会互动过程中常常互换角色，出现被害人易位的现象。互动的结果，使得双方在一定程度上既是加害者又是被害人，形成一个不断冲突的过程，直到最后以一方被害而告终。在这一冲突过程中，很难分清双方的责任（过错相等）。这一情况多发生在团伙殴斗和相互伤害的案件中。

3. 催化。由于被害人实施了某种行为促使、引诱犯罪人实行了犯罪行为，犯罪行为的发生正是对于被害人"催化""刺激"行为的一种反应（过当反应）。被害人的"催化"行为包括诱引、暗示、挑衅、激惹或者加害对方等，属于足以刺激对方采用侵害行为作出反应的行为。在这种情形下，被害方负有相当程度的责任。例如，侵害案件中，被害人首先挑起事端并使用暴力，最终严重刺激对方招致对方的伤害；性侵害案件中，"被害人的性诱惑"招致被诱惑者的性攻击。由于这类被害人的过错行为在先，并且催化和刺激了犯罪人的犯罪行为，因此，这在客观上也成为减轻加害者刑事责任的事实依据。

4. 被害转化。被害转化是被害人与犯罪人在互动过程中，存在着一种角色易位的被害转化的关系。这种关系可以包括：①从防卫过当中得以体现，即原来的被害人面对不法侵害，出于防卫目的，实施了防卫过当的加害行为，原先的被害人转化为最终的犯罪者，这是现实中角色易位最典型的一种被害转化关系。②"事后报复型"的加害被害关系，即原来的被害人在被害后，由于激愤、怨恨情绪或案件得不到公正处理等情况，被害人对原加害人实施了报复行为，从而使双方均有加害行为又同时具有被害状态。③冲突关系中的加害人与被害人的关系。例如，在相互伤害的案件中，被害结果并未预先注定谁是加害者谁是被害人，双方都具有角色易位的双重身份，直至最终被害结果的出现。④变对立为融洽的被害转化关系，这是一种特殊的转化关系，表现为被害人与加害人之间由开始的敌对、冲突变成积极地结成联盟，即"不打不成交"的作用关系。最为典型的是 1973 年在斯德哥尔摩发生的银行抢劫案中，女人质与恐怖分子之间由对立到最终产生爱情，又称"斯德哥尔摩模式"。这一模式体现了加害与被害过程中彼此关系的错综复杂。

以上四种情况中，前三种是按被害人在加害与被害的互动过程中所起的作用及责任大小而划分的，第四种情况是加害与被害过程中的一种特定的互动关系。实践中，上述各种互动模式常常交替地出现在不同的加害与被害过程中，而在同一加害与被害发生的不同阶段，各种互动关系又有不同的表现。

⊜ 思考题

1. 犯罪人的概念和特征。
2. 犯罪学中对犯罪人的分类。
3. 犯罪被害人的概念及特性。
4. 研究犯罪被害人的意义。
5. 犯罪被害人的主要类型。
6. 犯罪被害人与犯罪人的互动关系。

⊜ 拓展阅读

1. 李伟主编：《犯罪被害人学教程》，北京大学出版社 2014 年版。
2. ［美］安德鲁·卡曼：《犯罪被害人学导论》（第六版），李伟等译，北京大学出版社 2010 年版。

第三编　犯罪原因

第
六
章

犯罪原因概说

第一节 犯罪原因概述

一、犯罪原因的概念

一个社会为什么存在犯罪现象，一个人为什么实施犯罪行为，这是人们普遍关注的问题，是犯罪学体系中居于核心地位的问题。对犯罪原因的不同理解直接决定着预防和控制犯罪策略的制定。

犯罪是一种极其复杂的社会现象，与其他的社会现象一样，它的产生是有原因的。犯罪原因与犯罪的关系是：犯罪是由犯罪原因引起的，犯罪原因就是引起犯罪现象发生的一切因素。在犯罪学中，主要是在犯罪现象的范围之外或在人的犯罪行为之外寻找原因，因此，犯罪原因就是那种引起犯罪现象或个体犯罪行为并且存在于外部世界的现象和事物。简单地说，如果我们把犯罪作为一种结果，那么引起犯罪结果的诸多现象的总和就是犯罪原因。

在犯罪原因的表述上，各国学者不尽相同。在英国和意大利，犯罪原因是指导致犯罪产生和影响犯罪变化的各种因素。在美国，犯罪原因多指能够导致个体犯罪行为和整体犯罪现象产生和存在的因素。在日本，犯罪原因一般被认为是引起犯罪发生的素质要因和环境要因。苏联将犯罪原因和犯罪条件加以区别，将犯罪原因定义为必然引起犯罪现象的决定性因素。尽管学者们对犯罪原因的表述不同，但认识基点是一致的，都把犯罪原因看成是引起、促使和影响犯罪产生及发展的各种现象的总和。

当把犯罪原因作为一个系统来表述时，它是在广义上被使用的，这时的犯罪原因既包括产生犯罪的内在根据，也包括促使犯罪发生的外在条件。具体而言，"能引起、促成和影响犯罪的诸现象及其过程，均为犯罪因素，各犯罪因素按其不同作用层次和作用机制构成的系统便是犯罪原因"。[1] 当原因与条件同时使用并对比时，原因概念是在狭义上使用的。这时，原因是指处在犯罪原因系统中，能够直接决定犯罪行为发生和犯罪现象变化的各种因素。

二、认识犯罪原因的基本途径

在犯罪学的历史发展中，各学派从不同的角度，运用不同的方法对犯罪原因进行研究。这种研究基本上可归纳为两大类：一类是犯罪原因的因素理论，另一类是犯罪原因的系统结构理论。

（一）犯罪原因的因素理论

这是西方学者广泛采用的犯罪原因理论，研究的侧重点在于探讨引起犯罪发生的诸多因素与犯罪之间的关系。这种理论认为，犯罪是引起犯罪的各种因素影响的结果。它只关注这些因素对犯罪的作用，对于这些因素与犯罪联系的性质和联系的程度则不作区分。至于犯罪是由某单一因素还是多种因素所引起，在犯罪学的不同发展阶段，有着不同的理解。

1. 单因素理论。单因素理论认为，犯罪是由某一特定因素所决定的，这是只从某一个方面解释犯罪产生原因的理论。早期的犯罪学理论在认识犯罪原因、解释犯罪行为发生时，往往都从某一角度入手，主张某一单一因素决定犯罪的发生。例如，龙勃罗梭的"天生犯罪人"论认为，犯罪是天生遗传的生理上的特异性所造成的。后来，一些研究犯罪原因的学者注意到生物学因素、心理学因素以及各种社会因素对犯罪的影响和作用，但他们也仍然从某一个他们认为决定犯罪发生的犯罪原因出发，来解释犯罪行为的形成。早期的犯罪原因理论其实质就是单一因素理论。现代犯罪学的研究表明，无论是个体犯罪行为还是社会犯罪现象的产生，都不是由唯一的某一因素决定的。随着人们对犯罪问题认识水平的提高，人们逐渐认识到单因素理论具有很大的片面性。该理论无法对犯罪现象作出全面、科学的解释。

2. 多因素理论。多因素理论也称机械的、静止的多因素理论，这种理论认为，犯罪的发生不能简单地只从某一个方面来解释，它是由大量的犯罪因素共同影响而产生的。这些因素是指决定犯罪发生和影响犯罪变化的各种现象。由于学者们研究的角度不同，对于这些"因素"包含的具体内容的认识也各不

---

[1] 康树华主编：《犯罪学通论》，北京大学出版社 1992 年版，第 357 页。

相同。

最早对犯罪进行多因素研究的是早期犯罪社会学派的代表人物菲利，他将引起犯罪的因素分为社会因素、个人因素和自然因素，提出了著名的"三因素"说。英国的学者也采用了与菲利相类似的分类方法，将引起犯罪的因素分为自然因素、心理因素和社会因素。法国的塔尔德将引起犯罪的因素划分为犯罪的内生因素和外生因素。尽管人们对引起犯罪的因素认识不同，表述各异，但都认为犯罪的发生是多种因素共同作用的结果。在这些影响犯罪的因素之间，既没有作用力大小的差别，也没有联系远近的区分，因素群中的每一种因素在一定情况下都起着独立的作用，与犯罪发生的是一种机械的、相对静止的联系。有的学者按照不同因素在影响犯罪行为发生时出现的次数来研究各种因素；有的犯罪学家经过研究提出，每个犯罪行为的发生平均要受到 3 个或 4 个因素的影响；有的学者对犯罪因素进行列举，认为影响犯罪发生的因素多达 100 多种。

多因素理论是针对传统的单因素理论在解释犯罪发生时的不周全状况所提出的犯罪原因理论，这种理论对犯罪原因的认识有积极的意义。它表明，犯罪发生的复杂性和引起犯罪发生的因素的多样性，在很大程度上抑制了单因素理论的发展，摒弃了单因素理论把犯罪发生当成是简单的、唯一的某一因素决定的结果的片面认识，使针对犯罪因素所制定的犯罪对策更具可行性。但是，多因素理论没有对各种因素影响犯罪行为的性质和程度进行区别，没有对决定犯罪发生的因素和影响犯罪的因素以及引起犯罪发生的必然因素与偶然因素进行区分。因此，这种理论就不能全面地揭示犯罪现象与引起犯罪现象发生的社会关系及社会结构的本质联系，就不能正确地认识一个社会犯罪现象的发生和发展变化，因而是不科学的。

（二）犯罪原因的系统结构理论

这种理论认为犯罪原因是一个复杂的系统结构，从系统论的认识出发，提出犯罪是一种复杂的社会现象，它的产生是一个复杂的过程，是各种社会现象纵横交错、互相综合作用的结果。这一理论认为，犯罪不是由单一因素而是由多种社会现象相互影响、共同作用所引起的。犯罪原因系统中的各因素也是有层次结构的。一般认为，犯罪的产生有其直接原因和条件，即犯罪产生的基本原因；在基本原因背后，还有致使犯罪基本原因存在的犯罪根源。

犯罪原因的系统结构理论把各种犯罪因素按其作用性质、作用程度进行区分，认为这些因素相互影响、相互作用，构成了能引起犯罪行为发生和犯罪现象存在与变化的整体系统。这一认识表明：

1. 犯罪原因是由多种因素相互作用而形成的，如果只有某一单一因素，没有其他因素的相互联系、彼此作用所形成的合力，是不能或不足以引起犯罪发生的。犯罪是社会中诸多矛盾因素综合作用的结果，这些因素构成了一个多元、多层次、多变量的动态系统。其中，既有政治、经济、思想、文化、教育等因素，又有心理、生理以及行为等因素；既有引起犯罪的个人原因，又有社会原因；既有在深层次上决定犯罪存在的原因，又有直接影响犯罪发生的原因；既有消极的社会现象和社会问题的作用，又有积极和健康因素在发展过程中不可避免的副作用。而这多种因素都不是孤立地起作用的，而是相互联系、相互作用的。

2. 各种犯罪因素以不同的方式、不同的作用程度影响或决定着犯罪的发生和变化，有的因素从根本上发生作用，有的则从外在条件上起着延缓、促成的作用。在犯罪原因系统中，各种犯罪因素及其作用机制是错综复杂的，其作用的大小及在罪因系统中所处的地位也有不同。犯罪原因和犯罪结果之间，存在着因果依存关系、条件关系等一系列关系。

3. 对于犯罪因素的不同划分，使多种复杂的犯罪因素构成了一个完整的体系，即罪因系统。罪因系统就是一个由彼此联系、相互作用的不同犯罪因素构成的功能各异的整体。这表明，引起犯罪发生的诸多因素要综合地结合在一起发生作用，才能引起犯罪。任何一个单项因素都不可能独立地引起犯罪。因此，必须系统地分析犯罪产生的原因，而不能只是简单地罗列各种因素。犯罪原因系统结构理论表明：一方面，多种犯罪因素要组成一个有机整体，从而构成一个犯罪原因系统；另一方面，该系统又是它所从属的更大的犯罪类型或系统的有机组成部分，因而构成了一个更大的犯罪原因系统。

第二节　犯罪原因系统的结构

一、犯罪原因系统的结构

犯罪原因作为一个系统，是有其自身的结构的。犯罪原因系统的结构，是指构成原因体系的各犯罪因素有机联系、相互作用的方式或秩序，即各犯罪因素在犯罪原因系统中的排列秩序与组合方式。

犯罪是极其复杂的社会现象，而导致犯罪发生的原因则更为复杂。这些原因从内容来看，包括经济、政治、文化、教育以及法律等多个方面；从层次上看，各种犯罪因素对犯罪的影响不仅有作用力的大小和作用程度的差别，而且距离犯罪的发生还有时间远近的不同；从作用的性质上看，有些因素决定着犯罪的产生和发展，有些因素则只是对犯罪的产生起促进或加速的作用。显然，如果不把如此众多的、复杂的因素纳入到犯罪原因系统中进行整体的研究，就无法准确地认识犯罪原因的主要内容和侧重点，无法为制定科学、有效的犯罪对策提供理论依据。

在犯罪原因系统中，各犯罪因素按照其在犯罪发生过程中所起的不同作用，可分为两大类：①决定犯罪存在和变化的因素，包括犯罪根源和犯罪的一般原因；②影响犯罪存在和变化的那些因素，包括犯罪条件。

1. 犯罪根源，又称犯罪本源。它在犯罪原因系统中居于最高层次，在多种犯罪因素中是主要的、起决定作用的因素。它是犯罪因果链条中的最终端，从根本上决定着一个社会的犯罪形态与变化规律，也是"原因的原因"或犯罪的"终极原因"。对犯罪根源，我们再不能追溯到"更远的地方"，在它的背后，再也没有什么与犯罪的产生相联系而需要认识的了。根源的存在决定了犯罪现象在总体上的存在和发展。在犯罪原因系统中，根源代表着一种确定不移的趋势，正是这种趋势带来了犯罪存在的不可避免性。自犯罪这一现象在人类历史上出现以来，这一因素就决定着犯罪现象的产生和存在。当然，根源也不是孤立的、单独起作用的，它总要通过其他大量的犯罪因素表现出来。所以，没有脱离开一般原因和条件因素而独立存在的根源。

根源实际上是对犯罪产生、发展的最根本原因的认识，隐含着对犯罪发生时代的追溯，即"犯罪是在什么时候出现的"，有追本溯源之义。尽管犯罪根源似乎离具体犯罪行为较远，但它是一切犯罪之所以会产生的"原因"，它在最深的层次上决定着犯罪这种社会现象的产生与涨落。本源研究不直接受特定时空、特定社会制度、特定的生产方式及特定的犯罪形态的限定，它要解释不同条件下犯罪产生的原因，具有普遍的概括力、解说力，其兼容性较为宽泛。

自犯罪学在西方问世以来，犯罪起源（根源）就成为犯罪学无法回避的重大基础理论问题。100多年来，这个领域观点最多，分歧也最多。人类在无法解释社会现象时，曾认为罪恶受神的力量的左右；后来古典犯罪学认为犯罪是犯罪人"自由意志"选择的结果；实证主义学派的行为决定论认为犯罪是环境和遗传的产物，这些其实都是以人性为基础的犯罪根源的理论。犯罪生物学、犯罪心理学、犯罪社会学产生后，试图从人的生物性、人的潜意识、个人因素与社会原因的关系等不同角度解释犯罪根源。我国学者认为，犯罪根源于社会物质资料生产方式的内部矛盾，是生产力与生产关系、经济基础与上层建筑之间的社会基本矛盾运动的结果。

基于人性进行犯罪根源的认识有久远的历史。人的本性中的趋利避害是犯罪的起因，有关于此中外学者的理论较多。我国学者提出"本能异化"理论，认为犯罪的本源取决于人类的生物本能与社会理性的矛盾冲突。[1] "文化本性说"认为人是动物性与文化性的统一，如果某些人不考虑文化对动物性的限制、改造，只凭私欲行事，使动物性得到强化和发展，就不可避免地要导致违法犯罪。[2]

2. 犯罪的一般原因。在犯罪原因系统中，犯罪的一般原因是最重要的因素，它是直接引起犯罪结果的现象和因素。例如，一些错误的思想观念、反社会心理以及异常的个性特征，常常是某些人犯罪的直接因素，从而构成个体犯罪的一般原因。当然，这些因素导致犯罪结果的出现还需要客观条件与因素的共同作用。缺少条件的一般原因不足以引起犯罪的发生，只有犯罪原因系统内各因素的有机配合、共同作用，才能引发犯罪。

3. 犯罪条件。在犯罪原因系统中，有些因素对犯罪的发生显然起着一定的作用，但不足以引起或决定犯罪的必然发生，这种因素只是犯罪的条件。因为它和所发生的犯罪结果之间的联系只是一种外在的、偶然的联系。条件在多种犯罪因素中是次要的、从属的，然而它又是必不可少的，离开了条件因素的作用，犯罪结果同样不能完成。犯罪学重视犯罪条件的研究，因为控制犯罪条件要比控制犯罪原因容易得多，可收到立竿见影的效果。西方学者倡导的环境预防论，就是一种针对犯罪条件行之有效的犯罪控制理论。这种理论主张在环境设计上堵塞犯罪发生的可能性，创造一种阻碍犯罪实施的环境状况，或者加大犯罪人实施犯罪的成本，以控制犯罪条件来达到预防犯罪的目的。有学者就提出，既然我们不能抑制人们的犯罪动机，何不从犯罪的目标与条件上去限制犯罪？毕竟没有作案的目标和条件，犯罪是不可能发生的。例如，在金融犯罪中，"金融管理中存在的漏洞"这个因素本身并不会导致盗窃、诈骗和挪用公款等犯罪，而当犯罪人利用了这个条件时，金融犯罪就会变成现实。相反，如果缺少这一条件因素的作用，行为人也无从下手。因此，犯罪条件伴随着一般原因促成犯罪的发生，它虽不像一般原因那么直接，但确实是必要的。

---

〔1〕 肖剑鸣、皮艺军主编：《犯罪学引论》，警官教育出版社1992年版，第148~149页。
〔2〕 李锡海："文化、文化环境与青少年犯罪"，载《青少年犯罪研究》1991年第4~5期。

二、犯罪原因系统的层次分类

犯罪原因按其作用层次可区分为犯罪现象原因系统、类型犯罪原因系统和个体犯罪行为形成的原因系统。这三者之间既有联系，又有区别，是一般、特殊和个别的辩证关系。

犯罪现象原因是某一国家或某一地区在某一时期引起、促成和影响犯罪的各种现象及因素。研究犯罪现象的原因应当从社会整体上加以考察，犯罪现象原因居于最高层次，反映出整个社会内部所固有的矛盾及某些因素的影响，从根本上决定和制约着犯罪类型原因和个体犯罪的原因。

类型犯罪原因是引起、促成和影响某一类型犯罪的各种现象和因素，如青少年犯罪原因、经济犯罪原因等。研究类型犯罪要把它作为整个社会犯罪现象的一部分，更要侧重从这类犯罪的特点上加以考察，以区分不同犯罪类型原因的特殊性。

个体犯罪行为形成的原因是引起、促成和影响某一具体行为人犯罪的各种现象和因素。它主要是从总体上抽象并概括、分析行为人走上犯罪道路的过程。分析犯罪行为形成的原因要将其同犯罪现象原因和犯罪类型原因联系起来，更要从个体犯罪行为形成的过程及特点入手，注意周围环境的不良因素影响和主体因素的作用。这是原因层次中的最低层次，是犯罪现象原因和犯罪类型原因的具体化和特定化。

犯罪现象原因、类型犯罪原因和个体犯罪行为形成的原因三者之间的联系是错综复杂的。有些因素之间表现为部分和整体的关系，如个体犯罪行为形成的原因中的周围环境不良因素往往是社会整体环境不良因素的一部分。有些因素之间表现为因果关系，如个体犯罪行为形成的原因中犯罪人的不良意识是社会犯罪现象原因和类型犯罪原因中各种因素"内化"的结果。当然，行为人由于自身情况的不同、所处周围环境的不同，作出的选择也就不一样，表现在个体犯罪行为形成的原因上就具有一定的差异性。

三、认识犯罪原因系统结构及其层次的价值

我们把犯罪原因系统中的各因素进行必要的区分，有利于我们分清主次，抓住关键环节。同时，在对各因素的分析中，还需将其放入犯罪原因系统中加以确定，分清犯罪现象的一般原因、条件，犯罪类型的一般原因、条件以及个体犯罪的一般原因、条件，以力求接近犯罪原因的实际，更准确地认识各层次

中各种犯罪因素的作用，从而阻断罪因系统中各因素间的内在联系以及对犯罪行为发生的影响。

1. 在理论方面，讲明原因因素在原因系统中的不同作用及其区别，有助于从总体上认识犯罪现象的本质，有助于正确理解犯罪的变化状况，把握犯罪的规律，提高控制犯罪的自觉性。犯罪各因素的相互联系和相互作用共同促成了犯罪的发生，而且各犯罪因素的变化又决定了犯罪状况、犯罪结构和犯罪动态的变化。因此，只有分清犯罪各因素在原因系统中的作用，才能掌握犯罪预防的主动权，才能在犯罪规律的基础上推断未来犯罪的发展趋势，以便采取正确的预防措施。

对犯罪根源的研究，能够使人们充分认识到与犯罪作斗争的长期性和艰巨性。靠一次或几次集中的打击活动是不可能从根本上控制和预防犯罪的，必须在宏观上把总体预防的最高目标放在发展生产力，减少或最大限度地协调社会矛盾和各种社会冲突上，以提高人们的物质生活水平，将加强精神文明建设作为预防犯罪的根本措施。另外，需针对各种犯罪发生的一般原因、条件和相关因素，采取相应的治标措施，以控制犯罪的数量和犯罪的种类。

2. 在决策方面，准确区分犯罪现象原因、类型犯罪原因和个体犯罪行为形成的原因，可以避免不同层次犯罪原因的混淆，对犯罪控制工程意义重大。对犯罪原因系统内部结构而言，各因素与犯罪发生的联系有等级高低之分。一般来说，等级低的原因比等级高的原因容易被排除（就治标而言），这就要求我们正视犯罪这一不可避免的社会现象，不寄希望于现阶段消灭所有犯罪，并学会利用有利机会，杜绝漏洞，使引起犯罪的条件得到限制和削弱。这也是控制犯罪的捷径。可以说，目前控制犯罪的实质就是对等级低的原因层次进行控制。控制任何一个等级较低的犯罪因素便能从某一方面收到控制犯罪的效果。例如，某单位财物管理不严会给具有非法占有公共财产的人提供犯罪的机会；某一街道夜晚照明设备不好或被害人被害性的存在、防范能力的低下，这些因素对已有犯罪动机的人来讲，就传递了犯罪易于得手的信息；执法不严、打击不力就为潜在的犯罪人提供了逃避法律制裁的便利条件。而这些机会和条件是可以通过人为的努力而得到改变的，人们可以完善财务管理制度、加强防范设备以杜绝漏洞；可以通过优化社区环境，改变街道的照明情况，减少犯罪可利用的条件；通过提高犯罪被害人被害的敏感性，增强自卫能力，预防被害，减少犯罪的发生；通过严格执法，使犯罪人得到应有的、及时的惩罚，限制或减弱犯罪可利用的条件。

第三节　研究犯罪原因的理论前提

一、因果性原理

在客观世界中，任何现象都有它的原因和结果。一定的原因必然引起一定的结果，无结果的原因和无原因的结果都是不存在的。也就是说，因果关系是客观世界中各种现象彼此联系、相互制约、相互依存的一种形式，是唯物辩证法的基本范畴之一。任何现象的发生、变化都受因果规律的支配，犯罪现象也不例外。马克思主义的因果性原理告诉我们："相互作用是事物真正的终极原因。""只有从这个普遍的相互作用出发，我们才能了解现实的因果关系。为了了解单个的现象，我们就必须把它们从普遍的联系中抽出来，孤立地考察它们，而且这里不断更替的运动就显现出来，一个为原因，另一个为结果。"按照因果性原理研究犯罪原因应注意以下几个问题。

（一）客观性

因果关系是客观存在的，引起犯罪的现象同犯罪结果之间的因果关系是客观世界普遍联系的一部分。只要存在犯罪原因，犯罪结果就不可避免；只要出现犯罪结果，必然存在着犯罪原因。承认不承认这种客观性，是区分唯物主义和唯心主义的一个重要标志。犯罪现象和个体犯罪的因果关系，是自身矛盾运动的联系，不是凭人们的主观愿望随意杜撰出来的，它是客观存在的事实。有时，人们找不到真正的犯罪原因，这并不意味着犯罪原因不存在，而是由于我们受到种种局限一时没有找准客观存在的犯罪原因。从社会犯罪现象来看，影响因素是多方面的，既有经济方面的原因，又有政治方面和意识形态方面的原因。就个体犯罪行为来讲，既有主体生理、心理、人生观因素的作用，又有诸客观因素与主观因素的相互作用，由此导致了犯罪行为的发生。无论引起犯罪的因素来自于哪个方面，它都是客观存在的。即便是意识形态的东西，对于实施犯罪行为的主体来说，也是一种客观存在。

（二）时间顺序的相继性

因果关系是具有严格的时间先后顺序的一种联系，即前因后果关系。一种现象引起另一种现象的产生，前者为因，后者为果。根据这一原则，在寻找某种现象的原因时，必须从先于它的现象中去寻找，而在寻找某一现象引起的结果时，应当从后于它的现象中去寻找。因此，犯罪学在研究犯罪现象的原因时，就必须从犯罪现象发生之前，而又与犯罪现象有联系的社会诸因素中去寻找，不应该到犯罪现象发生之后的社会因素中去寻找。这也是犯罪原因研究的方法问题，即复现方法，它是从结果去追溯原因的回溯过程。在因果关系的时间先后顺序性中，必须注意一点，即并不是具有时间先后顺序的现象之间都有因果联系，必须看它们是否存在内在的、必然的关系。

（三）复杂性、多样性

犯罪现象因果关系的复杂性，是指犯罪现象的发生，往往不是一种因素引起的，而是由多种因素造成的，某些犯罪因素的存在可以引发犯罪，也可以由于抑制因素的出现不引发犯罪。这些原因包括主观原因和客观原因、主要原因和次要原因等。另外，同一种原因在不同条件下可以引出不同的结果。在同一个社会环境中生活的人，有的能够抵制不良因素的影响，有的则接受坏的影响而走向犯罪。这说明犯罪现象的发生和发展是复杂的，构成犯罪现象因果关系的各种因果链条是相对的、有条件的。当然，有些犯罪原因还具有隐蔽性，各种犯罪因素并不同时、全面暴露出来，有些因素还常受到人为地掩饰，所以，我们要避免只见浅层因素而忽略深层因素。

（四）相对性

犯罪现象因果关系的相对性，是指不同的条件下犯罪原因和结果能够相互转化、相互易位。犯罪是一种社会现象，有它形成的社会原因，同时它本身又是形成别的现象的原因。也就是说，作为结果，犯罪是由别的现象引起的，但它在一定条件下又成了别的现象的原因。例如，社会的不良风气，它是造成人们犯罪的一个原因，而在一定条件下，犯罪又成为社会不良风气产生的原因。

犯罪学中研究因果关系就是为了正确认识犯罪原因，并防止犯罪原因的出现，以预防和减少犯罪。犯罪是通过人的自觉活动表现出来的，从犯罪原因的存在到某一犯罪行为的出现，都有一个客观因素与主观因素相互作用、相互转化的过程。一定的原因能引出一定的结果，同一种原因可以引出不同的结果，而结果对原因又有一定的反作用。

二、矛盾学说

矛盾学说是马克思主义的又一基本观点，也是研究犯罪原因的理论基础。矛盾学说中的普遍性和特殊性的关系，为我们研究犯罪原因的层次，掌握不同层次犯罪原因之间的辩证关系提供了理论依据。主要矛盾和次要矛盾的论述也是我们区分各种犯罪因素的不同作用，抓住引起犯罪的主要因素，避免"单因素论"或罗列各种因素的"多因素论"所应当遵循的理论前提。矛盾学说中关于事物发展的根本动因和外部条件的辩证关系对犯罪原因的研究也具有重要指导意义。

在研究犯罪原因时，内因和外因的关系是我们常常会碰到的问题。辩证唯物主义认为，事物发展变化的根本原因在于事物内部的矛盾运动。外因对于加速及延缓事物发展的进程，以及局部改变事物发展的面貌起着重要的作用，甚至可以对事物的发展能否实现起着决定性的作用。但是，外因只是变化的条件，内因才是变化的根据，内因决定事物发展的趋势和方向，外因只有通过内因才能对事物的发展起作用。然而，内因和外因是相对的，在一定条件下可以互相转化。

从犯罪学角度研究犯罪原因，必须分清不同层次原因中的内外因关系，否则就会出现混乱。犯罪现象的外部因素与内部因素相比较，内部因素起主要作用，而外部因素往往要通过内部因素起作用。比如，我国犯罪现象原因的各因素中，国际上敌视我国社会主义事业的反动势力的存在是一个外部因素，他们不停地在对我国进行渗透和腐蚀，然而他们所起的作用时大时小，这主要取决于我国国内犯罪因素的增减。当国内犯罪因素增长时，它们的危害性随之增大，反之，危害性则减小。所以，内部因素与外部因素相比，内部因素总是起主要作用。

个体犯罪的内部因素包括犯罪人的生理、心理因素以及犯罪人的意识因素。犯罪人的意识是在社会实践活动中，经过个体内心的斗争和自我选择而逐渐形成的。个体犯罪的外部因素包括宏观社会环境因素与家庭、学校等微观社会环境因素。个体犯罪行为形成的内因与外因的关系比较复杂，一方面，从内部因素的主要部分——犯罪意识的形成来看，它是社会环境等外部因素的反映。从这个角度讲，外因是主要的。另一方面，我们应该承认，虽然存在着外部因素，但犯罪人的犯罪意识是否最终形成又取决于他自身的选择性。社会环境对任何人来说都是客观存在的，但形成犯罪意识的人毕竟只占社会成员的极少部分。所以，犯罪外部因素可以"内化"为犯罪意识，但这不具有必然性。从这个角度看，内部因素是主要的。所以，个体犯罪行为形成的内因和外因相比较，内部因素起主要作用。事实上，推动个人实施犯罪行为的内在因素（犯罪动机）的形成是主观原因即内因与客观原因即外因相互作用的结果，相互作用的双方是相互依存的，并不存在谁决定谁的问题。如果没有行为人的心理结构和意识观念上的缺陷，社会方面的消极因素就不会被人接受，它也就不是影响主体活动的客观原因了。行为人的反社会意识就是接受社会因素的影响并加以强化，逐渐内化的结果。当主客观因素相互作用产生犯罪时，才使得反社会意识成为现实的犯罪主观原因（内因），使社会因素成为现实的犯罪客观原因（外因）。这就是内因和外因在个体实施犯罪过程中相互依存关系的表现。

三、我国犯罪原因研究应确立的认识

犯罪原因研究总是在某种理论前提指导下进行的，指导思想是否正确直接关系到犯罪原因理论是否合乎科学以及科学性程度怎样。辩证唯物主义、历史唯物主义是犯罪原因研究的正确指导思想。辩证唯物主义、历史唯物主义的基本观点包括：社会存在决定社会意识；生产方式是社会发展的决定力量；生产力决定生产关系；经济基础决定上层建筑；社会内部的矛盾运动推动社会不断向前发展。这些基本观点对犯罪原因研究具有直接指导作用。

犯罪是一种客观社会现象，是多方面、多层次的犯罪因素相互作用的结果，并随着历史发展而不断演进、变化。这就决定了对犯罪原因的研究要遵循辩证唯物主义和历史唯物主义的基本原理。任何犯罪的形成都是由当时特定历史条件下的社会环境所决定的。"犯罪和现行统治都产生于相同的条件"，马克思、恩格斯深刻地指明了产生犯罪的基本原因在于社会物质生活条件，即人类社会赖以存在和发展的物质条件。

根据辩证唯物主义和历史唯物主义有关犯罪原因的论述，我国犯罪原因研究应确立以下认识：[1]

（一）犯罪的主要原因是内在现实的

在微观上，犯罪作为个体行为，其原因无论是人生观、价值观或者心理因素，都是内在现实的。在宏观上，犯罪作为社会现象，其原因很复杂。犯罪的社会原因存在于现实的社会结构之中。社会有历史的延续性，新社会必然包含着脱胎而来的那个旧社会的痕迹，而旧的某些残余成了新社会中产生犯罪的原因。在一个短暂的历史时期（新社会、新体制诞生之初），旧社会或旧体制的残余和影响可能是新社会中犯罪发生的一个主要原因。但从总体和长时期看，这些原因（历史遗留和外来因素）都不是犯罪的主要原因，这是因为：犯罪是由严重的社会矛盾所造成的，社会矛盾就其总体而言，基本上是现实的矛盾。即使旧社会遗留下来的矛盾，也只有同现实条件相结合才能成为犯罪原因。而且，

─────────────

[1] 参见储槐植、许章润等：《犯罪学》，法律出版社1997年版。

从根本上说，犯罪产生于社会物质生活条件，最有决定意义的物质资料生产方式是现实地存在于一定社会之内的。生产力与生产关系的矛盾以及由此出现的经济基础与上层建筑的矛盾，是一切社会的基本矛盾。社会基本矛盾是社会种种矛盾冲突的基础。我国的社会矛盾，主要表现在国家利益、集体利益和个人利益之间的矛盾，包括局部与整体利益、暂时利益与长远利益的矛盾，国家机关某些工作人员的官僚主义作风同人民群众之间的矛盾，一些旧有的观念与现代的思想道德规范的矛盾，人与人之间的利益摩擦和冲突。这些矛盾如果处理得不及时、不妥当，都可能被激化，甚至会导致犯罪。

总之，当前犯罪的主要原因仍是现实的原因，应从现实的社会结构和社会生活中来寻找，那就是社会矛盾和人与人之间的矛盾。社会矛盾主要是人们在物质生活和精神生活上的差异，它导致了不同利益群体之间的矛盾。社会变革造成了新旧体制、新旧观念的矛盾，如企业经营者与普通劳动者的矛盾，个体户私营企业主与一般社会成员收入上过分悬殊引起的矛盾。同时，引发这些矛盾的原因也表现在组织生产、管理经营以及文化娱乐等方面的制度、法律不完善等方面。人与人之间的矛盾主要是人们对生活资料占有上的矛盾，同时也表现在人们的相互关系上，在人们相互接触中，由于一些不良个体特质、不良心理（嫉妒心、逞强）以及消遣引起的矛盾。这些矛盾如果得不到妥善处理，就可能激化而引起犯罪。犯罪实际上是诸多社会矛盾因素相互作用的综合反映，而社会矛盾就总体上看都存在于现实的社会条件中，社会矛盾就是社会现存条件产生出来的矛盾。社会物质生活条件其实是现实的一种社会存在，它包含着控制犯罪的条件，也包含着促成犯罪的条件。这就决定了：一方面，任何社会中存在犯罪现象是不可避免的，犯罪是社会生活的一个方面，虽然它表现的程度和规模各不相同，但它只是社会生活的一个次要方面，不是社会的主流；另一方面，社会中的犯罪都是不可避免的，社会生产方式是现实的，现行统治是现实的，犯罪原因基本上也是现实的。确立这个观点的实际价值在于：不能把基本的犯罪原因归到历史方面或者国外方面，犯罪对策应当建筑在现实社会的基础上。确立这一认识，对于我们正确分析犯罪原因以及制定遏制犯罪的正确决策，具有重要意义。

（二）恶果并非源于恶因

这即是说，犯罪与引起犯罪发生、变化的社会事物在价值评定上并非总是一致的。犯罪是具有社会危害性的行为，应当给予否定评价，这从统治关系上讲是绝对的，而人们由此就认为：凡引起犯罪发生的事物也都是坏的，而社会肯定或默许的事物不会也不应当与犯罪有关。当然，这种认识在不少情况下甚至在大多数情况下是正确的，但是有些情况并非如此。因为对犯罪行为进行善恶评价的标准不能照搬到其他社会现象上去。对它们的评定是不一致的。引起犯罪原因的各种社会现象中，既有妨碍社会总体发展的事物，又有对社会总体发展有一定存在价值的事物。从这个意义上说，如果证实某一事物可能引起犯罪，那也并不意味着这个事物的所有方面都是恶的。同样，如果证实某一种现象不具有犯罪原因的意义，也不意味着这一事物对任何事物来说都是完美无缺的。认识到这一点，对于我们实事求是地认识犯罪原因是很有意义的。比如，我国市场经济体制的建立，对发展社会生产力无疑是有利的，但同时市场经济体制的确立需要一个过程，在这个过程中，体制的不配套、不完善、改革的不彻底也会引起犯罪尤其是经济犯罪的增长。也有相反的情况，比如过分单一的所有制结构和政府统制的经济体制，以及同这种经济制度相适应的权力过分集中的政治体制，对我们国家建立后相当长一段时期内的低犯罪率产生了积极作用。这种模式具有特别强大的社会控制力，对于法律、道德所要求的一切，它都可以通过经济组织对个人行为甚至思想的全面约束来实现，从而产生深刻的影响；然而这种模式却严重束缚了社会生产力的发展，是以牺牲社会文明进程为代价的。上面这两个相反的事例说明，犯罪的存在和变化与现实社会结构有着内在的联系，而且这种联系是极为复杂的，同时也说明对引起犯罪发生和变化的社会事物的价值评定不能简单化，不能简单地肯定某一事物是好的或简单地否定其存在的价值。认识这一点，有助于开拓犯罪原因研究和犯罪对策规划的思路。值得注意的是，我们在研究犯罪原因时可以不考虑原因本身的社会价值，不被其善恶评价所左右，从而形成对犯罪原因的认识，而规划犯罪对策时却不能不考虑原因的整体社会价值，所以，犯罪对策必须被纳入社会发展政策这一更大的范围中。最好的犯罪对策应是最好的社会政策，最好的社会政策必定是最好的犯罪对策。

（三）犯罪原因是一个过程

过程的含义是事物发展变化的连续性在时间和空间上的表现。事物自身的矛盾运动，使其发展在时间上前后相继，在空间上连续不断，形成一个发展变化的过程。在宏观上，犯罪作为社会现象，引起犯罪发生的其他社会现象（犯罪原因）必定随着社会的发展变化而发展变化，不存在永远不变的犯罪原因。我们说生产方式内部矛盾是一切社会的基本矛盾，而从具体内容上来看，不同的社会生产方式内部矛盾有不同的特点，由此决定的社会基本矛盾（犯罪根本原因）也各不相同。即使在同一社会制度中，在不同的时期也存在不同内容的生产方式内在矛盾，因而社会基本矛盾（犯罪根本原因）也有差异。由此我们得出：犯罪原因的具体内容永远处于不断的变化过程中。在微观上，犯罪作为个体行为，促使个体犯罪的外在因素内化为个体的犯罪意识。由犯罪意识进而形成犯罪动机有一个演变过程，犯罪动机转变为犯罪行为又有一个外化的质变过程。只要我们不承认犯罪人是先天的生物遗传因素所造就的，就必然从犯罪行为是主客观因素相互作用的产物的观点出发来认识个体犯罪。确立犯罪原因的过程的观念的重要意义在于，为认识犯罪控制的可能性提供理论依据，并为设计犯罪控制的策略打开思路——在犯罪原因引起犯罪的过程中，在这一过程的任何一点上，在其发展的任何一个阶段上，如果能阻止这种过程的形成和发展，就可以起到控制犯罪的效果。

第四节　中外的主要罪因理论

一、西方的主要罪因理论

当代在西方各国获得普遍承认、影响较大的犯罪原因理论主要有：犯罪原因的生物学理论、犯罪原因的心理学理论和犯罪原因的社会学理论。

（一）犯罪原因的生物学理论

生物学的犯罪理论继承了犯罪人类学派的衣钵。该理论认为，人之所以犯罪，主要是由于生物学因素的作用，是遗传、体型和体质造成的，但现代犯罪生物学与 19 世纪末期的犯罪人类学之间在研究对象与研究方法上都存在明显的差异。犯罪人类学着重研究犯罪人身体的外部形状与犯罪的关系，而现代犯罪生物学则更强调身体素质（包括生理与心理两个方面）与犯罪的关系。犯罪人类学家主要采用直接观察、身体测量以及尸体解剖的方法研究犯罪人的身体特征，而现代犯罪生物学家则利用现代科学技术，使用更加科学、专业的研究方法，如血液检查化验、性染色体分析、内分泌测定、脑电图测定等方法。从研究的基本倾向看，犯罪人类学家倾向于从犯罪人的外部特征研究犯罪人，而犯罪生物学家倾向于从犯罪人的内部结构或状态研究犯罪人。[1] 犯罪生物学派最有代表性的人物是美国哈佛大学的著名学者胡腾。他在 1939 年出版了《犯罪与

---

〔1〕　参见吴宗宪：《西方犯罪学》，法律出版社 2006 年版，第 188 页。

人》一书,创造出了一种人种理论和"犯罪本质"理论。他用了12年的时间,对10个州监狱中的1万多名罪犯进行了人类学分析,从人的胡须密度、唇纹、耳垂、下巴以及肩膀形状、脸上皱纹等生理特征,将犯罪者和正常人进行比较。他得出的结论是:不同类型的人在身体上有很大的差异,不同类型的罪犯在身体上也有差异。例如,盗窃犯一般长得鼠头鼠脑、牙齿外突;强盗往往是长脑袋、短耳朵和宽胸腔的人;色情罪犯一般是身躯肥胖或萎缩的矮人、精神错乱的反常人以及表现过分夸张、年老体衰的好色人。总之,胡腾认为,罪犯在生物基因上和身体上都是退化的人。

现代西方犯罪生物学研究主要盛行于20世纪初期,并在当时产生了巨大的影响。后来,虽然犯罪社会学和犯罪心理学逐步占据优势地位,但犯罪生物学的研究始终未停止过,并成为犯罪原因研究中必不可少的重要组成部分。

在西方社会影响较大的生物学犯罪原因理论主要有:

1. 遗传因素论。这一理论承认遗传因素在犯罪心理形成过程中所起的作用。奥地利的兰兹是这一观点的主要代表人物之一。他认为,研究犯罪必须从生物遗传入手,提出犯罪具有明显的遗传倾向。对遗传因素的研究,目的在于揭示遗传与犯罪的关系以及对犯罪的影响。属于这种理论的有双胞论和性染色体异常论。

(1)双胞论。这一理论的代表人之一是德国的精神病学者朗格,他提出:双生子中有一人成为罪犯,另一人也很可能成为罪犯。其原因就在于单卵双胞的遗传因素的相似性远远高于双卵双胞,这说明犯罪是由遗传基因所决定的。

(2)性染色体异常论。这一理论从20世纪50年代后期开始形成,在60年代后期引起更多关注。英国学者雅各布斯于1965年首先提出这一理论。这种理论认为,犯罪行为的产生是犯罪人的染色体与正常人比较有异态的结果。染色体不仅具有控制生物体外形特征的功能,而且对个体的人格特征也有影响。男性的性染色体,一条称为X染色体,另一条称为Y染色体。男性性染色体的通常结构为XY型,但极少数男性的性染色体结构为XYY型,这便是染色体异常。多余的Y性染色体称为"犯罪染色体",具有这种染色体的男性被称为"超男性"。他们普遍身材高大强壮、智力低下、性情粗暴、残忍冷漠,具有天生的犯罪倾向。这种男性具有强烈的攻击性,易犯暴力和性方面的犯罪。由于染色体的配合形式是由生物遗传因素决定的,西方国家的一些律师也以此为理由为被告人作无罪或罪轻的辩护。

2. 内分泌失调理论。这种理论认为,犯罪是由内分泌不平衡所引起的,由于犯罪行为特别是攻击行为和性侵犯行为的产生与雄性激素的分泌量有关，因此，男性尤其是青年男子在实施犯罪行为时，暴力犯罪和性犯罪占较大比例。对一些妇女来说，荷尔蒙激素的变化可以导致"急躁易怒，精神紧张，神经质以及犯罪的可能性显著地增加"。美国的一些学者还对传递信息的脑化学物质进行研究，认为较高的去甲肾上腺素对攻击性行为起促进作用，而血清素则有助于遏制攻击行为。

3. 人种论。德国的犯罪学家沃尔芬认为，"种族是犯罪人类学上的重要因素"，"人们性格的不同特点同其种族属性绝对有关联"，"种族和民族——这是犯罪现实重要的生理上的因素"，因为这是体现着许多代的遗传性的结果。美国的犯罪学家边美林说："黑人之所以犯罪，是由于他们肉欲上的需要和智力发展水平低，而这都是基于种族特性和遗传。"

4. 体型性格理论。早在古希腊，人们就在医学实践中提出过体格类型学概念，试图解释体型与人格之间的关系。后来一些犯罪学家也从体型研究入手，说明犯罪产生的原因。德国精神病学家埃米尔·克里切默就是在这方面进行尝试的代表之一。他和他的学生在一所精神病医院里进行个案观察，特别注意研究体格、气质和精神病表现形式之间的关系。他把人体结构分成四种类型：①"矮胖型"，该类型以身材矮胖为特征；②"瘦长型"，该类型以高而瘦为特征；③"三角型"，这是人体中一种健康强壮的体格类型，因而被称为"运动体型"；④"混合体型"，它被描述成一种人体各个部分、不同体格不一致的混合状态，是一种不和谐、不正常的体型，这种体型给人的感觉往往是"少有""令人吃惊而丑陋"。克里切默又在划分体格类型的基础上，总结出体格类型与性格类型的关系。他认为，三角型和瘦长型的人犯罪倾向较大。因为这种人感情需要旺盛，意志不坚定，自我控制力差，容易受物欲影响而犯罪。矮胖型的人则常性格急躁，容易成为偶发犯人，同时他们也易悔恨犯罪，产生改过自新的决心。混合体型的人主要是性犯罪者。[1]

在体格类型理论方面，还有因提出"体型决定论"而产生较大影响的威廉·H. 谢尔登。他在克里切默的体格类型学说的基础上形成了一种类似的体型分类法。他运用胚胎学和发生机理学研究体格类型。该方法揭示了体格与犯罪之间的关系，而且在美国获得了广泛应用。谢尔登将体型分为三种，即内胚层体型（肥胖而柔软）、外胚层体型（细瘦而虚弱）和中胚层体型（强壮而结

---

〔1〕　参见刘灿璞：《当代犯罪学》，群众出版社 1986 年版，第 39~40 页。

实）。一般来说，内胚层体型的人是一个温和、容易积聚脂肪、消化器官发达的人。他们有一种和谐的感情生活，宽容而且喜爱食物。中胚层体型的人则骨架健壮，肌肉发达，个性积极活跃，喜欢冒险且有好斗倾向。外胚层体型的人则体格消瘦，骨架狭窄，在个性上则表现为爱动脑筋，处事审慎、拘束，注意力不易集中。从体型与性格的关系看，中胚层体型的人更易于违法犯罪。[1]

生物学派关于犯罪原因的理论多种多样，有些理论研究细致，影响深远。我们认为，个体的某些生物学因素对他的心理和行为具有一定影响，把犯罪行为的生物学原因作为犯罪的社会原因的补充是必要的。一些西方学者从不同角度对犯罪与生物学因素的关系作了有益的探讨。犯罪生物学原因的研究必将对预防犯罪和完善罪犯处遇提供有价值的理论依据。

（二）犯罪原因的心理学理论

犯罪心理学理论是从个体的心理方面去寻找犯罪原因的理论和观点。它主要研究犯罪心理的实质和犯罪心理活动的规律，以及犯罪心理与犯罪行为之间的关系。20世纪30年代，心理学研究风行世界，一些研究成果被广泛运用，包括用于解释犯罪问题。在此背景下，从心理学角度对犯罪进行研究的犯罪心理学理论得以形成并迅速发展，后来逐渐成为犯罪学的一个分支学科，同时也出现了许多理论流派，影响较大的是精神分析理论和挫折—攻击理论。

1. 弗洛伊德的"精神分析理论"。精神分析理论的创始人是奥地利精神病学家西格蒙德·弗洛伊德（Sigmund Freud）。他通过对精神病患者异常行为的研究，创立了著名的精神分析学说。根据他的理论，性本能冲动是犯罪的根本原因。他认为人的心理是由意识层、前意识层、潜意识层这三部分构成；而人的人格结构也有三种状态：本我、自我和超我。"本我"是充满本能的、生理的冲动，它是无意识本身，也就是最原始的心理基础，往往推动自我来寻求快感；"自我"起着调整"本我"的作用，它与一定的社会现实相适应，帮助本我得到欲望的满足；"超我"是由自我分化而形成的，它通过良心、自我观察、理想形成等这些机能，起到监督自我的作用，是道德化了的"自我"。人生来就有一种"潜意识罪恶感"，即性本能冲动，这种冲动很容易形成反社会倾向。由于反社会行为会给自己带来痛苦和灾祸，于是人就压抑自我的本能冲动，而去遵循"超我"的道德规范，从而表现出合法的正常行为。如果一个人的"自我"一味追求本能的满足，而不受"超我"的约束，就容易形成异常人格，从而发生犯

---

[1] 参见肖剑鸣：《犯罪学研究论衡》，中国检察出版社1996年版，第106~108页。

罪行为。"自我与超我之间的冲突最终将反映为现实的东西和心理的东西、外部世界和内部世界之间的悬殊差别。"[1] 弗洛伊德的主要论点就是"个性是本能力量和压抑力量相互斗争的产物",而本能力量是天生的冲动,在这两处力量之间维持平衡是正常人的个性,否则就会造成各种病态的个性,从而产生犯罪。

弗洛伊德举例说,在一个人的儿童时期只要教育他们合理地在一定限度内"抑制某些欲望,他就知道要压制眼前的欲望",否则就会使他们"受到精神创伤",从而患精神官能症或其他精神病,或者走向犯罪。如果小孩从小受到良好的教育并且教育深入其内心,他就会谴责自己不应该有这种反抗和犯罪行为。为了对这种心理冲动产生的犯罪进行医治和预防,弗洛伊德提出了著名的精神分析治疗法。这个方法是使用催眠术或采用诱导性谈话,使精神病人产生自由联想,主动说出导致精神分裂的个人隐私及内在的精神压力。弗洛伊德后来用"自我联想法"代替了催眠术法,通过谈话诱导,使患者自动回忆说出自己的各种经历和感受。这就是在当代西方国家非常流行的"精神分析治疗法"的开端。

弗洛伊德的这一理论在西方国家广为流传,他对于心理冲突造成犯罪的阐释,对潜意识和人格结构的分析,对一切人的行为都有动机和目的的论述都作出了杰出的贡献。

对弗洛伊德理论有进一步发展的是艾空和阿伯拉罕姆逊。艾空认为,"反社会行为是人心理力的内在作用而引发的"。运用精神分析法对其进行治疗,只注意去除表面症状是无法治好的,必须找出"根本的原因","从根铲除"。在对青少年的管教方面也要实行精神分析法,并注意再教育。"再教育可以通过环境的改变来贯彻",并使受教育者相信受到社会赞扬是有好处的。"因为这种赞扬比反社会行为更能使人得到快乐。"

阿伯拉罕姆逊对弗洛伊德的理论也有进一步发展。他认为所有的人都具有一种犯罪的倾向,但在不同情况下表现不同。对犯罪产生影响的因素有三种:客观环境、对冲动的心理抗力及犯罪倾向。在个人犯罪倾向和对冲动的心理抗力相等时,不会产生犯罪;在犯罪倾向强而对冲动的心理抗力弱时,就会产生犯罪;至于客观环境的好坏,只能起着避免或促使犯罪的作用。因此,犯罪行为的产生基本上是以上三种因素"失去平衡的结果",如果不从内在的犯罪倾向和对冲动的心理抗力,而从外表(客观环境)来看,一个人不但从良好的客观环境转入不良的环境时会犯罪,而且从不良的环境转入良好的环境时也会犯罪。

---

〔1〕　〔奥〕西格蒙德·弗洛伊德:《自我与本我》,张唤民等译,上海译文出版社 2011 年版,第 227 页。

2. 挫折—攻击理论。这一理论是美国心理学家索尔·罗森茨韦克在1934年提出的。这一理论认为，人在受挫折的情况下，由于个人的需求以及障碍的强度、本人性格等各种因素的相互作用，就会产生各种反应行动。如果是攻击性反应，最容易发生犯罪行为特别是暴力性犯罪。他对攻击对象列举了三种趋势：①指向外部的惩罚，是指把挫折引起的愤怒与不满指向外界的人或物，对其进行言语、行为方面的攻击，把个人挫折引起的原因完全归于外界。在某种极端情况下，个人会产生被害妄想。这种指向外部的攻击行为，往往构成暴力犯罪。②指向内部的处罚，是指把挫折引起的不满归咎于自己，对自己进行谴责，自我虐待。在此情况下，个人从自己身上寻求引起挫折的原因，从而产生内疚感，对自己进行多种责备。在某种情况下，个人会产生抑郁的情绪，甚至自杀。③不作惩罚性反应，是指不把攻击指向任何方面，把挫折局限于最小限度或完全忽视它。在这种情况下，个人不把不满指向外界，也不从自己身上找原因或归因于自己。一种人会客观地分析他人的责任和自己的问题，合理对待挫折；另一种人会掩饰挫折，装作无所谓的样子来逃避责任。其中第一种趋势最容易发生犯罪行为。

罗森茨韦克的研究价值在于，全面分析了挫折可能引起的行为反应。他是第一个提出挫折—攻击理论的学者。之后一些心理学家进一步发展了这一理论，对两者关系作了系统而深入的研究。美国学家多拉德提出，挫折并不必然引起攻击行为，它是个人的一种反应方式，而这种反应主要取决于一些因素的影响：①受挫折时产生的驱力的强弱；②受挫折时产生的驱力的范围；③以前遭受的挫折的频率；④攻击反应可能受到的惩罚的程度。

（三）犯罪原因的社会学理论

1. 犯罪生态学理论。这是一种以人类生态学的观点，把犯罪原因尤其是青少年犯罪的原因与某一城市的地域分布、环境状况联系起来研究的一种理论。这一理论的代表人物是帕克·伯吉斯和沃思。在20世纪20~30年代，随着美国城市化进程日益加速发展，城市中的犯罪现象也日益突出。为了适应研究城市犯罪问题的需要，帕克等人以芝加哥这个美国的钢铁生产中心、第二大城市为社会实验基地，深入调查研究了城市的社会结构。他们认为，城市化进程的加剧导致了城市社会分层、人口密度、种族关系、社会心理、居住方式、交通通信等条件的巨大变化。"家庭、邻里和当地社区所代表的旧式社会控制力量逐渐遭到了破坏，……先前的社会控制在其自身文化和系统方面所具有的权威与影响力不断削弱，并最终走向灭亡"。[1] 这便是社会解体，而"解体总是伴随着激烈的心理冲突与个人的失落感"。[2] 社会成员如果不能适应城市环境的这种变化，就会导致越轨和犯罪的发生。犯罪生态学重视人与社区环境的相关性、重视人对社区环境的反应、社区环境对个人行为的影响，进而提出了所谓的"同心圆"理论。该理论认为，在城市的不同区域，由于社会经济条件及其他社会因素的差异，犯罪状况是不一样的。区域之间犯罪状况的变化呈现出放射状，以同心圆的方式从中心向边缘扩散。在靠近城市中心的工业区和商业区及人口流动区，犯罪率最高，而离市中心愈远，犯罪率就愈低。

　　美国犯罪学家克利弗德·肖（Klifford Shan）和亨利·麦凯（Henrg Mckag）也是犯罪生态学的代表人物。他们在 20 世纪 30 年代经过研究认为，青少年犯罪与不同的地区环境条件有关，青少年犯罪的根源在于社会动荡和社会解组。在犯罪率低的地区存在着共同的社会准则，对儿童的关怀和对待法律的态度是始终如一的。在犯罪率高的地区，没有共有的社会准则，价值标准、道德观念等是对立的、互相冲突的，因而人们行为也失去了准则。社会准则对人们的约束力被削弱、瓦解的社会解组状态，是造成犯罪等社会问题增多的一个重要原因。例如，儿童被父母及周围的社会组织所抛弃，从而脱离了传统的社会监督和控制，转而实施自我表现的越轨行为，同时，犯罪被当作是可行的谋生手段和获得社会经济地位的手段。美国的一些学者通过对芝加哥 1000 多个犯罪团伙的调查发现，这些人都集中在芝加哥闹市四周的住宅区；27 区和铁路交通地带、工业区和商业区的集团犯罪十分猖獗，甚至到了无法控制的地步。而集团犯罪往往又同职业犯罪相联系，犯罪的职业化加剧了城市社会的不安和紧张状态。

　　犯罪生态学理论的出现和发展，使城市犯罪问题成为犯罪社会学研究的主要对象。该理论以实证的手段解释了社会经济发展、人口流动剧增、社会混乱带来的城市化导致的犯罪率上升，因而受到很多犯罪学家的称赞，得到了广泛传播。但是，这一理论也曾受到批判。一些学者提出，与犯罪有关的不是一个地区的物质条件，而是一个地区的"社会稳定程度"。但对于社会转变后城市犯罪仍然保持较高水平的现实，该理论无法作出解释。

---

〔1〕 ［美］罗伯特·E. 帕克：《城市——有关城市环境中人类行为研究的建议》，杭苏红译，商务出版社 2016 年版，第 123 页。

〔2〕 ［美］罗伯特·E. 帕克：《城市——有关城市环境中人类行为研究的建议》，杭苏红译，商务出版社 2016 年版，第 66 页。

2. 社会结构理论。这一理论认为，社会犯罪的根源在于社会结构中某些环节的失调，它制造了社会异常行为发生的机会，或是阻碍了人们通过正常的、合法的途径施展自己的才能，从而引起犯罪。社会结构理论努力寻找出最阻碍人们才能施展的社会结构因素，认为这些社会结构与因素的存在，是诱发各种社会异常行为及犯罪行为的原因。

（1）社会异常理论。社会异常理论即最著名的紧张理论，又称为压力理论、激发理论，是20世纪三四十年代由美国社会学家默顿（Robert King Merton）提出的一种犯罪原因论。这种理论的思想渊源主要是西方社会学中的结构功能论和法国社会学家迪尔凯姆关于"社会反常状态"中越轨行为的思想。迪尔凯姆曾经强调，越轨行为的决定性原因是社会因素。在分析男性犯罪多于女性犯罪的原因时，他认为，这不能归因于男女生理上的区别，而应当看到男女在社会地位、生活范围、文化传统等方面的差别；这些社会性因素能更直接地说明为什么男子比女子更多地实施越轨行为。

社会异常论认为，人之所以犯罪，主要不是生物因素的驱使，而是社会因素作用的结果，是由文化结构与社会结构之间的不一致所引起的。这里所说的文化结构是指与生活方式相关的思想、文化、道德、习惯、价值观念等的总和，是社会通行的规范性的价值标准，它规定着各个社会集团和各阶层社会成员规范的生活目的。这里所说的社会结构，是由不同角色、身份、地位的人所组成的社会关系，它提供了一个制度化的合法手段。默顿认为，成功地实现物质利益目标的过程是：通过合法手段获得进一步的教育，通过艰苦的努力，获得高收入的工作。既然社会为其成员规定了价值目标，又给他们提供了实现这一目标的手段，那么，这一目标与手段之间就应当是一致的、和谐的。这样的社会才是理想的社会，才能使每个社会成员通过合法的手段去实现通行的价值目标。所谓目标与手段的一致，就是对每一社会成员来说，不仅目标明确而且实现目标的手段合法。"只要遵从两种文化制约的个体感到满意，即实现目标后的满意和直接对通过制度化管道为达成目标而奋斗的方式感到满意，社会结构这两方面之间的有效平衡就会得到保持。"[1] 但是一个社会不可能使所有的人都能通过合法手段获得教育和高收入的工作。所以，一些人不得不通过违法的手段，用犯罪来实现"成功"的目标。这就体现为，文化结构给人们规定了明确的价

---

〔1〕 ［美］罗伯特·K. 默顿：《社会理论和社会结构》，唐少杰、齐心等译，译林出版社2015年版，第264页。

值目标，但社会结构没有给每一个人提供实现这一目标的合法手段。这就是社会的文化结构与社会结构之间的矛盾，由此社会就会产生一种缺乏社会规范的异常状态。

默顿认为，在当时的美国社会中，目标与手段之间的矛盾正是犯罪的主要原因。一方面，美国通行的价值目标是提倡人们奋斗进取，获得尽可能多的金钱财富；但另一方面，社会结构又没有给所有社会成员提供足够的规范手段，去实现物质财富上的成功。下层社会成员的身份、地位本身就是实现财富上成功的巨大障碍。所以，获取财富的目标对那些在社会结构中地位优越的人来说才是可能的。而对下层社会成员来说，目标与手段是不一致的，当实现目标受到阻挡时，他们会采取一些适合自己状况的办法，要么放弃通行目标，用正统的角色身份去规范自己，安于现状；要么放弃合法手段，用非法手段去实现通行的价值目标。

这种矛盾实际上就是，社会鼓励人们去赚大钱，但社会事实上又没有给每个人都提供同等的机会。这种矛盾本身就是一种压力，它使人产生一种紧张的内心体验。而承受这种压力的，就是那些目标与手段无法统一于一身的人，也就是下层社会成员。下层社会成员在这一矛盾的压力下，同时承受着相互矛盾的规范，这事实上剥夺了他们改变自己社会地位的可能性，逼得他们放弃合法手段以改变自己的社会地位。于是，有些下层社会成员正是这样，用非法手段去追求社会通行的价值目标，结果就造成了夜盗、抢劫之类的犯罪。这就是下层社会财产犯罪率偏高的原因。

默顿进一步指出，并不是所有不能通过合法手段取得成功的人都会借助于犯罪等非法手段去实现自己的目标，犯罪与否最终还得取决于个人对社会目标和合法手段的适应方式和选择态度。人们如果对社会失范状态采取顺从的适应方式，则不会犯罪；如果采取变革的适应方式，即用非法手段争取社会目标的实现，则会实施夜盗、抢劫之类的犯罪行为；如果采取退却的适应方式逃避现实，则其中许多人会变成精神紊乱者、隐士和流浪汉，而另一些人则会变成吸毒者、酒精中毒者等与法律发生冲突的人；如果采取造反的适应方式，不满现存的社会制度，想要确立一个新的目标、秩序，推翻现存政府，则通常会发生政治犯罪。

紧张理论到后来逐渐发展，又进而形成了相对剥夺理论和一般紧张理论。相对剥夺理论，是 1982 年朱迪斯·布劳（Judith Blau）和彼得·布劳（Peter Blau）夫妇在《不平等的代价：都市结构与暴力犯罪》一书中提出的。他们认为，贫富悬殊造成的相对剥夺感和社会不公感会导致愤怒情绪和犯罪行为。这一理论认为：对于那些由于种族、阶级而感受到被剥夺的下层阶级成员，那些与富人一起居住在城市中的下层社会成员，都会产生一种不公平感、不满意感，以至于会对培养这种社会不公的、没有给他们提供获得成功的社会产生敌意，最终导致暴力行为和犯罪。在穷人与富人相互邻近的生活社区，居住在城区中的贫困青少年、黑人青少年会对相对剥夺等产生更深切的感受。受到剥夺的人们在不能用合法手段达到目的时，就会通过犯罪行为获取财富和成功。相对剥夺是否只存在于穷人之中呢？1990 年，阿格纽提出，在富有阶层，他们会设定更高的无限制的目标，如果不能实现，他们也有可能感到紧张，他们把自己与那些获更大成功的人比较后也会产生相对剥夺感，同样也会使用非法手段实现"更高的"目标。

一般紧张理论，是 1992 年阿格纽在《犯罪和少年犯罪的一般理论基础》中提出的。他认为，社会中存在着多种紧张类型，也存在着获得成功的多种途径。犯罪是由消极感情引起的，消极感情状态由多种紧张造成，主要包括：无法实现自己目标引起的紧张；期望与成就之间分离引起的紧张；与强于自己的人、获得更大成功的人比较引起的紧张；失去自己看重的刺激物产生的紧张，如失去朋友、亲人，原有的自己喜欢、熟悉的生活、学习环境引起的紧张；遇到消极刺激物，如遇犯罪侵害、身体惩罚，对消极生活事件作出的应激性反应。每种紧张都会增加个人的消极情绪（失望、抑郁、恐惧、特别愤怒）。据阿格纽的观点，一些人具有容易产生紧张的个体特质，这些特质包括坏脾气、过分敏感、挫折耐受力差、解决问题能力缺乏。

（2）社会交往差异理论。该理论又称不同接触理论，其创始人是美国现代犯罪学之父萨瑟兰（Edwin Hardin Sutherland）。在 1939 年出版的《犯罪学原理》一书中，萨瑟兰系统地阐述了这一主张。交往差异理论在现代西方犯罪学研究中颇有影响。萨瑟兰将社会的混乱现象视为犯罪的基础，而社会混乱导致文化冲突，文化冲突又导致异质接触，使个人受到不同的社会价值观和行为模式的影响。个别人倘若与犯罪人或犯罪集团的行为模式相联系，就会产生犯罪行为。这种联系越经常、越稳定，个人成为罪犯的可能性就越大。

萨瑟兰在他的著作《犯罪学原理》中强调了环境对个人的影响，他认为家庭、邻里、同辈人等初级群体和社会环境，往往对个人的态度与行为发生重大作用。人类的行为是在与社会环境的接触中习染而成的，犯罪行为也不例外。人们常常以维持社会秩序与违反社会秩序两种不同的文化力量进行人际交往，而在与违反社会秩序的集团的"异质接触"中，则多发生"犯罪性"的行为模式。如果一个人长期与具有犯罪性或反社会性行为模式的人接触，而远离守法的行为模式，就容易陷入犯罪。特别是青少年，极容易受到来自同龄人群体的社会压力和影响，又缺乏控制诱惑的意志力，结果便同流合污。

萨瑟兰提出社会交往差异的主要内容包括：①犯罪行为是通过学习得来的。反过来说，这种行为不是由遗传而来的。②犯罪行为是在与别人交际过程中相互影响学会的。③犯罪行为最主要部分的学习发生在有密切的个人关系的群体之中。④犯罪行为学习包括学习犯罪技巧，这种技巧有时相当复杂，有时却相当简单。此外，还包括学会犯罪动机、欲望、合理化和态度等心理方面的内容。⑤犯罪动机和态度的习得与人们对法律正反两方面的解释有关。在一些群体中，人们一致地把法律解释为必须遵守的规范；而在另一些群体中，人们对法律予以否定评价。个人与后一种群体交往就会习得犯罪动机和态度。⑥如果助长犯罪的行为模式压倒抵制犯罪的行为模式，个人就会犯罪。这是因为他们与犯罪的行为模式相接触，而与抵制犯罪的行为模式相隔绝。这就是差异交往的原理。⑦不同接触的效果因频率、持续时间、优先性和强度不同而有所差异。持续时间长的交往对个人的影响最大，接触频繁的交往比偶有接触的交往影响大。如果儿童接触犯罪观念时的年龄较小，所受的影响就较大。如果个人是从颇有尊严的人或影响较大的团体那里学到了犯罪观念，所受的影响就较大。⑧学习犯罪行为的过程是一般的需求和价值的反映。例如，取得财富既可以是犯罪的动机，也可以是努力工作的动机，因此，动机本身不能成为犯罪的原因。犯罪行为只有在行为人通过与有犯罪观念的人交往习得犯罪观念后才会发生。

萨瑟兰的学生唐纳德·克雷西对不同接触理论提出的对策是：必须根本改变家庭、学校、职业和业余活动群体中的教育方式。把犯罪分子一起关押在监狱的做法是错误的，因为他们在犯罪心态和技巧方面，无法学习那些直至那时还不了解的东西。如果想改变犯罪分子，就必须使他们适应实施守法行为的群体，并使其与追求犯罪目的的群体相疏远。

（3）亚文化群理论。该理论的代表人物是美国社会学家科恩（Alberk Cohen）、米勒（Walter Miller）。在西方社会，亚文化是指"下层社会文化"，它是下层社会，即西方社会中的广大蓝领阶层和黑人所独有的。因为下层社会的青少年，除了具有现代教育灌输给他们的中层社会的价值观以外，还有与下层社会的困境、艰难、对命运和自主权的过分焦虑相适应的价值观。由于这种文化准则低于中层社会的文化准则，所以被称为"亚文化"。这种"理论"认为，亚文化是促成下层社会出现犯罪的唯一社会原因。

从犯罪原因的理论来说，这实际上指的是在西方社会，下层社会成员与中上层比较，为了追求某种目的而采取非法手段，从而实施犯罪的一种观点。1955 年，科恩在《亚文化群体》中比较系统地阐述了这一问题。由于中下层社会的人不断以中上层的标准来要求自己，而他们又"不能用社会同意的手段达到这些目的"，于是便"产生了自卑感"，结果导致了一些骇人听闻的事件的发生，从而走上犯罪的道路。为什么下层社会的人会发展成亚文化群呢？科恩认为，这是由于那些人在社会中得不到地位，被以中等阶层为代表的西方社会所排斥，因此就必然要在亚文化群中去寻找出路。具有相同处境和价值观念的亚文化群成员聚集在一起，他们相互支持，彼此认同，寻找适合自己的生活方式，这种方式包括参加犯罪团伙和从事犯罪行为。在亚文化群中，犯罪是可以接受的，甚至是值得赞赏的。所以，亚文化群是下层社会的人按照中上层社会的标准衡量自己而"受到挫折产生的一种反应"。米勒把美国集团性犯罪，归结为劳动人民"企图通过那些最可行的手段或途径来达到目的或取得地位和被人尊重，并且企图用这些手段或途径在最有意义的社会环境中避免不受人尊重的处境"。

美国犯罪学者克洛沃德（Cloward）和奥林（OhLin）1960 年在合著的《少年犯罪与社会：一种少年犯罪帮伙理论》一书中提出，当社会宣布的目的与达到目的所使用的手段之间脱节，个人在实现目的的合法手段受到限制时，就会引起紧张情绪和心理上的挫折感，使人的行为同社会准则背离，从而产生犯罪。

克洛沃德和奥林进一步分析指出，下层社会中受到挫折的少年正是从参加不同的亚文化群开始，走上不同的犯罪道路的。根据克罗沃德和奥林的观点，亚文化团伙可以分为三种类型：①犯罪团伙。其成员学习犯罪的知识和技巧，学习用怀疑的眼光去看待社会。这种团队组织结构严密，成员在首领的领导下主要从事有组织、有预谋的犯罪活动。②殴斗团伙。一般由下层社会的一些青年人组成，他们崇尚武力，专门从事伤害人身或破坏财产的犯罪活动。③颓废团伙。其成员一般逃避现实，沉溺于刺激性的活动中或自我麻醉，专事酗酒、吸毒和异常性行为。这类团伙成员不求获得社会地位而只求获得团伙内部成员的认可与尊敬。

克洛沃德与奥林把他们的理论应用到实践中，体现在解决少年犯罪问题的计划和政策上。他们提出了扩大就业和取得成功的机会，提出了预防和控制少年犯罪的建议。该建议在纽约等地实施。后奥林参加制定联邦减少少年犯罪计划的工作，将其理论应用于行政决策。他的理论对于 1961 年美国的《少年犯罪预防和控制法》的产生以及相关的内容都有一定影响。在这部法律中，违法少年的教育和工作机会的解决都不同程度地得到体现。这部法律充分发挥了社会服务和社区组织在预防、控制少年犯罪中的作用。

3. 社会冲突理论。社会冲突理论认为，社会群体彼此之间充满着矛盾和冲突。研究犯罪原因的关键不在于人们是否实施了犯罪行为，而在于在"冲突过程"中一些行为的实施者被人为地认定为犯罪者。具体的理论包括文化冲突理论、阶级冲突理论和标签理论。

（1）文化冲突理论。这一理论的主要代表人物是美国犯罪学家索斯坦·塞林（Thorsten Selin），他在《文化冲突与犯罪》（1958 年）一书中对这一理论作了系统的论述。塞林认为，刑法是一个社会主流文化行为规范的表现，犯罪则是与主流文化相冲突的下层阶级和少数民族群体文化的产物；由于下层阶级文化与主流文化相冲突，所以，遵从这一文化，就必然发生违反刑法的犯罪行为。他指出，冲突的主要类型有两种：①纵向的法规规范冲突，即随着文明的发展而产生的不同时期的文化规范之间的冲突；②横向的法规规范冲突，即同一时期不同地域之间相互对立的文化规范因接触而产生的冲突。

塞林在论述文化冲突与犯罪的关系时指出，这种文化准则的冲突必然导致行为规范的冲突，而行为规范间的冲突就可能导致犯罪。他举了一个例子，一个西西里黑人在新泽西州居住时，把一个勾引他 16 岁女儿的人杀死了。他对自己因此被捕感到很奇怪，因为在西西里，这是一种保护家庭名誉的行为。塞林得出结论说："这显然是两种不同文化规范之间的冲突"。这说明当不同规范准则规制相邻文化地区时，或当一个文化集团的人移民到另一个集团的领域时，相对立的文化冲突就会产生。

当社会结构由简单趋向复杂化、分层化，当文化价值规范由单一状况发展为多元化，同一区域或同一集团内部也会发生文化冲突，这一变化过程就会产生出新的不同的文化集团，或者使原来的文化集团分化。这些新产生的或新分化而成的文化集团以及原来的文化集团，都具有其特定的文化准则和价值标准，并且由此导致相互冲突。

塞林着重研究了移民的犯罪问题。他认为，长期生活在某一文化区域中的成员移居到另一文化区域时，他原先所具有的文化准则与移居地新的文化价值往往发生冲突，这一冲突的结果之一就是犯罪现象的出现。塞林认为，这是一种可以广泛解释犯罪行为的理论，既适用于地理上分隔的地区间的人口流动，也适用于城市周围毗邻地区之间的人口流动。[1]

（2）阶级冲突理论。该理论又称激进的、批判的犯罪学理论，其代表人物是美国的犯罪学家奥斯汀·特克（Aastin Turk）和理查德·昆尼（Richard Quinneg），该理论产生于西方面临严重的政治和社会危机的20世纪六七十年代。针对传统犯罪学未触及统治状况的现实，激进派犯罪学指出，犯罪是资本主义制度的产物。特克1969年出版的《犯罪与法律秩序》一书集中揭示了犯罪的本质，研究了统治者和被统治者之间的地位和作用及相互关系。这一理论认为，资本主义社会的冲突在本质上是统治阶级和那些成为刑事司法制度目标的穷人之间的阶级冲突和阶级斗争。在他看来，法律被破坏、犯罪的出现，说明统治阶级的失败，即统治者和被统治者之间稳定关系已被破坏。服从权力者已开始拒绝服从。因而，防止犯罪的根本方法在于改革法律和刑事司法制度。

昆尼的理论比较先进，他认为把犯罪说成是个人的不正常行为是错误的，犯罪乃是阶级斗争的产物。1976年他的观点更加明确，认为犯罪是统治者的权力造成的，他认为：对付犯罪的法律是国家和统治阶级用来维持和延长其社会经济秩序的一种手段。犯罪学如果不对拥有特权的"白领罪犯"进行同样的调查研究，而仅对下层的平民犯罪者进行研究，就不可能对犯罪问题有一个完全的认识。在他看来，犯罪问题的解决之道在于使旧的社会制度崩溃，建立起以社会主义原则为基础的新制度。昆尼的这种建立在阶级斗争学说上的冲突理论，无疑是一种进步的犯罪学说。它突破了传统的犯罪原因论，既不用那些固定不变的病态个体解释犯罪，也不用与社会产生冲突的异常个体解释犯罪，而是从制度和社会结构及个人之间的相互作用来解释犯罪。

后来激进派理论经过发展，形成了西方马克思主义犯罪学，他们运用历史和阶级分析的方法研究犯罪问题，提出了一系列制度改良措施。

（3）标签理论。该理论又称烙印化理论，认为所谓越轨和违法犯罪行为是一种人为的、主观的东西。在人类社会中，没有任何行为从其本质上说是越轨的或不道德的和违法犯罪的。一个人之所以成为罪犯，是社会给它贴上了有罪的标签，是刑事司法体系所实施的烙印化的结果。

绝大多数犯罪学理论都企图从不同角度阐明犯罪的原因，而标签理论则认为，各种犯罪行为最合适的研究对象，应该是社会加于不同个体的标签或特定

---

[1] 参见陈显容、李正典：《犯罪与社会对策——当代犯罪社会学》，群众出版社1992年版，第92~93页。

的名称。任何行为本身都不是有罪的，而是社会把它确定为犯罪行为，给该行为贴上了犯罪的标签。这一学派的拥护者贝克尔指出："有些社会集团制造一些法规强加于某人的身上，硬给他们贴上离轨的标签，把他们置于常人之外。"另一学者俄立克生也说："离轨，是一些人的行为被某些人认为是危险的、有害的、不合他们的意志所给予的恶意并以一种行为法则来约束他们，离轨本身并不是某种特殊行为和可以遗传给别人的产物，而是一些人对他人直接或间接接触到的某种行为所赋予的称号。"标签理论认为，离轨的标签是以多种理由被贴在某些人身上的。一个人一旦被贴上离轨的标签，就会被别人看成是危险人物。这种理论也认为，对于杀人犯、抢劫犯来说，他们当然是罪有应得，但对青少年来说，他们之所以成为犯罪者，就是由于社会给他们加上了"坏"的标签；只要超出了传统看法就被贴上坏孩子、不良少年、问题学生、犯罪者的标签，这实际是把他们置于边缘地位，孤立于一般人之外，迫使他们实施犯罪行为。

标签理论认为，贴标签是违法犯罪的催化剂。一个人在初次实施违法犯罪行为以后，如果被有权界定标签的机构贴上不道德或犯罪人的标签，就留下了一个污点，使行为人处处受到这种污点的影响：在家庭为父母或其他家庭成员所讨厌，在学校被老师和同学歧视，在社会上找不到理想的职业。长期下去，被贴标签者便会认可这种标签，进而实施更加严重的违法犯罪行为，最终成为职业犯。

一些标签理论还用"初级越轨"向"次级越轨"的转化来说明标签化对犯罪形成过程的影响。初级越轨的特点是行为人已经实施了一定的不良行为，但还未被固定地作为越轨者来看待，行为人未形成越轨者的自我标定。次级越轨的特点是行为人已经实施了一系列违法犯罪行为，并已被固定地当作越轨者看待，行为人也认同这一标定。在标签论者看来，这种转化就是贴标签的结果。

社会冲突理论触及了资本主义制度的一些弊端，突破了西方学者对犯罪原因的传统解释，使欧美某些国家对国家的刑事司法矫治中存在的一些问题进行揭露，甚至对一些国家在改善罪犯待遇方面也起了一定的作用，但冲突理论未明确提出消除犯罪原因所应采取的手段。

4. 社会控制理论。这种理论提出了完全不同的命题，认为社会中所有人都有犯罪的可能，现代社会也为人们提供了许多犯罪的机会，因此，犯罪学没有必要研究人们为什么犯罪，而应当研究大部分人为什么不犯罪。通过回答后一个问题就可以找到前一个问题的答案，它提出人们受到犯罪的诱惑是难免的，只要控制得当，犯罪就不会发生。控制论的基本观点就是控制社会，用控制的强弱来解释犯罪产生的原因。为什么社会控制对多数人有效，而对少数人却会失效？控制论对这个问题有四种不同的解释：

（1）遏制论。沃尔特·雷克利斯（Walter cade Reckless）1961 年在《遏制理论》中提出并阐述了该理论。他认为，人类行为应当通过遏制手段加以约束，而犯罪是"缺乏遏制"以致各种诱发因素综合作用的结果。这一理论认为，人有内、外两道阻挡犯罪的屏障或称遏制系统。内遏制系统是人们自身的抵抗力，它包括承受引诱、处理冲突、摆脱纠纷、避免冒险、忍受挫折和失败的能力，由良好的自我意识、自我解释、对公认社会规范的服从及一系列良好的行为态度构成。外遏制系统指社会、国家、部落、村庄、家庭和其他社会群体对自己成员的约束力，它包括使自己的成员不超越公认行为规范的限制。社会尤其是核心群体，对其成员及行为能进行控制、指导，监督和保护、支持。在这两道屏障之外，社会上又存在着许多削弱性的因素即犯罪诱发因素。所以，犯罪的可能性就决定于两个遏制系统与那些犯罪诱因等不利因素的力量对比，内外遏制系统可被认为是介于个体与犯罪之间的中间环节，如果它们抵挡不住诸多因素的攻击，犯罪行为就将发生。

雷克利斯认为，在现代社会日益复杂、多元的背景下，存在多种行为选择和犯罪诱因。那么，在外部遏制减弱时，内部遏制就必须格外地加强，这时内部遏制将成为主要的控制力量，对防止犯罪具有特殊的重要作用。

遏制理论是现代西方犯罪学中有影响的理论，它吸收了关于犯罪原因的心理学、社会学观点的优点，对促使个人实施犯罪的内部因素、人格力量进行分析，同时也对影响个人动机和人格的外部因素进行了分析。遏制理论在西方犯罪学理论中是一个重要的社会控制理论。

（2）中立化论。该理论又称中和化论，从控制理论来说，"中和"这个概念为解释个体摆脱法律和各种规范的约束提供了一种方法。个体能够摆脱从童年起就已懂得并习惯了的道德规范，以确信并证明自己的违法犯罪行为是正当的。个体在心理上否认行为的社会危害性，否认个体破坏了法律，在承认法律的前提下自我辩解，以中和内、外的控制力，从而具有不受谴责的自我辩护的理由，从心理上摆脱法律道德的束缚和社会的控制。虽说法律未被否定，但其效力在一定条件下受到阻却。

这种理论认为，大多数未成年人和一部分成年人的犯罪是偶发的。他们经常处于实施常规行为和实施异常的违法犯罪行为之间，一遇到社会控制被削弱的场合，就可能基于自己的利益要求而实施违法犯罪行为。他们具有一种中性化了的习惯价值及规范意识，即把违法行为中和化了，进而产生一种解除对违法行为的否定判断，并且在心理上确认违法犯罪行为的合理性、可接受性。他们规避法律约束的辩护理由多种多样，如否认自己要负责任，说自己是环境的受害者；否认给他人造成了损害；否定受害者，说别人故意挑起事端，应受到攻击；否定审判者，强调自己的忠诚。他们制造种种理由，开脱自己的罪责，以致据此而敢于实施违法犯罪行为。

（3）结合力论。该理论的代表人物是赫希（Hirschi）。他认为，人们的守法意志是存在着程度差别的，人们越是相信他们不应该服从法律，就越可能以身试法，破坏法律。个人和社会结合力受到削弱以及社会责任感的丧失是导致犯罪发生的重要因素，而这种结合力被破坏的程度，同一个人违背社会规范的程度大致成正比。结合力被削弱、被破坏的程度是衡量人们违法犯罪的尺度，即犯罪行为会随着个体的社会责任感的削弱而趋向于更加可能发生。

赫希认为，人和社会的结合力的内容包括对社会的依恋、对社会的奉献、对社会的参与和对社会规范的信念等四个方面。当一个人对他人或群体产生依恋的情感时，他就会重视依恋对象的态度和感受。对正常人来说，这种感情联系是犯罪的重要抑制因素，这种依恋越强，他就越会考虑行为会给对方的影响。所以，依恋在控制少年犯罪中起重要作用。其实，各种控制因素之间是相互作用的，如果一个人对父母和朋友都感到很亲切，他就会注意他们的希望，选择一些合法的目标；反之，如果一个人无视各种关系，他就可能缺乏对常规目标的奉献，从而实施犯罪行为。

（4）威慑论。该理论提出控制失灵是由于威慑作用的失败，认为人是能够考虑自身得失的，是有理性的动物，趋利避害是人之本性。如果行为的代价（惩罚）在他们的心理上比收益大，权衡利弊后犯罪行为就不会发生。如果犯罪者意识到自己犯罪后的惩罚是不可能逃脱的，并且这种惩罚是严厉的，那么这种威慑力量就使得他不敢犯罪了。威慑论想借助高压手段，通过严厉刑罚来阻止和控制犯罪的发生，实际是惩罚主义的现代翻版。

（四）犯罪的整合理论

自20世纪70年代以来，西方国家的犯罪学者对多种传统的犯罪学理论进行"整合"，吸取不同观点的精华，形成了新的犯罪学理论，被称为犯罪的"整合理论"。整合理论中，有的理论是对犯罪生物学理论、社会学理论和心理学理论进行整合，有的理论则是在犯罪社会学领域中对部分理论进行整合，影响较大的主要有以下几种：

1. 生物社会学理论。克拉伦斯·雷·杰弗利（Clarence Ray Jeffery）是生物社会犯罪学（biosocial criminology）的最早倡导者之一，在《通过环境设计预防犯罪》（1971 年）一书中，系统论述了这方面的见解。他认为，犯罪是遗传与环境交互作用的产物，因此，应当创立一种生物（遗传）社会（环境）犯罪学，用多学科的理论来研究犯罪行为。他认为，每个人在遗传上都是独特的，犯罪学家应当研究神经密码和表明神经中物质变化的生物化学冲动，这种冲动在具有反社会性和酒精中毒等反常行为素质的人身上，会引起违法犯罪行为。个人的生物条件对其学习模式起着重要作用。由于生物条件的不同，一部分人会学习反社会行为，从而进行违法犯罪活动，而另一部分人会学习所要求的建设性行为，犯罪行为就是通过操作性条件反射的学习方式获得的。个人之所以获得犯罪行为方式，归根结底可以追溯到其生物条件。由于社会对个人的生物特性的干预是有限的，因此，必须通过环境设计预防犯罪。只要建设一种不利于进行犯罪学习和实施犯罪行为的环境，就可以有效地预防犯罪。

在 1989 年发表的论文"犯罪行为的科际整合理论"[1] 和 1990 年出版的《犯罪学：科际整合的探讨》一书中，杰弗利论述了一种犯罪行为的科际整合理论，将生物学理论、社会学理论和心理学理论加以整合，用来解释犯罪行为，因此，该理论又称为"生物社会理论"。其基本观点认为，犯罪行为是由社会学、心理学和生物学因素的相互作用引起的。[2]

杰弗利认为，整个有机体是三种基本系统的产物，即遗传学、大脑结构与功能、学习。这三种系统之间以及它们与环境之间都存在着相互作用。当个人出生时，就具有一定的生物（遗传）特征和心理学特征，这些特征不仅使个人预先具有从事某些行为的倾向，而且也会引起某些行为。这种"本性"与社会环境中进行的社会化过程无关。但是，通过物理环境和人的生物化学系统中存在的反馈机制，本性与教养之间进行着大量的相互作用。个人与环境之间的相互作用造成了人们之间的差异，使得一些人会进行犯罪行为，而另一些人不会进行犯罪行为。

2. 社会学整合理论。这一理论将犯罪社会学的各种理论进行整合，建立了一个集各种理论之大成的综合理论。其主要代表人物有美国犯罪学家约瑟夫·

〔1〕 收入威廉·劳弗（William S. Laufer）和弗雷达·艾德勒（Freda Adler）合编的于 1989 年出版的英文版《犯罪理论的进展》的第 1 卷。
〔2〕 参见吴宗宪：《西方犯罪学》，法律出版社 2006 年版，第 464 页。

威斯（Joseph Weis）、德尔伯特·埃利奥特（Delbert Elliot）、多伦斯·桑伯瑞（Terence Thorn-berry）等人。

威斯等人将社会控制理论和社会结构理论进行了整合，提出了社会发展理论。他们认为，个人的性别、种族和经济状况等因素与人在社会结构中的地位相关，这种因素对人的行为选择有重大影响。同时，社会化过程对一个人的行为选择也有影响。据此，他们提出了整合的理论模式。依据这一模式，社会控制理论和社会结构理论假定的各种因素对犯罪都有影响。在一个低收入、无组织的生活环境中，各种社会化机构的功能薄弱。在这种环境中，由于既定的犯罪率较高，青少年违法犯罪的机会较多，受犯罪团伙影响较大，容易认同犯罪群体的价值观念，因而有较多的青少年选择犯罪的行为方式。

埃利奥特等人将紧张理论、学习理论和控制理论综合在一起，也形成了一种整合理论。这一理论认为，紧张感、社会化程度不足以及生活在一个解体的社区这三种因素，会导致青少年缺乏正常的制约。制约程度的削弱和紧张感将驱使他们去寻找同样心态的青少年犯罪团伙进行交往，并且逐步地依附于这样的青少年犯罪团伙。与青少年犯罪团伙的交往会强化其消极态度，同时又可以为他们提供行为模式，逐渐地这些青少年也会从事犯罪活动。

桑伯瑞对上述两种整合理论进行再度整合，提出了多因素相互作用理论。他强调指出，影响青少年犯罪的各种因素是相互作用的，而且青少年犯罪这一结果本身与这些因素也是相互作用的。此外，各种因素在青少年成长过程的不同时期对青少年犯罪的影响不同。在青春期初期，家庭及父母的影响较大。在青春期中期，学校、朋友和青少年文化的影响较大。在青春期后期和成年时代，本人在社会中的角色，如丈夫、父亲、教师和不同工作环境的影响较大。在每个时期，青少年犯罪这一结果又会反过来影响导致其产生的各种因素。如此循环下去，就会产生职业性惯犯。[1]

3. 明耻整合理论。该理论产生于 20 世纪末叶，主要代表人物是澳大利亚的布列怀德。他于 1989 年出版了《犯罪、羞耻与整合》一书，系统阐述了这一理论。该理论强调，现存的犯罪学理论并非孤立、零散和排他的，各理论之间互相补充进而可以加以整合。在借鉴与修正当今犯罪学研究中较有影响力的标签理论、亚文化理论、控制理论、学习理论等学说的基础上，布列怀德又提出"互

---

[1]　参见曹子丹主编：《中国犯罪原因研究综述》，中国政法大学出版社 1993 年版，第 635~636 页。

赖""共信"和"羞耻"三个概念，论证了明耻整合理论。[1]

"互赖"，是指在个体所处的生存环境中，其依赖别人达成有价值的目标，及他人因相同的目的而依赖此个体的状态。个体对家庭、学校、邻里、社区、单位等社会组织的依赖程度愈高，他的互赖程度也就愈强。而年龄在 15~25 岁之间的青少年、未婚者、没有固定合法职业者以及受教育程度低的群体"互赖"程度低，因而较容易走上犯罪之途。"共信"是指一种社会状态，其将有助于降低犯罪亚文化的形成，起到预防和减少违法犯罪行为发生的作用。布列怀德认为，互赖与共信是两个高度相关的概念，个体的互赖程度越高，社会的共信程度也就越高，反之亦然。"耻辱"是个体因不良行为受到社会非难后应有的感觉，其在明耻整合理论中居于核心地位。布列怀德进一步将"耻辱"分为"黥印耻辱"和"明耻整合"，前者指社会对不良行为所采取的一种严厉的处罚性指责，而后者指社会对不良行为所采取的一种比较轻微的斥责方式。"黥印耻辱"和"明耻整合"从表面上看性质一致，但二者的作用与实际效果有天壤之别。"明耻整合"有助于减少犯罪发生，而"黥印耻辱"则会在某种意义上增加犯罪行为的发生。同时，"羞耻"的效果也受个体层面——"互赖"程度的影响和宏观层面——"共信"程度的左右，互赖与共信程度越高，羞耻的社会控制力就越强，犯罪行为的发生率也就越低。[2]

明耻整合理论一改传统犯罪学理论那种只着眼于某一个或某一方面的因素去解释犯罪的模式，在借鉴、修改以往犯罪学理论的基础上提出了自己的论点。因此，该理论在方法论上有很大突破。同时，其对标签理论、亚文化理论、控制理论、学习理论等传统观点的剖析也较为深入，可以说，该理论在西方犯罪学发展史上是重要的罪因理论之一。

（五）发展犯罪学理论

发展犯罪学的研究开始得较早。在 20 世纪 30 年代，著名的美国犯罪学家格卢克夫妇（Sheldon and Eleanor Glueck）就开始了这方面的调查研究，并取得了显著的成就。到 70 年代时，沃尔夫冈（Marvin Wolfgang）等人对同生群（指在同一个年代出生的人群）中少年犯罪的调查和研究，大大推动了发展犯罪学理论的发展。在整个 70 年代，许多西方国家的犯罪学都进行了纵向研究（longitudinal study）。80 年代以来，这方面的调查和探讨继续进行，并且在理论建构方

---

[1] 参见张旭：《犯罪学要论》，法律出版社 2003 年版，第 34 页。
[2] 参见王智民：《当代国外犯罪学概论》，中国人民公安大学出版社 1999 年版，第 210~228 页。

面有了较大的进展，同时也极大地促进了犯罪学理论的发展。

发展理论是研究生命过程中犯罪生涯的变化的理论。所谓"犯罪生涯"，就是犯罪行为在一定时期内的发展和进程。它涉及个人在一定时期内实施的一系列犯罪行为及其连续形态。犯罪人实施的一系列犯罪行为，可能会使犯罪人改变其自我概念、行为方式，使犯罪人过一种犯罪生活。

与西方传统犯罪学理论主要探讨犯罪与生物学、心理学和社会学之间的关系而不考虑犯罪人的年龄因素不同，发展犯罪学理论十分重视年龄因素，认为不同的因素对不同年龄的犯罪人可能有不同的效果。因此，发展犯罪学理论以生命过程为背景解释犯罪行为。所谓"生命过程"，是指个人从童年到青少年、成年最后到老年的整个生命发展过程。发展犯罪学理论探讨的发展因素包括生物方面、社会方面和心理方面的变化。在发展犯罪学看来，一些因素可以解释在童年期或青年早期开始的犯罪行为，而另一些因素可以解释在青年后期或成年期开始的犯罪行为；一些因素可以解释个人开始进行犯罪行为的事实，而另一些因素可以解释个人在很长时间内连续实施犯罪行为或者很快就停止实施犯罪行为的事实。[1] 对于发展犯罪学理论来说，方法论的变革是其重要特点，它一改犯罪学研究中通用的横向研究方法而代之以纵向研究的方法，并以此探究犯罪原因，解释对个人起作用的各种因素，为推动犯罪学理论的发展作出了积极的贡献。

1. 格卢克夫妇的犯罪生涯研究。谢尔登·格卢克（Sheldon Glueck）和埃利诺·格卢克（Eleanor Glueck）夫妇二人都是美国著名的犯罪学家，生前长期在哈佛大学任教。他们曾经组织进行了 3 次大规模的纵向调查和追踪研究。他们追踪了少年犯罪人和对照组的正常少年。最初与这些少年接触时，他们平均 14 岁。然后，格卢克夫妇组织调查人员分别在 5 年、10 年和 15 年左右进行了调查访问。

格卢克夫妇的研究是"生命过程学派（life course school）的一个先驱"。[2] 他们把早年开始犯罪看成犯罪生涯的一个预兆，认为童年期顺应不良的根源越深，成年以后顺应良好的可能性就越小。他们也注意到犯罪生涯的稳定性，发现在早年就表现出反社会性的儿童，就是那些最有可能在成年后继续其犯罪生

---

[1]　参见吴宗宪：《西方犯罪学》，法律出版社 2006 年版，第 486 页。
[2]　［美］拉里·西格尔：《犯罪学》，沃兹沃思出版公司（Wodswarth Publishing Company），1995 年版，第 276 页。

涯的人。

格卢克夫妇识别出了与持续性犯罪行为有关的个人和社会因素。在这些因素中，最重要的因素是家庭关系，包括父母管教的质量、子女与父母的感情联系。他们发现，在经济条件差、教育成就差的大家庭、单亲家庭中长大的青少年，最有可能进行少年犯罪。

格卢克夫妇也测定了生物和心理特质，如体型、智力和人格，发现生理和心理因素也对个人的行为有决定作用。智力较低的儿童，如果有精神疾病的背景和健壮的体型（中胚层体型），那么，他们最有可能变成持久性犯罪人。

2. 沃尔夫冈等人的同生群少年犯罪研究。20 世纪后半期，西方国家对慢性犯罪人或者生涯犯罪人的大量研究，是从美国犯罪学家沃尔夫冈（Marvin E. Wolfgang）等人进行的同生群少年犯罪调查开始的。这项研究说明，犯罪人中存在极大的差异，应当发展测定犯罪生涯加重和停止的方法。这项研究开创了当代西方犯罪学的一个新的研究领域，导致了一系列的类似研究。其研究结果对西方国家的刑事政策产生了重大影响。沃尔夫冈等人是用官方纪录追踪调查了 9945 名出生在美国费城并在费城长到 18 岁的一个同生群，了解了这些人中有犯罪生涯的情况。

他们以警察纪录作为识别少年犯罪的标准。调查发现，在这个同生群中，有大约 1/3 的少年（3475 人）与警察有过接触，其余 2/3 的少年（6470 人）没有与警察接触过。在调查中，给每个少年犯罪行为打上严重性评定分数，以便确定行为的严重程度。同时，他们还获得了调查对象的学校纪录（包括智商分数、学业成绩和行为评定），并通过确定每个调查对象的居住地点和居住地点平均家庭收入的方法，判断其社会经济地位。

这项调查最重要的发现是证实了慢性犯罪人的存在。根据沃尔夫冈等人的观点，所谓"慢性犯罪人"，是指在 18 岁以前被逮捕过 5 次或更多次，并且很有可能变为成年犯罪人的少年犯罪人。沃尔夫冈等还发现，逮捕和法庭审判的经历对慢性犯罪人几乎没有威慑作用。事实上，惩罚与慢性犯罪行为（chronic offending）是呈反比的：慢性犯罪人所受到的制裁越严厉，他们就越有可能进行重复性的犯罪行为。慢性犯罪人支配着整个犯罪率。犯罪总数中的很大一部分犯罪是由慢性犯罪人实施的。

二、我国的主要罪因理论

我国犯罪学对犯罪原因进行系统的研究最早开始于 20 世纪 20 年代末。自

70 年代末 80 年代初我国犯罪学成为独立学科以来，一些学者在广泛研究我国现阶段犯罪问题的基础上，提出了不少观点，形成了一批有价值的罪因理论，主要有：

（一）社会变迁论

社会变迁论是中国社会学、犯罪学教授严景耀先生早在 20 世纪 20 年代提出的犯罪原因论。在大量的犯罪调查和监狱实践的基础上，1934 年他发表了"中国的犯罪问题与社会变迁的关系"一文。该文成为中国早期极其珍贵的犯罪学著作。

该理论的基本观点是，社会变迁往往导致人们对新的社会环境失去适应能力，使传统的社会控制手段失去有效性能，因此，在社会发生变迁时，犯罪现象就会不可避免地发生以至于增多。具体而言：①社会变迁引起新旧法律观念、道德规范的矛盾和冲突。人们容易在急剧的社会变化中无所适从、不辨是非，出现行为失范，从而违法犯罪。②社会变迁使相当一部分人失去社会适应能力。"为了在新的环境中，满足他们新生活的最基本的需求以求得生存"，犯罪就成为他们的一种选择，成为他们解决生存问题的手段。③社会变迁导致社会控制系统的失效和社会解体，一个国家长期在生活的所有各个方面都受着传统的统治，突然在工业化、商业化的过程中急剧地失去了它的控制力。"在以前约束行为的形式在一切社会集团中基本上是一致的"，而现在则"受到各种互相矛盾的行为规范和准则的影响"。因为"短时间内，要顺利地、和谐地建立新秩序以控制新局面是很困难的"，所以犯罪很容易产生。

严景耀先生认为，犯罪不仅是个人问题，他研究的目的是要"透过犯罪的表面现象，探索犯罪者的冲动同环境的有效刺激之间的内在联系，并揭示犯罪者同社会条件的改变而产生的行为变化"。这一理论着重揭示了犯罪与社会环境的关系，认为人犯罪是社会原因造成的。

（二）阶级斗争决定论

阶级斗争决定论是 50 年代以来在我国占主要地位的理论，在中国法学界影响长达 30 余年。该理论认为，"犯罪是这样一种历史范畴，它随着私有制、阶级斗争的产生而产生，随之消亡而消亡，犯罪是阶级斗争的表现和反映。犯罪是人类社会出现阶级以后的社会现象，是一定历史阶段中具有强烈阶级性的法律概念。在阶级社会中，统治阶级把侵犯本阶级利益的行为，通过国家权威以法律形式宣布为犯罪并实行镇压"。"犯罪概念一出现，就打上深深的阶级烙印。没有阶级对立、没有国家和法律，也就没有犯罪的概念"。阶级斗争决定论认为，犯罪是严格的法律的、政治的范畴，"犯罪一旦失去法律的政治的属性，其本身也就不再存在"。

该理论将马克思、恩格斯对犯罪的论述"犯罪——孤立的个人反对统治关系的斗争"中的"统治关系"认定为是指一种阶级压迫关系，即掌握国家权力的统治阶级为了其阶级利益而建立的统治秩序，这是其理论的出发点。阶级斗争决定论与私有制根源论同出一辙，二者实际上是一种观点的两种表述。

阶级斗争决定论在阐释社会主义条件下，为什么消灭了剥削阶级和阶级压迫后，仍然存在犯罪现象时，认为社会主义社会仍然存在旧社会遗留下来的流毒，存在国际资本主义势力的敌视和渗透，存在作为补充的一定的私有制经济及其意识形态。邓小平同志关于社会主义条件下阶级斗争的状况和当时反革命分子和其他刑事犯罪分子的破坏活动的性质等论述发表后，学界包括坚持阶级斗争决定论的学者对阶级斗争与犯罪的关系理论作了重要的理论修正。一般都趋向认为，我国80年代的犯罪与阶段斗争是既有联系又有区别的两个不同概念。

经过对社会主义条件下阶级斗争与犯罪的关系的反思，现在我国犯罪学界很多学者都认为，阶级斗争是犯罪产生的重要原因，但不是决定性原因，也不是唯一的原因。

（三）犯罪源流论

该理论是我国犯罪学者80年代中期提出的犯罪原因理论，认为犯罪产生的原因可分为"犯罪源"和"犯罪流"两部分。"犯罪源"即犯罪赖以产生的总根源，也就是私有制和阶级斗争；"犯罪流"即新社会脱胎于旧社会之后，旧社会的某些犯罪因素流入新社会的现象，包括"人流""意识流""经济流""制度流"等。在私有制社会中，犯罪"源"与"流"对犯罪产生了普遍的影响和作用，尤其是"犯罪源"的作用决定了必定会产生某些"源发性"犯罪。而在社会主义制度下，公有制不产生犯罪，"犯罪源"仅有微小的一部分。所以，"犯罪流"是起主要作用的因素。"犯罪流"因素与现实社会的某些条件相结合，则会产生"流发性"犯罪。我国目前的犯罪现象是部分"犯罪源"（主要是少量私有经济的存在）与国内"犯罪流"以及国外"犯罪源"和"犯罪流"交合作用的结果。

1. 犯罪源流的规律。

（1）犯罪源因素的存在和犯罪流因素的流经过程与犯罪实体的产生有相应的关系。例如，旧社会的犯罪因素流到新社会，会产生类似或等同于旧社会形态的犯罪形态。

（2）犯罪因素的进化或新的因素的萌生，与社会的进化或变革有相应的关系，社会形态的某些变化反映出相应的犯罪形态的一定变化。

（3）犯罪因素的源流、流向、流量与犯罪实体的产生有着密切的关系。犯罪因素流量越大，犯罪的数量就会相对地增多。

另外，犯罪流因素的质的区分，与犯罪类型的产生有相应的关系。具有金钱财产犯罪因素的源流作用产生相应的财产犯罪。犯罪源流因素的强弱与控制、治理犯罪因素的强弱，有相对的反比例关系。

2. 犯罪源流理论的运用。

（1）用于各种具体犯罪的起源和变迁的探索。

（2）用于对现实动态型犯罪规律的探索，制定有效的犯罪对策。例如，对"黄流"与"黄流"规律进行探索，制定相应扫黄对策；对人口流动规律进行研究，制定控制流动人口犯罪的社会、法律对策；对毒品源流的规律进行分析，制定反毒、禁毒战术的对策；对金钱财物源流规律进行分析，制定经济犯罪对策；对黑社会源流规律进行研究，制定反黑、打黑行为对策。

（3）用于对犯罪领域的划分，为犯罪学分支学科体系的建立提供理论依据。例如，从犯罪形态与年龄段关系划分，为建立相应的年龄段分支学科提供理论依据；从犯罪形态与主体种类划分，为建立除自然人外的法人犯罪分支提供理论依据；从犯罪形态与自然人性别关系划分，为建立女性犯罪学这一分支学科提供理论依据。

（四）矛盾冲突论

该理论认为，任何社会都存在着矛盾，每个人都生活在矛盾之中；在人们不同政治素质（道德水平、思想修养、法制观念、文化知识等）的作用下，矛盾有可能被缓解，也有可能被激化而引起冲突；在后一种情况下，往往导致犯罪。有的学者认为，我国在社会主义条件下仍然存在大量矛盾，特别是改革开放的今天，各种矛盾冲突更为明显，并进一步认为目前我国犯罪的主要原因表现为社会矛盾和人与人之间的矛盾两个方面。社会矛盾表现在：①物质和精神需要与客观实际满足条件的矛盾；②社会生活中各种不同利益群体之间的矛盾；③社会变革导致新旧制度、新旧观念之间的矛盾；④一定范围内的阶级矛盾。人与人之间的矛盾主要表现在三个方面：①物质生产领域中对生产资料和生活资料占有的矛盾；②人际关系中的矛盾；③人们生活中的利益矛盾。上述这些矛盾在一定条件下激化导致严重冲突时，就会引起犯罪。有的学者进一步指出：

社会之所以存在大量矛盾，是因为存在利益差异和冲突；人们在不同的利益面前，就会发生矛盾；利益冲突也会导致矛盾和斗争。在追求个人利益时，总会有一些人实施危害社会利益或他人利益的犯罪行为。所以，社会存在的利益差异和冲突才是我国存在犯罪的真正原因。

（五）抑制系统功能弱化论

抑制系统分为内、外两个部分。内抑制系统是人们自身的抵抗能力，它包括抵抗引诱、处理冲突、摆脱纠纷、避免冒险的能力，也包括心理素质、意志力和信念等。外抑制系统指社会、国家、社区、家庭和其他社会群体对自己成员的约束力，以及促使自己的成员自觉接受和遵守公认行为规范的能力。该理论认为，如果内、外抑制系统功能受到削弱，社会就会动荡，犯罪就会增多。因为一方面，犯罪者是为了达到某种满足（趋利），另一方面，他又要设法逃避良心的谴责和法律的惩罚（避害）。对"利"与"害"的权衡，由于个人的素质不同，其标准也就不同。一般情况下，一个人利欲越强烈，恐惧感越小，犯罪的可能性就越大；如果利欲很低，而且恐惧感较大，犯罪的可能就极小，甚至不会犯罪。"利"与"害"孰轻孰重，主要取决于抑制系统功能的强弱。抑制的过程，实质上就是对"利欲"的调节过程，它通过道德、法律等各种行为规范和个体意志、信念等，不断对于各种刺激引起的失衡心理进行调节。如果抑制系统功能减退，人们的趋利本能就会增长，犯罪行为就会增多。

（六）本能异化论

该理论是有关犯罪本源的理论，它试图找出解释一般犯罪行为的根本原因。该论认为，人的本能活动在于升华创造性劳动、促成意识的产生，在创造一个社会的同时，也创造出自己的对立面，即一个扼制自身的强大的异己力量，为有待改造的非规范行为创造日益严密的规范体系。这就是本能异化的模式。在这里，文明与其同出一源。如今已演化得高度严谨、高度发达和高度复杂的人类文明，以人的本能活动施行控制为标志，控制的过程始终贯穿着本能与文明的对抗。其结果是，人从幼儿到成年，本能活动的倾向在个人生活中占的比率越来越少；整个人类社会随着原始社会向现代社会的推进，本能倾向在社会生活中所占的比例也越来越少。本能异化论试图证明人的生物属性是不可抹杀的，本能异化和升华不应被视为本能的消失。本能起源于人类同其他生物一样共同具有的原始欲求，但在人类建构自己的社会之前，尚处于动物系列之中时，其本能活动已区别于其他生物，具备了接受社会化生活、学会劳动的潜能。人类之所以没有像其他生物那样完全固守自己的行为，恰恰是社会的出现对人类的本能进行了前所未有的改造，使本能在人这一社会生物身上被抑制，非本质属性的机能得以升华。所谓人的本能行为，是指人类社会生活中基于低级欲求、丧失或缺乏意识控制的接近本能的行为。它所遵循的"快乐原则"和"个人中心主义"是与客观的社会存在和社会价值规范直接对立的。因此，它一旦外化，就有可能被社会定为非规范行为，其中包括犯罪。因此，犯罪的本源在于本能异化。

（七）远正近负效应论

该理论认为，现代化进程这样一场深刻的社会变革必然会对包括社会治安秩序的社会生活带来重大的影响。这种治安效应可以分为正、负和远、近两种。现代化进程对于社会治安的近期效应，有积极的一面，也有消极的一面。深刻的社会变革猛烈地冲击着传统的社会控制，往往会造成一时的、局部的、一定程度的失控，在这种情况下，犯罪现象增多就不可避免。近期负效应首先表现在社会变革使某些社会机制一时失调，使外在的社会控制力量减弱。改革开放以来，旧体制有所破除但尚未完全破除，新体制开始建立但尚未完全建立；两种都是不完全的体制，但又同时并存，难免发生摩擦和冲突；旧体制的弊端、新体制的不足，往往同时作用于社会。新旧体制在转轨交替之中，又很容易出现二者都管不了的空隙。这些都导致一些社会控制机制的一时失调，最终导致犯罪的产生。近期负效应还表现在社会变革使一些社会成员思想失衡，使社会内在控制能力下降。改革开放以来，不仅经济体制发生变化，而且也引起了人们思想观念、价值观念的一些变化，有时甚至出现某种混乱。正是由于社会变革初期产生了这些影响社会治安秩序的负效应，所以，在现代化过程中的一定阶段，犯罪率升高是不可避免的代价。

（八）社会震荡及代价支付论

该理论认为，实现由产品经济向有计划的商品经济"转轨"的改革，一方面能从根本上高速发展社会生产力，调整生产关系；另一方面则由于社会商品化倾向的"经济热潮"造成社会生活张弛失度，紊乱多变，势必要引起一定程度上的社会震荡，从而不可避免地造成犯罪的局部增加。这种因经济发展过速所带来的我国犯罪现象在一定历史阶段的局部加剧，是改革目标实现、改革胜利完成所必须付出的一种必不可少的补偿，是一种历史性的代价。

⊙ 思考题

1. 犯罪原因的概念及其认识途径。

2. 犯罪原因系统的结构。

3. 犯罪原因系统结构及其层次的价值是什么?

4. 研究犯罪原因的理论前提有哪些?

5. 如何认识和评价中外学者的主要罪因理论?

⊃ 拓展阅读

1. 吴宗宪:《西方犯罪学》,法律出版社 2006 年版。

2. [美] 乔治·B. 沃尔德等:《理论犯罪学》,方鹏译,中国政法大学出版社 2005 年版。

3. [奥] 西格蒙德·弗洛伊德:《自我与本我》,张唤民等译,上海译文出版社 2011 年版。

4. [美] 罗伯特·E. 帕克:《城市——有关城市环境中人类行为研究的建议》,杭苏红译,商务出版社 2016 年版。

5. [美] 埃德温·萨瑟兰等:《犯罪学原理》(第十一版),吴宗宪等译,中国人民公安大学出版社 2009 年版。

6. [美] 罗伯特·K. 默顿:《社会理论和社会结构》,唐少杰、齐心等译,译林出版社 2015 年版。

第
七
章

犯罪的社会原因

第一节　犯罪社会原因概述

一、犯罪社会原因的概念

犯罪的社会原因是一个与犯罪的个体原因相对应的集合概念，它是指能够引起犯罪发生的各种社会因素及其过程，包括宏观层面的政治因素、经济因素和文化因素以及微观层面的家庭学校因素、社区因素和自然因素等。

犯罪的社会原因内容广泛而复杂，是一个多层次、多方面的综合体系。社会环境是社会生活的全部构成。任何人都生活在社会环境中，受一定社会环境的影响，同时又以自己的思想行为影响着社会。对于个人来说，并不是所有社会环境都直接产生影响，能够直接影响个人行为的社会环境只是一部分，还有一部分社会环境间接地对个人产生影响。从个人行为形成这个角度出发，我们将社会环境分成两大类：第一类是宏观社会环境，指社会制度、意识形态、经济发展和文化变革等，是对个人行为产生普遍而间接影响的社会环境；第二类是微观社会环境，是对个人行为发生直接影响的社会环境，指在个人直接交往范围内对个人发生具体而直接影响的人际关系和生活条件。

社会环境是随着社会的发展而不断变化的，个人要适应这种变化的环境，就要不断地社会化，否则就会与客观世界发生冲突，导致违反社会规范的行为偏差，甚至造成违法犯罪行为。因此，犯罪与社会密不可分，对于犯罪的社会原因的研究，就是要对社会改革、经济发展以及随之发生的各种社会矛盾和社会问题以及引发犯罪的多种因素进行分析。

二、犯罪社会原因的特性

犯罪社会原因的特性的基本含义是指，在犯罪原因系统中，与其他因素相比较，犯罪社会原因所具有的不同之处。犯罪社会原因的特性主要表现为：

（一）犯罪社会原因的普遍性

犯罪社会原因的普遍性，主要是指对于任何犯罪的发生，具有原因意义的各种社会因素的影响和作用总是普遍存在的。犯罪是一种反社会的行为，是一个人的个体特质与外界社会环境相互作用的产物。个体行为是在外界社会环境的作用下形成的，外界社会环境的影响既包括宏观社会因素，也包括微观社会因素，它们对各种具体犯罪行为的影响和作用是一种普遍存在的联系和作用。犯罪社会原因是罪因系统中最基本，也是最主要的内容。

（二）犯罪社会原因的系统性

犯罪社会原因系统性的含义在于，引起犯罪发生的各种社会因素不是孤立地起作用的，而是相互联系、相互作用的，它们共同形成了一个综合系统。同时，这些社会因素及其构成系统也会随着社会的变动而处在不断地变化中。因此，不能静止地看待犯罪的社会原因，而应当用发展的眼光，将其放在社会宏观背景下来考察社会因素对犯罪的影响和作用。

（三）犯罪社会原因的间接性

犯罪原因的社会因素对于个体犯罪行为的发生所起的作用不是直接的，而是通过犯罪的其他原因，特别是犯罪的个体原因的相互作用来实现的。因此，单独的某社会因素一般不会直接导致犯罪行为的发生。对于每个具体的犯罪而言，犯罪行为的发生总是社会原因和个体原因相互作用的结果。这就是在相同的社会条件下，有的人犯罪而有的人不犯罪、此时犯罪而不是彼时犯罪的机理所在。

（四）犯罪社会原因的可控制性

犯罪原因的社会因素集中揭示了社会机体中存在的弊端，反映了社会矛盾、社会问题的诸多方面。从某一种意义上说，一定的社会必然存在一定的社会矛盾，而一定的社会矛盾必然导致犯罪的出现。犯罪社会原因的研究就是要不断认识和把握导致犯罪发生的各种社会因素，并提醒人们予以克服或避免。正是基于此，"犯罪可以控制"的理念成为犯罪原因研究的出发点。犯罪社会原因的这一特性为我们采取各种措施进行犯罪的社会预防以及为整个社会的改革和完善提供了理论依据。

第二节　经济因素与犯罪

一、社会经济制度与犯罪

社会经济制度的内容十分广泛，其中具有决定作用的是所有制形式。所有制形式是由社会生产力的发展水平所决定的，它决定着社会的政治制度，决定着人们的社会政治、经济地位，因而也决定着人们的思想意识和价值原则以及各种社会关系。所有制形式对犯罪的影响主要表现在它们之间的各种不适应的情况。

我国实行的是社会主义公有制，现阶段所有制形式是以公有制为主体，多种经济成分并存的多元形态的所有制，包括全民和国家所有制经济，劳动群众集体所有制经济，劳动者个体经济、私营经济以及中外合资、中外合作经济和外商投资经济、港澳台投资经济。这种多种所有制形式并存的局面，适应了我国当前社会生产力的发展水平，有利于发展生产和活跃经济。但各种所有制组织有着各自独立的经济利益，在生产、经营过程中为了追求利润最大化，往往以各种方式规避、抵制国家的税收征管和监督。如果政策、法律严重滞后，在客观上就势必会给犯罪留下空隙。我国在所有制结构上实行以公有制为主体，多种所有制形式并存的所有制结构，这其中必然包括雇佣与被雇佣的关系。这种关系容易形成社会阶层分化和集团间的对抗。特别是私营企业主阶层的出现，导致社会贫富差距加大，引起了社会不同阶层的对抗和对社会的不满情绪。从分配制度上看，以按劳分配为主的多种分配形式并存，其中包括非劳动所得。非劳动收入对全体社会成员来说，机会是不均等的，与劳动收入的差距也特别容易拉大，从而刺激了社会上消费竞争和相互攀比，导致了人们心理的不平衡甚至某些反社会倾向的产生。

私营经济、集体经济和国有经济等多种经济成分的并存和竞争，必然会发生利益上的冲突。私营经济在同其他经济成分竞争时，为了维护自己的利益，在争取资金、原料、项目以及产品市场时，有可能利用非法手段来达到自己的目的。

竞争是一种"角逐"，得胜者可以求得生存的发展，失败者就要破产、倒闭。应当说，所有的市场参与者在进入市场和从事交易活动中的地位、机会是平等的，在平等的基础上进行公平竞争。可现在有些企业在竞争中不是努力改善生产经营管理、提高商品质量，而是制造、销售各种假冒商品，以假充真、以次充好，以低价收购、就地高价倒卖，从中谋取非法利益。另外，有一些单位和个人为了在竞争中谋取私利，不顾他人利益，不惜破坏环境，危害他人身心健康，以牺牲长远利益、整体利益为代价获取个人的眼前利益。在多种所有制经济形式的单位的往来中，由于利益驱动，使某些犯罪特别是经济犯罪得以滋生。例如，不同经济成分相互"挂靠"与"兼并"造成国有资产大量被侵蚀，除了造成国家难以估量的经济损失外，更为严重的是使人们产生普遍的不信任感，并导致公共道德的沦落。

多种经济成分的存在，也必然会产生多种分配方式，不可避免地导致贫富差别。在公有制条件下，国家实行的是按劳分配，按劳分配可以形成事实上的不平等，但社会成员之间的贫富差别不会太大。在私营经济条件下，分配方式除了按劳分配外，还包括按股分红、按生产资料的投入分酬，这样就势必将贫富差距拉大。是否贫穷，总是和社会一般成员相比较而言的，如果缺少社会一般成员所拥有的生活必需品，就是贫穷，这样贫穷者就有可能为了消除这种不平等而采用非法手段；或者反之，富裕者为了加剧或保持这种差距也采用非法手段，贫富差距拉大势必造成一系列的社会问题，而这些因素又是引起犯罪的温床。特别是在新的贫困阶层出现、下岗失业人员增多的情况下，收入分配不公，将直接影响人们的凝聚力和社会的安定。

二、社会经济管理与犯罪

社会经济管理是人们对社会经济的主动参与。经济管理的状况受各种经济因素的影响，同时又对各种经济因素，诸如社会生产力的发展、所有制形式的实现起到积极的推动作用或消极的阻碍作用。

应当承认，一定的社会必定有与之相适应的社会经济管理制度和管理方法，以保证经济的顺利发展。但是由于社会生产力的发展、社会经济制度等各种社会经济因素的不断变化，经济管理制度和经济管理手段也将随之而不断调整，以适应变化了的经济形势。特别是在社会经济变革的情况下，旧的经济制度和经济管理体制被打破，而新的制度和体制尚未建立，或虽已建立但尚不完善，这就给犯罪提供了适宜的条件。

经济管理制度和管理方式的变化，必然带来经济利益的重新调整，从而引发人们利益关系的相应变化，使各种利益关系在经济体制改革中发生矛盾和冲突。我国的经济管理是通过宏观调控和市场调节加以实现的，随着社会主义市场经济体制的建立，国家将加大市场调节力度，逐步缩小宏观调控。在这种新的经济体制下，不论是对价格、质量的管理，还是对部门、行业的管理以及对企业内部的物资、财务和产品的管理，与计划经济体制下的情况相比都发生了重大变化。人们的思想观点、管理的知识和水平以及对市场经济规律的认识，都在发生深刻的、根本的转变。因此，在一定条件下，经济管理中的漏洞和失误，都会引起与此相关的违法犯罪。例如，与所有制形式相联系的经营体制、产权分离和税务体制等经济管理体制的改革，必然导致某些人钻改革的空子，在利益的驱动下，侵吞国有资产，造成国家财产的巨额损失。

三、社会分配制度与犯罪

社会分配制度是国家确定和调整社会关系的重要杠杆，它决定了人们的物质所得，与社会的每一阶层、每一利益集团和社会成员个体的现实利益息息相关。我国社会结构调整的一个重要表现就是社会分配制度的变动。在计划经济体制下，我国的分配制度表现为平均分配，人们的收入差别不大，心理上的差距感不十分强烈。随着社会结构的调整，与多种所有制形式并存的经济体制相适应，也出现了不同层次、不同形式的分配方式。分配制度的改革表明，每个人由于在能力、智力、技术、体力和经验等方面存在着差别，所以向社会提供的劳动的质与量是不同的，由此获得不同的报酬是合理的。这势必造成实际生活中不同收入层的分化加剧，高收入层与低收入层的差距进一步拉大。而在这种收入差距中，一度出现了严重的失衡现象：高收入者并非都是合法劳动所得。据调查表明，在我国的经济转型过程中出现了一个特殊的社会群体——暴富群体。一些私营企业主和个体经营者不是靠诚实劳动、合法经营致富，而是通过不正当途径先富起来，或者是通过正当途径但取得了与其付出不相适应的富裕程度，如少数国有企业的承包人和买主、收取高额出场费的文艺界明星、政府中的贪官污吏、少数新生的洋买办、一些以文谋私的知识界暴发户。与此形成鲜明对照的是我国低收入群体规模巨大，其收入有继续下降的趋势。这种收入分配的差距，就会严重地挫伤最大多数劳动者的劳动积极性，使诚实劳动和合法经营的原则弱化、社会信任出现危机、人们的心理严重失衡，造成反社会倾向的产生。

改革开放以前，我国存在的社会差别是城乡差别、工农差别、体力劳动和脑力劳动间的差别，在乡村内部、城市内部、工人内部、农民内部、体力劳动者内部及知识分子群体内部，各种社会差别表现不十分明显，在影响和诱发犯罪方面表现亦不十分突出。但随着改革开放的深入，不仅原有的各种社会差别进一步扩大，而且一些新的内部的社会差别、人际关系更趋复杂。企业内部或工作单位内部由于实行聘任制，造成人际关系紧张而引发犯罪的情况不胜枚举。

在我国，长期以来，劳动人事制度是一种所谓的"单位所有制"。一个单位往往就是一个人的全部利益所在，工资、奖金、福利待遇、医疗保险、住房等全部要通过工作单位来获得。这就更进一步增加了工作单位人际关系紧张的机会。工作岗位的安排与调整、晋级提薪、住房分配等涉及个人利益的问题都可能引起人际关系紧张。特别是一些企业在解雇职工时，疏通、安置工作跟不上，加之国家的社会保障体系不十分完善，使得某些被辞退解职的人员无法承受压力，造成矛盾激化。实践中，因解雇而引起的冲突不断增多，严重的还引发了杀人、伤害等恶性报复案件。

第三节　政治因素与犯罪

一、政治因素与犯罪概述

政治原因是犯罪学研究中一个既显得古旧，而又十分复杂沉重的话题。因此，在现实的犯罪学研究中成了有些学者不屑提及或不愿涉及的部分。总之，对政治原因在社会犯罪体系中的价值和地位，存在着一个漠视和淡化的认识倾向与思维趋势，这对于建构以犯罪原因为中心理论的具有中国特色的犯罪学理论体系，将是十分有害的。

纵观犯罪学史，直观犯罪问题的现实，我们会强烈地感受到"政治"在犯罪问题上有着十分活跃而重要的表现和价值。例如，贝卡里亚在《论犯罪与刑罚》一书中提到"有些犯罪直接地毁伤社会或社会的代表"这种所谓的"叛逆罪"；[1] 著名的意大利犯罪学家加罗法洛在《犯罪学》一书中提到的"在文明的欧洲，在相当近代的时期里，政治观点与国家统治者有分歧也被认为是重大犯罪"这种所谓的"法定犯罪"；[2] 我们曾经使用过的"反革命罪""政治犯"这些罪名和概念；现行刑法中的"危害国家安全罪"和所谓的"黑社会性质犯

---

〔1〕　参见［意］切萨雷·贝卡里亚：《论犯罪与刑罚》，黄风译，北京大学出版社 2008 年版，第 69 页、第 71 页。

〔2〕　参见［意］加罗法洛：《犯罪学》，耿伟、王新译，中国大百科全书出版社 1996 年版，第 21 页。

罪""邪教犯罪""恐怖主义犯罪";眼下有的犯罪人由于现实的原因而产生的"相对被剥夺感",在此基础上产生的报复社会的犯罪心理及发生的犯罪行为;"标签理论"下的有些犯罪。凡此等等,无一不蕴含着"政治"这样一个基本内涵。

由此可见,政治与犯罪之间的关系是异常密切的。这既有内在的作为犯罪问题产生的原因、因素等,又有作为外在的带有政治色彩的犯罪行为活动。所以,当我们从宏观角度,也就是从犯罪学角度在思考犯罪原因时,政治原因就摆在我们面前,迫使我们不得不去研究和解释它在犯罪问题中的作用和价值。

所谓政治,不同的表述颇多,但其中均有这样一个基本内涵,即政治是经济的集中表现。由经济引申出的社会现象又有诸如利益集团及利益集团间的冲突,继之上升为阶级矛盾与斗争等。在我们社会的犯罪中有许多犯罪者的心理和行为的深层原因其实就在于此。不管当事人是否认识到或者是否承认,均是如此。马克思主义十分重视政治对经济和社会生活各方面的巨大影响,认为政治是经济工作、技术工作、政法工作和其他各项工作的生命线。

储槐植先生在《犯罪学》中将政治表述为:政治作为一个权力、控制、功能系统以静态和动态两种形式存在。从静态看,政治由诸多要素组成,除了构成国家机器的立法者、元首、政府、军队、警察、法庭、监狱等组织机构外,还包括意识形态、社会制度等项内容。从动态看,政治表现为一个过程,其目的在于取得并有效地控制政权,调整阶级内部、阶级或阶层之间、群体之间以及国家之间的关系。政治的静态存在和动态过程都取决于社会的经济基础,但政治不是单纯的经济附属或机械反映,它本身具有独立存在的属性。政治对社会的经济因素具有重大的影响作用,是社会发展变革中的一个极为重要并且十分活跃的因素。犯罪作为一种社会法律现象,当然具有鲜明的"政治色彩",同时犯罪的产生也与社会政治密切相关。这主要包括阶级状况、社会政治制度、法律制度、国家机构的运行机制和实际的效率等。我们以为,上述关于政治的解释以及关于政治与犯罪间关系的论述是有一定道理的。

二、阶级矛盾与犯罪

在以往的研究中,关于犯罪问题,众多学者大都认为它是阶级斗争的一种反映和结果。形成如此认识的根据是,在人类历史发展的长河中,只有在原始人群分裂为阶级,产生了对立阶级之间的斗争之后,统治阶级才把危害本阶级利益的应受刑罚惩罚的行为宣布为犯罪。因此,阶级斗争就是犯罪产生的原始原因，而且也是犯罪至今仍然不能被消灭的基本原因。

自从邓小平同志提出了作为一个阶级的剥削阶级已不存在，"犯罪是特殊形式的阶级斗争"的马克思主义观点之后，关于阶级斗争与犯罪的关系，在学术界占主导地位的理论认识是：①在我国已经消灭了剥削阶级和剥削制度以后，阶级斗争已经不是社会的主要矛盾，但是，阶级斗争仍然在一定范围内长期存在。②各种各样的刑事犯罪分子，虽然有时有些人可能纠合成为某种社会主义的敌对集团，但他们并不是作为一个阶级出现的。③严重的刑事犯罪具有与党和国家为敌的性质，是阶级斗争在新的历史条件下的特殊形式。

与此相应，刑事犯罪从其内容和形式来看可分为四类：犯罪是一种自觉的阶级斗争行为；犯罪具有阶级斗争性质；犯罪是阶级斗争在人民内部的反映；犯罪是与阶级斗争无关的刑事犯罪案件。

现在，我们来思考这个问题。在此之前，应先建立起一个阶级利益集团——"群"的概念体系。这样，我们的工作会轻松方便一些，思路会显得明白一些。

我们有过阶级斗争扩大化那样一段惨痛的历史，致使人们现在不愿提及"阶级""阶级斗争"这样一些概念和问题。但是，利益集团我们是应该承认的，"群"的概念是应该确立的，诸如"先富起来的人群"与"绝对贫困人群"，"遵纪守法者人群"与"违法犯罪者人群"，"城市人群"与"农村人群"，"三农"人群，"白领"与"蓝领"人群，凡此等等都是我们无法回避、不得不面对的现实。

我们将思维越出国界，面向全球，可以看到，作为任何一个资产阶级政党都有自己特殊的利益集团，代表着某一部分人的特殊利益，而中国共产党则相反，他没有自己特殊的利益群体，而是代表着全国各族最大多数人民的根本利益。那么，这种政党及其所建立和维持的制度之间的矛盾是显而易见的，冲突和斗争是经常存在的。在资本主义制度下，各政党及其利益集团之间的矛盾、冲突及其结果是导致其社会中犯罪问题存在和不可避免的根深蒂固的原因。在社会主义制度下，虽说政党与国民间没有根本的利益冲突，没有不可调和的利害矛盾，但"群"与"群"之间，利益集团之间一般性的冲突和矛盾仍然是不可避免的，仍然是现实存在的。这种矛盾、冲突及其相应结果，应当说是我们这个社会中产生犯罪问题的一个广泛而又深刻的社会原因。因此，要从根本上解决好我们社会中的犯罪问题，作为执政党和政府来讲，协调和解决好"群"之间的利益冲突和矛盾，就应该说是最为有意义的事情。

三、社会制度与犯罪

马克思主义的犯罪学观点认为，以私有制为基础的剥削制度是人类社会出现犯罪问题的根源，那么，在资本主义社会中产生犯罪问题就是一件必然的事情。关于社会主义制度是否产生犯罪，曾经是一个争论不休、莫衷一是的问题。主要观点有：①社会主义制度和社会主义社会本身都不产生犯罪，中国社会主义条件下之所以存在犯罪是由这种社会制度和社会本身以外的因素造成的；②社会主义制度本身并不产生犯罪，但中国现实的社会主义社会存在着产生犯罪的原因，也就是说，中国现实的社会主义社会还处在社会主义社会制度的建立和逐步完善过程中，并没有实现完全的社会主义制度，或者说社会主义制度本身的潜能和优越性在中国社会主义社会中远远没有充分地发挥出来；③社会主义的根本制度不产生犯罪，但是这种根本制度下一些具体的社会制度则会产生犯罪；④社会主义制度和社会主义社会本身都存在和产生犯罪。

应当说，上述各种观点和理论都有一定的道理和相当充分的论据，但综合而言，我们比较倾向最后一种观点。主要理由是：①任何社会存在和产生犯罪的原因都只能是在这个社会的内部条件中，即犯罪的原因只能是社会制度和社会的现实存在本身，也就是马克思曾经指出的：犯罪与现行统治关系产生于相同的条件。在现实社会和社会制度本身以外去寻找犯罪产生的原因，不符合辩证唯物主义关于矛盾问题的学说。②社会主义社会和社会主义制度都不是人类社会发展过程的终极，在这个时期里还会产生犯罪，因而也才需要有国家机器、法律和法律机构。③社会主义社会和社会主义制度在其自身的发展变革过程中，必然产生若干不相适应和不相协调的情形，进而会引发许多社会矛盾和社会问题。不同的社会成员、社会组织对这些社会问题和社会矛盾会采取不同的态度和行为方式，其结果就包括违法犯罪行为的产生。

政治因素中的社会制度主要指社会的政治制度和法律制度，它们是政治因素的基本组成部分和表现形式，二者相辅相成，在犯罪的产生中共同发挥作用和影响。社会政治法律制度对犯罪的影响和作用主要体现在如下几个方面：

1. 政治法律制度对自由的民主保障。自由是人类社会终极的价值、追求，是社会进步和发展的理想境界。因此，自从人类发生推翻奴隶主统治的革命时起，便开始毫无例外地标榜推翻现行统治后的"自由状态"，以骗取人们的信任和支持。无产阶级革命胜利建立起来的社会主义社会制度和无产阶级专政的国家政权，由于其建立在公有制的经济基础之上，所以，它最能够代表和反映绝大多数人的共同意志和利益，最大限度地实行民主制度，以确保社会成员间政治、经济、文化、教育、劳动等各方面广泛的公平、平等机制的建立。这是问题的一个方面。但是，另一方面，我国社会主义社会和社会主义制度建立的经济基础，以及在这一经济基础和生产力发展水平条件下形成的社会意识形态和人们的思想觉悟，使我国的社会主义社会和社会制度的现实存在都表现出一定的不完整、不彻底的情况。或者从根本上讲，我国现实社会的根本经济制度中尚有多种所有制形式并存。因而，在中国建立并实行符合社会主义原则要求的自由和民主机制存在着许多问题与困难，更何况中国受几千年封建专制主义的深远影响。对自由的约束、限制和意志表达与实践的不民主，如果不被人们接受，就会导致犯罪行为的实施。

法律制度包括法律的制定、实施和遵守等基本环节以及保障这些环节有效运行的法律机制。就中国社会而论，在法律制度方面存在着若干滋生犯罪的情况：①立法上法律体系的基本健全和不断的完善与科学化；②司法体制的科学化及有效运转；③国家、政府机关和官员及公民的法律意识；④社会政治经济制度和国家政府行为与法律制度间的协调和统一，也就是法律的权威性问题。不容置疑，在上述各个方面中国都在以前所未有的步伐前进，取得了一系列重大进步和发展。但是，中国法律制度中特别是司法实践活动中，仍然存在一些能够导致犯罪产生的现象。这些现象的危害不仅仅在于其对法律本身的破坏，更根本的是它损害了法律——这种社会最高意志的形象与权威。

2. 政治法律制度对权力分配和行使的有效制约。权力关系是社会制度建立和运行的实核、"轴心"，也是政治因素的一个关键环节。权力的分配和行使应当严格地按照社会的政治法律制度来进行，建立起一种社会对权力有效的制约、监督机制。权力的基本特征是强制与服从。因此，权力关系的双方之间一方是以权力强制他人服从自己意志的权力的拥有者，另一方则是权力的服从者。权力就是可以强制他人服从自己意志的能力或资格。根据人们对权力服从的情形，可以将权力划分成若干种，从犯罪产生原因分析的角度来看，人们能够普遍地自觉服从的权力——权威对社会最为有利。但是这种权力的建立和行使都必须有政治的和法律的制度作保障。任何权力失去了法律和制度的有效制约，不仅难以形成权威，而且即使这种权威曾一度建立起来，也必然要发展成特权、强权。所以，寻求建立一种权力的制约、监督机制是问题的关键所在。中国在依法治国、建设社会主义法治国家和建设社会主义市场经济的过程中，同以腐败为代表的权力腐化进行了艰苦卓绝的斗争，并试图建立一种权力的制约、监督机制。这一斗争和努力的成效是明显的。

3. 政治法律制度对少数人合法权益的特殊保护。一个国家对少数人权利保护的能力和实际状况是社会文明、发达程度高低的一个重要标志。民主的基本规则是少数对多数的服从，但是这种服从并不意味着剥夺。恰恰相反，少数人的意志和合法权益应当受到特殊的保护。建立这样一种机制的主要意义不仅仅在于使少数人的合法权益得到实际的保护，更重要的是这种保护证明了国家是可以信赖的，同时它还证明了国家强力——国家暴力机器以及对权力授予的认同。这正是权力普遍成为权威——人们自愿服从的权利的最为重要的基础。因此，人权观念和人权保护制度，包括对犯罪行为人和罪犯人权的法律保护，在犯罪原因理论上也具有根本性的进步意义。

除上述原因之外，国际政治斗争，国内动荡与变革，国家方针、政策的制定和推行，人们的政治信仰等都会在社会犯罪中发挥其正面作用或负面作用。

第四节 文化因素与犯罪

一、文化因素对犯罪的影响

文化是人类在社会实践过程中创造的物质和精神财富的总和。它作为一个社会现象，不仅反映一定历史阶段的技术进步、生产经验、劳动技能，还同时反映一定历史时期的教育、科技、文学艺术等与之相适应的设施所达到的水平。文化通过社会活动而传播，具有发展的历史延续性，带有鲜明的阶级性和民族传统特色。作为意识形态的文化，是社会经济、政治状况的反映，并且反过来影响经济、政治的发展。

犯罪行为是受一定的思想意识和价值观念支配的，从这个意义上讲，犯罪本身就是一种社会文化现象。有的学者认为："犯罪不过是文化的一个侧面，并且因文化的变化而发生异变。""文化是一个复杂的整合体，它是人作为社会的一员时，所学习而得到的所有事物。它包括知识、信仰、艺术、道德、法律、风俗，以及其他的能力和习惯。"虽然我们说这种"文化决定论"的观点值得商榷。但是，包括电影、电视、戏剧、音乐、美术、小说在内的文艺，直接刺激着人们的感官，而信仰、道德、知识直接影响着人们的思想。因此，我们说，在一定程度上，文化影响着人们的需求和欲望，支配着人们的行动。也就是说，文化因素与犯罪有着密切关系。

文化包含两个方面，一方面是社会提倡的主导性文化，另一方面是变态副文化，即在社会中既有积极文化因素的方面，又有消极文化因素的方面；既有精华部分，又有糟粕部分。精华部分是与我们这个社会的精神文明同步的，而落后腐朽的文化因素不仅可以使一个人颓废堕落，甚至可以引起或加剧一些人的消极意识的形成，特别是影响青少年的生活目标及价值取向，从而导致犯罪。

所以，国内外犯罪学家和实际工作者都极为重视研究文化因素对犯罪的影响。例如，西方的"文化冲突论""亚文化论"都是研究文化对犯罪产生影响的理论。

二、文化素质对犯罪的影响

从整个社会来看，在我国，文化教育还较为落后，这成为愚昧无知、依附心理、等级观念、滥用职权的广阔的社会基础，这些消极因素极易诱发犯罪或成为犯罪产生的温床。目前，还有一部分国民素质不高、生活技能差、法制观念薄弱，既不会利用法律保护自己不受犯罪侵害，也难以用法律等社会准则来规范自己的行为。因此，提高全民族的文化素质就是我们面临的一个极其艰巨而紧迫的任务。

拿当前犯罪分子中的文化状况及其结构来说，低文化水准已经成了当前刑事犯罪分子的共同特点。这种低文化水准决定了他们在新的形势下，由不适应到最后变态犯罪心理的形成。例如，在高尖端科学技术全面应用和注重脑力而偏轻体力的情况下，低文化水准的人谋生求业不能单纯依靠体力。缺乏必要的文化修养，决定了他们在接受新事物、区别是非中不可能采用大众公认的水准去求得平衡，其中必然有一些人由于无法求得自我的平衡而走向犯罪。

从某种角度来讲，低文化水准容易促使某些民事纠纷的加剧和某些犯罪意识的形成。同时，这也客观地反映了我们民族素质有待提高的现实。当然，智能型犯罪分子的文化水准往往要高于其他犯罪类型。这也说明了当前刑事案犯中的一个值得注意的动向。我们说，无知意味着愚昧，愚昧又往往与野蛮联系在一起。在青少年犯罪中，由于行为人无知而毫无道德素养，根本不知道什么是法，不知道什么是社会道德。不知法就自然无从守法，所以行为人往往表现出犯法不知法、犯罪不知罪的情况。文化低不等于智能差，不等于没有道德，更不等于一定会犯罪。但是，没有文化或者没有与自己年龄、经历相适应的文化水平，必然影响他们的观察力、思维力、判断力和自制力。而且，一些人由于本能欲求特别强，再加上缺乏高尚的情操，很容易在外界不良因素的影响下沾染恶习。在这种情况下，他们一旦在学习上、工作上、生活上、婚恋上遇到了障碍，就容易由于挫折而产生不满，这是导致犯罪行为发生的思想基础。不仅如此，这类人犯罪还不可避免地会采取粗暴的、野蛮的暴力形式，而情欲上的恶劣情绪更会加剧这种形式。

三、文化冲突与犯罪

（一）文化冲突与犯罪的关系

文化能够促进社会进步和个人发展，但当一个社会发生社会变迁时，必然带来社会结构、社会秩序的变化，特别是当社会面临异常的急剧文化冲突而陷入无序状态时，暂时的社会失控与行为越轨便会出现。这主要是由于社会变迁造成的文化冲突，势必导致社会价值和道德观念的紊乱，而社会价值和道德观念的紊乱，又势必导致人们行为失去准则，进而导致人与人、人与社会关系的失调，以至于社会矛盾的激增和犯罪行为的发生。

人类社会在由农业文明向工业文明转化的过程中，无论社会变迁以何种方式发生，都包含着文化变迁的内容。在继承和发展传统文化时，也存在一定的新与旧的文化冲突。在不同地域之间的文化传播，由于不同文化的渗透，往往发生文化冲突。外来新文化对于原有的传统文化进行直接冲击，使社会从不适应逐渐变适应，形成文化交融，形成一方面保留优秀传统文化，另一方面又吸收外来文化精华的新型文化，促使社会的发展。欧美及日本等资本主义国家的发展证明了这一点，它们在从传统农业社会转化为现代工业社会的社会变迁中，都曾经历剧烈的文化冲突和社会价值标准的变化，从而导致了在这一过程中犯罪率的上升和犯罪类型的增多。

近年来，我国建立社会主义市场经济体制，社会生产方式正发生着巨大的变革。社会正处于从传统的农业产品经济向现代工业商品经济转型的社会变迁之中，与此相适应，文化冲突和社会价值标准的变化也十分突出。社会变革过程中文化冲突的发生和社会价值标准的变化，涉及社会生活的各个方面，影响社会成员的思想观念和社会行为。一些社会成员往往因文化失调而发生社会适应障碍，从而导致行为越轨和犯罪。

（二）传统文化与现代文化的冲突

这是纵向的文化冲突。传统文化是由历史沿革而来的文化。传统文化并非完全愚昧腐朽，对犯罪而言，传统文化既有积极的影响，也有消极的作用，而现代文化也并非都是文明健康的。一方面，在我国传统文化中，以孔、孟之道为代表的儒家学说，开创了仁、义、礼、智的思想体系，告诫人们应当具备"恻隐之心""羞恶之心""辞让之心""恭敬之心"。在人伦关系上，独具中华民族特征的伦理文化，讲究孝、悌、忠、信的道德礼教，提倡君贤臣忠、父慈子孝、兄友弟恭，追求群体互助、和睦相处、与人为善等。此外，统治中国几千年的宗教文化，对预防犯罪也具有有益的作用。另一方面，封建社会的腐朽传统文化，包括剥削阶级的思想、封建落后的意识、旧的习惯势力，对现代社会犯罪的发生也起了诱发和促使作用，如几千年留下来的封建专制、特权思想，无政府主义、封建行帮思想，家长制思想，男尊女卑思想，宗族观念以及封建迷信思想。

现代文化是世界范围内各民族文化的交流融合。人类文化发展是不断承前启后、筛选积淀的过程。而我国社会的部分成员尤其是一些青少年不加分析和辨别，对传统文化一概贬斥否定，把传统文化中的勤劳、正直、克己、宽容等优秀成分视为愚昧、落伍；而对现代文化则不分国情，不看对象，一味吸收，甚至将一些现代文化垃圾，一些颓废文化、暴力文化、色情文化当成文明、时髦加以吸收，以至于思想受到毒害，最后铤而走险，堕入犯罪的泥潭。

（三）东方文化和西方文化的冲突

这是横向的文化冲突。我国实行对外开放，就是要吸取世界文化的优秀成果，使东、西方文化得以交融，推进我国社会的现代化建设。20 世纪 80 年代以来，西方文化对我国的冲击是前所未有的，无论在政治、经济、社会结构上，还是在价值观念、生活方式上都产生了巨大的影响。

马克思曾指出："古往今来每个民族都在某些方面优越于其他民族。"各民族文化的相互影响、相互促进，推动了世界文化的发展，促使人们对于本民族的文化进行反思。弘扬民族文化的精华，清除民族文化的沉积，培养出现代中国人的新型文化性格，是我们对民族文化的理性思考。对于西方文化，不应盲目崇拜或一概排斥，而应采取客观分析的态度，取其精华，弃其糟粕，这才是在东、西方文化交流中不失民族自信心的具体表现。我们就是要改变那种自高自大、中庸保守、不求进取的缺乏民族振兴精神的观念，在对待西方文化丰富我们东方文化的作用时，要把握正确的发展方向，获得与高速发展的物质生产相适应的精神文化。

目前，由于西方不良文化传播所产生的社会污染客观存在，加之我们的一些社会成员对外来的先进与落后相混杂的资产阶级文化兼收并蓄，使得一些在西方国家被唾弃和限制的腐朽观念和颓废文化却在我国一些人中找到了市场。与此同时，人们的思想、伦理、道德以及价值观念等方面都发生了相应的变化，一些人在资产阶级个人主义思想的侵蚀下，把追求金钱和享乐作为人生目的，以致私欲膨胀。这些人在一定条件下，必然"冲破"社会道德和法律的约束，从而走上犯罪道路。

（四）主文化与副文化（亚文化）的冲突

这是社会文化结构内部的冲突。主文化即主体文化，指的是一个社会中公众认同和遵循的价值标准、行为规范、生活方式等文化现象。它与国情民俗和时代紧密相连，标志着社会的文明程度。副文化又称亚文化，是与社会主体文化相偏离甚至相对立的一种次文化现象。它只流行于一定的社会群体和一定的社区之中。这种群体文化是由于越轨群体在需求上、心理上和行为方式上长期与整个社会相背离、相抵触，在人际交往和人际关系上长期与社会相隔离而逐渐形成的。在这种文化中，其价值观是满足个人畸形发展的最低级需要，追求个人生理上的刺激。在道德观念上，一方面表现为极端的自私自利，可以为个人的需求实施严重的犯罪行为；另一方面，又表现出在群体中的义气，他们可以为群体的利益放弃个人需求，甚至不顾一切，以至于舍弃生命，他们崇尚小群体内的平等，讲究"哥们儿义气"的所谓侠义精神。这种陈旧、腐朽的道德观念使越轨行为在群体中成为一种"英雄"行为，成为越轨群体的精神支柱。一般来说，越轨群体法制观念极为淡薄，不懂法，也不守法，即使对法制有一定了解，明知其行为是违法的，但群体文化却减轻了其犯罪感，以群体的力量来逃避法律的惩罚。有的人甚至以社会规范为敌，形成一种反社会的法制观念，遵循小群体利益高于一切的行为准绳。在犯罪群体中一般都有固定的建置、明确的分工和约定俗成的规则、禁忌以及犯罪的非语言符号，如黑话、手势等。文身也是犯罪群体的一种陋习，它往往成为表达、寄托罪犯欲望，体现群体之间相互识别与沟通的符号，也是宣泄自身反社会性的标志。

副文化（亚文化）对社会的影响是消极的，它极易导致一些社会成员，特别是青少年行为越轨和犯罪。

文化冲突集中表现为人们价值观念的变化，也极易导致社会价值标准的多样化。其消极的社会影响在于，导致部分社会成员心理迷茫，行为出现偏差，以至于实施犯罪。

四、大众传播中的消极面与犯罪

（一）大众传播对犯罪的影响

在犯罪学中，所谓大众传播与犯罪的关系，主要是指那些有打斗、凶杀、盗抢、色情等内容的影视书报、网络信息对暴力犯罪、财产犯罪、风俗犯罪的影响。其实，社会文化对于犯罪的影响，最明显、最集中的表现就在于大众传播中的暴力文化与色情文化。由于文化作用于人们的价值观念和行为准则，作用于人们的活动方式，因此，社会所倡导的主文化，其社会作用是积极的，而低级庸俗文化的社会作用是消极的。暴力、黄色的书刊影视，以大众传播媒介所具有的生动性、形象性、普及率高和覆盖面大的特点影响人们，其消极效应十分显著，尤其是对处于文化需求高峰期而又模仿性强、可塑性大的青少年，具有相当的教唆、示范犯罪的作用。我们认为，大众传播对犯罪的影响，实际是指对犯罪动机、欲望的形成的影响。这种影响取决于两个条件：

1. 暴力、色情等不良内容的多少及密度。一般地说，那些纯粹以营利为目的，不含任何有益说教，通篇充满暴力或色情的影视书报，是不良内容密度较大的传播媒介。这种媒介往往给受众（即听众、观众和读者）以强烈的刺激，并诱发类似的模仿行为。对青少年来说，更是如此。这不仅已由许多实验所证实，而且现实生活中也不乏其例。可以说，不良内容的密度越大，引起犯罪的动机、欲望的可能性越大。

2. 受众参与传播过程的程度。按照一般地传统看法，受众在传播过程中只是被动的接受者，传播中有什么内容的刺激，受众头脑中就会有什么映像。但是随着现代传播学、社会学、心理学的发展，人们发现，大众传播过程并不是单向的过程，而是信息发送者与接收者之间的交流和互动的过程。在这一过程中，"接收者通常是有选择地理解、解释和记忆讯息"。就是说，传播媒介对受众的影响，不仅取决于媒介本身给出的刺激的强度，而且取决于受众积极主动地参与传播过程的程度。

接收者根据自己的需要、价值标准对一定内容的传播媒介进行选择、评价，在这个过程中，传播的内容越接近实际生活，或者说，受众的现实生活越真实地反映在传播内容中，那么，这一传播媒介所肯定的价值标准、行为方式、态度倾向就越可能被接受，以至表现到他的行为当中。所以说，大众传播的实际效果在很大程度上取决于传播媒介与接收者之间发生交流的现实可能性。这种现实可能性越大，传播产生影响的程度就越大。

综上所述，大众传播是否产生不良效果，不仅取决于传播中不良内容的密度，而且取决于特定受众参与传播过程的程度。为什么相同的不良媒介对不同的接收者可以产生不同的效果？关键在于受众的情况不同。对于有的接收者来说，收视不良的影视书报直接诱发了他们的某种需要、兴趣和欲望，而对另一些受众来说，这些东西是满足了某种需要和欲望。当然这种区别是在许多因素共同作用下产生的，比如个性、经历、知识、职业、人际关系等。

在现实社会中，中性的传播媒介是大量的，也是无法禁止的。因此，我们不必担心每部中性媒介的传播都会带来不良效果，如果人们特别是青少年在参与大众传播过程中得到良好的引导，就会在一定程度上减少传播中的消极作用。那种绝对禁止收视的做法不仅不可能，而且还会强化好奇的心理，是有弊无利的。

（二）大众传播中的消极因素及其表现

大众传播中的消极因素，泛指传播中的糟粕和不健康的东西。在全国开展的整治网络环境、整顿清理图书报刊及音像市场及"扫黄"工作，就是针对大众文化传播领域中的精神垃圾而进行的。具体来看，这些消极因素及其表现主要有：

1. 文学艺术中的糟粕。在一些文学艺术作品中，特别是文学名著里，出于情节的需要，会出现一些关于男女私情的描写或形象的图画，但整个作品的基本格调是高雅的、健康的。而现在有些作品夹杂色情是为了变换手法来宣扬淫秽的东西，或者以淫秽的内容作为招徕观众读者的手段，作品的基本格调是低下的、庸俗的。这种作品对青少年的身心健康会产生有害的影响，其产生的社会效果是很坏的。

文学艺术的最大特点在于，它依靠色、声、形、情等静态或动态的形象来表现人们对生活的理解和人们的愿景，用艺术形象来再现社会生活，并用艺术形象的感染力来影响社会生活。一本书、一条信息、一篇报道，无论好坏，往往在人们的思想中会产生不可低估的作用。

2. 影视艺术中的消极因素。影视艺术也是一种艺术形式，是视觉形象艺术，它的特征是具有官能感受性和直接渗透性。一个故事靠听觉就可以产生感情，加上图像，那么它的情绪激发力量就更加激烈了。自从对外开放政策实行以来，一些色情片、武打影视片大量涌入我国，同时国内也有人见财忘义，对这些影片进行复制或自制。必须看到，有些影视、录像资料大量传播外来的犯罪意识，客观上作了犯罪示范，增加了诱发或刺激犯罪的因素。

3. 舆论传播中的失误。这就是我们所说的导向错误，它对人们的影响更为普遍而严重。我国近年来在文化宣传工作中仍存在一些问题。少数出版单位和网络信息发布者，为了扩大发行量、点击量，一味迎合某些读者特别是青少年读者的不健康口味，刊登、发布一些格调不高、趣味低下的内容，有些内容中甚至包含违法犯罪的手段和情节。大众传播的信息应当是符合社会核心价值观且客观真实的，如果违背这个原则，一味追求经济利益，就必然造成错误的舆论导向和示范，给犯罪分子留下可钻的空子。所以，报刊、广播及网络等大众传播中出现的某些失误，给人们带来的不良影响是深刻而广泛的。

第五节　家庭学校因素与犯罪

一、家庭因素与犯罪

家庭是构成社会的最基础的结构，它通过自身功能的正常发挥，促使人们社会化的顺利实现。它在帮助个体掌握基本生活技能、接受社会规范、确立生活目标等方面发挥着重要作用。

人自出生便置身于一定的家庭环境中，接受这种环境的影响并开始了最初的也是最重要的社会化过程，所以家庭环境是影响一个人心理和行为健康发展的第一场所。教育功能是家庭社会功能的重要方面，它比起学校教育、社会教育更具有独特的作用。国内外研究资料表明，儿童早期的生活经验深刻地影响其一生的发展。家庭环境的好坏，对于一个人的思想意识、性格特征和道德品质的形成与发展起着关键作用。因此，良好的家庭环境有助于一个人健康成长，顺利完成其社会化过程；不良的家庭环境就可能使子女的个性发展受到阻碍，导致异常心理，增加其犯罪的可能性。目前，家庭环境因素与犯罪的关系，特别是与未成年人犯罪的关系主要表现在以下几个方面：

（一）家庭关系不和睦

家庭关系不和睦主要是指家庭成员之间感情失和，如夫妻之间感情破裂、父母子女之间感情危机、兄弟姐妹之间感情不融洽等。家庭成员之间感情上的障碍，往往会在一定程度上影响到未成年人的个性形成。

父母与子女的关系，由于血缘和收养关系显得格外亲密。因此，父母的一言一行，无论好坏、道德与不道德，都可以潜移默化地影响到孩子。在父母与子女关系紧张的家庭中，子女对父母的尊重和崇拜不复存在，父母的说教不起任何作用。特别是继父母与继子女间，由于双方感情不融洽、缺乏基本交流，孩子在情感上极其孤独，容易因不满而离家出走，寻找他人的"关心"与"爱护"，从而走上违法犯罪的道路。西格尔在《青少年犯罪》中指出："在一个病态的家庭中成长的孩子，由于他们目睹暴力和冲突、感情上不和谐以及社会冲突等，其犯罪的驱动力比其他青少年要大得多。"父母是孩子早期最主要的模仿对象。可以说父母的一些行为特别是不良行为对某些孩子起着典型的示范作用。这种家庭中的子女的一些违法犯罪行为，往往与这种示范有着必然的心理联系。研究表明：一个人道德品质的最初形成在很大程度上取决于母亲的言传身教。父母行为不端，对子女产生暗示、纵容、教唆等作用，很容易使他们的子女走上违法犯罪的道路。

兄弟姐妹关系中，由于他们在一起交流思想的时间较多，因此，相互影响的机会与其他人相比也多一些。那么，兄弟姐妹中如有一个违法犯罪的，它的腐蚀性更为严重。

（二）家庭结构不完整

不完整的家庭，是指缺少父母一方或双方的家庭，如父母离婚、父母一方或双方亡故、父母一方入狱、父母在外打工或父母长期两地分居等。家庭不完整对未成年人影响极大，往往被认为是影响未成年人犯罪的一个重要因素。一般来说，父亲会给孩子坚强、勇敢、权威等方面的影响，使孩子有安全感，母亲则会给孩子以无微不至的关爱和体贴。父母的角色互有差异，但相互补充，不可相互取代。单亲家庭的子女往往因缺少母爱或父爱而在幼小的心灵上引起各种不良反应，并容易导致心理失衡。他们常常感到孤独、自卑、忧虑、失望，这种心态如果不及时调整，久而久之，会导致性格扭曲、心理变态，严重影响其情感、意志和品德的形成和发展。在这样的单亲家庭中，父母一方在补偿心理的支配下，常常对子女呵护有加，从而使其养成任性、自私等不良品质；或者家长长期不能摆脱孤独、悲伤的情感阴影，无心也无力关怀、照顾子女，使子女内心极度痛苦、精神忧郁，从而与家庭产生离心力。

父母离婚造成的家庭不完整，对子女的影响尤其明显。因为在这种家庭中，家庭冲突的平均水平高于一般家庭，而家庭冲突是影响孩子心理健康的最关键因素。有的家长在离婚期间，觉得事事都不顺心，把孩子当出气筒，时常不问青红皂白地打骂孩子；有的为了离婚，大吵大闹，挖空心思指责对方的不是；有的想牢固地建立起和孩子的感情，就一方面拼命娇惯孩子，一方面在孩子面前编排并灌输对方的种种不是；有的在离异后带着孩子，坚决不许孩子亲近对方，以此来折磨对方；有的因为有孩子而影响其另结新欢，常常无缘无故责怪孩子等。生活在这样的家庭中，子女会对父母的感情出现隔阂，性情冷淡孤立，进而导致对社会、集体、他人的不信任，形成以自我为中心的自私心理。可见，离婚对不幸家庭的父母本人可能是一种解脱，但带给这种家庭孩子的是极度的痛苦和不幸，可能给孩子一生带来精神创伤。有学者认为，家庭的离异本身就是一种强行的苦难转嫁，还可能成为孩子犯罪的诱因。

美国社会学家阿马托（R. Amoto）和凯思（B. Keith）通过对 1300 多名青少年的实证调查发现，家庭结构是导致青少年行为越轨、药物滥用、过早性经验、学业失败以及心灵创伤的高危险因子。犯罪学家詹姆斯·布雷（James Bray）和帕雷克·布雷德（Partick Brady）在对破碎家庭的子女进行大量的临床研究后得出结论："在破碎家庭中生活过的孩子比正常家庭中生活的孩子更容易表现出行为失范问题，出现不恰当的行为。家庭破裂又常常和不和谐、冲突、敌意以及攻击联系在一起，这一切都是导致青少年犯罪的因素。"[1] 1992 年中国青少年犯罪研究会对我国 8 个省市监狱、少管所、劳动教养所和工读学校的 2000 多人的调查显示，违法犯罪青少年中，父母离异、分居、再婚、丧偶的合计占24.1%。2002 年，哈尔滨市法院审理的未成年犯罪案件中，因父母离异致犯罪的占 31%~40%。[2] 由此可见，不完整家庭与青少年犯罪之间存在着密切的关系。

（三）家庭教育不当

家庭教育问题是家庭环境中最主要的问题。良好的家庭教育是青少年健康成长的重要条件，也是抵挡其他不良因素影响的最有效的力量，而不良的家庭教育则会直接影响孩子的身心健康，使青少年从小养成恶习，从而导致违法犯罪。目前，在我国家庭教育方面出现的问题比较严重，主要表现在以下几个方面：

1. 家庭教育方法不当。教育方法是决定和影响家庭教育成败的重要因素，不当的教育方法主要有：

（1）娇惯溺爱。随着物质生活水平的提高，不少家庭特别是独生子女家庭，过多地满足孩子的要求，对孩子盲目、无原则的溺爱，这已成为目前中国家庭

---

[1] 参见康树华：《犯罪学——历史、现状、未来》，群众出版社 1998 年版，第 636 页。
[2] 刘恒志："未成年人犯罪的社会原因探析"，载《犯罪与改造研究》2004 年第 2 期。

的弊端之一。家庭对子女娇惯溺爱主要表现在：对子女的物质需求无节制地满足；对子女的缺点和错误一味地袒护；对子女的不法行为，不劝阻，听之任之，纵容放任。娇惯溺爱容易造成儿童心理发展上的扭曲，形成不良意识和行为习惯，诸如造成他们"以我为中心"、自私、任性、骄横、懒惰、贪婪，同时又因为缺乏独立意识和能力，造成其难以适应社会。长期娇惯溺爱还容易使孩子沉溺于物质享受之中，以至于意志消沉、不求进取、好逸恶劳，凡事以个人意志为转移。在个人需要不能满足时，则可能不择手段，以身试法。苏联著名教育家马卡连柯曾经说过："父母对子女的爱如果不够，子女会感到痛苦；但过分的溺爱，虽然也是一种伟大的情感，却会使子女遭到毁灭。"

（2）粗暴专制。这是娇惯溺爱的反面，也是家庭不良教育的表现。一些家长自身素质不高，信奉"棒棍底下出孝子"的传统观念。滥施家长权威，往往用打骂的办法代替说服教育。打骂的结果常常容易造成两个极端：一个是在父母的"武力"下，孩子变得胆小如鼠，谨小慎微，长大后常常听天由命，逆来顺受，缺乏独立生活与敢作敢为的精神。另一个极端就是由于经常打骂，严厉惩罚孩子，还可能造成孩子的"逆反心理"，引起强烈的反抗。有的孩子离家出走，到社会上寻找"温暖"；有的孩子模仿父母这种暴力行为，这样就促使青少年粗暴行为的发展，结果使这些孩子走上社会后称王称霸，稍不顺心，就大打出手，直到犯下杀人伤害的罪行。粗暴的家庭教育，会给孩子的身心带来严重的摧残。有的孩子做了错事，害怕挨打受骂，不敢在父母面前讲真话，慢慢养成了撒谎、欺骗的恶习，形成虚伪的不良品质，这是孩子变坏的基础。

（3）放任自流。有的家长认识不到自己承担的教育子女的社会责任，把教育子女的义务推给社会，信奉"树大自然直"的信条。其实，人的良好品质是通过教育、社会环境特别是首先通过家庭环境塑造的。从娇惯溺爱到粗暴专制，最后发展到放任自流，往往是一些问题家庭的三部曲。开始对子女娇惯溺爱，随后由于溺爱打破了他们望子成龙的梦想，于是便转为粗暴专制，以取得暂时的"效果"，一旦发现无补于大局，则又放任不管。也有些父母由于工作繁忙，无暇顾及对子女的教育，导致家庭教育功能的丧失。总之，放任自流是父母教育的失职，青少年正处于成长时期，是非辨别能力弱，缺乏对自己行为的控制能力，如果放任不管，极易在社会不良因素的影响下，沾染恶习，走上违法犯罪的道路。

（4）包庇纵容。现在的家庭中，家长对子女的娇惯、宠爱十分普遍。有的孩子从小就大错不出、小错不断，有的遇事表现得自私、任性，或者表现得霸道，有的常爱说谎欺骗人。许多家长则认为这些是小缺点而加以纵容、原谅，有的则加以维护。另外是孩子已经犯罪，但家长加以庇护。有的家长竭力为子女的犯罪行为开脱，或者把罪责推到他人身上；有的则为保护自己的名誉、地位，利用手中的权力和关系庇护自己的孩子，逃避应得的惩罚和制裁；有的家长因事先默许孩子的违法犯罪活动，甚至分享了非法所得，这种情况下的庇护事实上就是开脱家长自己的罪责。

2. 家庭教育的能力不足，家长的素质偏低，难以给子女正确的引导和教育。家长的素质对家庭成员的文化知识、道德养成、心理素质和行为习惯的培养具有决定性作用。现代新型家庭除了要求家长具备一些基本素质以外，还要求掌握教育子女的科学知识。而我国广大农村的人口文化素质较低，即使在文化水平相对较高的城市中，独生子女的教育问题也给家庭教育提出了普遍的新的课题。由于现代生活节奏加快，年轻的父母工作忙、压力大，他们与子女的接触、交流较少，结果对子女思想上的迷惘、心理上的苦闷以及生理上的问题无力或无暇及时予以指导，造成子女内心的欲望和要求得不到满足，心理得不到慰藉，进而形成焦虑、冷漠、烦躁以及责任感和同情心缺乏等不健康心理。一些违法犯罪的未成年人就是在无父母关心和陪伴的无助心理状态下被他人引诱或利用的。

实际上，在现实社会中，许多父母文化程度不高，但是他们尊重知识，重视子女的人格培养，造就了一批奋发向上、颇有成就的人才，树立了成功的家庭教育的榜样。这些案例值得被尊重并推广。

3. 家庭成员行为的影响。家庭成员的不良品行，包括家庭内部和施加到社会上的各种违反道德、违法乱纪的行为，都对家庭的成员特别是家庭中的未成年子女产生了不良影响。由于未成年人好奇心强，易受暗示和影响，善于模仿，因此，家长的言行举止和处事态度都会对其产生潜移默化的影响。母亲是子女最初的启蒙老师，母亲善良、淳朴、正直会给子女良好人品的形成打下基础。反之，将会给子女树立为人处事奸诈、行为做派轻浮的效仿榜样，将子女引入歧途。父亲是家庭权威和安全感的象征，父亲的言行从一定意义上会坚定子女道德意识和行为选择的信念。如果父亲游手好闲、贪利忘义、坑蒙拐骗或蛮横无理，就会影响子女的身心发展，这种示范会被未成年子女效仿，进而形成不良习惯和品质，为子女违法犯罪提供一定的土壤。

有关父母的言行与青少年犯罪行为的关系，西方学者进行过专门的研究。美国社会学家帕特森等人指出，具有反社会倾向的父母，特别容易以不当教养的手段来教养子女。这样的父母所生养的子女之所以会发展出类似的行为，是因为他们深受父母的不当教养。英国教育家尼尔更加尖锐地指出：问题少年是问题父母的产物。

1992 年，全国人民代表大会内务司法委员会委托中国青少年犯罪研究会对 8 个省市的青少年违法犯罪进行了一次大规模的调查。监狱、少年犯管教所、劳动教养所、工读学校中 2000 多人的抽样调查表明，违法犯罪青少年中家庭成员有违法犯罪记录的占 20.5%，其中正在服刑的占 10.7%；在家庭成员有违法犯罪记录的犯罪青少年中，约有 50% 的人认为，犯罪家庭成员对他们有意识地传授犯罪或有潜移默化的影响；而亲属犯罪后的处境又会使他们产生自卑、自暴自弃和无所谓的心理。[1]

二、学校因素与犯罪

学校是专门的教育机关，是最有效的控制性教育场所。学校教育对个人的道德倾向、人格塑造和行为模式的形成具有重要意义，是青少年社会化成败的关键性因素。对个人来说，学校是微观社会环境的一个重要部分。学校环境的主要构成是学校教育，除了学校教育之外，还包括学校的组织机构、学校的规章制度、学校的人际关系、学校的校风以及学校的管理状况等。

学校环境中出现的种种问题对个人的心理和行为产生着重要影响。根据我国目前犯罪构成中青少年犯罪表现突出、犯罪向低龄化方向发展这一实际情况，学校教育在遏制犯罪上处于重要地位。对于正在接受教育的青少年来说，不良的学校环境影响很容易使青少年形成不良人格，而一旦遇到适当的条件和外界刺激，就会形成犯罪动机，产生犯罪行为。不完整的学校教育妨碍正常的法制观念的形成，使青少年缺乏对个人行为的判断力和自制力，由此很容易产生轻率、冲动行为，严重的就导致犯罪。学校内人际关系也会对青少年形成强烈影响，在已经或正在形成不良人格的一些青少年身上诱发犯罪动机。学校管理混乱、某些不当的设施环境往往会成为犯罪活动得以形成和实施的条件。

（一）学校教育与犯罪

目前，我国的学校教育确实存在不适应改革、不适应社会需要的问题。从青少年犯罪特别是一些学生犯罪的情况来看，学校教育还存在着较大的缺陷。

1. 忽视素质教育。青少年时期是人的品德、个性和人生观形成与发展的关

---

[1]　郭翔主编：《犯罪与治理论》，中华书局 2002 年版，第 483 页。

键时期，因此，学校必须采取最有效的教育措施，促使青少年形成优良的品德和良好的个性。但是我国的学校教育还存在忽视素质教育，进行片面教育的缺陷，很容易造成受教育者在某些方面出现问题，严重的甚至导致违法犯罪行为的出现。

（1）忽视思想品德教育。由于教育观念存在偏差，学校在很大程度上放松、淡化了对学生的思想品德教育和培养，即使有也往往是方法简单陈旧或流于形式，难以真正实现对未成年人人格上的有效引导和塑造。忽视思想品德教育往往导致学生思想认识水平低、道德观念模糊、法制观念淡薄。在青少年犯罪案例中，有许多行为人就是在极端错误的道德认识即反社会道德的驱使下成为罪犯的。由于学校忽视审美教育，有的学生没有受到情感、品德和精神的熏陶，他们的审美观发生了畸变，美丑不辨，荣辱颠倒。学校忽视劳动教育，会使受教育者缺乏劳动观念，歧视体力劳动，也不愿付出脑力劳动，没有劳动观念和劳动技能。片面教育往往使一个人在学校中达到了社会所要求的文化教育标准，却偏偏没有达到社会所要求的人格标准，这是社会化不完全的常见现象。

（2）忽视心理素质教育。学校教育要以学生德、智、体、美、劳全面发展为目标，其中心理素质教育成为未成年人健康成长的重要环节。在校学生正处于生理发育和心理逐渐成熟的关键时期，社会的多元变化和繁重的学习压力容易使他们产生心理困惑和迷惘。由于缺少心理素质的教育和训练，有些学生心理极其脆弱，不懂得如何宣泄和排解心理压力，严重者个性发生畸变，产生偏执、自卑和多疑等不良心理。他们的兴趣、爱好、个人需要、价值观等逐步形成了一种歪曲的、不健康的甚至反社会的倾向。心理素质教育缺乏所造成的种种不良心态就是一种潜伏的隐患，存在这些不良心态的学生一旦受到某种刺激或引诱就特别容易实施不良行为甚至是犯罪行为。学校教育的一个重要内容是对青少年的个性培养，使他们在社会要求范围内形成各自的个性特征，既引导他们遵纪守法，又要给他们一定的个性发展余地，鼓励他们的主动性、灵活性和创造性，引导他们适应群体生活，消除心理冲突，防止偏执、自卑、多疑等心理变态以及由此引起的社会冲突。

（3）忽视生理知识教育。中学生刚进入青春期，他们对有关两性方面的事情发生了特殊的兴趣，他们渴望了解。可是，由于青少年性意识发展的闭锁性的心理特征，他们内心的困惑又不敢向人请教，加上学校忽视对学生进行性教育，使他们对性生理知识、性道德、婚恋观等方面的知识比较欠缺，这对正处于发育成熟期的青少年极为不利。性知识、性道德教育的缺乏，人为地造成了性发育和性知识的神秘感，往往导致青少年性心理变态，在两性关系上出现越轨、失足的现象。这不能不说与学校一度对生理知识的封闭教育有关。

2. 教育方法不当。教育方法不当是造成学生社会化过程出现障碍的重要原因。在各种不当的教育方法中，负面效应最为明显的是淘汰式教育和惩罚式教育。

（1）淘汰式教育。在"升学率"的指挥棒作用下，淘汰教育在我国成为极其普遍的现象。学习成绩的好坏、升学率的高低成为评价学生优劣、老师水平和学校等级的基本尺度。学习成绩好的学生会受到来自各方面的关照和重视，即使他们有一些消极个性和不良行为也较易得到宽容和包庇，由此很容易使学习成绩好的学生自视特殊，形成与他人格格不入、自我膨胀等不良倾向。而那些学习成绩差的学生，经常受到来自家长、学校和社会的责难，他们的自尊心和自信心都受到严重的挫伤，对学习产生极度的畏惧、厌倦情绪，灰心丧气。同时，部分教师也为"分数"所累，无心关爱这些因为学习成绩落后失去学习兴趣的学生，对其放任自流，或者采取冷漠、歧视的态度，甚至将责任推给家长、推给学校。这就使学生对学校和教师失去信赖感，产生强烈的抵触情绪与逆反心理，以致滋事、逃学或过早走向社会，形成一支庞大的流失生队伍。这些人极易在不良群体或交往伙伴的影响下步入歧途。

（2）惩罚式教育。目前在我国，惩罚式教育仍有一定的"市场"。某些学校对学习成绩较差或者有违规行为的学生，缺乏耐心的教育和引导，动辄作出调班、转学、留级的处理，打击学生的自信心，降低学生的学习兴趣。惩罚式教育对学生人格会造成严重的不良影响。尤其是体罚，一些老师采取罚站、罚劳动、罚运动甚至殴打等体罚方式。体罚手段虽然有某种程度的威慑作用，但滥施体罚势必产生诸多的负面效应。这不但不会使学生对老师产生尊重，反而会形成强烈的对抗心理，敌视学校和老师，并容易在厌学、反叛情绪的支配下实施反社会的行为。

3. 教育结构中的缺陷。社会对其成员的教育应是一个完整的体系，是由相互衔接的不同教育机构共同完成的。如果社会教育和学校教育出现某种结构的缺陷，就必然会造成某些从学校毕业的人不符合社会需求的情况。由于对社会生活既缺乏思想准备，又缺乏社会知识，更无劳动技能，学生心理上容易出现苦闷与恐惧。加之生活不能自立，学生会出现经济紧张的问题，在家庭、社会中遇到问题和挫折，往往会出现行为异常或与其他成员发生冲突和矛盾，引起越轨、违法犯罪等行为。从另一方面来看，学生的品德形成过程是阶段性和连续性的统一。现实中各级学校之间的教育相互脱节，学校教育与家庭教育、社会教育相互脱节，缺乏应有的联系与合作。学生在学校所受到的思想品德教育，往往在家庭和社会中被否定。而这种相互脱节、割裂式的教育，则成为学生品德缺陷的重要原因。

（二）学校人际关系与犯罪

学校生活是个人走向社会的预备过程，而学校本身也是社会的一部分，是影响个人行为的重要微观社会环境。校内人际关系则是这一环境中的主要组成部分。

学校教育会使受教育者向既定的方向发展，而学校的人际交往也会影响受教育者朝其他方向发展。校内人际关系是整个社会关系的反映，它不可能完全符合教育者的期望，使每个受教育者都成为社会的标准成员，往往会出现不同程度的偏离。

学校生活是青少年的主要社会生活，校内人际关系就是他们除家庭、邻里社区外最直接的社会关系，他们通过校内人际交往来学习社会知识，适应社会生活。校内人际关系对受教育者的社会价值观念和道德观念的形成有着深刻的影响，对受教育者的心理动机和行为选择具有重要意义。

学校中重要的人际关系是学生之间的关系。一个是高年级学生对低年级学生的影响，如不好的学风、不良的品行会直接传染给低年级学生。在一些学校中，常出现高年级学生倚仗年龄、体力等优势，欺辱低年级学生的现象，而一些低年级学生为寻求保护就聚集在一些高年级学生周围，形成不同程度的小群体。这样一来，不良品行就在小群体中流散，群体中核心人物的作为就成为其他成员模仿的对象，而且成员之间相互习染，导致越轨行为以至犯罪行为的出现。在学校人际关系中还有师生关系，师生关系是人类最美好、最圣洁的关系之一。师生关系出现的问题主要是有的老师对学生缺乏应有的尊重，过分训斥、体罚学生，对学生缺乏信心或干脆将学生驱出校门。这严重损害了学生的自尊心和上进心，在他们心灵上留下了深刻的创伤，甚至导致仇视社会、悲观厌世的情绪，引起各种不良行为的发生。

（三）学校管理与犯罪

学校管理是保证学校教育正常进行，直接对教育者和受教育者产生影响的重要因素。良好的学校管理能使学生在学校中接受组织性、纪律性教育，学会服从规章制度并以此来约束自己的行为。当学校出现某些不良现象时，学校以一定的舆论压力和纪律措施进行引导，使其回复到正常状态。一所学校管理工作的好坏和有效与否，往往直接影响到校内违法犯罪活动的状况。

学校管理工作出现漏洞，往往给某些犯罪分子提供可资利用的条件。学校规章制度不健全或有章不循，学校成员的违法犯罪行为必然突出。

第六节　社区因素与犯罪

一、社区因素的意义

社区是以天然的地域为界限所形成的相互交往、相互联系的基本社会群体及活动区域。它是微观社会环境的一部分，具有人口、政治、经济、文化、生活方式等基本要素。人们在一定的社区组织中，受社会规范的调整并进行一定的社会活动。社区中的人们彼此间产生互动，结成一定的社会关系，形成一个小社会。这个小社会具有商业、服务业、文化教育等社会生活设施和职能，具有由社区的现实条件和历史传统决定的特有文化。所以，社区的经济水平、文化氛围、道德风气及成员构成都会对社区成员产生影响。人们对自己所在社区有情感、心理、文化和习惯等方面的认同感。随着社会的发展，一种适应新的生产、生活方式和新的社区结构和社区人际关系的新型社区正在逐步形成。

社区是个人、群体与社会发生联系的中介和桥梁。社区环境的质量状况，对置身其中的人们特别是处于早期社会化过程的青少年具有重要影响，并与犯罪的产生有着密切的内在联系。社区按其类型可划分为三种：城市社区、农村社区和介于二者之间的集镇社区。犯罪原因的社区因素属于犯罪地理学的范畴。犯罪地理学主要侧重于研究某些犯罪分布相对集中的社区单位，诸如街道、厂区、学校、居民小区、村落或集镇等。其中，对街道、学校和村落以及集镇社区环境的研究具有直接意义。

二、街道环境与犯罪

街道是城市社区基本的和主要的组成单位，具有城市社区的特点。街道环境的好坏，对人们的影响很大，而街道环境中存在的一些问题，则往往为犯罪的发生提供条件，具体表现在：

1. 地域范围有限，人口密集，活动集中。由于现代城市的街道环境喧闹，饱受噪音、废气的侵扰，加之生活节奏加快，人们的生活和心理压力增大，易产生烦躁、疲倦等情绪。同时，流动人口大量增加，街道内人员组成复杂，造成相互了解、交流和适应比较困难，容易产生摩擦，引起矛盾和冲突。

2. 城市社区的空间结构日益开放，社会生活的自由度加大，传统的社会控制功能减弱，新的社会控制机制尚不完善，给犯罪分子以可乘之机。

3. 城市商品经济日益活跃，财物和信息高度集中又快速流动，社区内各种设施相对齐全。因此，犯罪的目标和侵害的对象也就比较集中，诱发犯罪的因素较多。

4. 社区内人际关系比较疏远，社区居住环境的变化，使得犯罪行为易于被诱发、实施和隐匿。

由于人们职业与生活社会化程度的提高，城市街道的功能与管理都发生了很大的变化。良好的街道风气、团结和睦的邻里关系容易形成互敬、互爱、互助、互谅的良好氛围，也有助于熏陶和影响置身其中的青少年，使其形成健康的人格，从而限制甚至消除其人格结构中的不良因素。反之，如果邻里关系不良，彼此疏远、冷漠甚至发生矛盾和对立，就容易使人形成自私、狭隘、猜疑、好斗的个性。这种不良的社区环境和邻里关系就为违法犯罪埋下了隐患。

城市就业困难而失业日趋严重是我国社会经济发展中出现的一个十分严重的社会问题，待业、失业人员经常游荡于街道之中。他们不乏寻找就业、谋生机会的动机和愿望，但是社会能够提供给他们的职业往往不尽如其意，他们不稳定的情绪、失落感、挫折感油然而生。城市街道众多的犯罪目标和由于管理上的疏漏而造成的犯罪条件和犯罪机会，对这些谋生、“淘金”的人来讲，无疑成为一种现实的行为选择。社会的城市化进程加剧了就业的社会困难和失业的比率，大量的非城市人口涌到经济比较发达的城市，聚集于城市的街道之中，因此城市街道不仅人口混杂，而且矛盾和竞争加剧。

城市社区街道中的各种情况及其相互作用和影响，使街道诱发犯罪的因素在某种意义上为犯罪发生提供了机会和条件。

三、村落环境与犯罪

村落是农村的基本组织结构和农民生活的基本社会区域。农村犯罪发生率的高低与村落的环境直接相关。一般而言，农村的犯罪率要比城市低。但是，随着市场经济体制的建立，农村的社会管理和治安状况也出现了许多新情况。村落的犯罪因素不断增多，农村的犯罪率、犯罪绝对数都呈明显的增长趋势。

村落自身的一些特点和情况与犯罪的发生有着内在的联系。这些特点主要是：

1. 地域广阔，人口稀疏，家庭关系较密切，村民之间的人际关系相对宽松，犯罪的客观诱因或条件较少，与城市街道社区相比犯罪率较低。

2. 商品经济的发展，使村落的内部及不同村落之间的贫富差距加大，冲击了农民"不患寡而患不均"的传统观念，打破了村民的心理平衡，一些人因此铤而走险，违法犯罪。

3. 村落内部对犯罪的"防御功能"较强。由于交通不便，人与人之间的社会性联系和往来较少，村落之间也较少了解。这一情况给不同村落间的犯罪提供了便利。

4. 农民的文化程度较低，社会接触面相对狭窄，所以，缺乏应付和处理矛盾的能力。特别是干群之间的矛盾比较普遍而尖锐，容易激化，进而导致犯罪的发生。由于对婚姻家庭纠纷、邻里纠纷、生产经营纠纷处理不当，民事纠纷转化为刑事犯罪的案例不断发生。

农村社区村落的成员大都从事自耕自种的小农经济，这种状况使得村落成员缺乏现代社会成员应有的、起码的组织、协调的观念和能力，自由散漫的习气浓重。加之村落成员的法律知识和法律意识缺乏，法制观念淡薄，因此，比较容易发生一些随机性较强的激情犯罪，如抢劫、伤害、打架斗殴等。

虽然农村的经济相对落后，村落经济犯罪的目标相对较少，但是由于农村社区村落间、不同村落的村民间的协作和联系都比较少。而现在农村社区的治安保卫工作也不断被削弱，这给某些犯罪提供了条件，比如村落发生较多的盗窃犯罪等。

我国的农村社区村落在经济、社会的发展过程中必然伴随着犯罪率的上升，这是社会由封闭、落后、传统向开放、文明、现代转变的伴生现象。这不仅涉及经济、政治、文化等方面的社会原因，同时，也受到农村村落环境的影响。

四、市镇环境与犯罪

市镇是处于城市社区和农村社区之间的居民生活区域，市镇因素自身的特点决定了它在犯罪原因系统中的特殊地位和作用。

1. 市镇具有城市社区和农村社区的双重特点。在地域上，市镇往往处在城乡接合部，因而也容易形成管理上的"死角"。

2. 市镇是城乡人口和物资的集结、聚散地，诱发犯罪的因素较多。

3. 市镇是城乡文化、习俗和行为方式的交融、混合地带，各种文化、利益之间的矛盾与摩擦时常发生，城市与乡村间的差异和矛盾为一些犯罪的实施提供了可资利用的机会和条件。

4. 市镇人口组成比较复杂，且流动性大，加上道德约束和管理规范在统一性上存在一定的问题，这给犯罪行为留下了空隙。

市镇在许多方面，包括犯罪的预防和治理方面，可以说是一个"盲区"。因此，市镇犯罪发生的数量及其危害明显增强。在农村城市化过程中，市镇将经历更大的变化和冲击。及时把握市镇环境中的犯罪因素，防患于未然，对于中国社会城市化的顺利实现和社会经济发展都具有积极的意义。

市镇城乡交界的地域特点使得这种区域的文化、观念和利益等各种矛盾相对集中，冲突明显。由于城乡双方各自的利益关系不同，其价值观念、行为方式和生活习性等方面就存在一定的差异，双方易于发生冲突，导致犯罪。

市镇具有城市居民和村落村民杂居混住的特点，这就使得市镇在防御系统中存在管理松懈等漏洞。市镇中的居住者，由于人员混杂、来往频繁且疏于管理，容易成为犯罪侵害的对象。

◉ 思考题

1. 犯罪社会原因对犯罪的影响和作用。

2. 经济因素与犯罪之间的关系。

3. 政治因素对犯罪的影响。

4. 文化因素对犯罪的影响。

5. 家庭、学校因素与犯罪的关系。

◉ 拓展阅读

1. 单勇：《城乡结合部的犯罪聚集规律与空间防控研究：基于地理信息系统的应用》，法律出版社 2017 年版。

2. 王发曾：《城市犯罪空间》，东南大学出版社 2012 年版。

3. ［英］朱利安·罗伯茨、麦克·豪夫：《解读社会公众对刑事司法的态度》，李明琪等译，中国人民公安大学出版社 2009 年版。

第八章

犯罪的个体原因

第一节　犯罪的个体原因概述

一、犯罪个体原因的概念

犯罪是一系列主客观因素相互作用而产生的一种复杂现象。从宏观上说，犯罪是一种社会现象，要受到多种社会因素的影响和制约，从微观上看，犯罪是一种个人行为，而犯罪人是犯罪行为的实施者，没有犯罪人就没有犯罪行为，从而也就没有犯罪现象。社会各种影响犯罪发生的因素只有具体作用于个人，才能最终对犯罪发生作用。现实中各种犯罪之所以显现出不同的特点、表现出一定的差异，在很大程度上与犯罪人的个人因素有关。犯罪的个体原因是犯罪原因体系中的重要方面。缺少了对犯罪的个体原因的研究，就无法解释在相同的条件下，有的个体实施了违法犯罪行为，而有的个体没有；有的个体实施了此种犯罪，而有的个体实施了彼种犯罪。

犯罪的个体原因是相对于犯罪的社会原因而言的，它主要包括个体意识因素（观念体系）、个体心理特征和个体的生理结构等决定个体行为发生的因素。

二、犯罪个体原因的特性

在犯罪原因系统中，犯罪的个体原因是犯罪行为人所具有的，决定犯罪产生的作用形式和作用过程的原因。犯罪个体原因的特性主要表现为：

1. 犯罪个体原因的特殊性。犯罪个体原因，向人们说明的是在相同的社会条件下，不同个体对意志和行为的不同选择，为什么在同一社会中，有人犯罪而有人没有；有人实施此种犯罪，有人却实施了彼种犯罪；有人成为惯犯、累犯……上述种种现象的存在都需要我们从个体原因中寻求答案，而这些问题的答案，都离不开犯罪行为人个体方面的特殊性。分析这些问题，我们就要看一看行为人个体的生活经历、价值取向、个性生理、心理特征。在犯罪原因系统结构中，社会原因对犯罪产生的作用和影响是共同的、普遍的，即犯罪产生的社会、文化、自然原因与犯罪的发生一般都有普遍的因果联系。而犯罪的个体原因则不同，每个人由于其所处的环境不同，决定了人们的观念体系、心理特征和生理特征存在一定差异，因此，犯罪的个体原因就是行为主体所具有的区别于其他个体，而又对个体实施犯罪行为产生内在作用的特殊因素。正是由于这些因素的存在，才使不同个体的行为在相同条件下产生各种差异，也使犯罪性质、犯罪情节出现多种变化，以这种或那种方式结束。

2. 犯罪个体原因的直接性。犯罪个体原因的直接性，主要是指在犯罪发生过程中，犯罪的个体原因是直接导致犯罪行为发生的因素，犯罪个体原因作用的形式和过程与犯罪行为的发生之间一般不需要再经过中间因素的作用，而是直接导致犯罪行为的实施。比如个体原因中的意识观念因素，它对个体犯罪行为的发生就具有直接的作用。现实中一些犯罪人就是在观念的强烈扭曲、心理的极度偏差下实施犯罪行为的。值得注意的是，说个体原因的直接性并不是说犯罪的个体原因就是与生俱来，不需要任何环境因素的作用就独立地产生，相反，犯罪的个体原因正是在一般的社会、文化以及自然原因的作用下形成的。犯罪的个体原因的直接性只是在犯罪发生过程中的体现而已。

3. 犯罪个体原因的综合性。

（1）犯罪个体原因的综合性意味着个体因素是一个多层次的复杂结构，各种构成要素之间相互关联、彼此影响、形成一个有机整体，对犯罪的发生起作用。一般而言，某种单一的因素难以独立促成犯罪的发生，在个体原因中，既有观念意识的作用，又有个性心理层面的问题，同时还有生理方面因素的驱动。究竟个体原因中哪个因素是促成犯罪的主要因素，这些因素彼此之间是如何相互作用的，是需要深入研究的问题，而这些问题是无法完全割裂开的。这表明犯罪个体原因的复杂性需要运用综合分析的方法来加以认识。

（2）犯罪个体原因的综合性表现在个体的内在因素与外在的环境因素之间的相互作用，不可分割。比如，某一个体的犯罪意识的产生，究竟是与生俱来的，还是在其后天的社会生活和实践中形成的？可以肯定地说，个体错误的价值观念、缺失的道德观念及其淡薄的法律意识都是与一定的社会环境、一个人成长的文化背景分不开的，但即使处于同样恶劣的自然、社会与文化背景下，也并非所有人都产生犯罪意识、实施犯罪行为，这又证明人的观念的形成及其行为方式是有着各自不同的生理、心理基础的。个体内在因素与外在的环境因素之间的关系及其相互作用，始终是犯罪个体原因中值得探讨的问题，它不仅构成了犯罪个体原因的特殊复杂情境，也是个体原因综合性的体现。

第二节 生物因素与犯罪

犯罪的生物原因，是指在犯罪人个体的心理和行为活动中所具有的生理基础、生理机制方面的特征。犯罪行为是人的特殊社会行为，是由犯罪人的社会属性决定的，但犯罪人首先是具有生物特性的自然人，其生物属性总会直接或间接、或多或少地反映在犯罪人的行为中。犯罪个体生物性研究，主要源于以龙勃罗梭为代表的犯罪人类学派，许多犯罪学家对个体生理特征与犯罪的关系也做了大量的研究，如当代的犯罪生物学派的有关理论，除了对遗传与犯罪、体格及内分泌与犯罪进行研究以外，还对犯罪与神经生理等因素的关系进行了研究。在此，我们仅对犯罪人的某些生理条件上的差异，如性别、年龄、遗传基因等因素进行一些分析。

一、性别、年龄与犯罪

（一）性别与犯罪

性别与犯罪主要是依据性别将犯罪人分成男性犯罪人和女性犯罪人，具体分析他们基于生理、心理和行为方式上的差别，反映在犯罪数量、犯罪类型、犯罪发生原因及特点等方面的差异，以便掌握男女两性的犯罪规律，分别实施科学的预防犯罪措施。

男女性别上的差异，使其在犯罪活动中的表现不同。在犯罪的男女性别构成上，男性占绝对多数，女性犯罪人数远远低于男性。当今女性犯罪人数具有逐渐增加的趋势，并呈现出许多新的情况和新的特点，但总的趋势仍将是男性比重大大高于女性。世界各国的统计资料表明，当今发达的工业化国家，男性罪犯大致占罪犯总数的 80% ~ 90%，发展中国家则是在 95% ~ 97% 之间。在我国，男性犯罪数量与女性犯罪数量之比约为 10：1。近几年，女性犯罪率有所提高。至于女性犯罪的人数，根据天津市犯罪普查统计，1990 年女性犯罪比重为 2.1%，1993 年为 2.6%。当然，当时实际的女性犯罪人数还应当包括被劳动教养和收容审查的女性。

在犯罪类型上，男性犯罪相对集中在杀人、抢劫、强奸、重伤等暴力性犯罪中，女性犯罪则以卖淫、杀人、盗窃、诈骗、拐卖人口为主要形式，但从发展趋势上看，女性与男性在犯罪类型上的差异，将随着女性社会地位的变化逐渐缩小。

科学研究表明，激素对于犯罪的发生、犯罪的类型和方式具有重要作用。雄激素中的睾酮会助长人的攻击性，雌孕激素中的孕激素则可以减轻其冲动性和紧张性。由于女性体内的雌激素的作用，再加上受传统观念和教育的影响，女性犯罪较少具有攻击性，女性的主动性、支配性和自信心也较男性差，其犯罪多带有依附性，并且发生率较低。同时由于雌激素的作用，女性罪犯的情感比较细腻，对犯罪过程的体验较深，往往难以摆脱习惯定势的驱动，具有较难悔改的特点。尤其是女性的性犯罪，更具有顽固性、持久性和恶劣性的特点。月经周期和更年期是女性特有的生理现象，这对女性生理、心理状况会产生明显的消极影响，是女性犯罪的危险期。尤其是在临近月经前和月经期，女性的情绪更容易抑郁、烦躁、焦虑、恐惧或发怒，再加上女性情绪中固有的敏感、嫉妒心强、对刺激的反应强烈等特点，极易导致犯罪。更年期的女性有记忆力减退、注意力不集中、心情烦躁等心理变化，若受到外界不良刺激或诱惑，很容易实施暴力、经济等犯罪活动。尽管大多数女性杀人、伤人犯罪都有其强烈的情感因素，但不像男性那样会立刻爆发，而是有一个比较缓慢的累积过程，被害人也多为她们感情的倾注者。

（二）年龄与犯罪

犯罪人的年龄特征主要是从犯罪人的年龄结构上进行分析，以发现犯罪易发生的年龄段，掌握各个年龄层次人的犯罪特点、原因及犯罪类型与年龄的关系等，为制定有针对性的社会预防和控制犯罪的对策提供科学依据。

根据犯罪人的生理、心理和社会生活等人生历程方面的差异，可以大致从年龄上把犯罪人分为三个组，即 14～25 岁为青少年犯罪人，25 岁以上为成年犯罪人，60 岁以上为老年犯罪人。

从年龄分布来看，青少年是社会犯罪的主体，未成年人犯罪的比例日渐增长，这是世界各国的普遍现象。我国青少年犯罪十分严重，犯罪低龄化问题突出，初犯年龄和高峰年龄普遍提前。

青少年是一个人从幼稚走向成熟的过渡时期，也是一个充满矛盾的时期：生理上的急剧变化和心理发育的相对迟缓之间的矛盾、个体需要的不断增长与社会家庭满足能力之间的矛盾、性冲动与法律的制约之间的矛盾、独立意识增强与辨别能力较低之间的矛盾、社会不良影响与青少年抵制能力不足之间的矛盾都表现得较为突出。青少年身强体壮，血气方刚，好奇心强，模仿性强，可塑性大，但容易感情冲动，不计后果，逆反心理强，自控能力差，缺少社会经验，缺乏对复杂事物的判断和鉴别能力，很容易在外界不良因素的诱惑下误入歧途，走上违法犯罪的道路。

与青少年期相比，成年期是人成家立业的阶段，在生理、心理、社会适应能力等各方面都趋向成熟和稳定，考虑问题全面，生活目标清楚，意志坚强，善于控制自己的情感，所以一般不易形成犯罪心理，其犯罪率相对较低。但他们如果在生活中遇到重大挫折、矛盾激化、感情冲动，或者私欲膨胀、贪婪无度，都可能导致犯罪行为的发生。

成年期与青少年期相比，其犯罪特点有：①犯罪心理上的诡秘性、预谋性和多样性等比较突出，犯罪人中累犯、惯犯较多，这势必会给案件的侦破和罪犯改造工作带来较大的难度。②犯罪类型以精心策划实施的恶性杀人、伤人、强奸、劫财、骗财案件，以及贪污、受贿、渎职案件居多，特别是贪污、受贿等职务犯罪，绝大多数都集中在这一年龄阶段。在我国，已出现较多即将离、退休的国家干部利用职权或工作便利贪污、受贿、挪用公款的案件。

老年是指60岁以上的年龄阶段。这一时期的人多已从工作岗位上退下来，社会活动也随之减少。其特征是身体各器官功能下降，体力和精力衰减，反应迟钝，并且还往往表现出精神空虚、固执己见、爱发脾气、自我封闭等特点。与青少年和成年相比，因受生理条件限制，老年人犯罪的能力下降，机会减少，进而犯罪率也大为降低。

老年期犯罪的特点有：①因攻击力减弱，较少实施暴力犯罪，其侵害对象多为抵抗能力较弱的妇女、儿童、老人、残疾人和病人等，并具有智能性、隐蔽性和间接性等特点。与此相关，其实施的多为较少使用体力的犯罪，如诱骗、教唆、盗窃、放火、投毒、赌博、伪造、窝赃、伪证等。②由于生活范围的缩小和孤独感的增加，在受到或自己认为受到冷落、歧视的情况下，有时也会实施激情杀人或伤害等暴力犯罪，受害者多是其子女或配偶等。③老年人因身心发生较大变异，犯猥亵、强奸罪比例也较大。

老年人犯罪问题随着世界性的人口老龄化趋势的出现已引起人们注意。一般地说，老年人犯罪率较低，但目前犯罪的绝对数在逐渐上升。

二、遗传基因与犯罪

英国现代心理学家艾森克认为："由犯罪父母遗传的一些因素增加了子女犯罪的可能性这种观点尤其适用于习惯性犯罪。在遗传因素面前，不利的环境因素充当着产生反社会行为的催化剂。"[1] 但就目前来看，关于遗传与犯罪的关系这一问题在犯罪学研究中尚存在诸多不同的看法。有关遗传因素与犯罪的研究参见本书犯罪原因的生物学理论的内容。

遗传因素在犯罪中所起的作用主要是通过孪生子的研究来证实的。每个个体的基因都来自父母，同卵孪生子具有完全相同的基因型，而由于遗传基因传递的复杂性，异卵孪生子在遗传因素的相似性上远低于同卵孪生子。在同样的环境中他们之间的差异就反映了遗传因素的影响。只要孪生子中的一个成为罪犯，那么由于遗传的原因另一个成为罪犯的可能性就比较大，这就是犯罪学中著名的"孪生子论"。

在早期的研究中，人们发现同卵孪生子的犯罪历史具有较高的一致性，平均为60%，异卵孪生子仅为30%。近期的研究却表明这种犯罪一致性有所降低，如丹麦对3586对孪生子进行的调查发现，同卵孪生子的犯罪一致率为35%，异卵孪生子的犯罪一致率为3%。在挪威进行的一项类似研究发现，显性孪生子中同卵孪生子的犯罪一致率仅为26%，异卵孪生子的一致率为15%。但由此我们仍可以认定，遗传因素在犯罪形成过程中起着重要作用。

然而，美国、德国和荷兰学者又早在20世纪60年代，通过应用遗传学理论对111对同卵孪生子的调查研究指出，遗传仅能使某些人以一种具有较高犯罪概率的方式，对某种环境作出预先确定的倾向性反应，同卵孪生子虽然在生理结构上相同，但是某些同卵孪生子的行为类型有着很大的区别，某些罪犯的同卵孪生兄弟显然也是奉公守法的公民。[2]

随着近年来分子生物学技术的发展，越来越多的人试图从染色体和基因方面寻找犯罪的根源。基因是具有特定的DNA序列、决定一个生物物种的所有生命现象的最基本的因子。人体估计有3000~4000个基因分布在细胞核的23对染色体中，每一个个体的所有性状归根结底都是由基因决定的。由于犯罪是一个复杂的社会现象，是多种个体因素和社会因素相互作用的结果，另外，还由于

---

〔1〕 ［英］艾森克："人格理论与犯罪问题"，王俊秀译，载《青少年犯罪研究》1998年第8、9期合刊。
〔2〕 陈显容、李正典：《犯罪与社会对策——当代犯罪社会学》，群众出版社1992版，第421~422页。

基因型与表现型之间的复杂性，目前没有发现明确的"犯罪基因"，所以，某个基因和染色体的异常并不一定导致犯罪，而只是增加了犯罪的可能性，基因只有通过同环境进行复杂的相互作用才会表达出来。

最近几年，一些科学家采用基因分析法，对同性恋、吸烟、离婚、自杀、精神分裂症、酗酒、羞怯、政治自由主义、智力以及犯罪行为等进行了解释，但直到今天，在进行对人的侵犯性和暴力性的生物学研究中，学者们仍然存在很大争议。如"冲动基因"，它是英国布里斯托尔大学的乔纳森·伊万斯博士在研究基因与人类自杀行为之间关系的时候偶然发现的，他给这种基因取了个5HT2C 的代号，并且认为这种基因可以预测哪些人有自杀的倾向。一方面，"冲动基因"是通过抑制人的大脑中某些特定区域里的血清素使得他们变得性格外向，行为鲁莽，容易酗酒、赌博，甚至故意伤害自己，暴力犯罪的比例较高。另一方面，拥有这一基因的人却又富有创造性和决策力，这对于推进社会的发展有好处。[1]

2003 年，经过多国科学家 10 多年的共同努力，绘制出了人类基因组的框架图，完成了人类基因组的排序工作，揭示了人类 3000～4000 个基因中大部分基因的位置及结构。随着人类对越来越多的基因功能的深入认识，遗传与犯罪的关系的研究也将得到进一步的发展。

目前，犯罪的生物学因素只是作为犯罪社会因素的补充，我国对与犯罪有关的生理因素的研究还比较欠缺，从国际方面来看，有关犯罪生物学的研究受到了普遍关注，加之生物医学、生物化学等学科的发展，研究的范围不断扩大，研究的精细程度也日益提高。除了上述几个方面外，还有血型，以大脑为中枢的神经系统的生理因素，肾上腺素、胰岛素等激素的水平，解剖生理结构特征，生物化学因素，微量元素水平等方面。

第三节　意识因素与犯罪

一、犯罪个体意识因素的概念

犯罪个体的意识因素，是指支配主体实施犯罪行为的思想观念、道德认识和法律意识等主观因素。犯罪行为的产生过程，就是犯罪的客观外界条件对具

---

[1]　贤化："犯罪本能论的演绎"，载《福建公安高等专科学校学报》1999 年第 3 期。

有某种犯罪意识的个体产生影响，使犯罪意识进一步形成具体的犯罪动机和犯罪的行动决意的过程，由此支配犯罪行为的实施。

犯罪个体的意识是犯罪个体心理活动反复进行的结果，同时个体意识对心理过程又具有一定的影响作用。二者都是犯罪个体的主观因素，但又不是同一个概念，心理是基础性的，意识则是决定性的，如果说犯罪的心理因素是个体犯罪行为产生的内部动因，那么意识因素则是个体犯罪行为实施的直接推动力。

犯罪人的思想意识的核心具有反社会的倾向。不管犯罪个体的意识因素的内容和表现形式如何，实质上的反社会性是其共同特征。犯罪个体所具有的反社会的思想意识，主要是指对社会正常群体、社会规范和社会价值标准所表现出的抵制或对抗的思想倾向。这种反社会性主要表现在：个体意识与现实社会发展的主要趋势和社会主文化不同步，或超前、偏激，或滞后、反动。

应当指出的是，反社会性并不是犯罪个体所独有的。犯罪个体意识的反社会性在其犯罪实施过程中达到了一定的程度，具有相应的内容足以支配犯罪个体行为的思想品质。因此，不能认为反社会性就是产生犯罪的意识因素。

二、犯罪个体意识的形成

犯罪个体意识的形成不是先天的，而是在社会实践中形成的。犯罪人所处的一定的客观环境对犯罪意识因素的产生、变化，对其内容都起着决定性的作用。

1. 犯罪意识的产生决定于一定的客观环境。马克思认为，"不言而喻，人们的观念和思想是关于自己和关于人们的各种关系的观念和思想，是人们关于自身的意识，是关于一般人们的意识（因为这不仅仅是单个人的意识，而是同整个社会联系着的单个人的意识），关于人们生活于其中的整个社会意识"。和一切个体意识一样，犯罪人的个体意识也是与"人们生活于其中的整个社会意识"联系在一起的。整个社会意识又受社会存在的制约，并表现为"人们的社会存在决定人们的意识"。因此，社会存在是社会意识和个体意识（包括个体的犯罪意识）产生的源泉。

从个体意识形成来看，人们在从一个无知无助的生物的人转化为社会的人的变化过程中，认识了别人，了解了自己，逐渐形成对人对事的兴趣、态度、理想、道德标准等。当然，客观环境对个体意识形成的作用是非常复杂的，不同的人在相同或大致相似的条件影响下可能形成不同的甚至截然相反的思想意识，但不能由此否定客观环境的决定作用。如每一社会都有为其成员所共同遵守的道德规范，违背这一道德规范的人即被认为是道德低下的人，而道德水平的高低，是由个体的经济状况、周围环境、生活经历、智能条件、性格特征、教育质量等决定的，其教育的意义更为重大。生产力的发展，物质文明的提高，强化了人们的物质欲望，而当与之相适应的道德观念不能影响人们行为时，人们就可能基于对物欲的追求而违法犯罪。再如，不良的外来刺激，无疑是意志薄弱的青少年违法越轨的催化剂，很可能萌发犯罪意念，等等。

2. 客观环境的变化决定犯罪意识的变化。即客观环境的变化往往会抑制某些犯罪心理的发展，而触发另一些犯罪心理的变化，一个人的一生是一个不断的社会化进程，人一生都要不断地学习、调节自己与社会环境的关系。一般来说，人进入青年时期，已完成了基本的社会化过程，形成了具有相对稳定性的心理素质和行为模式。在这个过程中一旦形成反社会意识和行为模式，则必将指导和推动犯罪动机的确定和犯罪行为的实施。一个人有了不利于社会的行为和心理，根本的解决途径是改变其生活环境，消除生活环境中那些产生反社会行为、心理的因素。

一定的环境变化会使人的思想意识随之变化。犯罪意识也不例外，如改革开放以来，经济体制进行了变革，开放搞活的宽松环境为违法犯罪提供了可乘之隙，于是一些犯罪分子也相应地改变原来的犯罪意识的趋向，而转向现代经济犯罪。这表明了客观环境对犯罪心理意识的决定作用。

当然，犯罪意识的形成并不是消极地吸收，而是具有自觉性、目的性和自我调节等独立发展的特征，在一定条件下，犯罪意识的独立发展，一方面是指人们通过早先形成的心理特点，在当时所具有的心理状态下，有选择性地、倾向性地与客观环境相适应、相协调，从而决定自己行为的方向性。客观环境对个体的作用，也只有通过个体已经具有的心理特征才能实现。另一方面，一定的犯罪心理、意识还可以通过人的行为直接或间接地引起客观环境的某些变化，即犯罪心理在客观条件与犯罪行为之间起了中介作用。正是这种中介作用的存在，促成了客观条件的变化。所以，客观环境决定犯罪心理、意识的形成，已形成的犯罪心理意识又反作用于客观环境。

三、犯罪意识因素的结构

犯罪原因的意识因素包括多方面的内容，其内容具有一定的内在关系，形成一个完整的、有层次的观念体系，在这个体系中，犯罪原因的意识因素主要包括如下几个方面的内容：

（一）错误的价值观念

价值观是人们对主体与客体的满足与需求关系进行认识、评判并据此对人的生活道路、社会态度和社会行为起稳固的导向作用的个体意识。价值观从属于世界观，并接受人生观的指导。从社会学的角度说，社会及其管理机构，往往依据一定的价值观去倡导某种风尚，建立某种道德原则，制定某些规则和法律条文。因此，犯罪行为最根本的是价值观念的错误。价值观念偏离规范，失去了选择行为正常标准，结果必定导致行为的越轨。

由于价值观与需要紧密相连，因而常在人们动机形成中发挥作用。在人的动机的产生过程中，个体意识中所固有的价值观念就会审视其可行性，从而决定行为的方式和行为的性质。由于价值观念的不同，与价值观念相对应的行为也存在差异。

一些犯罪分子，特别是不良青少年的价值观念主要表现为对社会、对人生、对友谊、对自我缺乏正确的理解和态度，缺乏严肃的生活态度，缺乏社会责任感，缺乏法律意识，崇尚自我中心、及时行乐、金钱万能、性自由、哥们儿义气等不良意识。具体地说，不良价值观念表现为一切以有利于自我为中心而否定个人实践应具有的社会意义，只讲个人价值、不讲社会价值，脱离现实社会价值和社会物质条件看待自身价值和人生价值；只讲奢侈性享受，不讲创造性劳动；只讲人生价值的一致性，不讲实际价值的差异性；在劳动中只想索取不想付出，在分配上要求高标准，总感到自己吃亏，这种攀比只能使其不平衡的心理发展为对社会现实的不满。

概括起来讲，犯罪个体意识中的价值观主要包括：享乐主义的人生观、为所欲为的自由观、极端个人主义的世界观、亡命称霸的英雄观、哥们儿义气的友谊观以及错误的道德观、淡薄的法制观等。其中道德观和法制观在犯罪的产生过程中具有更为直接和明显的作用。

（二）歪曲的道德观念

道德观念是一种在人类现实生活中，作为人们立身处世最起码的行为规范，它是以善恶评价为标准，依靠社会舆论、内心信念和传统习惯来调整并维系人们相互关系的行为规范的总和。

道德既是人们的行为规范，又是人们行为的评价标准。凡是符合社会规范的，就被看作是善的、正义的、道德的，就要受到社会舆论的赞扬和鼓励；凡是违背社会规范的，就被看作是恶的、非正义的、不道德的，就要受到社会舆论的批评和指责。道德对社会生活具有广泛的渗透和干预作用，它具有深入人心的教育、感化、评价、指导和调节等特殊功能，与政治、法律相比，它调整的范围更为广阔，要求的标准更高。因此，"法律是最低要求的道德，道德是更高水准的法律"。从一定意义上讲，没有道德约束，就没有人类的社会生活。

在我国现实社会中，一些犯罪个体和不良青少年在道德认识上往往出现偏差，不能对善恶、公私、荣辱、义利、美丑作出相应判断，不能对功过是非给予正确的评价。颠倒美与丑、文明与野蛮、英雄行为与亡命徒行径以及正当友谊与哥们儿义气的关系。在这种意识的支配下，他们的行为必然表现出有悖于社会道德规范、破坏公共利益、侵害公民权利的反社会的行为倾向。

不良个体在道德行为的选择中，存在明显缺陷。在道德义务方面，毫无社会义务感。个人利益、他人利益和社会利益发生冲突时，表现为以牺牲他人和社会利益来换取个人利益；在道德良心上，不按照履行义务的要求，不对行为的动机进行良心上的自我检查，不对行为过程中的情感、意志和信念进行良心上的监督，不对行为的后果和影响作出良心上的评价。在道德价值目标上，不良个体追求的就是以自我为中心、金钱至上，他们对其所实施的违法犯罪行为，不仅不能自省，反而感到荣耀而心安理得。

（三）淡薄的法制观念

犯罪行为是一种具有社会危害性的违法行为，触犯法律是犯罪的一个基本特征。在现实社会中，法律作为调整人们关系和行为的基本规范，是衡量犯罪行为的客观标准。在犯罪案例中，犯罪个体不知法、不懂法而导致犯罪的占一定比例，而在知法不畏法、懂法而不守法的心理状态下进行犯罪的也大有人在。

错误的人生价值观和道德观，直接支配着不良个体的法制观，助长其无视、蔑视法律的犯罪心理。从法制观角度说，薄弱的守法意识、歪曲的法律评价和盲目的侥幸心理，是产生犯罪行为的重要因素。

在守法意识上，正常人能够在个人需求与社会需求发生矛盾时，以社会需求调节和支配个人自觉遵守法律，而犯罪个体则表现出薄弱和残缺的守法意识，在矛盾冲突中，以犯罪的方法寻求解脱，求得需要的满足和心理的平衡。

在法律评价上，一些犯罪主体不能正确认识行为的性质和后果，不能准确地确定合理的行为方式，以至于出现法律评价上的错误，导致对利弊得失的权衡背离法律意识的方向，助长对法律的蔑视。常见的法律评价上的错误主要有"得大于失""为公无罪""法不责众"以及"犯罪有理"等。

侥幸心理是犯罪个体较为普遍的具有代表性的心态，是淡薄的法制观念的集中反映。一些犯罪分子在犯罪前，并不是不知道犯罪要受到法律的惩罚，也知道作案有可能被抓获，但是，在犯罪动机斗争中往往是侥幸心理占了上风，自认为作案不一定被发现，过高地估计作案成功的可能性，另外，一些犯罪个体（惯犯、累犯）将一次犯罪活动逃脱惩罚的偶然性夸大为再次犯罪成功的可能性，盲目自信，进而肆无忌惮地进行多次犯罪活动。一般地讲，犯罪个体在犯罪时总想怎样逃避打击，逃避的可能性越大，越容易产生犯罪动机，进而将犯罪动机转化为犯罪行为。而破案率不高，办案粗糙，不能对犯罪分子予以应有的、及时的惩罚，又会强化犯罪分子的侥幸心理，使其犯罪自信心增强，一些人正是在这种心理支配下无视法律规范，铤而走险，违法犯罪。

第四节　心理因素与犯罪

心理是心理现象或心理活动的简称，它一般是指认识、情感、意志等心理过程和能力、性格等心理特征。[1] 犯罪行为是在犯罪心理的支配下，在一定的外部条件的相互作用下形成的。离开个体，离开个体的心理特性，外在因素就无法在个体身上发生作用，形成某种意识。犯罪思想的形成也是这样。个体的心理过程（即认识过程、情感过程、意志过程）、个性心理（包括兴趣、需要、动机、信念等个性倾向及能力、气质、性格等个性心理特征）和心理状态等心理因素相互联系、相互制约，它们对于人的意识和品格的形成，对于人的行为产生着重要影响。犯罪心理因素多种多样、错综复杂，诸如需要的偏离、动机的不良、人格的异常、情绪情感的消极等，它们相互作用、相互影响，在一定时间里占主导地位，形成犯罪人反社会的世界观和价值观，对其犯罪行为起支配作用。当然，犯罪心理的形成也不是一下子就完成的，形成后也不是一成不变的，它总是在表现的形式及其程度上呈现出多样性，有的表现为潜在萌发性，有的则表现出恶性的发展，还有的则表现为减弱甚至消失的发展变化过程。

从犯罪心理学意义上讲，犯罪人的犯罪行为是在他的意识支配下实施的，也就是说，任何一种犯罪行为都是犯罪心理的外部表现。任何犯罪人的任何犯罪行为都有其特定的犯罪心理，犯罪行为的发生最终都是一定的犯罪心理的直接作用和驱使。

犯罪心理的形成过程，是内外因素相互斗争、相互转化的过程。人们生活的外界世界是十分复杂的，人们接触的外界因素多种多样，既有积极的，也有

---

〔1〕 中国社会科学院语言研究所词典编辑室：《现代汉语词典》，商务印书馆 1996 年版，第 1398 页。

消极的。任何外界因素对个体的作用，总是通过早先形成的心理特点，通过个人当时具有的心理状态而起作用。人们在长期社会生活中，形成了各自不同的心理特点，这就决定了他们在接受外界因素的作用时也就存在着差别。那么犯罪心理就是个体对社会中的消极存在的反映，或者社会存在并非消极而个体错误地加以接受或反映。大多数行为人的不良心理，并不是偶然地一下子产生的，总有一个或长或短的形成过程。在这个过程中，主观因素与客观因素的区别只是相对的，经过矛盾斗争，内外因素不断互相转化，某些客观因素逐渐转化为主观因素。行为人正是在有倾向性和选择性的反映活动中，逐渐形成和巩固着自己的不良个性品质。事实上，外界因素只有内化，才能变成犯罪心理，而犯罪心理必须外化，才能产生犯罪行为。犯罪心理是变可能为现实的主观动因。

犯罪心理的形成过程体现了个体对外在客观因素的积极能动的反映。在相同的条件下，外界的不良因素对人们的影响不一样，这主要是由于人们的主观人格所发生的作用。也就是说，犯罪心理在外因向内因转化的过程中，个体意识的选择性起着重要的作用。

犯罪的心理因素涉及多方面的内容，本章主要从个体需要、动机、个性特征及其变态人格等方面探讨心理因素与犯罪的关系。

一、个体需要与犯罪

（一）个体需要

需要是维持生存、发展和种族延续所必需的各种条件在人脑中的反映。一般地说，人们从事任何活动，总是表现为满足某种欲求、追求某种需要，美国著名心理学家马斯洛认为，驱使人类的是若干始终不变的、遗传的、本能的需要，这些需要是社会的、心理的，而不仅仅是生理的。根据需要的重要程度和发生顺序，马斯洛创立了著名的"需要层次理论"，将需要由低向高分为五个层次：生理需要—安全需要—社交需要—尊重的需要—自我实现的需要。马斯洛认为人们满足不同层次需要的愿望和条件有较大区别，其中低级需要，由于与生存密切相关，是人类最原始的最基本的需要，满足它们的冲动就最为强烈；高级需要在个体发展中出现得较晚，满足它们要求有比低级需要更多的先行条件，加上高级需要与生存关系不如低级需要那么密切，因而满足的冲动不十分迫切。但高级需要的满足更值得追求，因为这类需要的满足会带来更深刻的幸福体验，达到更高标准的内在生活的充实。从这个意义上讲，需要是人类行为的原动力。人的需要无止境，在满足需要的过程中，旧的需要得到了满足而新的需要又不断产生。人的生活就是不断地满足需要的过程，同时，个人体验的需要越强烈，就越想得到满足，因此，人就会为满足需要而不断追求。需要具有紧张性，愈感到缺乏，愈想得到满足，就愈觉得需要。

（二）犯罪人的需要

引起犯罪动机的犯罪人的需要，归纳起来主要有：①物质需要，包括维持基本生活的物质需要和满足奢侈生活的物质需要；②性的需要；③自我确认的需要，想通过犯罪行为认识自己，证实自己存在的价值；④自我显示的需要，即通过犯罪行为向别人显示自己的能力、勇敢等，以获得别人的赞赏、认可、友谊、接纳等；⑤摆脱心理困境的需要，如消除危机感、不安、摆脱激烈的内心冲突等；⑥充实生活的需要，改变单调的生活以寻求刺激，进行冒险；⑦征服他人的需要，通过使别人屈服自己来满足其权力欲、支配欲等；⑧爱的需要，即获得别人的爱和表达自己的爱的需要；⑨报复需要，即对他人或社会进行报复的需要；⑩实现自己志向的需要，如实现政治信念、理想和追求等。

（三）犯罪人需要的特点

对于犯罪人来讲，其需要之所以导致犯罪动机与犯罪行为，主要是由于犯罪人的需要内容、需要结构和满足需要的手段有别于正常人。具体表现在以下几个方面：

1. 犯罪人需要与欲望无休止的发展，具有脱离客观现实的可能。人的本质是"社会关系的总和"，人的需要必然也必须受到社会现实的制约，必须与社会相适应。而对于犯罪人来讲，他们对个人需要往往缺乏主动的、积极的自我调节，不能理解现实需要与将来需要之间的矛盾，不能很好地协调不断增长的物质欲望与满足这种欲望的可能性之间的矛盾，不能正确对待个人需要与社会现实之间的矛盾。以至于有些人满足需要不是依赖社会现实和个人经济支付能力或以劳动换取，而是一味追求高消费，导致以金钱为中心的享乐型犯罪现象日益突出。这就是某些人不考虑满足需要的手段和他人利益而使自己的欲望不断膨胀，当这种超常需要是为金钱的诱惑而产生时，往往就成为经济财产犯罪的心理动因。

2. 个人确定的目标和满足需要的手段不符合社会的要求。在现实社会中，任何需要的满足都要受到主客观多方面因素的制约，当人们追求的需要不能满足，受到阻碍或干扰时，就会产生挫折心理。作为一种普遍的社会心理现象，挫折本身并不必然导致犯罪的发生，关键在于个体遭受挫折后如何应对。恢复心理平衡的方式本来是多种多样的，但对犯罪人来说，他们则为了满足个人需要，不惜采取种种违反社会道德和法律规范的手段。在这些手段中，攻击性手段把个人因欲求不满而产生的愤怒通过行为或言语指向外部，指向对他人的惩罚，迁怒于人，表现为对社会的不满、仇恨、对他人的嫉妒和无端攻击性行为。

3. 需要结构不平衡。这种不平衡表现在：一方面，各需求层次之间的不平衡；另一方面，行为人对某一层次中的某种需要过分强烈，如过分追求自尊，过分追求自己在小团体中的地位和威信，过分寻求自我发展。正常情况下，人的需要系统中的各种需要之间相互协调、相互制约。各种需要是一个有层次、有秩序的整体。对犯罪人而言，其需要结构则是松散的、混乱的，各种需要之间缺乏相互制衡机制，这种情况使得犯罪人的需要特别是一些较强烈的需要容易引起冲动，超出意识层面的控制，超出正常的调节功能，从而形成犯罪动机，如一些犯罪人的需要结构集中在低级的生理需要层次上，毫无抑制地追求吃喝玩乐和感官的刺激与满足，精神需要表现出空虚、极端个人主义、享乐主义、封建义气等；或是对特别突出的自尊需要的满足，如遭受挫折，自尊心受到损害，很快引起犯罪动机，以侵犯行为来发泄心中不满情绪，求得心理平衡。这些都反映出犯罪人在需要层次结构上缺乏调节控制能力，出现失衡。

二、个体动机与犯罪

（一）犯罪动机的概念

动机的原意是"引起动作"，它是一种心理现象，是推动人们行动的原动力，同时动机又是在一定的社会环境中形成的，这种心理过程实际上就是人对社会环境的一种反映。所以，凡是能引起和推动人们进行某种活动，以满足某种需要的愿望或欲求，就形成这种活动的动机。简单地讲，动机就是激励人们行动的动因。它能推动人们为满足某种需要的具体目标而活动。动机的性质具有多样性，不同性质的动机对人的行为产生不同的意义，它的推动力量的强度也不同。人们行动的方式、坚持程度和效果，在很大程度上受动机性质的制约。

犯罪动机是促使行为人形成犯罪决意并推动其实施犯罪的意识动因，简单地说，犯罪动机就是犯罪人实施犯罪活动的内心动力。个人之所以进行犯罪行为，就是由于其心理上追求某种需要、存在着犯罪动机。个人的犯罪行为由个人犯罪动机直接推动所致。正是由于犯罪动机的作用，个人才确定行为目的、选择犯罪的方法、作出行为决定直到最后实施犯罪行为。在犯罪行为发生的客观进程中，犯罪动机是最为重要的内容。犯罪行为的发生及其变化有赖于犯罪动机的转化。由此可见，犯罪动机是推动个人进行犯罪行为的直接的心理推动力，是促使个人实施犯罪行为的内心起因。

（二）犯罪动机的特点

依据犯罪动机的一般理论，犯罪动机具有以下特点：

1. 内在性（即隐秘性）。犯罪动机作为一种内在的心理活动，总是隐藏在行为背后而不能直接观察到。犯罪人在从事犯罪活动中常把真实动机隐藏在内心深处。一般来讲，犯罪人总是要采取一切可能的手段和方法，使自己的真实意图和作案的行迹隐蔽起来，不使别人特别是执法机关觉察，以保证自己的犯罪行为顺利进行，达到犯罪目的。犯罪动机是犯罪人实施犯罪行为之前的一种心理活动形式，看不见，摸不着。最为典型的是盗窃犯罪，盗窃犯罪是以非法占有为目的，秘密窃取公私财物的行为，是受社会道德及其舆论谴责和法律惩罚的，因此，盗窃犯大多小心谨慎，善于观察，注意掩饰自己的真实心态。而且，越是长期或多次盗窃的，其犯罪动机的隐秘性越是突出，真实心态越不易暴露，内在性的表现越明显。因此，对于犯罪动机无法直接进行观察。一般来说，人们只能从犯罪人的自我表述、以往的经历、犯罪时所处的情境以及犯罪行为的具体实施情况去进行分析，推断犯罪动机的内容和特征。犯罪动机的内在性决定着犯罪动机研究的难度。

2. 复杂性。犯罪动机是一种心理现象，而且是一种极其复杂的心理现象。这种复杂性主要表现在：

（1）犯罪动机的产生有两种模式：①通过意志活动实现犯罪动机，这是犯罪行为产生的基本的、典型的方式，它主要是指动机的产生是由犯罪人意志努力的结果，而且犯罪行为发生的始终都是处于犯罪人意志控制之下。在这种模式中犯罪动机的内容明确，是财产动机、报复动机，还是性欲动机，是被行为人强烈意识到的。②犯罪动机是被动的选择行为，个体犯罪动机的形成是外力强加的。犯罪人实施的犯罪不是出于预谋，未经过明显的意志活动，而是个体在外部诱因刺激作用下产生的应激性的反应，这种没有故意追求该行为结果的动机，也称无意识犯罪动机，这是一种特殊的犯罪动机形式。在这种模式中，个人对于犯罪动机不清楚或不十分清楚，如突发性的过失犯罪、变态心理犯罪，犯罪人对其犯罪动机有可能认识不清，对犯罪动机的内容也是模糊的，对自己实施犯罪行为所要追求的目标不是很明确。

（2）犯罪动机的性质多样、复杂。犯罪动机是具有社会意义的心理现象，人们用一系列社会规范（道德、法律等）对其进行评价，分清哪些是反社会的消极动机，如为谋求私利、争强好胜、泄愤报复而造成的犯罪；哪些是中性的，即从道德、法律和社会方面很难对这些动机作出好坏的价值判断，它们与一般动机没有区别；哪些是对社会有益的，即从社会评价看，人们可以对它们作出肯定的、赞扬性的评价，这类动机如保护集体利益的动机、维护他人的安全的动机、大义灭亲的动机，例如，有人出于他人和自身安全的考虑，将作恶多端、危害乡里的逆子杀死。这类犯罪动机的性质与犯罪行为的性质是完全相反的。后两类犯罪动机最终产生犯罪行为，主要是由于实现动机的手段不当造成的，不管它们的社会性质与犯罪行为多么不一致，但由于它们引起犯罪行为，都属于犯罪动机的范畴。根据这种评价结果，判定犯罪人主观恶性的大小，为对行为人的处罚方法及其程度提供依据。

（3）从犯罪动机的内容来看，犯罪动机中既有生理的、物质的内容，也有社会的、精神的内容，它们往往交织在一起，通过某种具体的犯罪行为表现出来。一般而言，生理、物质的内容，只能是行为产生的基础，影响其内容和强度，不涉及动机内容的变化，而决定动机变化和发展的则是他参加社会实践活动的精神内容。从对犯罪动机的影响来看，社会性因素是主要的，即使看上去纯属生理性需要引起的犯罪动机，也不能简单归结为生理因素的作用，它恰恰说明了个体在社会化过程中的严重缺陷，即不能用合乎社会道德、法制观念的意识来控制调节自己的生理性需要和欲望。

3. 动态性。犯罪动机的动态性主要表现为：①它是激发犯罪行为的推动力。任何故意犯罪行为，都是在犯罪动机的推动下进行的，犯罪动机是引起犯罪行为的直接动力。没有犯罪动机的直接推动，犯罪行为是不可能实施的。而犯罪动机能否成为驱使行为人实施犯罪行为的内心动力，要取决于犯罪动机形成和变化的过程。如果动机形成不成熟，就不会起到行为动力的作用。实践中只流露出犯罪意识的冲动而没有实际的行为的事例就说明了这一点。②犯罪动机是不断变化的。犯罪动机既受犯罪人需要的决定，也受犯罪情境中许多因素的制约。它自形成之时起，就处于不断变化之中。这种变化或者表现为强度的增强与减弱、表现方式的变换，或者表现为具体目标的改变，以致其社会性质的变化等，由此决定了犯罪行为在发生与发展中的变化。

4. 低级性。大多数犯罪人的犯罪动机，都是其物质的、本能的需要的反映。在与财产和性密切相关的各类犯罪中，犯罪人身上存在着一种较为普遍的不良需要倾向，过分追求物质、生理需要的满足，对高级需要的欲求被严重弱化或抑制，并由此导致社会认知内容的偏离。与此相对应，在动机的选择和行为倾向上，表现为追求"吃、喝、玩、乐"并对与此相抵触的行为准则持排斥态度，对大众文化的吸收倾向于获取低级、庸俗或淫秽的信息。因此，在犯罪动机中，低级的物质、生理需要引起的动机占优势，而由较高级的社会、精神需要引起的犯罪动机数量较小。这一特点，是受社会生活发展水平与经济条件制约的。

5. 反映性。犯罪动机尽管是犯罪人的心理活动的表现形式，但它仍是客观的社会生活的需要或自身的各种需要在头脑中的反映，是客观存在与个人反映之间的一种中介变量，如果现实的社会生活中不存在各种因素的影响，行为人自身也没有某种需要和欲求的话，那么犯罪动机就不可能形成。社会环境对犯罪行为的影响作用，正是通过犯罪人的需要，特别是犯罪动机来实现的。

（三）犯罪动机的斗争

犯罪动机是由诸主观因素和客观环境因素共同作用促成的，行为人在这个过程中一方面要按照外界刺激所产生的冲动来选择行为，另一方面又要受到个人在社会生活中感受到的各种社会因素如法律、道德、社会意识等因素的制约，思想斗争激烈，尤其表现在初犯身上更是如此。

在犯罪动机的形成阶段以及犯罪行为的实施过程中乃至行为之后，都会产生犯罪动机的斗争和转化。一般情况下，犯罪动机形成后并不一定立即付诸行动，在犯罪动机与犯罪行为实施之间还存在着确立犯罪目的、选择犯罪动机、作出犯罪决定、制定犯罪计划等环节，在任何一个环节上，特别是在选择犯罪动机的环节上，由于内外因素的影响，会产生犯罪动机的斗争与转化。在选择犯罪动机的环节上，由于内外因素的影响，会使行为人在确定犯罪动机与是否实施犯罪方面产生激烈的思想斗争。在犯罪实施过程中，由于犯罪情境中各种因素的变化，也会引起行为人是继续进行犯罪还是放弃犯罪，是继续实施原来的犯罪还是进行新的其他犯罪以及采用何种犯罪手段等方面的心理冲突。在犯罪行为实施之后，行为结果同样会影响动机，动机可因良好的结果而被肯定、加强，也会因不良结果而被否定或抵消。由于犯罪经历、犯罪实施过程中的情境、犯罪后的各种因素的变化等的影响，也会引起犯罪动机的斗争，特别是在掩盖罪证逃避惩罚与投案自首，弥补犯罪所造成的危害与继续采取敌对态度，轻松解脱感与紧张不安感，后悔、自责与打算再次犯罪，揭发同伙与隐瞒事实等方面的内心冲突，导致犯罪动机的斗争与转化。

犯罪动机的斗争的结果对于犯罪行为的完成、放弃或中止起着决定的作用。而犯罪动机斗争的结果，是强化犯罪动机，实施犯罪行为，还是削弱犯罪动机，中止、放弃犯罪行为，主要取决于以下三个因素：

1. 外界刺激的性质和力度。犯罪行为实施过程中的外界刺激，主要来自客体、行为环境和第三者。外界刺激和诱因就其作用而言，有对犯罪动机起积极的推进作用的，也有对犯罪动机起消极的抵消作用的，而实际存在于我们现实社会中的大多是中性刺激。中性刺激对于大多数人起着积极作用，而对于具有某种不良心理品质的人，则会产生消极的作用。而消极刺激，对于多数社会成员都可能发生程度不同的消极影响。无论来自外界的刺激的性质如何，都存在着一个力度和力度综合的问题，如果这种刺激的强度较大，其对行为人动机的影响力就越强，反之，影响力则越弱。

2. 行为人的认识能力。个体的认识能力，是行为在犯罪动机斗争中进行选择的基本前提，直接影响着选择的结果和范围。行为人的认识能力是犯罪人对自己能力进行某一犯罪行为的能力的推测和判断，即犯罪主体通过对自己的内在欲求和外在诱因状况进行对比，对作案成功和逃避刑罚的可能性进行判断，以权衡利弊得失。例如，对于他人的巨额钱财，如果某人感觉到自己无法获得并认识到通过非法手段攫取将给自己带来严重后果，那他就可能放弃攫取的念头。但是如果某人认为自己一定能得到这笔钱财，并且认识不到这种行为的法律后果，或者认为自己有能力逃避法律的制裁，就会强化攫取的念头，迅速转化为犯罪行为。由此可见，外界诱因和刺激只有在主体感受到并认识到它的意义时，才能对行为人产生影响。因此，行为人的认识能力的强弱直接影响犯罪动机的水平，同时也影响犯罪目标的设定。一般来讲，犯罪主体总是根据他的能力来选定犯罪目标，不使其过高，以免超越自己的能力范围。另外，犯罪过程中的挫折和失败也会降低犯罪主体的自我效能，成功则会增强他的犯罪信念。

3. 个体意识中的意志力。个体的意志力直接决定着个体能否按照自己对利弊得失的权衡来选择行为，并且在选择过程中，对抑制选择具有重要意义。在上述案例中，如果某人的意志很强，他在认识到攫取会得不偿失后，就会抑制攫取的冲动，不选择犯罪行为；如果他意志力薄弱，即使明知这样做对自己不利，但因抑制不住攫取的冲动也会冒险实施这种行为。意志对行为的调节包括发动与制止两个方面，在犯罪主体具备了不良心理素质，并通过自我调节，认识到外界诱因的价值及实现的可能性的情况下，就需要意志对是否发动犯罪行为作出判断。意志过程包括采取决定和执行决定两个阶段，行为主体一旦决定要发动犯罪行为，便树立信心，准备去克服困难，排除障碍，争取达到预期的犯罪目的。犯罪人的意志具有两极性特点，表现为正面意志的薄弱性，经不起诱惑，自控能力差；反面意志的坚定性，作出犯罪决定坚决、果断，实施犯罪行为时心狠手辣，不计后果。一方面，行为人的犯罪意志具有坚定性和顽固性；另一方面，在犯罪矫治上具有脆弱性和易变性。因此，犯罪意志的强弱，对于能否完成犯罪行为具有重要的意义。

（四）犯罪动机转化

在准备、实施犯罪的过程中，犯罪分子的犯罪动机不是一成不变的，它随时都会受到客观情况变化的限制以及主观因素的制约，导致犯罪动机的良性转化与恶性转化。

1. 犯罪动机的良性转化。在准备、实施犯罪的过程中，由于犯罪分子受到某些积极因素的影响，这些因素主观上引起了犯罪意念的动摇和减弱或某种客观条件发生变化，形成某些障碍，致使犯罪人放弃犯罪动机，停止犯罪行为或者减轻犯罪动机的反社会性，实施危害性较小的犯罪行为。

2. 犯罪动机的恶性转化。犯罪动机的恶性转化是指在准备实施犯罪的过程中，由于内外因素的影响使犯罪动机的反社会性增强，由此产生了更为严重的新的犯罪动机。

（1）犯罪动机的恶性转化，包括两种典型形式：①同一犯罪动机的反社会性得到增强。主要表现为犯罪人最初只想实施较轻的犯罪行为，但在实施的过程中，由于某些因素的影响，使犯罪人的犯罪动机的强度迅速恶性膨胀，导致更为严重的犯罪行为的产生。②在犯罪过程中产生了新的更为严重的犯罪动机。这种情况主要是情境因素的影响所造成的。原来的犯罪动机通常是事先有预谋的犯罪动机，即犯罪人明确知道它的内容，并打算通过犯罪行为加以实现的犯罪动机。新的犯罪动机往往是在情境因素影响下迅速产生的更为强烈的犯罪动机。从反社会性程度来看，新的犯罪动机比原来的犯罪动机更严重，最终会导致更为严重的犯罪后果。

须指出的是，这里的"新"的动机，只是相对而言的，对某些人来讲，实际上有些动机就存于犯罪人原来的动机系统中，只是处于从属地位，在进行犯罪活动的特定情境中重新出现（复现）变成了优势动机。

（2）犯罪动机的恶性发展，对于有些犯罪人来说，在其一生中或人生的某一时期，他不仅实施一次犯罪行为，而会进行多次或一系列违法犯罪行为，形成了一种犯罪经历或犯罪生涯。这种情况主要表现为从初犯到惯犯的心理变化过程。犯罪目的实现之后，犯罪主体的不良需求得到满足，在一定时期犯罪的动机降低为零，但这只能表明一次犯罪行为的结束。犯罪主体通过结果归因，总结经验，并反馈到自我意识调控机制中。这时候，他的期望水平提高，意志更加坚定，犯罪主体在新的需要的基础上，会设置更高的犯罪目标，实施更加恶劣的犯罪行为。犯罪行为实施之后，由于犯罪行为的结果不同、社会的反应方式不同、行为者的个体心理素质不同，必然引起不同的心理活动。有的犯罪活动在进行中总不顺利，难以达到预期的目的，遭到受害者的反抗或遇到其他障碍而未得逞；或感到法律的威严和舆论的压力而恐惧；犯罪后及时被发觉，受到相应制裁；生活中出现了具有强大影响力的人物，周围社会环境的良好改变，都会促使犯罪人放弃犯罪动机，告别犯罪生涯。相反，如果犯罪人总能在犯罪中获得快乐的体验，在实施犯罪活动后连连得手，犯罪后受到过轻的惩罚或者根本没有受到惩罚；从犯罪中获得某种满足；犯罪行为能使自己的身份在同辈中有所提高；寻找到了从犯罪中获得更大"成功"的犯罪伙伴；犯罪后家庭、亲戚、朋友包括社会的排斥态度，都会强化犯罪人的犯罪动机，使其向恶性方向发展，促使犯罪人进行更多的、更为严重的犯罪行为。

三、个性特征与犯罪

（一）性格与犯罪

性格是一个人在现实的态度和行为方式中经常表现出来的比较稳定的个性心理特征。恩格斯说："人的性格不仅表现在他做什么，而且表现在他怎样做。""做什么"反映了人活动的动机和目的，表明他对现实的态度，而"怎样做"则反映了人的活动方式，如果一个人对某些事物的态度和反应已经在生活经历中形成，成为这个人某种习惯的、稳定的行为方式，那么这种态度和行为方式就构成了一个人的性格特征。

性格不同于气质，气质类型无好坏之分，因为决定其气质类型的因素中，生理因素占很大比例。性格却有好有坏，它能通过某种道德观念加以评价，如乐于助人、慷慨、正直、勤劳、谦虚等都是社会赞扬、肯定的性格，相反，自私、虚伪、无礼、奢侈、自卑、懒惰、狂妄自大都是人们否定的性格特征。由于人们性格主要体现在社会性行为上，因而它常常标志着一个人的品德，决定人的行为性质。性格与气质有密切的联系，气质为性格的形成提供基础，气质影响着性格的发展；性格也可反过来帮助表现和缓慢改造气质。另外，性格与气质的基本特征不同，气质偏重于神经系统类型的生物学因素的影响，而性格则以神经系统类型为基础，强调社会环境的作用。最后，性格与气质虽然都具有稳定性，但相对而言，性格比气质容易变化和改进。性格的特征是多种多样的，归纳起来，有对现实态度的性格特征、性格的意志特征、性格的情绪特征以及性格的理智特征等，它们总是相互联系形成一个统一的整体存在于一个人身上。违法犯罪者的性格结构的主要特点有以下几点：

1. 对社会、对集体、对他人、对自己表现出无责任感的倾向，生活态度轻率，对人粗鲁野蛮、无礼，嫉妒心和报复心理强烈。具有这类恶劣性格的人，要是得不到改变，稍微前进一步，就易于导致犯罪，他们冷酷、粗野的性格就可能带来暴力性的犯罪行为；他们无礼背信、欺诈的性格就可能带来诈骗性的犯罪行为。

2. 性格的意志特征主要表现在对行为的自觉调节上，一些人任性、鲁莽、缺乏行为的自我调节和控制能力。从发动和促成犯罪行为的过程来看，犯罪人的意志特征表现在：从产生犯罪动机、确定犯罪目的的环境看，犯罪人的意志特征主要具有反社会性；在犯罪实施过程中，往往产生思想动摇，出现犹豫徘徊，表现出意志的脆弱性，但又常常缺乏自控力，经不住诱惑，行为表现出轻率、鲁莽、盲从、蛮干的特点；在犯罪实施时，则表现出意志的顽固性，不听正面规劝与忠告，进而铤而走险，违法犯罪。

3. 性格的情感特征是人对情感的控制或情感对人们活动的影响，具有某种稳定的、经常表现的特点。实践中，一些不良个体，特别是违法青少年的情感特点是情绪不稳，突发性强，神经质表现突出，心境变化多端。在犯罪心理的形成上，情感、情绪的反应起着催化作用。如果一个人对于需要的满足频频受阻，就会产生不满情绪，这种情绪的不断积累，可能成为犯罪行为的直接动力。嫉妒、仇恨的情绪可以直接引发伤害、凶杀、投毒、纵火等犯罪。有些人自尊心、虚荣心过强，稍遇挫折或不顺心即怒不可遏，丧失理智，缺乏自我意识和自制能力。有些人因受外界强烈的刺激产生震怒、暴躁、绝望的情绪，由此直接导致伤害、凶杀等激情暴力犯罪。

4. 性格的理智特征是表现在对客观事物的态度和行为方式上的理智活动的特点。认识水平低下、易受暗示、常不能辨别是非、固执、"钻牛角尖"是这些罪犯明显的特点。打骂对他们中的多数人不起作用。父母、同伙对他们施行捆绑、吊打、拳打脚踢都无济于事，不仅死不认错、不改悔，反而认为自己"有毅力""有骨气"，这既反映了其思想意识低下，也反映了其性格的理智特点。好胜、逞强本来是青少年普遍的特点，但表现在失足青少年身上，就带有无所顾忌、固执蛮干的味道了。青少年犯罪者的性格经常是没有自制力，缺乏自省精神，遇到外界不良因素的诱惑和便于实施犯罪的条件的时候，往往无力抗拒诱惑。

犯罪人的性格特征影响着他们的行为方向和行为强度，并进一步影响和决定行为的性质：是遵守道德规范、遵纪守法，还是违背道德规范、违法犯罪。

性格作为人的个性的核心，表现了人的独特风格，在现代人们追求人的个性化的社会里，性格对人的存在和价值具有重大的意义，它可以使人遵守规范远离犯罪，也可以使人违背道德趋向犯罪。

（二）气质与犯罪

所谓气质，是某个人典型的、表现于对外界的反应的动力、紧张度和均衡性上的比较稳定的心理特点。它通常表现一个人的风格和气度。人的气质有许多特征，如感受性，即人对外界影响的感受能力，它是神经过程强度特性的表现；反应性，即对各种内外刺激的反应速度和灵活性表现；耐受性，即对外界刺激作用时间和强度的耐力；可塑性，即对外界环境变化的适应能力；情绪的兴奋性，是情绪的兴奋强度与抑制力；内倾性和外倾性，内倾性是人的活动常随自己的心理状态而转移，这种人比较隐蔽和含蓄，外倾性是指人的活动常随外界刺激而变化，他们的心理活动和言行常表露于外。这些特征的不同结合，就构成人的不同的气质类型。气质的类型很多，其中最基本的有四种：活泼型的多血质气质类型、兴奋型的胆汁质气质类型、镇静型的黏液质气质类型和抑制型的抑郁质气质类型。在现实生活中，并不是每个人都符合这四种典型气质，更多的是接近某一类型或介于两种类型之间。

多血质类型的人具有很高的反应性，他对一切吸引他注意的事物都会主动地兴致勃勃地作出响应，非常敏感。同时，高度的主动性也是他的特点，精力充沛，有着高度的可塑性，易适应新的环境，好交际，但缺乏持久的耐力和意志力。

胆汁质类型的人跟多血质的人一样，具有高度的反应性和能动性，反应速度快。但是，他们的反应性要比能动性占优势，而刻板性有余，因而他表现得过于自信，好出风头。

与多血质、胆汁质不同，黏液质类型的人反应性很低，情绪兴奋性很低，可塑性很低，而刻板性很高，较难适应新的环境，具有内倾性的特点，一旦产生某种情绪便十分强烈、稳定，遇事谨慎、爱思考，但思维和动作比较迟缓。

抑郁质类型的人具有高度的敏感性，常表现出一种病态的易感性，经常会感到自己受了委屈。他们的反应性和能动性低，不相信自己的力量，表现出行动迟缓、怯懦和孤僻。

犯罪学理论认为，人之所以犯罪，是由于人在外在的社会环境刺激下，主观思想发生转变产生某种犯罪动机，最后实施犯罪行为。在这个过程中，人的气质对犯罪没有决定性的影响，但是不同气质的犯罪人在接受外界的影响时作出的反应不同，采取的行为方式也有差别，因此，各自在犯罪类型上表现出的气质特征也有区别。一般来看，暴力型犯罪者中，胆汁质气质类型的人居多，这主要是由于胆汁质气质类型的人大脑神经细胞的兴奋性强而耐力差，兴奋点不易集中，兴奋与抑制处于被破坏状态，异常行为得不到应有的抑制，其消极因素如易怒冲动、进攻好斗等特点突出地表现了出来。而财产型犯罪者中，多血质和黏液质气质的人居多。但这只是就一般意义而言，并不具有绝对性。

气质与犯罪的关系主要表现在：

1. 气质影响人们以一定的方式、方法对外界刺激作出反应。在某些场合下，胆汁质气质类型的人易受外界影响产生犯罪行为，同样的报复犯罪，胆汁质与多血质气质类型，由于情绪发生得快而强烈，因而这类人作案时表现出的行为特点就十分明显，一方面发生较快，往往因对方几句话，便受到刺激，顿时怒从心起，瞬间作出反应性行为；另一方面在情绪爆发时自己难于自制或改变这种冲动状态，而且有明显的情绪过程，当情绪平缓下来，事情发生过后常常感到后悔。相反，黏液质的人如果起意报复的话，大多不动声色，周密计划，并不轻易改变自己的决定，事后也不后悔，具有明显的意志特征。

2. 气质影响人的情绪反应的强弱、快慢。大量的犯罪案例告诉我们，犯罪分子在犯罪过程中的情绪反应以至动机的推进往往是受到气质类型的影响。气质本身不分好坏，从一些违法犯罪者特别是违法青少年来看，他们大多聪明、活泼、好奇心强、善于交际，这些特点同样可以作用到学习、劳动及交往当中去。

3. 了解犯罪人的气质差异对于审讯人犯也有很大的帮助。我们掌握犯罪分子的气质类型，可根据他们的特点进行个别对待，如严厉的要求、大声的训斥适合多血质、黏液质的人，而对胆汁质的罪犯则易引起其情绪上的剧烈的对抗，抑郁质的人对于高声训话可能产生"审讯昏迷"。

总之，气质是每个个体最早出现并比较稳定的一种个性特征。它并不决定人的行为性质，只决定人的行为方式。因此，谈气质与犯罪的关系，重点在于研究不同气质的犯罪人在不同类型的犯罪中具有哪些不同的行为特点。

（三）能力与犯罪

能力是直接影响活动效率，使活动顺利完成的个性特征。人的能力具有明显的个性差异，有的人擅长观察、勤于思考，有的人能言善辩、乐于操作与实践。这种差异在一些犯罪活动中也可以观察到。如诈骗犯一般在言语表达与社会交往方面能力较强，而偷窃犯在技能方面较强。能力主要包括智力和技能两个方面：

1. 智力与犯罪。智力是在人的先天素质基础上，通过社会教育和个人努力，在知识的学习和实践中发展起来的。智力不足与犯罪有一定的联系。智力与通常所说的文化和受教育程度不同，智力不等于知识，它只表明一个人的认识能力。智力水平的高低并不决定个体是否犯罪。从大量的案件看，高智商到低智商的人都有实施犯罪的，只不过在犯罪类型上有所差异。同时我们也发现，智力水平与犯罪人采用的犯罪手段关系密切。一般而言，使用特殊的狡猾手段作案的人，属于智力水平较高的人，如高科技犯罪，运用现代技术实施杀人犯罪。盗窃、抢劫、伤害这三类犯罪行为与犯罪人的智力水平的相关性表现不显著。智力水平不决定犯罪，但智力不足者社会化程度较低，其思想与行为更容易出现偏离社会规范的情况，因此，智力不足与犯罪之间具有一定的联系。智力不足者，不能正确地认识外界的事物，缺乏起码的观察力，不能正确地判断与推理，因而不能了解由于自己行为所能引起的结果的严重性，所以，极易因模仿、好奇等极幼稚或令人难以置信的微小动机而造成严重的犯罪结果。智能不足者注意力不集中，理性发展程度低，缺乏思考能力，对瞬间冲动无制止力，易受食欲、性欲、占有欲等本能的支配而陷于犯罪。智力不足者缺乏社会适应能力和一般生活能力，对外界诱惑抵抗能力薄弱，对生活上所遭遇的困难，难以克服又无法适应，常因生存竞争失败而陷于犯罪。

智力不足在一定程度上还影响着犯罪的种类。根据国外一些学者的调查，智能不足的人犯放火罪及风俗犯罪的较多。在放火罪中，其犯罪动机多因仇恨以放火泄愤或因好奇而纵火满足自己的取乐心理；在风俗犯罪中，智能不足者因智能低劣，不能了解性的社会正当意义，任其本能冲动而犯强奸、猥亵等罪。

智力不足根据程度不同，一般表现为白痴、痴愚和愚鲁。与犯罪最有关系的是愚鲁。白痴者，几乎不能自理，生活需要他人帮助，其他意志的表现及其对环境的适应均感到困难；痴愚者，缺乏对事态变化的适应力，如有他人帮助尚能勉强处理自己身边事物；而愚鲁者虽智能低下，但仍具有一定的辨认和控制能力，存在某种程度的智能，属于各方面智能发展不平衡的情况，因而，容易在非正常的智能支配之下实施犯罪行为。[1]

2. 技能与犯罪。技能是在后天学习和训练中而形成的行为操作能力，它对人的行为具有重要意义。技能的形成一般是根据需要，有目的地培养和练习而得来的，如驾驶汽车的技能、操作计算机的技能。对于犯罪人来说，要想达到犯罪目的，又能隐蔽自己，逃脱惩罚，就需要精心准备，包括实施犯罪的技术和应变能力。了解这方面的知识，有利于我们掌握和观察犯罪人的行为特点。

第五节　精神障碍与犯罪

精神障碍是由于人体在内外因素作用下，大脑机能失调，以致在感觉、知觉、意志以及感情和理解力上发生障碍，影响其辨别和控制行为的能力。从犯罪学角度看，精神障碍主要包括变态人格和精神疾病。

一、变态人格与犯罪

（一）变态人格的概念与特征

变态人格又称病态人格或人格障碍，是一种在人格发展过程中所形成的特殊的人格结构，表现为显著偏离于正常的、相对稳定的人格结构，是不能适应社会生活的变化及社会规范要求的人格畸形。变态人格所表现的基本特征如下：

1. 变态人格是从童年或少年时期开始发展起来的精神变态，相对稳定，但人格形成也不是一成不变的，个人会随着社会地位、社会角色的变化，随着人生变故和生活中意外事件的刺激，在人格方面也会发生变化。

2. 严重的人格缺陷，人格严重偏离正常，不协调，与他人格格不入，而且性格的某些方面非常突出和过分发展。

3. 有紊乱不定的心理。如偏执怀疑、自我爱恋，但没有智能缺陷。情感不稳定，容易增强或低落。对于自己的人格缺陷没有察觉，也不改正，对别人不负任何责任，冷酷无情。意志行为往往难以克制，好盲目冲动。他们行为的目的和动机不明确，往往是情感冲动或受本能的愿望的支配所产生的。因此，这种冲动的、不正常的行为，不仅使周围群众蒙受损害，往往也伤害自己。

4. 变态人格一旦形成不易改变，具有相对稳定性，药物治疗、教育和惩罚

---

[1] 参见张甘妹：《犯罪学原论》，汉林出版社1985年版，第74~80页。

措施都难以矫正。

（二）变态人格的类型

对于变态人格的划分，国内外无统一的标准和方法，世界卫生组织在《国际疾病分类》中，将它分为偏执型、情感型、分裂型、暴发型、强迫型、癔症型、反社会型或不合群型。变态人格的表现形式很多，常见的并与犯罪有关的类型主要有：

1. 偏执型人格。主要特点是固执、多疑、情感不稳定、心胸狭隘、好嫉妒，有的表现为对自己评价过高、狂妄自大、人际关系难以相处。这种人极易产生无端的"自卫"和报复行为。

2. 分裂型人格。主要表现为孤僻、胆怯、沉默和怪癖。对现实的认识能力并没有丧失，但经常沉溺于幻想之中，不爱社会交往，对于社会竞争有时还表现出过分消极和过分退缩。由于长期的抑制和过度的紧张，也会突然逆转为攻击性、破坏性行为。

3. 暴发型（冲动型）人格。主要表现情绪不稳定，常因一些小的刺激突然暴发强烈的愤怒情绪和冲动行为，然后恣意任性不能控制，导致粗暴性的激情犯罪，尤其在醉酒的情况下，更容易发生冲动性行为。

4. 强迫型人格。强迫自我和他人，常有不安全感和不完善感，过分自我克制，过分自我关注，过分拘谨和小心翼翼，并常常要求别人按自己的方式办事，以至妨碍别人的自由。

5. 性变态人格。主要表现为寻求性欲的对象和满足性欲的方法异常。性变态的多表现为恋物癖、色情狂等。

变态人格者因在情感和意志活动上严重偏离正常，社会道德感缺乏，自我控制力也较正常人要差，容易发生危害社会的犯罪行为，但并不是说所有的变态人格者都必然实施犯罪行为，有的变态人格者终其一生并未实施违法犯罪行为，而绝大多数犯罪人也并非都是变态人格者，但是，这一人格上的严重缺陷总会给周围的人或自己带来某些麻烦或不幸。预防变态人格者犯罪，分析其原因是犯罪学研究的重要内容。

（三）变态人格者犯罪和一般人犯罪的区别

变态人格犯罪在我国刑事案件中占有多大比例，目前还没有详细可靠的统计数字。据有关资料介绍，美国的在押人犯中，有人格障碍者占40%~60%，日本也达30%~50%。从我国司法鉴定的案例来看，变态人格犯罪是极少数，这可能出自两个方面的原因，①我国变态人格发生率不高，因而犯罪的实际比例也就比较低；②即使属于变态人格犯罪，也很少提请鉴定，往往以"脾气古怪"或"品质恶劣"对待。一般来说，变态人格者犯罪与正常人犯罪有一定的区别，主要表现在：

1. 一般犯罪分子实施犯罪往往是有计划有预谋的，而变态人格者犯罪前较少预谋，往往是随机冲动性的。

2. 一般犯罪者犯罪动机明显，目的明确，而变态人格者的犯罪常常不是有目的地选择侵害目标，而是带有偶然性，常受直观、本能和情感支配，其犯罪动机和目的模糊不清。

3. 一般犯罪者在实施犯罪时要进行自我保护，所采用的作案方式手段比较隐蔽、狡猾，以求逃避罪责。而变态人格者手段不隐蔽，只顾眼前，胆大妄为，不计后果，犯罪目的与所处境遇和利害得失不相称，犯罪结果甚至得不偿失，对己不利又危害他人。

4. 变态人格者实施的犯罪难以矫治。由于其人格特点的决定性作用，变态人格者犯罪被抓获后往往供认不讳，对犯罪情节和过程不加隐瞒，但又为自己辩解，不承认其行为是犯罪行为，有的甚至对逮捕、判刑表现出不以为意的态度。同时，他们也不能从挫折和惩罚中吸取教训，以致屡犯不改。

二、精神疾病与犯罪

精神疾病是由于人的大脑因受刺激而机能紊乱和失调，导致认识、思维、情感发生障碍，行为失去常态的一种疾病。精神病人不仅人格分裂、失去自控能力、缺乏对自己身心变化的逻辑判断，而且人际关系沟通困难，往往对客观环境的大脑反映是歪曲的，经常发生幻觉、妄想和运动性兴奋，记忆丧失，思维失常，意志和情感久缺，易于冲动，有的甚至损害自己或侵犯他人，危害社会，主要表现为以下几种情况：

1. 精神分裂症患者往往思维出现障碍，精神活动丧失统一性和协调性，常因幻觉、妄想导致杀人、毁物、放火、伤人等危害行为。

2. 躁郁症患者表现为无端的极度喜悦或悲伤，情绪不稳定，躁狂性精神病的突出表现是攻击性行为，抑郁性精神病则易自杀。

3. 偏执性精神病，也称妄想性精神病，有嫉妒妄想、迫害妄想、罪恶妄想、钟情妄想等，这种患者在各种妄想的支配下，易于发生相应的危害行为。

除此之外，意识障碍性精神病患者、精神发育不全者及癫痫病患者都易于发生自觉或不自觉的危害行为。精神疾病与犯罪行为的发生并无必然的联系，不是每个精神病患者都必然实施危害社会的犯罪行为。在法律上，由于精神病患者不能辨认或不能控制等原因，而不确定为犯罪，不承担刑事责任，但是精神病患者的行为易于造成对他人和社会的危害，因此，对精神疾病与犯罪进行分析是犯罪个体原因中不可缺少的内容。这对于制定有关精神病人的刑事政策、做好犯罪预防具有重要作用，特别是现实社会中有些危害行为的发生既有疾病因素的作用，又有意识因素的影响，对这类行为的分析研究，其犯罪学意义更加重大。

➲ 思考题

1. 犯罪个体原因的概念及特征。
2. 生物因素对犯罪的影响。
3. 犯罪个体意识的形成及其与犯罪的关系。
4. 犯罪的心理因素及其对犯罪的影响。
5. 变态人格、精神疾病与犯罪之间的关系。

➲ 拓展阅读

1. ［美］詹姆斯·法隆：《天生变态狂：TED 心理学家的脑犯罪之旅》，瞿名晏译，群言出版社 2016 年版。

2. ［法］古斯塔夫·勒庞：《乌合之众：大众心理研究》，冯克利译，广西师范大学出版社 2015 年版。

3. ［美］史蒂芬·平克：《白板》，袁冬华译，浙江人民出版社 2016 年版。

犯罪的被害原因

第一节 犯罪被害因素及其理论

一、犯罪被害因素概述

犯罪被害因素，是指诱发或强化犯罪行为发生的被害人自身的因素和社会因素的总和。被害人的自身因素主要包括被害人的年龄、性别、职业、文化程度、经济状况、婚姻状况、人格特征、行为方式等方面的内容。社会因素主要包括被害人所处的生活环境中能对其被害产生促进作用的各种因素。如不良的家庭生活环境、不健康的社会文化环境、不良消遣的活动场所和犯罪行为经常发生的场所以及导致被害人多次被害和重复被害的司法因素和其他社会因素。

二、犯罪被害因素的理论

西方学者已经创立了诸多有关被害因素的理论，主要包括：

（一）个人被害因素理论

美国被害学家斯帕克斯（Sparks）和帕内尔（Panel）创立并发展了个人被害因素理论。该理论针对某些个人或团体重复被害加以研究，指出重复被害是其本身具有被害的因素，如个人特性、社会情境、居住环境及被害者与加害者的关系等所造成。这些被害因素具体表现为以下几个方面：①激发或挑惹因素。激发，是指被害人首先攻击一个具有犯罪动机的人。挑惹，是指因被害人向守法者进行攻击，使之受到刺激而反向攻击。②煽动或加害因素。煽动或加害，是指被害人积极主动地对另一方实施犯罪行为，使对方明显地感觉到其身体或财产正在遭受损失，导致对方对其实施加害行为。如长期虐待家庭成员的家长被受虐者杀死。③促进因素。促进，是指被害人所具有的导致被害的无知、愚蠢、鲁莽、态度暧昧或疏忽等心理特性。④诱发因素。诱发，是指被害人因生理、社会环境、社会角色等方面具有弱点，极易成为犯罪被害的对象。这些弱点可以划分为三类：区域上的弱点，如居住在高犯罪地带；地位上的弱点，如年龄、性别、心智有缺陷、种族、职业、社会阶层、受教育程度等；角色上的弱点，如有婚姻关系和租赁关系的双方。⑤合作因素。合作，是指被害人对犯罪持有同意态度。合作因素体现在被害人与犯罪合二为一的犯罪中，如吸毒、赌博、卖淫嫖娼等。⑥吸引因素。吸引，是指被害人具有导致犯罪的明显目标。如家财万贯、随身携带巨额现金者。⑦机会因素。机会，是指被害人存在让犯罪人可以利用的因素，如钱财外露、女性单独夜行。⑧免罚因素。免罚，是指因被害人不愿报案、案件破案率发现率低等，犯罪人感觉有恃无恐，多次对同一被害人实施犯罪的因素。需要指出的是，虽然理论上对这些因素可以单独地逐一阐述，但在具体案件中，同一被害人可能同时具备两个或两个以上的因素。

（二）生活方式暴露理论和日常活动理论

生活方式暴露理论和日常活动理论主要是研究个体生活状态与被害之间关系的理论。生活方式暴露理论是美国犯罪学家亨德兰（Hindelang）等人创立的。该理论认为，一个人之所以被害，是由于其生活方式具有某些特性，决定个体经常处于被害的危险情境或经常与具有犯罪特性的人接触，增加了个体的危险或使之成为被害人。亨德兰指出，生活方式是指个人的日常生活活动，包括职业活动和娱乐休闲活动，不同的生活方式蕴含着不同的被害危险，经常与具有犯罪特性的人交往，暴露在危险情境中的机会越多，被害的可能性就越大。为了详细地阐释该理论，亨德兰利用八个命题对生活方式与被害之间的关系进行说明：①个人被害的可能性与其暴露在公共场所时间的多少成正比；②个人是否经常置身于公共场所是由其生活方式决定的；③具有相似生活方式的人，彼此接触互动的机会也多；④被害人与犯罪人具有相似的生活方式是个人被害的因素之一；⑤个人与其家庭以外的成员接触时间的多少，是由其生活方式决定的；⑥个人被害的可能性与他和非家人接触时间的多少成正比；⑦个人越经常与具有犯罪特性的人接触，其被害的可能性也就越大；⑧一个人成为被害人的便利性、诱发性及个体的易于侵害性与生活方式相关。

日常生活理论的倡导者是美国犯罪学家科恩和费尔森，他们认为，在社会中总有人有理由进行故意伤害他人身体或夺取他人财产的掠夺性犯罪活动，掠夺性犯罪的数量和分布，不仅与犯罪人的行为有关，而且与潜在被害人每天的日常活动密切相关。被害人的日常活动导致了他与犯罪人在同一时空下的接触或造成财物无人看管的情形，此时便给犯罪人创造了犯罪的机会。该理论指出，美国 20 世纪 60 年代犯罪率上升，是由家庭解组、妇女劳动参与率提高、人们的生活越来越不以家庭为中心以及家庭中容易挪动的家用电器的增多等类似原因造成的。

（三）被害人化理论

这一理论是日本著名学者宫泽浩一提出的，被害人化是指遭受犯罪行为侵害后，导致被害后果不断恶化的过程。宫泽浩一将这一过程划分为第一次被害人化、第二次被害人化和第三次被害人化三个阶段。

第一次被害人化，是指被害人遭受犯罪行为侵害的过程。在这一过程中，存在于被害人自身的一些被害因素，被害人与犯罪人的关系是预防被害的关键，也是人们通常关注的问题。

第二次被害人化，是指被害人或其亲属在参与刑事诉讼的过程中，或在被害后没有受到社会（特别是刑事司法机关）的公正对待，或没有得到亲属、朋友的感情支持，这些来自外界的不良或不适当的反应和态度，往往会加深被害的后果。这是由第一次被害所引发和派生出的再次被害。而这次被害受到伤害的不仅是被害人本身，而且还包括其亲属。

第三次被害人化，是指经过了两次被害人化的被害人（直接、间接），因此而自我消沉、自暴自弃、自我毁灭或者更为极端，造成由被害人转向犯罪人的过程。造成第三次被害人化，除了被害人自身的性格、生活态度等原因外，主要是由于被害人无法获得必要的帮助和公正的待遇，感到孤立无援，在无助无望的心理痛苦中，产生强烈的不公正感，由此导致过度的自我谴责、情绪压抑，最后造成自杀或实施报复行为。

被害人化理论给了我们很大启示，它表明被害的后果并不会随着犯罪的结束而停止，如果社会没有对被害人和被害后果给予适当的、合理的处理，这种后果会进一步恶化。对于第二次、第三次被害人化，虽不排除被害人自身方面的原因，更重要的是需要社会建立相应的救助机制。

第二节　犯罪被害原因的表现

被害人成为被害的原因表现为多个方面，包括主观方面的原因与客观方面的原因，[1] 有时可能是多种原因共同作用最终成为被害。总体来看，犯罪被害原因表现为以下几种情况：

一、特殊被害地位

所谓特殊的被害地位，是指被害人所处的容易使其成为被害的特殊社会地位。某些犯罪以特定范围的人为侵害对象，因此，被害人自身所处的特殊社会地位就往往成为被害的重要原因。主要包括特定的年龄阶段、特定的学习生活环境、特定的工作环境等。

未成年人容易成为性侵害的被害人。这是因为，未成年人身心发育尚不成熟，缺乏自我保护意识和能力，容易受到犯罪侵害，特别是遭受性侵害。近年来，未成年人受诸多自身消极因素的影响，性侵害未成年人犯罪仍处于多发态势。以猥亵儿童罪为例，2012~2014 年，全国法院审结此类犯罪案件共计 7145 件，其中，2012 年 2017 件，2013 年 2300 件，2014 年 2828 件，呈逐年上升趋势。例如，2011 年上半年至 2012 年 6 月 4 日，李吉顺在甘肃省武山县某村小学任教期间，利用在校学生年幼无知、胆小害羞的弱点，先后将 26 名 4~11 周岁的幼女被害人骗至宿舍、教室、村外树林等处奸淫、猥亵。李吉顺甚至还多次对同一名被害人或同时对多名被害人实施奸淫、猥亵，对被害人身心健康造成了严重危害。

老年人容易成为电信诈骗类犯罪的被害人。这是因为，老年人接触外界信息较少，容易轻信他人的花言巧语，进而向犯罪人透露自己及家人的身份信息、存款、银行卡等情况，或者向陌生人汇款、转账，最终成为诈骗犯罪的被害人。据公安部相关统计，中老年人占电信诈骗被害人的比例超过 70%。

职场环境成为职场性骚扰犯罪多发的重要原因。联合国消除歧视委员会于 1992 年第十一届会议作出的《消除对妇女一切形式歧视公约》的《第 19 号一般建议：对妇女的暴力行为》第 11 条指出："如果妇女遭到基于性别的暴力，例如在工作单位的性骚扰时，就业平等权利也会严重减损。""性骚扰包括不受欢迎的具有性动机的行为，如身体接触和求爱动作，带黄色的字眼，出示淫秽书画和提出性要求，不论是以词语还是用行动来表示。这类行为可以是侮辱人的，构成健康和安全的问题。如果妇女有合理理由相信，她如拒绝的话，在工作包括征聘或升级方面、对她都很不利，或者造成不友善的工作环境，则这类行为

---

[1] 参见应培礼主编：《犯罪学通论》，法律出版社 2016 年版，第 254~255 页。

就是歧视性的。"2017 年 10 月，由美国女星艾丽莎·米兰诺发起的、以"Me-Too"为行动标签的反性骚扰活动在美国兴起并持续发酵成为具全球影响力的社会运动。近年来，在我国有关性骚扰与权力滥用事件的曝光，引起社会各界对性骚扰议题的关注。据 2009 年智联招聘进行的职场性骚扰调查显示，职场女性遭遇过性骚扰的比例为 38.8%，职场男性遭遇过性骚扰的比例为 15.6%，总比例为 54.4%。[1] 由于职场性骚扰发生的场所相对封闭，行为具有隐蔽性，被害人维权十分困难。而且由于职场环境的不平等，被害人往往处于弱势地位，导致多数被害人面对职场性骚扰时选择沉默，这又会助长犯罪人实施职场性骚扰行为的心理。

二、防范意识薄弱

被害人自身对犯罪的防范意识薄弱往往是其成为被害的重要原因。理论上将因为被害人不知不觉、粗心大意、玩忽职守、漫不经心地使犯罪人较为容易地实施犯罪的情况称为"被害人助长"。[2] 助长型被害人将犯罪吸引到自己疏于保护的财产上来，导致自身成为侵害的对象。汽车车主把车钥匙忘在了汽车内没有拔下来；居民住宅忘记锁门或者窗户洞开等，皆是被害人防范意识薄弱导致犯罪发生的情况。例如，小区居民住宅中，高层住户往往存在侥幸心理，防范意识薄弱，盲目认为高楼层的客观屏障能够防止自己成为被侵害的对象，所以不安装防护栏或者在外出、夜晚等时段仍然不锁闭窗户。有的犯罪人正是发现这种规律，专门选取高楼层住户，利用可乘之机对其实施入室盗窃等犯罪行为。

三、被害心理因素

被害人自身存在的某些心理因素也是犯罪被害形成的原因之一。一是被害人的某些心理因素可能被犯罪人利用，使其容易成为特定犯罪的被害人。例如，集资诈骗类犯罪的被害人，往往基于贪婪与不劳而获的心理参与到非法集资当中，最后导致财产遭受重大损失。二是被害人的某些心理癖好使其成为被害。例如，在周友平连环性虐案中，周友平于 2009 年以丰厚报酬为诱饵，在一个同

---

〔1〕 参见北京源众性别发展中心 2018 年发布的《中国防治职场性骚扰法律与司法审判案例研究报告》。
〔2〕 参见［美］安德鲁·卡曼：《犯罪被害人学导论》，李伟等译，北京大学出版社 2010 年版，第 124页。

性恋网站上疯狂发帖找"奴"，和他一起进行一种追求窒息性快感的虐恋性游戏。自 2009 年 10 月 11 日起 40 多天内，先后有 6 名北方男子以同样方式死于非命。这个追求窒息性快感的性游戏有个"游戏规则"：让人在半空悬空吊着，如果在十多秒内没人救的话，就会完全进入窒息状态而死亡。周友平说自己知道这个游戏的危险性，所以自己从来不玩上吊，却喜欢看着别人玩。而他常在满足了自己变态的欲望后转身离开，导致被害人死亡。该案被害人正是在理论上存在一种不正常的性刺激需求，才使得自己甘愿成为被害，以至于产生死亡的危害结果。

⮂ 思考题

　　1. 犯罪被害因素的理论见解。

　　2. 犯罪被害因素的具体表现。

⮂ 拓展阅读

　　1. 李伟主编：《犯罪被害人学教程》，北京大学出版社 2014 年版。

　　2. ［美］安德鲁·卡曼：《犯罪被害人学导论》（第六版），李伟等译，北京大学出版社 2010 年版。

第四编　犯罪预防

第
十
章

犯罪预防的一般原理

第一节 犯罪预防概述

一、犯罪预防的概念及特征

所谓犯罪预防，是指国家、社会和公民为消除和减少犯罪原因和条件，威慑和矫正犯罪人，从而防止和减少犯罪而采取的一系列防范策略和控制措施的总和。

在我国，关于犯罪预防的概念有不同的表述，如犯罪预防是"通过限制、消除犯罪的原因、条件及其作用，来减少或防止犯罪现象的发生"。[1] 犯罪预防，是指"用消除、限制犯罪产生的根源、原因和条件的方法，以减少犯罪，并为最后彻底消灭犯罪创造条件的国家防御和社会防御的系统工程"。[2] 还有的学者认为，"预防犯罪乃是一个综合多种力量，运用多种手段，采取各种措施，以防止、控制和减少犯罪及重新犯罪的举措体系"。[3]

犯罪预防是犯罪学研究的出发点和归宿。犯罪预防包括犯罪的事前防范、犯罪控制及其犯罪后的矫治。犯罪的事前防范，旨在消除犯罪原因，它是从社会防范的角度出发，调动社会力量对犯罪的预防。它着眼于犯罪原因的消除，主要目的在于"防患于未然"，使犯罪不发生；犯罪控制是在犯罪行为发生的过程中或发生以后采取的不使其继续发生或再次发生，并防止犯罪数量和质量超出正常范围的控制手段，主要是指公安机关实施的社会治安控制，司法机关的

---

〔1〕 参见孙膺杰、吴振兴主编：《刑事法学大辞典》，延边大学出版社 1989 年版，第 215 页。

〔2〕 参见周密：《论证犯罪学》，群众出版社 1991 年版，第 242 页。

〔3〕 参见冯树梁主编：《中国预防犯罪方略》，法律出版社 1994 年版，第 3 页。

刑罚控制和对犯罪人的矫治。它着眼于对犯罪场所的控制，主要目的在于消除犯罪目标，减少犯罪机会，增加犯罪的风险和代价，威慑犯罪人和潜在犯罪人，促使人们对社会规范和社会秩序的遵守与维护，从而把犯罪控制在正常范围内。犯罪的事先防范是对犯罪的积极避免，是犯罪学所追求的主动运用非法律手段预防犯罪的价值目标。而犯罪控制是对犯罪的事后处置，也是犯罪预防的重要组成部分，应当说犯罪控制是犯罪事先防范的延伸，是一种被动防守和抢救性的预防，主要通过必要的惩戒和控制手段，防止预防对象再次堕入犯罪，使社会避免或尽量减少因犯罪而造成的损失。对犯罪人的矫治是一种事后的不得已而为之的措施，主要是对已经犯罪的人，通过教育、改造，使他们改恶从善，弃旧图新，不再犯罪。

犯罪预防的概念具有如下特征：

1. 犯罪预防的主体是国家、社会和公民个人，而不仅仅是国家刑事司法机关。犯罪是复杂的社会现象，是多种社会因素和社会矛盾以及个体因素综合作用的结果。因此，犯罪预防不能只靠一个机关一个部门，而需要全社会的参与，需要各部门齐抓共管、通力合作，既要依靠公安、检察、法院等专门机关的骨干力量，及时、有力地打击犯罪，又要充分发挥社会各界，包括公民个人的力量。将专门机关的工作与社会各界力量相结合，根据不同情况，实行不同的政策，采取不同的方式，最后实现预防犯罪发生的目的。

2. 犯罪预防的对象是犯罪原因和条件。犯罪预防要以对犯罪原因的科学分析为前提，在社会预防上，通过发展经济不断提高人们的物质生活水平，同时提高人们的道德素养和守法意识，减少各种社会矛盾冲突，其实质就是减少和消除犯罪产生的原因；治安预防和刑罚预防也直接着眼于减少和消除犯罪发生的有利条件，通过户籍管理、治安联防和治安处罚以及刑罚惩处，防止犯罪人重新犯罪，防止有犯罪倾向的人以及普通公民堕入犯罪，防止犯罪危害结果的扩大。

3. 犯罪预防的目标是减少和控制犯罪的发生。在现实社会中，犯罪的存在是不可避免的，因此，提出消灭犯罪或类似要求都是不切实际的幻想，犯罪预防的现实目标是通过减少、消除犯罪发生的原因和条件，减少和控制犯罪的发生。虽然犯罪是一种复杂的社会现象，但犯罪现象主要是由各种社会因素决定的，其形成同其他多种社会现象之间具有因果性或相关性，同时，犯罪的产生、发展和变化是有其规律可循的，我们认识并掌握了这些规律，就能够积极、主动采取防范措施，防止犯罪的发生。

4. 犯罪预防是一系列的防范策略和控制措施所组成的对策体系。由于犯罪是一个综合的社会问题，诱发促成犯罪的原因是复杂的、多方面的，并形成一个系统，它不仅涉及社会的政治、经济、文化、教育等问题，涉及具体行为人的家庭、学校、社区环境等客观原因，而且还涉及主观的生理和心理因素。与此相对应，犯罪预防应该是一个多环节、多层次的对策体系，这就要求犯罪预防措施的制定、犯罪预防体系的建立要与犯罪原因的体系设置相联系。

二、犯罪预防的可能性

犯罪能不能预防？能在何种程度上被预防？这是犯罪学中历来争论不休而又十分重要的问题，对于这一问题的回答，其实反映出对于犯罪本质和犯罪原因的认识。由于犯罪观不同，因此，形成了对这一问题的不同的解释。有人认为犯罪是天生的，是由行为人的生理因素、遗传因素所决定的，所以无法预防，甚至有人认为犯罪是一种永恒的社会现象，犯罪的预防和消除是不可能的。如法国社会学家迪尔凯姆认为，犯罪并非社会病理现象，而是与社会共存亡的一种正常的、必然的现象："把犯罪归于正常社会学的现象，这不只是说，由于人类具有不可纠正的恶习，所以犯罪就成为一种人们虽不愿意但又不可避免的现象；而且也在确认犯罪是社会健康的一个因素，是健康的社会整体的一个组成部分。"[1] 而消除犯罪的唯一条件是集体意识完全支配个体意识，但是这样的社会是不存在的。

我国犯罪学界普遍认为，犯罪是阶级社会特有的一种社会历史现象，它会随着生产力水平的不断提高和生产方式基本矛盾的不断解决而逐渐减少直至最终消灭。但这一过程是相当漫长、艰难的，在现有的社会条件下，犯罪只能在一定程度上得到控制和预防。只要我们寻找出犯罪形成的各种原因和条件，正确地认识、把握犯罪发生、发展及其变化的规律，那么，预防犯罪、减少犯罪就是完全可能的，原因在于：

1. 犯罪的产生及其变化是有规律的。犯罪现象虽然纷繁复杂，变化多样，但它毕竟是客观存在的社会现象，与其他社会现象一样，是有规律可循的。而这些规律是能够被认识、掌握并加以控制的。犯罪学的研究表明：透过犯罪现象的状况、结构和动态的描述，能够寻找出犯罪发生、发展及其变化的规律，并且可以运用这些规律采取有效的对策，由此，预防犯罪、减少犯罪的目的是

---

[1] ［法］E. 迪尔凯姆：《社会学方法的准则》，狄玉明译，商务印书馆 1995 年版，第 83 页。

能够实现的。

犯罪产生的基本规律表明了一切犯罪的本质特征和发展趋势，犯罪产生的根本原因虽然不能很快消除，但可以通过社会的完善逐渐趋于减弱，而针对具体规律即某类犯罪的特征和复杂原因，可采取更具针对性的可操作性的措施，改变某些具体原因和条件的作用范围和作用方向，减少犯罪的发生、控制犯罪对社会造成的危害。

2. 犯罪的产生不是偶然的，作为一种结果，它与引起犯罪的诸因素存在着一种内在的不可分割的因果联系。从宏观来讲，犯罪现象是社会政治、经济、文化、教育等多种原因综合作用的结果；从微观看，具体犯罪行为的发生是行为人主客观因素的综合产物，只要寻找出发生犯罪的原因，进而相应地采取措施，就能有效地控制、阻止或消除形成犯罪的原因和条件，从而减少或防止犯罪的发生。

因果性原理的启示在于：①揭示犯罪结果与罪因之间的因果关系是客观存在的，犯罪现象的原因和具体犯罪行为形成的原因是可以认识、把握并进而加以控制或消除的，这就提供了预防犯罪的可能性。②犯罪预防措施的制定、犯罪预防体系的建立应与犯罪原因结构层次、犯罪原因系统相协调、相对应。做到方向明确、措施得当，这样，就能够在预防犯罪工作中有的放矢，收到实效。③犯罪预防的具体目标就是消除、割断或削弱犯罪与其产生原因之间的因果关系，使原因不能（或不易）决定或引起犯罪结果的出现，割断或者削弱犯罪原因与犯罪结果之间的联系，由此犯罪必然会得到最大限度的减少和遏制。

3. 犯罪心理的形成过程及其犯罪行为的发展变化是一个由量变到质变的过程。犯罪学理论告诉我们，犯罪心理的形成过程不管长短怎样，都是各种内在的、外在的因素相互作用的结果。而且犯罪心理的外化，必须通过犯罪行为加以实施。犯罪行为的实施同样有一个过程，要受到各种外界因素的制约。危害结果的发生，除了必须有已经实施的犯罪行为之外，还必须具备一定的外界条件，没有相应的条件，或者犯罪所必需的条件改变了，犯罪行为及由此造成的危害结果也同样不会发生。

正是因为任何犯罪都有一个生成过程，这个过程的产生、变化和结局，必然受到一系列主观因素和客观因素的作用和制约，而这许多因素，又是可以消除或者改变的，所以，通过一定的渠道和方式，运用人所特有的能动性消除或改变促使犯罪生成的各种因素，阻截犯罪生成的过程，改变行为主体的发展方向，就是完全可能的。况且，社会内部客观存在的抑制犯罪的机制，为预防犯罪提供了力量基础，人类社会积累了大量的预防和控制犯罪的经验、知识和理论，加之国际交流、协作，为更大范围的犯罪预防提供了可能。

第二节 犯罪预防的内容与方法

一、犯罪预防的内容

犯罪学理论上对于犯罪预防内容有不同认识，归纳起来基本上可以划分为三类：

1. 从法律角度着眼，通过合理制定法律和有效适用法律达到预防犯罪的目的。该主张旨在加强和改进刑事立法和刑事司法，在侦查、起诉、审判和矫正等各个环节采取有力措施以减少和预防犯罪发生。在主张刑事预防论的学者中，具体观点不尽相同，但其共同点都是强调刑事立法和刑事司法，特别是刑罚威吓在犯罪预防中的作用。自 18 世纪古典犯罪学派的代表人物费尔巴哈提出心理强制说以来，以刑罚为中心的犯罪预防思想就一直影响着犯罪学家。如在 20 世纪 70 年代，美国学者杰费里提出，如一个人感受到刑罚处罚痛苦的可能性大于实施犯罪的可能性，则其犯罪行为就可能减少或不发生。此外，主张采用立法手段使某些以往被视为犯罪的行为合法化，以避免刑事处罚的"标签"作用，并减少犯罪总量的"非刑事化论"以及主张对轻微或特殊罪犯施以非监禁处置以避免监禁的各种副作用并预防由此产生的犯罪的"非监禁论"也都属于此类。

2. 通过改进和完善社会环境、社会体制，消除各种诱发犯罪因素达到预防犯罪的目的。这种犯罪预防理论为越来越多的国家所重视。在这类预防理论当中，影响较大的有：

（1）宣传教育论。这种理论主要是强调大众传播工具在预防犯罪方面的重要作用，通过各种宣传媒介提高人们的法律知识水平，进而实现犯罪预防。预防犯罪的宣传形式很多，如定期举行预防犯罪展览会，街头演讲以及利用电视、路灯、广告栏等工具进行宣传等。

（2）公众参与论。该理论的核心内容是动员社会公众协助刑事司法机关参与预防犯罪的活动，以更加有效地控制和减少犯罪。持有这种理论的学者认为，犯罪已渗透到社会生活的许多领域，侵犯着社会公共利益和个人利益。因此，消除犯罪现象不仅是刑事司法系统的任务，而且应当是整个社会关心的事情。刑事司法系统能否成功地对付违法犯罪，在很大程度上依赖于公众的参与活动。

"邻里守望""社区预防"等形式的公众参与犯罪预防的活动遍及许多国家。[1]

（3）技术预防论。这种理论主张利用一些特殊装置对特定场所采取防范措施，以减少犯罪机会进而预防犯罪发生。持这种主张的学者认为，犯罪率之所以在不同的地方、不同的场所表现不同，一个重要原因是犯罪机会的大小不同。因此，通过采取一定技术手段可以减少犯罪机会，进而减少犯罪发生。比如，在金融机构里普遍安装电子监控系统，在机动车上配备电子报警器等。在 20 世纪七八十年代，美国就有学者提出类似的主张，如纽曼的环境预防论，洛伊丝·莫克的减少犯罪机会论；德国则在 20 世纪 80 年代中期首次谈到技术防范在犯罪预防中的积极作用。[2]

（4）综合预防论。这是在研究犯罪产生原因基础上提出的一种较新的犯罪预防理论，主要由美国、日本一些学者所主张。该理论认为，犯罪是多种多样的原因相互作用的结果，因而犯罪预防必须针对犯罪产生的原因，从综合治理或系统论的观点出发。只有各种手段相互配合、相互衔接、综合发挥作用，才能消除诱发犯罪的各种可能性，从而预防犯罪的发生。美国 1984 年的《联邦综合犯罪防止法案》就是该理论在立法上的具体反映。[3]

3. 针对违法犯罪的实施者，通过生活指导、心理治疗、欲望克制等方式，改造与消除个人与社会不相适应的缺陷与矛盾，以达到预防某些个人走上违法犯罪道路的目的。这类理论中影响较大的是心理治疗论。该理论认为，人的心理发育程度与其行为之间有密切联系。当一个人存在某种心理缺陷时，就可能难以适应社会，并实施一定的反社会行为。因此，通过对有缺陷心理的人进行治疗，矫正不适应社会的个性特征，就可以有效地预防犯罪。这种理论特别注意心理因素对青少年犯罪的影响，认为对病态行为进行精神分析，才能真正认识青少年犯罪的根源；而提高父母的心理学和教育学水平、保持稳定的家庭环境和生活条件、防止儿童心理受挫等措施有助于儿童健康心理的形成，进而减少犯罪的发生。[4]

总体而言，尽管学者们关于犯罪预防的理解各不相同，但是，绝大多数学者都认为犯罪预防就是采取各种措施和手段去减少社会中存在的各种可能诱发

---

[1] 参见康树华主编：《比较犯罪学》，北京大学出版社 1994 年版，第 555 页。
[2] 参见徐久生：《德语国家的犯罪学研究》，中国法制出版社 1999 年版，第 365~366 页。
[3] 参见康树华主编：《比较犯罪学》，北京大学出版社 1994 年版，第 557 页。
[4] 参见康树华主编：《比较犯罪学》，北京大学出版社 1994 年版，第 551 页。

犯罪的因素，以减少和遏制犯罪的发生。

二、犯罪预防的方法

（一）犯罪预防的方法的含义

所谓犯罪预防的方法，是指根据犯罪形成的原因和生成过程，所采取的减少、防止犯罪发生的各项措施及其手段的总称。

犯罪预防的方法是实现犯罪预防目的的有效途径。犯罪预防的目的需要犯罪预防方法和手段来实现，如果犯罪预防目的不与有效的预防手段相结合，目的将永远是无法实现的一种理想。犯罪预防方法是在防止和减少犯罪发生的目的支配下根据实际需要选择和设置的，如果脱离了犯罪预防的目的，它将失去其实际的价值。预防犯罪的各种方法只有被运用到同犯罪作斗争的实践中，才能发挥预防犯罪的作用。在同犯罪作斗争的实践中，要根据犯罪形成原因和发生过程，选择适宜的时机、条件，针对不同的对象，运用不同的犯罪预防方法和手段，最大限度地防止和减少犯罪的发生。

（二）犯罪预防的方法的种类

犯罪预防的方法很多，从广义和狭义角度划分，可以分为宏观预防方法、微观预防方法；整体预防方法、部分预防方法和个体预防方法。从犯罪行为发生的过程划分，可以分为犯罪前预防方法、犯罪中预防方法和犯罪后预防方法；预防犯罪心理形成的方法、预防犯罪心理外化的方法、转变犯罪心理的矫治方法。从作用对象的内容划分，可分为经济犯罪的预防方法、暴力犯罪的预防方法、性犯罪的预防方法等。最常用的犯罪预防方法主要有：

1. 保护性预防。保护性预防是调动一切社会力量，从政治、经济、文化、教育、道德、行政和法律等方面，为人们尤其是青少年提供生活、学习、工作和娱乐等条件和保障，使少有所学、壮有所为、老有所养，消除犯罪的诱因和条件。

2. 疏导性预防。疏导性预防是针对人们的错误观念、不良心理因素和社会上容易引发犯罪的种种实际问题（如失学、辍学、待业、刑满释放后的安置等），通过正面教育、引导、帮助、说服、缓解矛盾，消除诱发犯罪的消极因素，预防和减少犯罪。

3. 限制性预防。限制性预防是国家机关和社会团体，针对导致违法犯罪的原因和条件，明文规定一些限制性的行为规范，以堵塞漏洞，消除犯罪诱因，预防犯罪发生。

4. 惩戒性预防。惩戒性预防是国家政法机关依照法律，对违法犯罪分子给予行政处罚或刑事处罚，以儆效尤，预防社会上的危险分子违法犯罪，并预防受惩戒者再犯。

5. 改造性预防。改造性预防是通过监狱内的惩罚改造、劳动、教育和感化矫治等项措施，使罪犯知过认罪，弃恶从善，防止其再犯。

6. 被害预防。被害预防是针对被害人所具有的被害性及诱发、促成犯罪发生的某些因素，不断克服被害人自身存在的弱点与缺陷，提高被害防范意识及防卫能力，克服麻痹思想和恐惧心理，勇于并善于同违法犯罪现象作斗争，使犯罪人无隙可乘，无计可施，以达到预防犯罪目的。

（三）犯罪预防手段的种类

根据不同的标准，犯罪预防手段可划分为不同的种类：

1. 按犯罪预防手段的自身性质划分，可分为教育手段、经济手段、文化手段、行政手段、法律手段和技术手段。

（1）教育手段。教育手段，是指对全体公民尤其是青少年开展人生教育、道德教育、法制教育以及文化知识和劳动技能教育与培训，通过塑造人们的心灵，达到预防与控制犯罪的目的。由于人是教育的对象，教育手段在整个犯罪预防工作中起着核心作用。

（2）经济手段。经济手段，是指通过针对犯罪产生的经济原因与条件，运用经济领域的方略，减少犯罪行为的发生。经济手段主要是大力发展生产力，创造更多的社会物质财富和社会就业机会，不断满足人们日益增长的物质和文化生活的需要。

（3）文化手段。文化手段，是指针对文化建设中存在的问题尤其是精神文明建设的滑坡现象所采取的一系列有利于预防与控制犯罪的文化措施。主要是加强对现代文化信息的管理和文化环境的管理，坚持开展"扫黄打非"活动，不断整顿和清理非法文化娱乐、图书、影视市场，开展健康有益的文化娱乐活动。

（4）行政手段。行政手段，是指加强各部门、各行业、各单位的行政管理工作，减少管理上漏洞，建立健全各种规章制度，克服有章不循的现象，以消除和减少犯罪的机遇条件。行政手段包括一系列行政奖惩措施，直接干预不良或违法行为的发展。

（5）法律手段。法律手段，是指通过法律适用乃至法制宣传与教育活动，规范人们的行为，教育公民遵纪守法，惩罚和威慑犯罪人、潜在犯罪人，从而实现预防犯罪的目的。法律手段主要是运用刑罚实行一般和特殊预防功能。

（6）技术手段。技术手段，是指运用现代科技尤其是特制安全防范装置，防止案件的发生或为侦查破案提供线索和证据的一种特殊的预防措施。

2. 按犯罪预防手段的作用功能划分，可分为排除手段、疏导手段、控制手段、威慑手段和矫正手段。

（1）排除手段。排除手段，是指排除某些决定犯罪产生的社会因素及其对人的消极影响以防止形成犯罪意识的手段。排除手段主要是在犯罪形成过程中，在从社会到人等环节上适用，运用该手段的主体，主要是社会各职能部门，其功能在于防止犯罪意识的大规模产生。

（2）疏导手段。疏导手段，是指避免、减轻某些消极因素对人的影响以防止犯罪意识形成或被强化的手段。疏导手段既可以在从社会到人等环节上适用，也可以在从潜在犯罪人到犯罪人等环节运用，是在犯罪产生的整个过程中可以广泛适用的手段。其主体是社会文化教育部门和行政管理部门，其功能在于普遍地疏导某些社会消极因素对人们产生的不良影响，从而防止这些因素对犯罪的促成作用。同时，引导人们放弃、淡化犯罪意识，防止犯罪行为的实际发生。

（3）控制手段。控制手段，是指控制犯罪行为实施的各种必要条件，防止犯罪的实际发生或者使其不至对社会造成严重的危害的手段。控制手段是犯罪预防中的一项同犯罪作斗争的专门性工具，必须由专门的机关在自己的职权范围内严格依照法律的规定进行。

（4）威慑手段。威慑手段，是指运用刑罚方法制裁与恐吓犯罪人或潜在犯罪人的一种事后防范手段。威慑手段包括制裁犯罪人的全部刑事司法活动，只能由国家刑事司法系统按照各自的职能分工并在自己管辖的范围内依法进行。

（5）矫正手段。矫正手段，是指改变具有犯罪倾向的人的犯罪倾向的手段。矫正手段包括心理矫正和习性（行为）矫正两个方面，是专门性的犯罪预防手段，它以对矫正对象一定的人身限制为前提。[1]

三、国际预防犯罪的战略策略

当今，从世界范围来看，犯罪已成为一个严重的社会问题，引起了各国政府官员、专家学者以及社会公众的普遍关注。许多国家都投入大量的人力物力

---

〔1〕　张智辉："试论预防犯罪手段"，载《中国犯罪学研究会会刊》1992 年第 1 期。

对犯罪现象进行广泛、深入的调查研究，多方面、多层次、多角度地寻找和分析犯罪发生的原因和条件，探求和采取多种预防的对策和措施，试图将犯罪控制在一定限度内，保障社会稳定。

在预防犯罪方面，国际社会一般采取的战略、策略和具体措施，有如下几个方面：

1. 将预防犯罪战略措施纳入国家发展规划。国家发展规划不仅要包括经济领域，注重经济增长，而且要包括社会领域，重视社会发展。由于社会经济因素对于犯罪现象的增减和变化趋势具有很大影响，而犯罪现象的存在又严重地阻碍着经济的增长和社会的发展，因而国家发展规划的制定和实施必须给予预防犯罪以足够的重视，否则预防犯罪难以奏效，进而影响国家的经济增长和社会发展。国家发展规划应该包括改善社会环境，促进人民生活安定和预防犯罪的方案，从"治本"的宏观角度对犯罪实行社会预防。实际上，这就是从社会政策方面为消除犯罪产生的原因和条件提供保证。具体地说，国家应在工业、农业、商业服务业、交通通讯、科学技术、文化教育、医药卫生、文体旅游、大众传播和人口、就业、住房、社区环境、社会保障等不同方面的发展及其相互关系上，采取有利于预防犯罪的最佳措施。尤其是包括我国在内的发展中国家，在社会转型的工业化、城市化和现代化进程中更要重视预防犯罪。人口膨胀，人口从农村向城市的迁移，人口在城市里的高度密集和对城市社会的不适应等，往往伴随着犯罪现象的增多。因而，城市发展规划在人口迁移、升学、就业、住房、社会服务政策方面，对于预防犯罪的重大意义十分明显。一个国家经济增长和社会发展，人们的经济条件和社会条件不断改善，物质生活和精神生活的需要不断得到满足，人际关系和谐，社会安宁，无疑犯罪现象将减少；而犯罪现象的减少，无疑也是有利于经济进一步增长和社会进一步发展的。这样，社会即处于良性运行的状态之中。

2. 加强刑事司法系统工作，使预防犯罪的专业性活动得以充分发挥。刑事司法系统在"防患于未然"、制止犯罪的发生，在严厉制裁犯罪、使犯罪人受到应有惩罚等方面，都可收到预防犯罪的良好效果。当然，如果刑事司法系统工作失误、缺乏效率、手段不当，甚至与犯罪人串通勾结，就会出现犯罪日益恶化趋势。因此，各国政府采取标准化的训练、现代技术装备和优厚报酬等措施，提高刑事司法系统人员的整体素质和工作效能，以保障国家经济增长和社会发展所需的良好的社会环境。

3. 动员和鼓励更多的公众积极参与预防犯罪的活动。主要包括：①国家应在实现社会公平、改善公众生活条件的基础上，向公众传播参与意识，培养公众的社会积极性和自治、互助、协作精神。②社区居民及其志愿组织充分参与调停、和解、公断，以缓解民间争端和纠纷，避免矛盾恶化而酿成犯罪；协助刑事司法机关维护国家法律和社会秩序；增强自身对犯罪社会危害性的认识和同犯罪作斗争的勇气，消除对犯罪的恐惧心理，减少犯罪被害程度。社区预防是犯罪预防必不可少的重要一环。一个一个社区居民动员起来，参与犯罪预防，与刑事司法专门机关相互配合，布下天罗地网，使犯罪活动难以得逞，使犯罪人难以逃脱处罚。

公众参与预防犯罪的组织形式多种多样，如中国的社区居民治安保卫委员会、人民调解委员会、守楼护院和巡视监督活动、帮教失足青少年小组，美国的社区公民巡逻队，日本的预防犯罪协会、"社会净化运动"等。这些公众参与预防犯罪的组织和活动在消除社会隐患，堵塞社会漏洞，预防犯罪，增强社区安全感方面都起到了积极作用，已经成为广泛有效的社会预防犯罪机制。

4. 加强预防犯罪的科学研究。科学地认识现实社会中存在的犯罪现象及其发生原因和条件，科学地了解人的需要及其变化与犯罪行为之间的联系，以便从社会发展战略高度和个人全面发展具体角度出发，有的放矢，采用多种多样的策略，有效地预防犯罪。

5. 加强国际合作，共同致力于预防犯罪。鉴于犯罪已成为一个世界性的问题，同时随着国际联系日益广泛而频繁，跨国性的犯罪活动日益严重，而犯罪的社会危害性又令人担忧，这一切使得预防犯罪的国际合作的必要性和重要性更加突出。在国际合作共同预防犯罪方面，可以做如下一些具体工作：如在收集和交换有关犯罪和预防犯罪的统计数据、资料信息和科研成果上做出努力，以便于切实了解和掌握各个国家、各个时期犯罪的新情况、新特点，做出全世界整体性的评价，及时采取适当的预防犯罪的规划。如加强多边性技术合作和援助，以对付新形式的和跨国的犯罪活动。如建立国际性组织，以便从组织形式上共同预防犯罪。在这方面，国际比较刑事犯罪学中心就在控制和预防犯罪方面做出了努力，并且取得了一定成效。国际刑警组织在刑事调查、移送犯罪证据和拘禁犯罪人等方面给予有关国家以协助，在打击和预防犯罪方面发挥了应有的作用。联合国在推动预防犯罪的国际合作方面做了大量工作。联合国关于预防犯罪和罪犯待遇大会、联合国犯罪预防和控制委员会等的活动，有助于共同认识的形成和在此基础上确定预防犯罪对策。联合国推动地区之间预防犯罪的合作，亚洲和远东地区预防犯罪和犯罪待遇研究所的建立即为一例。这个研究所培训亚洲国家和其他国家的刑事司法人员在预防犯罪方面发挥了重要作用。

在预防犯罪的具体策略上，即从"治标"的角度，从消除犯罪的目标、机会与条件上看，国际社会一般都注重采用环境预防措施。环境预防措施即加强自卫能力，尽可能减少犯罪目标，减少犯罪的可乘之机和可利用的条件。每一社会成员、每一个社会组织，实际上都是潜在的犯罪被害者，都具有预防犯罪的内在动力，能够采取保护人身和财产安全的措施。如在住房等建筑物上设计保护性设施，增设报警系统，加强危险物品及剧毒药品的管理，增强被害人的自卫能力，使用加固门窗保险，等等，这些措施的目的都在于防止犯罪漏洞的形成，给犯罪制造障碍，都是具体的社会预防犯罪措施。

第三节　我国犯罪预防的基本模式

一、综合治理方针的基本内涵

我国犯罪预防的基本模式即总体指导思想是"综合治理"。所谓综合治理，就是在各级党委和政府的统一领导下，各部门、各单位通力合作，紧密配合，全面运用政治的、经济的、行政的、法律的、文化的、教育的等各种手段，打击犯罪，教育和改造违法犯罪人，逐步限制和消除产生犯罪的各种因素，以减少犯罪和预防犯罪，维护国家的长治久安。综合治理规定了预防犯罪的全局性和方向性的根本问题：

1. 规定了全方位的预防主体，解决了治理和预防犯罪的力量问题。社会是一个有机联系的整体，犯罪发生在复杂的社会中，与社会的方方面面相联系。所以，预防犯罪也需要各部门共同努力。具体地说，公检法等专门机关、民政部门、宣传部门、工会、共青团、妇联、居（村）民委员会、学校及家庭等社会各界都要负起犯罪预防之责，自觉将防范犯罪作为自身工作的组成部分。社会各界力量相互结合，齐抓共管，就可以针对犯罪产生的不同原因，采取不同的措施，从而从不同角度、不同层次、不同方面预防犯罪，进而形成一个全方位的预防犯罪体系。

2. 规定了多种手段、方法和措施，解决了治理和预防犯罪的途径问题。治理和预防犯罪不仅要对违法犯罪人进行处理和制裁，而且要对普通公民进行思想道德教育和法制教育。因此，在公安、检察院、法院等专门机关与非专门机关协调配合的同时，还必须采取政治、经济、行政、法律、文化、教育等多种手段。政治手段，主要是指加强对全社会的思想道德教育，帮助人们树立正确的人生观、价值观和道德观，增强抵抗犯罪诱因的能力；经济手段，是指努力发展社会生产力，不断提高人民群众的物质生活水平，同时增加就业机会，完善退休、养老、失业救济等各项社会保障制度，使得人们能够通过自己的劳动或正当的经济来源满足生活需要；行政手段，是指加强各部门、各单位的人财物管理和监督，增加各项权力运作的透明度，努力减少诱发犯罪的机会；法律手段，是指进一步完善我国的法律制度，依法惩治和处理违法犯罪人，教育挽救不良少年，把社会的监督管理全部纳入法制的轨道；文化手段，主要是指加强新闻媒介的舆论导向作用，加大正面宣传的力度，同时清理文化市场，取缔污染社会环境的各种精神垃圾；教育手段，主要是指普及和加强全民文化教育，提高人民群众的文化素养，增强知法、懂法的意识。各种手段相互配合、相互衔接，会使得防治犯罪的工作更加积极、主动和富有成效。

3. 突出了治本与治标相结合的基本特点，解决了治理和预防犯罪所要达到的目标问题。治本与治标是预防犯罪中相辅相成的两个重要方面，治理和预防犯罪，实际上就是尽量减少和消除犯罪产生的原因。犯罪是各种社会因素和个体因素综合作用造成的，各种产生犯罪的原因在作用性质和作用程度上各不相同。治理和预防犯罪也必须根据各种犯罪现象产生的原因，将治本与治标相结合。所谓治本，就是针对犯罪产生的深层原因所采取的根本性的防治措施，包括大力发展社会生产力，不断改善和提高人们的物质生活条件，逐渐减少社会需要和满足社会需要的可能性之间的矛盾；努力提高全民族的道德水平和文化素质；不断完善社会的政治体制和经济体制，强化社会监督和管理等。所谓治标，就是针对犯罪产生的一般原因和条件所采取的较现实的、便捷的防治措施。治标措施有很多，如设立警察巡逻制度；加强对犯罪分子侵袭对象的保护；严格治安管理和技术防范；设置先进的报警网络；堵塞机关、企事业单位物资管理与财务管理上的漏洞等。治标措施可以在一定时间、一定地点取得更明显的防治效果，治本措施是在社会总体发展上减少犯罪发生的深层原因。治本措施与治标措施同时并举、紧密结合，才能够真正预防、控制和减少犯罪发生，维护国家的长治久安。

总之，综合治理是在分析我国现阶段犯罪成因的基础上，结合我国同犯罪作斗争的经验和实际情况制定的基本方针，是我国犯罪预防的基本模式，综合治理的内容和范围广泛，参与主体众多，治理的手段多样，是现阶段犯罪预防工作的总体指导思想，也是防治和预防犯罪的根本途径。

二、综合治理方针的形成与完善

20 世纪 70 年代末 80 年代初，我国社会治安形势明显恶化，社会道德秩序、经济秩序混乱，尤其是青少年犯罪率急剧上升。严峻的犯罪现实，要求党和政府必须制定出解决社会治安的决策。

1979 年 6 月，针对青少年犯罪率明显上升的情况，中宣部、教育部、文化部、公安部、国家劳动总局、全国总工会、共青团中央、全国妇联等八个单位联合向党中央提出《关于提请全党重视解决青少年违法犯罪问题的报告》，报告中提出："必须实行党委领导，全党动员，书记动手，依靠学校、工厂、机关、部队、街道、农村社队等乡镇基层组织来进行教育。全党都来重视关心青少年的工作，把它作为一项重要的政治任务，抓紧抓好。"同年 8 月，中共中央批转了这个报告，虽未使用"综合治理"一词，但已经包含了综合治理的思想。

综合治理作为一个方针明确提出是在 1981 年。1981 年 5 月中央政法委员会在北京、天津、上海、广州、武汉五个城市召开了治安座谈会，明确提出要全党动手，实行全面综合治理。中共中央对"综合治理"的提法予以肯定，至此，综合治理作为我国预防犯罪和治理社会治安的总的指导思想被确定下来。

1984 年 10 月，中共中央批转的中央政法委员会的一个报告中，概括了综合治理的三个基本环节和三个层次。这三个基本环节是：打击、预防、改造。这三个层次是：①在各级党委统一领导下，组织各部门分工协作，条块结合，以块为主。②政法各级部门各司其职，密切配合，并协助党委做好宣传、组织和推动工作。③发动和依靠群众，动员全社会的力量，参与综合治理的工作。

1985 年 10 月，中共中央发出《关于进一步加强青少年教育，预防青少年违法犯罪》的通知。通知指出，关心和教育青少年，预防和减少青少年违法犯罪，是综合治理的"系统工程"，必须依靠全党，组织各条战线、各个部门的力量，从各个方面做大量的工作，作长期不懈的努力。

1986 年 2 月全国政法工作会议明确提出，近几年的实践证明，社会治安的综合治理，实际上是一项教育人、挽救人、改造人的"系统工程"。要做好这项工作，根本的方法是依靠群众。治理社会治安，不能只靠一个部门，而是要靠全党全社会；不能只用一种方法，而是要用多种方法；不能只抓一阵子，而是要长期坚持。会议强调要把社会治安综合治理作为精神文明建设的重要内容之一。

社会治安综合治理方针的全面成熟，以 1991 年 1 月中共中央在烟台召开的全国社会治安综合治理工作会议和会后出台的两个重要文件为标志。文件对十年来中国社会治安综合治理的理论和实践进行了全面、系统的科学概括和总结。随后，1991 年 2 月 19 日中共中央、国务院发布了《关于加强社会治安综合治理的决定》，3 月 2 日第七届全国人民代表大会常务委员会第十八次会议通过了《关于加强社会治安综合治理的决定》，这个决定的颁布，以法律的形式，明确了社会治安综合治理的任务、要求、目标、工作范围、责任原则和组织机构，标志着社会治安综合治理工作进入法制化、规范化与制度化的轨道。为了加强对社会治安综合治理工作的领导和具体指导，中共中央决定成立社会治安综合治理委员会，下设办公室。各地从省、自治区、直辖市到地市、县、区，都设立起社会治安综合治理的领导机构，自上而下全面、系统地开展社会治安综合治理。

2018 年 3 月 21 日，中共中央印发了《深化党和国家机构改革方案》，方案提出，"为加强党对政法工作和社会治安综合治理等工作的统筹协调，加快社会治安防控体系建设，不再设立中央社会治安综合治理委员会及其办公室，有关职责交由中央政法委员会承担"。中央社会治安综合治理委员会及其办公室、地方各级社会治安综合治理的领导机构从此走入历史。调整后，中央政法委员会在社会治安综合治理方面的主要职责是，负责组织协调、推动和督促各地区各有关部门开展社会治安综合治理工作，汇总掌握社会治安综合治理动态，协调处置重大突发事件，研究社会治安综合治理有关重大问题，提出社会治安综合治理工作对策建议等。由中央政法委员会行使中央社会治安综合治理相关职能，有利于加强党对政法工作和社会治安综合治理等工作的统筹协调，加快社会治安防控体系建设，标志着我国社会治安综合治理进入了一个新的发展时期。

三、综合治理的实践原则

综合治理的实践原则，是指导综合治理工作的具体规范和准则。我国综合治理的实践原则主要包括：

（一）打防结合，标本兼治，重在治本的原则

打击和防范并举，治标和治本兼顾，重在治本，是我国犯罪预防的一项重要原则。其基本内容和要求是：打击各种危害社会的违法犯罪活动，依法严惩严重危害社会治安的刑事犯罪分子；采取各种措施，严密管理制度，加强治安防范工作，堵塞违法犯罪活动的漏洞；加强对全体公民特别是青少年的思想政

治教育和法制教育，提高文化、道德素质，增强法制观念；鼓励群众自觉维护社会秩序，同违法犯罪行为作斗争；积极调解、疏导民间纠纷，缓解社会矛盾，消除不安定因素；加强对违法犯罪人员的教育、挽救、改造工作，妥善安置刑满释放人员，减少重新违法犯罪的可能。

这项原则着重解决了打击与防范、治标与治本之间的关系，并同时确定了我国犯罪预防工作的基本目标和方向。根据这一原则，从手段上讲，打击（治标）与防范（治本）是犯罪预防的不可偏废的两个方面；从目标与方向上看，治本是目标、是方向，打击（治标）应当服务于治本。

（二）专门机关与人民群众相结合的原则

这是我国犯罪预防工作一贯坚持的原则。这一原则是党的民主作风和群众路线的体现。实践证明，犯罪预防工作如果单纯依赖公安政法等专门机关，而没有广大人民群众的参与、支持和进行自我管理，是难以充分奏效的。因此，必须坚持专门机关与人民群众相结合的原则。

这一原则要求，在犯罪预防和综合治理工作中，公安政法等专门机关必须发挥骨干作用和承担起主要任务，同时必须广泛发动和组织群众，取得广大人民群众的支持与配合，并且指导人民群众进行自我管理和自我防卫。在发动和组织群众方面，各级党委和政府应承担起应有的责任。各级人民政府应当动员和组织城镇居民和农村村民以及机关、团体、企事业单位建立群众性的治安保卫组织，开展各种形式的治安防范活动和警民联防活动；加强基层组织建设和制度建设，形成群防群治网络；要充分发挥农村村民委员会、城市居民委员会维护社会治安的积极作用；地方各级政府要切实加强对群众性治安保卫组织的指导和监督，治安保卫组织应严格依法办事，保护公民的合法权益。

（三）法制原则

这一原则的具体要求包括：①犯罪预防活动必须依法进行，犯罪预防的任何一项措施都是社会主义法制的具体体现；②犯罪预防必须实现规范化和法制化，即必须制定相应的制度和规范，使犯罪预防成为有关单位和人员的法定义务。目前，我国全国人大常委会已通过了《关于加强社会治安综合治理的决定》（1991年3月）；中央社会治安综合治理委员会以及其他有关中央部门分别或联合制定了综合治理的有关制度或规定，例如，中央社会治安综合治理委员会、中共中央纪律检查委员会、中共中央组织部、中华人民共和国人事部、中华人民共和国监察部联合作出了《关于实行社会治安综合治理领导责任制的若干规定》（1993年11月14日），中央社会治安综合治理委员会作出了《关于社会治

安综合治理工作实行"属地管理"原则的规定（试行）》（1991 年 12 月）和
《关于实行社会治安综合治理一票否决权制的规定（试行）》（1992 年 1 月），
等等；各省、自治区和直辖市也陆续制定了适用于本行政区的《社会治安综合
治理条例》。这些均表明我国社会治安综合治理工作已经步入法制化、规范化的
轨道。

（四）党委和政府统一领导原则

党委和政府统一领导，是综合治理的基本原则之一。实践中，综合治理工
作实行党委和政府统一领导，专门办事机构具体指导和协调，各部门、各单位
各负其责的领导体制。其具体要求是：犯罪预防和综合治理工作实行"条块结
合，以块为主"的管理原则，各级党委和政府在思想政策、组织协调和具体工
作上对综合治理实行统一领导，并设立专门的领导机构具体组织实施，以保证
各部门、各单位、各方面各负其责，齐抓共管，积极参与。各级党委和政府应
当采取组织措施，协调、指导有关部门和方面做好综合治理工作，并且要建立
健全综合治理目标管理责任制和领导责任制，把抓好社会治安综合治理工作、
确保一方平安作为各级党委、政府和各部门党政领导干部的任期目标之一。各
级人大常委会对政府的社会治安综合治理工作实行监督和检查。

四、综合治理的主体及作用

在我国，预防犯罪是整个社会的共同责任，动员整个社会力量是社会治安
综合治理的一个基本内容和要求，因此，不论是国家，还是社会团体、组织以
及公民个人，都是或者应当是预防犯罪的行动主体。它们在综合治理活动中各
自处于不同的地位和发挥着不同的作用，总的来讲，国家（包括执政党）始终
居于主导地位并承担主要责任，其他社会团体、组织和公民个人则以其积极自
卫和努力同犯罪作斗争的实际行动参与到综合治理中来。

（一）党和政府的领导作用

对于预防犯罪来说，一个顺应历史、合乎民意的政府本身就是预防犯罪的
重要条件，而且它有能力采取适当的措施来防范犯罪。

在我国犯罪综合治理工作中，党和国家的中央领导机关起着重要的领导作
用。它们不仅要通过制定专门的方针、策略和措施来领导、指挥综合治理的全
局，而且要通过其全部社会经济决策和立法来影响全国的社会治安形势和犯罪
态势。

（二）地方国家机关的主导作用

地方党委和地方国家权力机关、政府机关，是地方国民经济与社会发展的组织者和决策者，它们将通过其全部社会决策和社会行政活动、法律监督与民主监督活动来促进本地区经济与社会的建设和发展，积极引导本地区社会治安状况向好的方向转化，并且以上述形式组织和参与社会治安综合治理活动。作为地方国家权力机关的地方人民代表大会，在综合治理工作中的作用主要体现在通过制定和颁布地方性法规、审查和批准本行政区域内的国民经济和社会发展计划以及预决算报告、对同级政府的行政活动以及同级法院和检察院的司法活动实施监督，来促进地方民主与法制建设，保证地方国民经济和社会的健康发展。地方党委和地方政府对本地区的综合治理工作起着关键的作用：①通过其全部的社会决策来影响本地区的社会治安形势，使之朝好的方向发展；②对综合治理工作实行直接的组织和领导；③各自通过具体的党务和行政活动来直接参与综合治理活动。除此以外地方政协机关在综合治理工作中的作用主要体现在通过参政议政和对政府等国家机关的活动实施民主监督来影响地方经济与社会发展的决策及其实施，并进而影响地方社会治安形势。

地方综合治理工作由地方政府具体落实和指挥，并且直接融于和体现于政府方方面面的行政活动之中。因此，地方政府对本地区综合治理工作的成败以及社会治安状况的好坏负有最直接的责任。地方政府的各职能部门根据综合治理的统一要求并结合自身的业务，参与综合治理工作。工商行政管理机关、物价部门、税务部门、海关部门和质量监督部门、卫生商检部门等行政执法部门的行政执法活动，与公、检、法等政法机关的司法活动相互配合，起到防微杜渐、弥补制度漏洞的作用。民政部门通过加强基层政权和群众性自治组织建设，指导制定村规民约，发展社会保障和社会福利事业，做好养老敬老、强制禁戒等社会工作。劳动部门通过做好社会安置就业工作，包括为刑满释放人员和解除劳动教养人员提供就业机会，做好劳动争议仲裁工作，加强劳动用工和劳务市场的管理，可以起到避免社会问题发生和社会矛盾激化的作用，从而保障社会稳定。文化、新闻出版、广播电视等部门通过为社会提供健康向上的高品位的精神产品和加强对文化市场的管理，可以起到净化社会文化市场，统一社会价值标准和稳定社会心理的作用。教育行政部门通过大力发展教育事业，管理社会教育秩序，指导学校教学，以及会同公安部门办好工读教育等，除可以起到传递和统一社会价值标准的作用外，还有助于提高全民道德与文化素质，使广大人民群众形成民主与法治意识，增强对官僚主义、腐败现象和其他违法犯罪现象的抵御和斗争能力。

（三）国家政法机关的强制作用

国家政法机关是与犯罪作斗争的专门机关，也是综合治理的骨干力量。在综合治理中，它们承担的主要任务是打击、威慑和改造罪犯。国家各政法机关的强制作用表现在：

1. 公安机关、国家安全机关以及武警部队。

（1）公安机关是社会治安工作的主管机关和刑事侦查部门。其主要任务和职责是：做好社会治安的全面控制，堵塞违法犯罪漏洞，及时发现和制止危害社会治安秩序的行为；指导和监督国家机关、社会团体、企事业单位和重点建设工程的治安保卫工作，指导治安保卫委员会等群众性组织的治安防范活动，开展治安联防、群防群治活动，对存在治安隐患的部门和单位及时提出治安建议，督促改进；监督管理计算机的安全保护工作；对危害社会治安秩序的行为依法予以治安处罚。对被判处管制、拘役、剥夺政治权利的罪犯和监外执行的罪犯执行刑罚，对被宣告缓刑、假释的罪犯实行监督，做好吸毒人员的强制戒毒等工作，办好工读教育，开展社会帮教活动；及时发现和侦破刑事犯罪案件，依法行使侦查、执行逮捕等职权。

（2）国家安全机关是国家安全工作的主管机关。它与公安机关按照国家规定的职权划分，各司其职，密切配合，维护国家安全。对于危害国家安全的行为，国家安全机关依法行使侦查、预审和执行逮捕以及法律规定的其他职权。

（3）人民武装警察部队是维护国家安全和社会治安的重要武装力量。它的主要职责和任务是对国家重要机关、场所和重大活动担任外围警戒和巡逻；对国家边境口岸担任巡逻守卫；协助监狱押解犯罪，协助公安机关抓捕逃犯；镇压危害国家政权和危害国家安全的叛乱、暴乱和其他社会骚乱。

2. 检察机关。检察机关是国家的法律监督机关。检察机关的职权和责任是：对国家机关及其工作人员的活动是否合法实施法律监督，包括刑事检察、法纪检察、经济检察、监所检察等；代表国家对应当公诉的刑事案件提起公诉；对法律规定由人民检察院直接受理的犯罪案件进行侦查；行使法律规定的其他职权和责任，例如，对存在违法乱纪现象的单位和部门提出检察建议，以督促其改正。此外，检察机关还应当积极进行法制宣传活动和参与社会帮教活动。

检察机关的上述工作和活动，对于促进社会主义民主与法制建设，预防和打击违法犯罪，维护国家政治秩序和社会公共秩序的稳定起着重要作用。

3. 审判机关。审判机关代表国家行使审判权。审判机关的具体职责是：

①对刑事案件行使审判权。通过对犯罪分子的及时审理和准确适用刑罚，可以起到惩罚和威慑犯罪的作用。②对民事案件、商事案件和行政案件行使审判权。通过依法审判，可以起到稳定社会关系，避免矛盾激化的作用。此外，审判机关有权对不需要开庭审判的民事纠纷和轻微刑事案件进行庭外处理，有责任对人民调解委员会的工作进行指导，有权就某些事项或个人的错误行为向有关单位和部门提出其纠正和处理的司法建议，有义务开展法制宣传和参与社会帮教活动。这些工作和活动对于预防和减少犯罪都有着现实意义。

4. 司法行政机关及监狱。

（1）司法行政机关是负责司法行政事务的国家机关。其主要职责和任务是：负责政法教育和对政法干部的管理与培训；组织实施法制宣传；领导律师、公证工作；负责人民调解委员会的组织建设和业务建设等。司法行政机关的上述工作和活动，对于加强社会主义法制建设，维护社会的稳定有着重要意义。

（2）监狱担负着司法行政机关的重要职责。监狱机关负责对被判处自由刑的罪犯执行刑罚，实施惩罚和改造。在综合治理中它的作用主要有以下两个方面：①通过对违法犯罪者的惩处，威慑社会上的不稳定分子；②通过对违法犯罪者的教育改造，促使其痛改前非，不重蹈违法犯罪覆辙。

（四）群众团体的重要作用

工会、共青团、妇女联合会等群众团体，是党和政府联系群众的桥梁和纽带。在对犯罪的综合治理中，群众团体也发挥着重要作用。上述群众团体应当对其成员和所联系的群众加强思想道德教育和法制教育，组织人们积极开展各种健康有益的文化体育活动，抵御各种腐朽思想、文化的侵蚀；开展社会公益活动，提供各种咨询服务，帮助群众正确处理工作、学习、婚恋、家庭等方面的问题和纠纷；协助有关部门做好对有轻微违法犯罪行为的青少年以及刑满释放人员的社会帮教工作；配合有关部门打击、查禁拐卖、绑架妇女儿童以及吸毒、赌博、卖淫嫖娼等违法犯罪活动，保障妇女儿童的合法权益，净化社会环境。

各企事业单位应当认真落实治安责任制，健全规章，加强治安保卫，搞好本单位的治安防范工作。同时，要及时发现和消除不安定因素，适当调处民间纠纷，积极协助公安司法机关查处本单位以及社会上的违法犯罪案件。

居民委员会、村民委员会及其人民调解委员会和治安保卫委员会是群众性自治组织。它们对于缓解社会关系、维护社会团结和稳定有着重要作用。它们在综合治理中的作用主要是：调解、疏导民事纠纷，防止矛盾激化；开展社会工作和社区服务，帮助解决居民家庭等方面的困难，以稳定社会心理；开展警民联防活动，建立群众性的治安联防队，加强楼间村头的巡逻和守望；协助公安、司法机关查处违法犯罪活动。例如，"枫桥经验"即是具有鲜明时代特色的基层政府领导、公众广泛参与、化解矛盾纠纷的典范。

（五）公民的基础作用

公民是社会的主体。社会的治安状况与每一位公民息息相关，因此，每一位公民均有责任和义务参加犯罪的综合治理活动。公民个人在综合治理中的作用主要表现在两个方面：①进行自我修养和自我控制，遵守法律和道德规范；②树立社会正义感和社会责任感，勇于同违法犯罪行为作斗争。在遭受犯罪侵害时，要善于与犯罪分子周旋和搏斗，尽可能地取得外界援助，减少损失，降低被害程度，同时要积极协助公安司法机关及被害人同犯罪作斗争。

⊖ 思考题

1. 犯罪预防的概念及特征。
2. 犯罪预防的内容与方法。
3. 我国预防犯罪的基本模式及其实践原则。
4. 综合治理的主体及其作用。

⊖ 拓展阅读

1. ［加］欧文·沃勒：《有效的犯罪预防：公共安全战略的科学设计》，蒋文军译，中国人民公安大学出版社 2011 年版。

2. ［美］布兰登·C.韦尔什等编：《牛津犯罪预防指南》，秦英等译，中国人民公安大学出版社 2015 年版。

第十一章 犯罪预测

第一节　犯罪预测概述

一、犯罪预测的概念

犯罪预测是运用科学理论和技术方法对未来犯罪的种类、数量及其发展趋势进行的推测和估计。犯罪预测既不是证实过去，也不是说明现在，而是推测未来，是对未来犯罪的基本情况与趋势的推估。犯罪预测的依据在于犯罪产生、发展和变化具有一定的规律，而准确的犯罪预测是制定科学的犯罪预防对策的前提和基础。

犯罪预测具有如下特征：

1. 犯罪预测是建立在认识犯罪产生的客观因素和准确把握其变化规律的基础之上的。现在是过去的沉淀，未来又是现在的延伸，对于犯罪这种具有历史连续性的社会现象的研究也是如此。

2. 犯罪预测是运用调查、统计、对比、分析以及其他科学方法和手段所进行的科学预见，而不是毫无根据的主观猜测。手段科学、方法得当，是犯罪预测准确、可靠的保障。

3. 犯罪预测是对未来犯罪的种类、数量和发展趋势的一种事先推测与判定。

4. 犯罪预测的结果是一种估计和推测，因而只能同未来犯罪状况相接近，不可能完全吻合，即犯罪预测的准确性是相对的，必须根据发展着的情况及时修订，使其尽可能贴近未来犯罪的情况。

二、犯罪预测的理论依据

犯罪预测要运用各种犯罪信息资料，运用先进的科学技术手段才能完成，在这个过程中，重要的是将辩证唯物主义和历史唯物主义作为理论依据，具体来讲，主要有以下几个方面：

（一）犯罪是可以认识的

马克思主义认为，世界上一切事物都是可以认识的，尽管犯罪是一种由多种因素形成的错综复杂的社会现象，而且犯罪行为有其各自特点，但是只要我们能从实际出发，对过去和现在的犯罪现象进行科学系统的分析，就会找出犯罪这种社会现象的规律性。根据其规律性，预测将来可能发生的犯罪现象是完全可能的。当然只有在充分占有了有关犯罪预测对象及其相关因素的数据的基础上，才有可能作出可靠的预测。因此，占有数据是科学的犯罪预测的基础。

（二）量变引起质变是犯罪发生的普遍规律

辩证唯物主义告诉我们，世界上一切事物的发展，都有一个从量变到质变的过程。事物的质变，都不是偶然的、无缘无故出现的。量的变化积累起来，达到一定程度，就会引起质的变化。一个正常的人堕入犯罪，一般都有一个发展变化的过程。青少年走上犯罪的道路，在一定条件下，都是从不显著的、不易被人们察觉的不良思想习惯开始的，如果得不到及时抑制，便逐渐由小变大、由轻变重，以致造成违法犯罪的后果。犯罪这一社会现象，同其他社会现象一样，都表现出过去、现在、未来的相互联系，换句话说，任何社会现象都是按照一定的规律发展的，都有其自身的规律性，都是可以预测的。

（三）因果关系理论是犯罪预测的前提

马克思主义认为，任何事物都不是孤立存在的，都有其自身发生、发展的过程，在这个过程中，又和其他诸种事物相联系。因此，在对犯罪进行科学预测时，也就必然出现综合性的特点，即多方位的预测。要预测今后几年犯罪发展、变化趋势，就必须熟知今后几年国家政治、经济、文化、教育、道德、社会风气、法制建设等因素的发展变化情况。因果关系理论还告诉人们，认识到事物的现实原因就可以预测事物的未来发展。犯罪作为一种社会现象，它是一种客观存在的事物，当然也具有其产生的原因，与其他社会现象一样同样具有形成、变化和发展的过程，有其因果的联系和内在运动的规律，因而只要搞清犯罪现象的历史发展及其原因，探明犯罪现象的特点、状况和运动规律，就能预测未来犯罪发展的状况、特点与趋势。因此，对于犯罪预测来说，因果关系具有至关重要的地位，可以说没有因果联系就没有预测，科学预测一定要以确定的因果联系为前提。

（四）犯罪现象的相对稳定性和历史连续性是犯罪预测的依据

马克思主义认为，犯罪现象是阶级社会的产物，它在不同的社会里受着一定历史时期的政治、经济以及其他社会关系的制约。这种制约一方面表现在一定的历史时期中，社会的阶级关系、社会结构、经济关系等都具有一定的质的决定性，从而决定着犯罪的类型、特点、手段等也有相对的稳定性。因此，犯罪预测非常重视并依据犯罪现象在一定条件下所具有的相对稳定性。这种稳定性的因素愈大，预测的可能性、科学性、准确性愈大。社会关系的变化离不开历史条件和历史影响的限制，从而使犯罪的发展变化具有历史的连续性。今天的犯罪现状是在历史犯罪状况的基础上发展变化过来的，又是将来犯罪状况的历史起点，其中可能就包含着未来犯罪的增减、类型、特点以及其他各种各样变化的征兆。因此，犯罪的相对稳定性和历史连续性就成为我们进行犯罪预测的依据。

第二节　犯罪预测的内容和种类

一、犯罪预测的内容

犯罪预测的内容是指在犯罪预测工作中所涉及或包含的一系列项目和范围，主要包括犯罪率预测、犯罪主体预测、犯罪手段预测和犯罪类型预测等。

（一）犯罪率预测

这是指对一定区域在未来一定时期内刑事发案率的上升或下降等波动情况进行的可能性描述。犯罪率的预测可以根据研究和预防需要的不同来进行，如对全国较大的区域范围内整体犯罪率进行预测，还可对各种不同犯罪主体、犯罪类型、犯罪对象在整个犯罪中的比率进行分别预测，如偶犯发生率、经济犯罪发生率等。对犯罪率的统计和预测表明人们对未来社会治安的基本状态的估计，它是制定犯罪预防对策的主要依据。同时由于犯罪率的预测要受多方面因素的影响，所以它很难确保精确。

（二）犯罪主体预测

这是对未来一段时期内犯罪实施者在年龄、性别、职业、文化程度和家庭状况等方面的发展变化趋势所作的预测。例如，国家工作人员的职权犯罪在未来时期内呈上升趋势的预测；青少年犯罪向低龄化发展的情况是否将继续延续；下岗职工犯罪、流动人口犯罪增加的变化情况，等等，都属于犯罪主体方面的预测。对犯罪主体变化趋势作出预测，对于有针对性地制定犯罪预防措施具有重要指导作用。

（三）犯罪手段预测

这是指对未来一定时期内犯罪方法和犯罪形态演变趋势所作的预测。从犯罪手段上看，随着科学技术的不断发展和广泛应用，高智能、高科技的犯罪手段会不断出现，利用计算机犯罪，使用遥控技术犯罪，运用窃听技术、生化武器、现代的交通、通讯及音像技术作案的情况已大量出现，且有蔓延和迅速增长的趋势。从犯罪形式上看，涉黑的有组织犯罪和跨地区、跨国及边境犯罪会成为较为主要的犯罪形式。我们对于犯罪手段和犯罪形式进行预测，就能够掌握主动权，预先采取有效的措施加以防范，以保障准确地打击犯罪、预防犯罪。

（四）犯罪类型预测

这是指对未来一定时期犯罪种类和结构发展变化走势所作的预测。具体包括哪些犯罪在未来将趋于稳定，不会有太大波动，哪些犯罪将出现上升或下降以及在未来一定时期将会出现哪些新的犯罪类型。从现实的犯罪类型的基本情况分析，财产犯罪是占主导地位的犯罪种类，这种状况将延续相当长的一段时间。而在财产犯罪中，运用集资、贷款、保险、信用卡等金融诈骗犯罪和利用经济合同实施的合同诈骗犯罪将占有一定比例，也就是说，除了传统的财产犯罪类型如盗窃、抢劫、贪污、受贿仍表现突出外，相对隐蔽的欺诈骗取财产的金融诈骗、合同诈骗也应引起人们的高度警惕。另外，单位犯罪和一些新的犯罪类型的增加也会表现出新的结构对比关系，它也是衡量社会治安状况的重要标志之一。

（五）犯罪时间、空间预测

这是对于犯罪将在未来什么时间段内、什么区域范围里发展变化所进行的预测。犯罪时间预测主要运用于在犯罪整体发展趋势的未来时间的确定上，如在什么时候将出现犯罪高峰期；犯罪主体或犯罪类型在某一时间范围内的变化状况，如某人在什么时间、某一特定群体在哪个年龄段将具有趋向犯罪的可能性；某种类型犯罪将在未来某一时间表现突出并逐渐上升。对犯罪时间的预测，将有助于我们争取时间上的主动，调整、强化犯罪对策，对个体犯罪行为的发生以及犯罪类型、犯罪的总体发展进行提早预防。犯罪空间预测主要运用于犯罪可能较多、较集中地发生在某一区域或某一地段。犯罪的地理特点向人们揭示出经济发达的地区是经济犯罪和某些新型犯罪易于发生的区域，而一些偏僻缺乏防范措施的地区有可能成为盗窃、抢劫、强奸案件多发的地区。这就提示人们应加强易于发生犯罪的地区和区段的防范，从空间上预防犯罪的发生。

（六）犯罪趋势预测

这是对于犯罪从宏观上所进行的预测，是指随着社会的发展，客观环境的变化，犯罪将发生怎样的变化，总体的发展趋势如何。对于犯罪总体发展变化趋势的预测有助于从国家的体制改革和政策导向（包括社会政策和刑事政策）方面进行调整、创新，通过修改、完善刑事政策，打击、防范犯罪的发生；通过社会的体制改革和政策调整，减少社会矛盾，或防止这些矛盾激化。这项预测内容对于利用社会力量从宏观整体上把握犯罪发展趋势具有十分重要的意义，因此，是一项不可忽视的犯罪预测内容。

二、犯罪预测的种类

犯罪预测是一项十分复杂的工作，根据预测的内容、特点和具体要求的不同，犯罪预测可以划分出许多不同种类，其中主要分类有：

（一）按预测范围，可以分为宏观预测和微观预测

1. 宏观预测。所谓宏观预测，又称整体预测，是指根据全国或地区的状况等诸因素和过去一定时期内各类犯罪现象的状况、特点和规律，运用科学的预测方法，推断未来一定时间内犯罪增减的总趋势、犯罪类型、犯罪特征以及对社会所造成的危害。犯罪发展变化趋势的预测，是犯罪宏观预测的重要内容之一。犯罪的宏观预测是从整体上把握未来犯罪的发展趋势和变化规律，并由犯罪的专门研究机构或决策机关组织进行，为宏观的社会预防政策和刑事政策的制定和调整提供依据。

宏观预测，由于涉及面很广，一般是由政法部门中的研究机关或专门从事犯罪统计的人员进行的，它需要有一定的专业人员，组织一定的力量，上下配合，进行一系列工作才能完成。

2. 微观预测。所谓微观预测，又称个体预测，就是对个体犯罪的预测。一个正常人走上犯罪道路，总是要经历一定的过程，或者说犯罪动机的形成是要经历一定的思想斗争，从而给犯罪预测提供了素材。按照犯罪人是否受过刑罚处罚的标准来划分，可以分为初犯预测、累犯预测和重新犯罪预测。

初犯预测是对某一个体预测其未来发生犯罪的可能性所进行的科学估计。其目的是采取相应对策，预防犯罪的发生。累犯预测是对某一个体由初犯发展

到累犯的可能性所进行的预测。累犯预测的目的，是对专门机关的特殊预防措施效果的检验，也是预防犯罪人向恶性发展的基础。重新犯罪预测是对刑满释放人员是否重新犯罪的可能性进行的预测。这种预测是检验改造效果的手段，也是保证矫治效果，避免刑满释放人员重新犯罪的有效措施。

（二）按预测性质，可以分为定性预测和定量预测

1. 定性预测。定性预测，是指根据现实犯罪的性质、特点等状况，推断未来犯罪在严重程度上的非量化趋势。定性预测的目的一般是分析和判断犯罪处于什么水平，它的严重化程度怎样，有哪些变化倾向或发展趋势。在我国，人们已经习惯于犯罪的定性研究，而对于犯罪的定性预测却不够重视，缺少科学的基础理论支持。只有进行准确的定性预测，才能使人们把握未来犯罪趋重或趋缓的基本状况，从而采取有针对性的对策措施。

2. 定量预测。定量预测，是指通过先进的技术和科学的方法，对犯罪进行量化分析，以此为依据，对犯罪的未来走势进行可能性的推测。犯罪现象是质与量的统一，在进行犯罪定性预测的同时，也必须进行定量预测。定量预测的目的在于对犯罪状况和变化趋势有一个直观的量化的描述，定量预测不是凭借人们的主观推断，而是依据客观数据资料计算出来的。因此，与定性预测相比，它的客观性更强，更容易贴近未来犯罪的情况。

需要指出的是，在犯罪研究中，单纯地使用定性或定量预测都不能全面、客观地反映犯罪的未来趋势，只有二者有机结合起来才能收到良好效果。

（三）按预测时间范围，可以分为长期犯罪趋势预测、中期犯罪趋势预测和短期犯罪趋势预测

1. 长期犯罪趋势预测。主要指对 10 年或 10 年以后的犯罪现象的变化发展趋势所作的预测。它可以使人们对犯罪趋势有一个总体的了解，也是制定预防犯罪战略、确立和制定远景规划不可缺少的前提。它的制定必须以国家制定的国民经济计划为依据，结合国家各项建设事业所提出的规划，确定其长期预测的时间和发展变化的趋势。

2. 中期犯罪趋势预测。主要指对 5 年左右犯罪现象、变化、发展趋势所作的预测。它可以使人们对犯罪趋势有一个整体设想，是制定对策、解决重大犯罪问题的重要依据。由于我国国民经济发展计划一贯以 5 年为期，因此，中期犯罪趋势预测适应国民经济五年发展计划。国家制定了五年计划的总体规划之后，经济基础和上层建筑诸部门都要规划其发展计划和提出达到目标的各种措施。因此，犯罪趋势预测则可以根据各门类将要发生变化的种种数据，较为准

确地预测犯罪发展趋势。

3. 短期犯罪趋势预测。其又称近期预测，主要指对 1~3 年左右的犯罪现象变化、发展趋势所作的预测。它主要是根据现存社会条件、犯罪发生率的情况，同我们采取的具体刑事政策以及刑事法律本身是否适合目前犯罪发展趋势的需要，及时作出判断。

第三节　犯罪预测的基本方法

犯罪预测方法多种多样，归纳起来常见的有以下几种：

1. 趋势外推法。根据过去和现在已掌握的犯罪动态、规律，通过统计、数学的方法进行科学的延伸，以预测未来犯罪。

2. 专家评估法。以专家掌握的有关犯罪变化客观规律的学识、资料、经验为依据，对犯罪变化进行科学分析，预测犯罪未来的变化和趋势。

3. 比较研究法。研究历史上某一时期、某一地区、某种情况下引起犯罪及出现某些增减和变化的过程、特征、条件、伴随因素等情形，对比研究在新的时期、新的地区又出现与上述相近与相反的情况、条件或因素，通过比较分析可以有根据地作出犯罪可能出现的某些变化的预测。

4. 因素分析法。通过调查研究，把握影响犯罪类型、数量、特点变化的种种因素，特别是对犯罪变化具有重要影响的因素及其数量变化作出的可靠的全面了解，从而依据这些因素的变化对犯罪的未来进行科学的预测。在因素分析法里还有一种叫作"典型分析"的分析方法：从群体中选出有代表性的个体，对个体进行社会属性和自然属性的调查分析，作为预测的样本。但典型抽样预测的缺陷是它收集的资料在范围上广度不够，从而它的代表性不强。

5. 观察法。观察法，是指对被预测对象在未经控制的日常生活中，观察分析了解其言行、表情等，以判断其心理活动及变化发展趋势的一种方法。

6. 调查访问法。它是一种间接了解被预测者的方法，即把对其在不同的场合、不同活动以及和不同人们的交往中的种种资料集中起来，作出综合的预测分析的方法。

7. 谈话法。它是直接与被预测者接触面谈，以窥探其心理活动的一种直接方法。语言是心理活动重要的外部表现之一，在谈话过程中，可以探测出预测对象各种想法和行为表现，每一种想法在当时心理状态下产生的原因，以及可能发展的趋势。

8. 心理测验法。即问答法、答卷法。把预测需要的资料分为详细的纲目或表格形式，拟列简明易答的问题，通过编制一些量表，交预测对象作答，根据答案判定其心理状态、智力程度、性格倾向等的一种方法。它可以对个人也可以对集体同时进行预测，主要用于测定个体的个性心理特征。

9. 统计方法。运用统计的方法对各种数据进行计算，是犯罪预测的重要的方法。总的犯罪率和各种犯罪率的计算、犯罪主体的比例、犯罪手段的变化等方面的预测，都离不开统计的方法。在统计方法里还有一种叫作"统计抽样"，即从大的体系中选定一部分样本，对该部分做定量分析，作为预测的数据。统计抽样预测的优点是省时、省力、省费用，可以取得相近的效果。但缺点是选样上的难度比较大，选样的精确性同预测的准确性成正比，选择的随意性同预测的标准性成反比。

10. 运筹学的方法。如果要使犯罪警报线的确定更能反映社会对犯罪的容忍程度，就必须要借助运筹学的优选法。优选法就是在实践的基础上，经过研究和计算找出最佳的科学方法。

11. 概率论的方法。客观规律是一种客观的、必然的联系，在一定的条件下会使某种现象重复出现。因此，通过对各种概率的计算，从而发现某些规律性的东西，此法成为犯罪预测中一个重要的方法。

12. 模糊数学预测法。这种方法用来预测个体犯罪，应用"模糊综合评判"和"聚类分析"方法进行犯罪预测。模糊综合评判，根据各种偏离征兆形成"偏离因素集"，根据评判等形成"模糊评判集"，对各个偏离因素模糊评判，结果统计汇总形成评判结果模糊集，各单因素评判结构构成模糊矩阵，形成综合评判结果模糊集，计算综合评判结果。聚类分析是按一定的要求分类的数学方法，根据调查获得预测因子、偏离类别及程度（偏离程度用自然数表示），建立相似矩阵，得出模糊等价关系时，进行分类，再进行聚类，根据调查实际情况，选定划类界限，得出预测结果。

● 思考题

1. 犯罪预测的概念及特征。

2. 犯罪预测的理论依据。

3. 犯罪预测的内容及种类。

⊃ **拓展阅读**

　　［美］雷切尔·博巴·桑托斯:《犯罪分析与犯罪制图》，金诚、郑滋椀译，人民出版社 2014 年版。

第十二章　犯罪的社会预防

第一节　犯罪社会预防概述

一、社会预防的含义

犯罪的社会预防是指在消除和减少犯罪原因上，从社会防范角度出发，调动社会各界共同参与，从而防止、控制和减少犯罪的预防活动。它着眼于引起犯罪发生的犯罪因素的消除和减弱，目的在于"防患于未然"，使犯罪不发生。它与犯罪制裁控制相对应，是犯罪预防体系中的基本层次和重要方面，故也可称之为"事先防范"。

犯罪的社会预防，即事先防范活动具有众多参与者和极其丰富的内容。可以说，除了由专门机关进行的制裁犯罪的活动外，其他的国家、政府、社会组织和社会群体、个人实施的各种预防活动也全部包括于其中。这种社会预防的核心目的在于通过建设一个具有高度物质文明和精神文明的全面和谐的社会，最大限度地抑制和减少犯罪的发生。预防和减少犯罪现象的根本在于健全完善我们的社会，而犯罪得到抑制和减少，本身就是社会完善的客观表现，而社会的健康与和谐同时辅之以个人的完善，是预防犯罪所追求的最理想的目标。

二、犯罪社会预防的特点

1. 犯罪的社会预防是一系列主动的、积极的事先防范活动。社会预防即事先防范是一种积极的治本措施。与犯罪的制裁控制措施相比，事先防范是一种积极的治本措施，它是从根本上消除犯罪现象产生和存在的原因和条件，而不是对犯罪的事后惩罚。事先防范在犯罪预防体系中有着重要的地位，因为打击犯罪再及时、准确，也是事后的补救措施，远不如主动出击、遏制犯罪于未然来得更积极、主动。

2. 社会预防即事先防范强调整体社会政策与犯罪预防对策的衔接与统一。德国刑法学家李斯特曾指出："最好的社会政策就是最好的刑事政策。"在犯罪预防体系中，除了那些直接用以控制社会局面和解决具体社会问题的措施以外，大多数的对策不是专门为对付违法犯罪而定的。这些对策与刑罚等限制措施相比，在减少和控制犯罪方面所发挥的客观作用更广泛、更巨大。一项合理、正确的社会政策对预防、减少犯罪发生的潜在作用是积极而又有效的，它总比由于政策失误所造成社会矛盾激化引起犯罪增加时，我们不得不采取的控制、制裁手段更为理想。明确这一认识，在制定社会发展规划和社会政策时，就必须从有利于社会稳定和社会和谐这一客观要求出发进行综合考虑。

3. 社会预防即事先防范的核心目的是创造一个和谐、完整的社会，提供一个能够抑制犯罪和其他消极现象的社会环境。把犯罪的事先防范置于主导地位，可以从社会自身入手，通过社会的自我调整和自我完善，改变弊端，弥补漏洞，采取多种措施从整体上予以预防。这种社会预防过程与社会组织管理、社会规划和发展、社会改革与调整在很大程度上是相互一致并彼此重合的。就其内容来说，它实际上包容了国家经济建设、民主政治建设和文化建设的全部方针、政策和措施。

4. 社会预防的主体与客体之间是统一的。社会预防主体是国家、各级机关和各种社会组织、社会群体及个人，社会预防措施直接指向的对象或主体是社会结构、社会文化方面出现的各种社会矛盾，以及引起促使犯罪发生的原因及条件。在社会预防客体对社会施加影响、进行改造的过程中，主体与客体间得到了统一，社会预防的过程，始终反映了国家、社会、各种社会群体及个人自觉的自我完善，实现了社会预防主体与客体的统一。

三、犯罪社会预防的功能

社会预防的功能，就是社会预防措施应当具有的客观效用。社会预防功能的真正发挥便意味着预防犯罪这一主观目的的实现。

（一）社会建设功能

社会预防的社会建设功能，是指社会预防措施对社会经济、政治、文化的建设、发展与完善的积极意义和促进作用。由于预防和减少犯罪与社会发展进步的内在要求是一致的，在进程上是同步的，因而社会预防的许多具体措施便直接表现为社会建设措施，如社会政治体制与经济体制的选择与调整、社会和经济发展的规划与决策、传统文化的保持与扬弃等；反过来，那些看似用以维护社会有序进行的"堵塞性"手段，如对偷税漏税行为、暴利行为以及其他经济违法行为的防范和制裁措施，其终极目的仍然是保障和促进社会的发展。总之，社会预防措施对犯罪的防范目的是包含于社会建设目的之中的，而社会的充分进步与发展，既是减少、预防犯罪的重要基础，又是减少、预防犯罪的客观结果。

（二）社会整合功能

所谓社会整合，其基本含义就是使社会成为一个具有共同价值和凝聚力的完整的体系，增强公众对社会共同价值的遵从和顺应。社会整合就是"调整或协调社会中不同因素的矛盾、冲突和纠葛，使之成为统一的体系的过程或结果。在这个过程中，社会各相离而有关系的单位通过相互顺应，遵守相同的行为规范，而达到团结一致，形成一个均衡的体系"。[1] 社会整合与社会解组及社会解体两个概念相对，社会解组和社会解体是产生社会问题包括犯罪问题的主要社会原因；社会整合的任务与结果是避免社会出现解组或解体。

社会预防措施的社会整合功能表现在多个方面。例如，通过政治体制改革，加强民主与法制建设，加强廉政建设，可以增强人民群众对党和政府的拥护与信任感，从制度上根本消除社会解组或解体的隐患；通过道德与文化建设以及社会规范的建立和完善，可以确立并使人遵循社会共同价值准则，避免社会失范状态的出现，缓解文化冲突带来的社会震荡；通过制定科学的国民经济和社会发展规划，提高人民群众的物质文化生活水平，可以在政策上根本消除产生社会问题的可能；通过对阶级关系、利益分配关系和人际关系的适当调整，可以避免或缓和不同社会阶层之间的冲突与对立；等等。

（三）社会控制功能

所谓社会控制，是指社会为了保证其成员遵守社会规范，维护社会秩序，而施之于个人或群体的影响与制约。社会控制可以分为正式控制和非正式控制两种，前者是指由政权、警察、法庭等职能机构实施的制度化控制，后者则指凭借舆论、禁忌、礼仪、习俗等形式进行的非制度化控制。

社会预防措施的社会控制功能主要表现在：首先，社会预防措施体系中的某些措施本来就属于严格意义上的社会控制手段，如政府行政执法部门的行政

---

〔1〕　李剑华、范定久主编：《社会学简明辞典》，甘肃人民出版社 1984 年版，第 257 页。

执法活动以及有关行政法规本身。其次，作为社会预防主体的国家与政府、社会组织（如工会、妇联、企业、学校）、社会群体（如家庭、邻里、社区），都是超个体的社会控制力量，它们通过组织管理、纪律约束、法律强制、舆论谴责等形式制约着个人，使个人遵从社会规范。再次，社会预防的各项具体措施和手段，无不传递着或者直接表现一定的社会规范与价值，这些规范与价值一旦为个体所内化，便会转化为个体进行自我控制的内在力量。

（四）社会化功能与社会心理调节功能

社会化功能和社会心理调节功能是社会预防措施所具有的积极心理影响的两个方面。

社会预防措施的社会化功能，是社会预防措施对社会成员的个性形成与发展的积极影响。主要表现在两个方面：一是通过一系列社会预防活动与措施，可以创造能为个体所适应且有利于个性发展和成熟的社会微观环境与宏观环境；二是社会预防的主体与措施，可以将社会价值与规范传授给社会成员，这些价值与规范一旦内化为个体人格的核心，便可以促成个体对社会的适应与顺从。

社会预防活动对社会心理的调节功能，是指对社会群体及个体的情绪、需要、矛盾以及心理冲突的慰藉、缓解、调适和恢复平衡的作用。良好的社会预防措施总是能够起到缓解社会矛盾和心理冲突的作用，如此才能够真正起到预防犯罪的作用。例如，如果一项新出台的社会政策不但公正，而且能够为社会心理所承受，那么它便可以起到避免社会矛盾出现或激化，从而减少犯罪以及其他反社会行为发生的作用。

第二节　犯罪的宏观社会预防与微观社会预防

一、宏观社会预防

宏观社会预防是以社会整体为对象的全局性的犯罪预防活动，目的是要建立一个能最大限度地抑制和减少犯罪现象的宏观社会环境。它针对犯罪产生的一般社会原因进行整体预防，所涉及的领域极其广泛，包含的内容也十分丰富。总体来讲，表现在以下几个方面：

（一）完善社会政策，减少社会矛盾

社会政策是国家和政府为了协调社会关系，解决或避免社会问题，保障经济与社会发展所制定的各项方针的总和，包括经济政策、人口政策、社会保障政策、文化教育政策、民族政策等多个方面。社会政策是国家组织管理社会的重要手段和必要保证，对于犯罪预防有着重要的影响和决定作用，表现在：

首先，社会政策是调整社会关系、解决社会问题的重要手段。社会政策的正确与错误将直接影响着社会的发展与稳定。进入工业化社会以来，西方国家出现了大量的社会问题，如城市贫民问题、住房问题、就业问题等，为了应付和解决这些社会问题，政府不得不出台大量的相关政策，即"社会政策"。社会政策制定的目的在于解决社会问题、协调社会关系。然而从历史经验和客观现实来看，它犹如一柄"双刃剑"，好的社会政策总是有助于社会问题包括犯罪问题的解决，坏的社会政策则可能导致社会问题的发生或恶化。犯罪问题以及其他社会问题的发生和增多，总是与相关社会政策的失误或者滞后有着一定的关系，反过来，这些社会问题又必须通过对相关政策的调整或废除来加以解决。

其次，就预防犯罪而言，社会政策的价值优于刑事政策。社会政策可以治本，刑事政策则只能治标。刑事政策是国家用来对付犯罪的专门手段，其主要目的和作用是通过对犯罪行为的事后打击、惩罚和矫正来实现对犯罪的特殊预防和一般预防，除此之外，它不能够对产生犯罪的原因和条件有所触动。有的学者甚至认为，刑罚不仅不能威慑犯罪，有时还会产生负作用甚至制造犯罪，如导致犯罪者形成犯罪烙印或监狱烙印等。犯罪预防的实践表明，单凭刑罚或刑事政策根本不可能有效地预防犯罪。如果不采取适当的社会政策消除犯罪原因和条件，刑罚和刑事政策对于犯罪的威慑作用只能是短暂的，它会随着时间的推移和犯罪者的"刑罚耐受力"的增强而逐渐衰减甚至消失，那种暂时被遏制住的犯罪增长势头还可能重新出现，甚至趋于恶化。社会政策虽然不是对付犯罪的专门手段，但其预防犯罪的作用是巨大的。社会政策的基本目的和作用在于调整社会关系，以减少和避免社会问题的发生，这些社会问题往往是诱发犯罪的深层原因。

再次，从国家和政府管理社会、解决社会问题的角度看，当能够通过社会政策来解决犯罪等社会问题时，它们总是更多地运用社会政策，而不是过多地依赖于刑罚手段。

社会政策的制定和完善，是一个复杂的过程，要涉及多方面的问题，就预防犯罪而言，制定和完善社会政策时，需要考虑和处理好以下几方面的关系：

1. 经济与社会协调发展的关系。保障经济与社会协调发展，应当是社会政策的一个宗旨。所谓经济与社会协调发展，其含义是：经济发展与社会的政治、文化、教育、科研等事业的发展以及人的个性的发展，应当是均衡、协调进行的，而不应当是经济的片面发展；经济发展与社会以及人的发展应当相互促进，彼此支持；无论是经济发展还是社会以及人的发展，都不能以牺牲对方为代价，尤其应当强调的是不能以牺牲社会和人的发展为代价来换取经济的一时发展，其本质要求是"任何时候都不能以牺牲精神文明为代价，换取经济的一时发展"。[1]

就预防犯罪而言，要求在制定国民经济和社会发展计划时，必须将社会的稳定和犯罪率的降低作为经济和社会发展的条件和标志之一来考虑，力求在保证经济增长和社会进步的同时，把犯罪率降到社会所能容忍的、尽可能低的水平，这就要求制定国民经济和社会发展计划时，要注意保持各个方面的协调配套，国民经济和社会发展的规模与速度、比例关系的安排，都必须有利于社会的安定与和谐。另外，应当把专门的预防犯罪规划纳入国民经济和社会发展总体规划中去考虑。

2. 效率与公平的关系。在社会生活中，效率与公平往往是一对难以处理的矛盾。效率，意味着竞争与发展，在经济学意义上，效率就是资源的有效配置，其目的在于通过竞争刺激人们去追求更快的经济增长和更大的经济收益。公平，则意味着均衡与正义，在经济学上，是指社会成员在分配上的均等化，其目的在于缩小贫富差距，消除社会对抗和冲突。社会发展史证明，单纯强调其中某一方面而忽视另一方面或者以牺牲某一方面为代价而换取另一方面，都难以建立一个理想的社会。然而，若将二者置于同等地位，虽然理想，但又难以实际做到。较为现实的做法是根据实际情况，在将其中某一方面摆在优先地位的同时，兼顾另一方面。这样做既可以使社会保持一定的活力，又可以避免社会矛盾的激化。《中华人民共和国国民经济和社会发展"九五"计划和2010年远景目标纲要》中明确表示，我国在分配和再分配机制上，坚持效率优先、兼顾公平的原则。这一原则的确定，既充分考虑了我国的实际国情，又十分重视社会稳定的客观要求。

3. 内在统一关系。所谓内在统一，就是各项社会政策在总的价值目标上保持一致，以及在此前提下内容的协调统一和前后连贯。处理好这一关系，对于预防犯罪也具有重要意义，它可以避免因社会政策的频繁变更或相互矛盾而出现社会问题，导致社会动荡；还有助于引导社会公众对社会形势做出清晰的价值判断和形成较为稳定、成熟、健康的社会价值取向及社会心理。

----

[1] 《中华人民共和国国民经济和社会发展"九五"计划和2010年远景目标纲要》。

4. 成本—效益的关系。特定的社会政策必须是实现其特定目标而做出的最优选择，即按照这种政策行事，能够以最小的成本投入实现最大的社会效益。社会决策中处理好这一关系，对于社会治安的维护也具有意义，因为成本—效益分析可以影响决策者对社会治安问题重要性的判断和对政策最优化的选择。例如，通过成本—效益分析会发现，通过社会政策的调整来消除犯罪原因，从长远来看，较刑事政策成本投入更低而效益更高；通过增加对教育的投入来提高人口素质，缓解社会分配不公的状况，相对于通过税收政策和社会福利政策来调节社会分配关系和缓解社会分配不公的状况，可能效益更高而成本更低。当然，在社会决策中将犯罪及其预防作为社会的"损耗"或代价之一而对其进行犯罪成本和犯罪收益以及犯罪控制成本的成本—效益分析，具有更加重大的犯罪学意义。

（二）深化体制改革，完善社会调控机制

社会体制的改革和逐渐完善，是社会自我完善的重要形式，也是预防犯罪的重要措施之一。社会体制改革实质上是一种社会规划和社会运行机制的调整活动，它有助于形成一种良性的社会政治和经济运行机制，而这种良好机制的建立和运转是抑制、减少犯罪的有力保障。社会体制改革是要提高政府的社会行政能力，建立一个民主、法治、科学、公正的社会，在这样的社会，人的价值与尊严能够得到充分尊重，人们能够心理平衡，安居乐业，从而确保其人格的健全发展。社会体制改革还有利于解放生产力、快速提高社会生产率，使人民群众的物质和文化需要得到不断满足。

多年来的经济改革实践，使我国的政治、经济、文化、教育和社会生活等方面发生了重大变化，政治体制改革和经济体制改革不断深化。但是，新旧体制交替过程中，不可避免地会出现社会控制的失调，从而出现社会震荡，表现出暂时性的无序状态，这种无序状态则客观地成为经济犯罪和腐败现象产生、发展的机会和条件。在这里，正确理解和妥善处理发展与稳定的关系十分重要。不能以强调稳定而阻挡发展，也不能只顾发展而牺牲稳定，更不能以放弃公平、正义等社会价值原则而换取经济的一时发展。事实上，在深化改革过程中，健全和完善社会调控机制，克服社会弊端，堵塞漏洞是有效预防犯罪的重要途径。具体而言，要做好以下工作：

1. 建立、健全社会法律制度。要保证社会体制改革不断地、有序地进行，就离不开一整套法律制度的规范与调整。在深化改革的过程中，要建立和健全与市场经济的运行机制相匹配的法律制度，营造公平竞争、公平合理的市场经济环境和与此相适应的法律秩序，制止破坏和影响市场发育和等价交换规则的各种不法行为。法律控制是规范人们行为的强有力的手段。目前，我国已经制定并颁布了许多重要的法律、法规，它们在发展社会主义市场经济中发挥了重大作用。但是在深化体制改革的过程中，进一步制定和完善法律制度十分必要。通过健全和完善各项社会法律制度，调整和规范市场经济行为和各种社会生活。在企业制度、审计机构、土地划拨、银行信贷、税收减免、股票发行等方面运用法律加以规范、进行控制。从而把各项社会活动、特别是经济活动纳入法制轨道，减少和消除滋生违法犯罪的条件。

2. 强化社会监督机制。在深化改革的过程中，从预防犯罪角度而言，除了建立和健全法律制度外，还要强化社会监督机制，从而增强社会防范、控制犯罪的能力。强化社会监督机制，首先要强化行政监督，行政监督是行政管理活动中不可或缺的重要措施。随着社会主义市场经济体制的逐步建立，特别是私有经济的发展，使多种经济关系得以确立，多种经济利益主体要求多层次、多标准的公共服务，这就造成了公共服务不到位和公权力控制的空隙和失误，从而为违法犯罪以及腐败现象提供了可乘之机。面对这一现状，就需要对权力运行进行有效的监督，以有效遏制腐败现象，防止以权谋私和贪污受贿的违法犯罪的发生，促进国家机关提高工作效率。对权力运行进行有效监督，需要运用专门机关监督，包括权力机关的监督（全国人民代表大会及其常务委员会以及地方各级人大对"一府两院"的监督）、专门监督机构的监督（监察机关、审计部门等有关专门机构的监督）、法律监督（检察机关对国家行政机关及其工作人员所进行的监督）以及群众监督（广大人民群众对国家工作人员的行为进行的监督）相结合才能得以实现。

其次，要加强经济监督。经济监督是改善经营管理、提高经济效益的重要手段，也是规范经济活动，减少和防止经济犯罪发生的有力措施。加强经济监督需要建立完善的经济监督法律、法规，提高经济监督人员的综合素质，通过贯彻执行法律和各项规章制度，从严查处经济违规及违法行为。具体来讲，经济监督主要应包括财政监督、税务监督、生产经营监督、价格监督和银行监督等多方面的内容。各主管部门依据相关的法律及规章制度，通过定期或不定期检查、抽查的方式，了解监督对象的经济行为和经济活动有无违规、违法情况，发现问题，及时予以纠正、解决，以使经济监督真正发挥监督制衡、防患于未然的作用。

3. 建立有效的管理、控制机制。要使法律规范得到落实，市场秩序保持稳定，还需要建立一整套有效的管理、控制机制，因此，在加强行政监督、经济监督，确保权力运行和生产经营活动正常进行的同时，还必须加强各部门、各系统及日常生活中的管理控制机制，健全规章制度，减少、消除犯罪发生的条件。法律规定较为原则性和笼统，要真正把各项法律、法规落实到实处，还必须借助各项制度、手段和措施。通过建立、健全管理控制机制，可以及时发现问题，化解社会矛盾和冲突，形成良好、有序的工作、生活氛围，减少犯罪发生的条件和机会，实现预防犯罪的目的。

（三）加强价值引导，增强社会的有序性

犯罪的发生不仅要受一定文化特质的制约，而且更多地取决于社会价值的取向和社会文化的整合程度。当社会形成统一的价值目标或一种强大的主流文化时，社会就会呈现出一种稳定和团结的状态，社会治安形势就较好，犯罪率就会较低；当社会失去了统一的价值目标或主流文化受到严重冲击时，社会就将出现混乱，违法犯罪率就会上升。因此，加强价值引导，减缓文化冲突，防止违法亚文化的形成，对于预防犯罪有着重要意义。

当前，我国的社会转型是整个文化结构的重组，新旧体制的交替及各种文化冲突使人们无论在观念上还是在行为上都处于一种盲然状态。而新的价值体系是一个适应时代的新文化的创造和形成过程，它的建立需要一定时间才能完成，在这个过程中，国家应从宏观上对社会的价值取舍进行引导，帮助人们确立正确的价值观和道德观，以保证社会的内聚力，增强社会的有序性。

在全社会，加强思想教育是实现价值导向的重要手段，在这里我们强调通过道德、法制和价值观等三个方面来实现这一目标。

1. 道德约束。道德是一套用来评价善恶的规则和标准，它凭借人们的内心信念、传统习惯和社会舆论等道德评价和制裁而得以维持，它通过个人的良心以及对道德责罚的畏惧而受到遵从。

运用道德控制来调节社会关系和预防犯罪十分必要。事实证明，不仅那些被称为"邪恶犯罪"（vice crime）的卖淫、乱伦、色情传播等行为以及强奸、杀人等暴力犯罪行为是出于个人道德的败坏，即使实施那些贪污、受贿、商业欺诈等"优势犯罪"，仍然是其道德衰退所致。

道德对人的行为的约束作用是显而易见的。除非是由于精神病态或者智力发育迟滞，几乎人人都可以感知到道德规范和道德强制的存在。人们的一些善良之举，可以归因于社会道德力量的强大或者存在于个人身上的内在的道德情感的成熟。道德制裁对于某些违法犯罪行为的抑制特别有效，尤其在某些行为人看重的特定环境中，一些违法犯罪者在其隶属群体或熟人面前名誉扫地比其他任何制裁更厉害，效果更明显。因此，道德是在法律之前进行社会调节的一种社会控制手段，也是抑制犯罪发生的有力武器。

运用道德力量来预防犯罪主要表现在两个方面：一是加强道德建设和道德教育。道德建设是指对道德规范体系的确立；道德教育是指对道德规范的宣传和灌输，对基本伦理道德规范的传授，促使人们自觉遵守社会公德、职业道德、家庭美德，培养人们的道德观念、道德境界和道德行为。二是道德规范的维持和执行，主要表现为人们的内心信念、传统习惯以及普遍的社会监督和舆论谴责。

需要指出的是，道德控制的作用不是无限的、唯一的，完整的社会控制要求道德、法制和人们的价值观念的共济互补。通过适当而有效的道德控制，营造良好的社会风尚，净化社会环境，达到减少和控制犯罪的目的。

2. 法制教育。现实生活中，许多人在遇到纠纷、遭到侵害时，不懂得运用法律手段维护自己的合法权益，使问题得到合法解决；一些人在面临外界不良环境的影响和刺激时，也往往缺乏区分是非的能力，不能控制自己的行为。目前发生的大量犯罪案例表明，法制观念淡薄是造成许多人走上违法犯罪道路的原因。因此，要预防和减少犯罪，就必须加强法制教育，提高公民的法制观念和辨别是非的能力。

加强法制宣传和教育，应当努力使社会公众形成法律意识和守法观念。通过法制宣传和教育，可以使人们全面了解法律，以法律为标准来区分合法与非法，正确认识和评价自己的行为，树立守法观念。公众法律意识和守法观念的形成，不仅会使其自觉遵守法律规范，而且会增强其维护自身合法权利的意识和与腐败现象以及其他刑事犯罪做斗争的勇气。应当特别重视对刑事犯罪分子尤其是腐败分子依法惩处的现实教育意义。通过法制宣传和教育，人们懂得自己作为法律主体，享有法律监督权，并自觉运用法律武器，揭露、抵制那些有法不依、执法不严、徇私枉法等违法犯罪行为。提高广大人民群众同犯罪作斗争的自觉性。总之，法制宣传和教育作为一种正式的社会控制力量，可以充分发挥法律的教育作用和规范作用，通过公民的自我约束和自我矫正达到减少和预防犯罪的目的。

3. 价值观引导。人类活动总会受一定的思想观念的指导和支配，有什么样的思想观念，就会有什么样的行为，所以，价值观念的不同，直接影响到与价值观念相对应的行为的性质，如果价值观念偏离社会规范，失去了选择行为的正常标准，必然趋于越轨或犯罪。

目前我国的社会转型，使人们传统的价值观念受到冲击，市场经济的发展和西方文化的渗透，促使社会公众的自我意识进一步觉醒，人们注重自我设计、自我价值和自我实现，旧观念对人们思想的禁锢被逐渐打破。但是现实中，自我价值的实现要受到多方面因素的制约，特别是在我国现阶段社会资源十分有限的条件下，社会不能给所有人提供实现自我价值的均等机会和充足条件。这就要求国家加强全社会的价值引导，帮助人们在面临理想与现实、个人与社会、自我与群体等一系列选择时，将个人价值和社会价值相结合，在符合现实社会价值和社会物质条件的前提下，实现自我价值。同时，国家要积极倡导效益、公平、正义等适应时代发展的价值观，引导人们价值观念的转变。

二、微观社会预防

微观社会预防是以社区、群体以及公民个人为单位而进行的预防犯罪活动。其主要通过消除犯罪机会和条件，减少自身被害的可能性，以达到减少犯罪、降低犯罪所造成的危害的目的。微观社会预防包括多方面内容，在这里，仅对微观社会预防中环境预防和社区、群体和个人对犯罪预防的参与进行分析。

（一）环境预防

1. 环境预防的概念及内容。所谓环境预防，是指在环境设计上堵塞犯罪的可能性，创造一种阻碍甚至阻止犯罪发生的情境，从而限制或消除犯罪的原因和条件，以达到预防犯罪的目的。20 世纪 70 年代英国学者罗纳德·克拉克（Ronald V. Clarke）将研究方向从犯罪缘何发生转移至如何阻止发生，更加关注被害人和所处环境对犯罪发生的影响作用，环境预防理论由此产生。环境预防理论有时也被称作情境预防理论。

克拉克认为情境犯罪预防是通过确认、管理、设计、调整的方式，持久、有机地改变情境，影响行为人的理性选择，减少犯罪机会情境因素和促成情境因素，从而达到预防犯罪的目的。[1] 情境预防理论最初只有三大策略：①增加犯罪难度，例如目标加固、遮掩出口、控制工具（武器）；②增大犯罪风险，包括增加监护责任、促进自然监控、减少匿名者等；③减少犯罪收益，具体包括转移财产、识别财产、破坏销路等手段。后来经过实践中的发展完善，又增加了两种：①减少犯罪挑衅（诱惑），如避免对抗、阻止模仿；②减少犯罪借口，

---

[1]　参见周东平：《犯罪学新论》，厦门大学出版社 2006 年版，第 261 页。

比如制定规则、警示道德心、控制毒品和酒精。[1] 通过共计 5 大策略、25 种手段在特殊的犯罪形式中的运用，以系统的和尽可能长期的方式来管理、设计与操作即刻的环境，让犯罪人感受到犯罪是困难的、风险大的、较低回报的、不可原谅的，从而打消犯罪的念头、积极减轻行为的危害。

环境犯罪理论的另外两位倡导者是雷·杰弗瑞（Jeffery）、奥斯卡·纽曼（Oscar Newman）等。北美学者杰弗瑞在其《利用环境设计预防犯罪》著作中说，如果某种环境产生某种类型的犯罪，那么"改变这种环境就可能显著减少这种类型的犯罪"。如果在城市的建筑和规划上注意这一点，"可防卫的空间"就会扩大。美国学者纽曼在《易于防范的居住空间》中说："既然我们不能抑制人们的犯罪动机，我们何不从犯罪的目标与条件上去限制犯罪，因为众所周知，没有作案的目标和条件，犯罪是不能发生的。"他还列举了一些容易给犯罪提供机会的地区环境，如照明太差、太简陋、门窗易于进入，以及人员复杂、流动性大的汽车站、地下铁路车站等。归纳起来，环境预防的主要内容可以分为三个方面：

（1）制造作案障碍。其中又可以分为三项：一是目标加固，包括门窗加固，安置报警系统等；二是目标转移，包括以信用卡代替现金使用等；三是控制作案工具，如控制枪支、炸药、刀具等。

（2）制造犯罪暴露的条件，增加犯罪分子被抓、被判刑的可能性，如在银行、大型超市安装观察监视器，使行为人在违法必究、罚必当罪的威慑下，不敢轻举妄动。

（3）加强正规（警察和司法人员）和非正规（居民、邻里、亲友）的监视巡逻，堵塞和防范通向犯罪的有利条件。目前，国外通行的"社区预防""邻里守望"，就是发动街区的居民采取的以"环境预防为主要内容的行动"。

在环境预防中较为典型的两种减少犯罪机会的设计为通道控制和监察系统控制。前者就要通过设置栅栏屏障，加强过道守卫，增加门锁等措施防止未经允许的人进入某个建筑物或区域，预防和减少犯罪；后者就是配备现代的观察监视系统，将闯入社区的人和潜在犯罪者置于监视之下。

2. 环境预防的理论基础。一般认为，环境预防建立在以下理论基础之上：

（1）合理选择理论。在贝克犯罪经济学理论的基础上，克拉克认为，既然行为人有理性选择的能力，那么只有其发现或者创造了犯罪条件时，犯罪才可

---

[1] 参见崔海英："情境犯罪预防本体理论解读"，载《净月学刊》2014 年第 6 期。

能发生。所以，决定以及影响犯罪人做出犯罪决定的因素，都会因为犯罪场景以及犯罪行为的不同而不同。即使行为人有强烈的犯罪动机，一旦不具备作案条件，行为人也不会贸然行事。该理论就是用犯罪发生的情境因素和犯罪人的犯罪倾向来解释犯罪的发生机制。[1]

（2）日常活动理论。现代犯罪学家菲尔逊和科恩认为，日常生活中大量存在的犯罪机会，包括但不限于潜在犯罪人和有适合的犯罪目标，符合"VIVA"标准：犯罪目标的价值（Value）、目标的物理特性（Inertia）、显著性（Visibility）、易接近性（Accessibility）的犯罪对象（包含人和物），故而引发犯罪。[2]常见的情形是没有监视者，如巡逻警察、保安人员、门卫，缺乏邻里守望以及在偏远之地和无人的空房等。

（3）环境犯罪学理论。该理论认为，具体情境（环境）对犯罪的发生发挥着重要作用。它包括防范空间理论和防范环境设计理论。美国的杰依库布斯最早提出环境对民众安全感是有影响的，受此启发，纽曼认为所居住的社区的设计应便于居民对环境实施监控，达到"低犯罪、高监控"的效果。杰弗瑞认为通过改变环境可以预防犯罪，并将防范的区域扩大到学校和商业区等，以建立综合的环境设计与规划。[3]

（4）其他以被害人为视角的预防理论。犯罪往往是在被害人与加害人的互动中发生的，所以犯罪预防理论也围绕被害人展开。

第一，生活方式暴露理论。美国学者亨利认为，每个人的生活方式不同，被害人会在特定时间、地点接触具有特定人格的人，所以不同的生活方式决定了被害人暴露于危险境地的频率不同。此外还有性别、年龄、财产状况等因素影响被害性。如果被害人与具有犯罪可能性的人接触较多，则被害的概率也就更大些。[4]

第二，被害"结构—选择"理论。"结构"和"选择"两个中心命题来自于日常活动和生活方式暴露理论。日常活动模式和生活方式都通过增加被害人和潜在犯罪者之间的联系，对犯罪机会结构的形成作出了贡献。同时，人或物品的主观价值以及被保护程度决定了特定犯罪目标的选择，[5]即被害人的"暴

〔1〕 张远煌主编：《犯罪学》，中国人民大学出版社2007年版，第389、390页。
〔2〕 彭琨："我国未成年人犯罪的情境预防视角与路径"，载《中国刑警学院学报》2018年第2期。
〔3〕 张远煌主编：《犯罪学》，中国人民大学出版社2007年版，第391、392页。
〔4〕 莫洪宪主编：《刑事被害救济理论与实务》，武汉大学出版社2004年版，第27~29页。
〔5〕 孙斌：《被害预防案例分析》，华中科技大学出版社2016年版，第18页。

露"和行为人的"接近"构成了一种结构，对行为人有吸引力的那部分被害人权利、利益所受到的保护程度也影响着犯罪的发生。

由于环境预防是一种难度不大、可行性较强的预防犯罪措施，所以，这一方法经过多年的发展，已在预防犯罪领域产生了巨大影响，并在具体的预防犯罪实践中得到比较广泛的应用。如在亚洲及太平洋地区利用乡村组织人员巡逻，尤其是在夜间巡逻。这些组织得到官方承认，并给予多方面的指导。日本在组织志愿者进行预防犯罪方面的工作是较为突出的，其成立了防范协会、保护司、母亲会、妇女更生保护会和兄姐会等社会组织和民间团体，对预防犯罪起了重要作用。至于安装防盗门窗、设置栅栏屏障、加强观察监视系统等，更为多见。

在我国，城市居民楼房向高层和密集型发展，大量的娱乐场所及商业区的建立，都增加了诱发犯罪的空间，储积了刺激犯罪的物质财富。一些城市对居民区的安全防范和城市空间设计进行了有益的探索，取得了成效。人们认为：为了建立一个更加安全、舒适的生活环境和区域，应在建筑方面、城市空间规划和设计的最初阶段就着手解决住宅区、商业区的安全问题。例如，上海市政府将安全防范纳入住宅设计规划。上海市政府针对新建高层楼房住宅在建筑防范设施上的漏洞，导致各类刑事案件在住宅大楼内时有发生的问题，召集市公安局、市建委、市规划所、设计院、房地产管理局等有关部门，针对住宅安全防范的薄弱环节，研究制定了《关于住宅建设设计中安全防范的若干规定》。这一规定的实施改变了住宅安全设施薄弱的状况，在防范工作中收到了较好效果，受到了广大居民的欢迎。

1990 年 2 月于莫斯科召开的预防犯罪国际研讨会上，已将环境预防提高到重要的战略位置，人们在重视针对犯罪的深层社会原因进行"社会防卫"的同时，已将更为现实的、有较强应用性的环境预防纳入预防犯罪的领域。当然环境预防并非治本之策，环境预防的实践也证明，它在预防财产犯罪方面效果显著，对其他类型的犯罪预防效果甚微。不过，由于财产犯罪在世界各国犯罪总数中所占比例较大，因此，在一定程度上显示了其预防犯罪的不可缺少的可行效果。

（二）社区、群体和个人对犯罪预防的参与

社区、群体（包括组织）和公民个人是社会的基本单位。在预防犯罪活动的过程中，这些主体既要支持和配合预防犯罪的国家行动，又必须作为主体采取积极的行动预防犯罪。特别在微观社会预防活动中，社区、群体（包括组织）和公民个人主动积极地参与，是预防犯罪的国家行动的必要补充，是微观社会预防的基本力量。

1. 社区参与。社区是由聚集在某一地域并且有着共同的集体情感的人群所构成的社会单位。村镇、城市街区等均可称之为社区。社区具有重要的社会组织功能，也历来是社会控制的基本单位。正是由于这一点，社区在预防犯罪中的作用日渐受到各国政府和有关国际组织的重视，社区参与预防犯罪和制定以社区为基础的预防犯罪方案越来越受到各国政府和有关国际组织的鼓励和支持。

鼓励社区参与预防犯罪向来是我国预防犯罪实践中经常运用的一个成功做法。社区参与预防犯罪的具体形式和做法主要有：①开展安全文明小区建设活动。例如，以村镇、街道、住宅小区等为单位开展精神文明活动，开展警民联防活动，开展有益于身心健康和增强社区集体情感的文化、体育活动等。②开展社会工作和社区服务。例如，开展对违法犯罪人员的社会帮教活动，开展婚姻介绍、扶困助残等工作，兴办各项社会福利事业等。③制订乡规民约、城市文明公约等群众自律性的行为规范。

2. 群众自治。群众自治是指群众有组织地进行的自我管理和自我保护活动。其具体形式主要有：①治安联防，如夜间巡逻、值班守望等。治安联防活动在公安派出所指导下由居（村）委会及其治保委员会组织进行。居（村）委会及其治保委员会是基层群众的自治组织。②人民调解。对于民间纠纷，在人民法院指导下由居（村）民委员会下设的人民调解委员会负责调解，以避免矛盾激化。人民调解委员会也是基层群众的自治组织之一。③共青团、妇联、工会等群众自治组织对其成员进行的各种组织和教育活动。

3. 企业、事业单位的自我管理和自我保护。企业、事业单位以自我管理和自我保护的形式参与预防犯罪活动。企业、事业单位自我管理和自我保护的具体形式主要有：①在法律和政策规定的业务和职责范围内开展经营和业务活动。②建立健全工作纪律和经营管理制度，如财务制度、安全生产制度等。③加强对本单位职工和工作人员的管理和教育，经常开展法制教育、职业道德教育。④加强本单位的治安保卫意识和工作，建立单位治安保卫组织和人民调解组织，健全治安保卫制度，积极协助公安司法部门调查和处理本单位内部发生的违法犯罪案件。

4. 公民个人的自我约束和自我防卫。公民作为社会的主体，有责任以其实际行动参与犯罪预防活动。公民个人参与犯罪预防活动的具体形式是：①遵守法律和社会道德规范，自我约束。②增强自我防卫意识和能力，采取必要的财产保护和人身保护措施以及报警求助措施，减少被害的可能性，一旦被害发生，及时向司法机关报案。③要勇于与犯罪行为作斗争。在面临犯罪侵害的时候，要善于并勇于与犯罪分子周旋或搏斗，并尽可能地取得外界援助，以降低或减轻犯罪损失。另外，应当积极协助公安司法机关和被害人同犯罪作斗争。

第三节　犯罪被害预防

一、被害预防的概念及特征

所谓被害预防，是指国家、社会和公民个人为了避免犯罪侵害、防止被害结果的发生而采取的各种阻遏、减少被害的措施的总和。被害预防是在犯罪对策体系中与犯罪预防相对应的一个方面，是犯罪预防的一种补充，它以被害人为视角，通过减少、消除各种易致被害的因素，减少、避免被害的发生。很明显，被害人的减少和被害机会的减少必然在实际上导致犯罪的减少，从而实现犯罪预防的根本目标。被害预防的特征有：

1. 被害预防的主体具有多样性。被害预防，不只是某一公民个人、单位对自身被害的一种防范活动，而是社区、国家乃至社会的“共同责任”。因为不同犯罪造成了不同的社会危害，侵犯了不同权益，国家、社会、单位以及公民个人都可能由于自身或某项权益遭到犯罪的侵害而成为被害人，由此被害预防主体应包括国家、社会、团体和公民个人等多个方面。在被害预防中，国家以打击和预防犯罪为己任，社会各组织、团体、企事业单位是被害预防的基础力量，公民个人则是被害预防的基本主体力量。

2. 被害预防的对象是被害人方面的各种易致被害的因素。易致被害因素是指存在于国家、社会或公民个人中容易遭到犯罪侵害的事实。易致被害的因素在现实中的表现是多方面的，如法律制度不完善、社会基层组织弱化、某些单位管理上存在漏洞、个人的不良心理、疏忽大意等。明确被害预防的对象，是做好被害预防的前提。被害预防就是要通过消除、减少各种易致被害的因素达到预防犯罪的目的。

3. 被害预防的途径具有多层次性。被害预防的途径根据主体的不同可采取不同的方法。以国家为领导力量进行的被害预防是最具有指导意义的预防，它依靠立法、司法和行政等力量，运用政治、经济、文化等多种形式，形成国家、社会团体、公民个人的合力共同进行被害预防；以社会团体、基层组织、各企事业单位为主体所采取的预防措施，如完善管理制度、提高防范意识、加强防范措施；以公民个人为主体的被害预防是更为直接、更为有效的被害预防途径，通过增强被害人的防范意识，消除其心理上、行为上的致害因素，提高其防范能力，则可以从根本上预防个体被害、预防犯罪的发生。

二、被害预防的意义

（一）被害预防是犯罪预防体系中的重要预防措施

被害预防与犯罪预防，是两个具有特定含义的不同概念，但它们互相依赖、相互作用，在防范、控制犯罪发生的价值取向上是一致的。被害预防与犯罪预防具有对应性，前者主要针对被害人与潜在被害人以及其他易致被害因素，而后者主要针对犯罪人、潜在的犯罪人和引起犯罪发生的原因。从预防效果来看，被害预防的措施越成功，则犯罪预防的效果就越明显。反之，犯罪越严重，被害也越严重。当然，被害预防的一系列措施，既是针对被害人的，同时也是以社会中犯罪发生的原因作为主要依据的。实践表明，单纯地依靠犯罪预防这一途径，是很难达到控制、减少犯罪的目标的，因为有些犯罪的发生是由被害方诱引或促成的，而有些犯罪则是由被害方的疏忽大意等过失造成的。而要遏制犯罪的发生，就必须从被害人等方面考虑，有效地预防被害。被害预防的独特之处，就在于它强调被害人主动发现，并自觉消除自身易遭被害的各种致害因素以避免被害，从而遏制犯罪的发生。因此，被害预防与犯罪预防是互相对应、相辅相成的。

（二）被害预防有利于充分发挥人们参与预防的主动性

传统的犯罪预防立足于防卫社会，注重犯罪人和潜在的犯罪人，国家着眼于尽量防止公民中的某些人成为犯罪人。而被害预防立足于对个人、社会团体及国家权利的保护，注重的是被害人和潜在被害人，这时国家侧重的是如何使其免受犯罪的侵害。事实证明，被害预防的开展，有利于真实地发挥公民、法人及其他组织在犯罪与被害发生过程中的作用，明确具体责任。它表明预防被害必须从被害者自身做起，通过被害预防的宣传教育，健全管理制度，强化监督机制，调整自身不良的心理因素和行为方式。被害者对消除自身易遭被害的致害因素责无旁贷，这样一来，每一个被害者和潜在被害者都可以积极参与、主动预防，这正是国家实现减少犯罪、减少被害这一目标的必不可少的条件。因此，与传统单一的犯罪预防相比，被害预防能最大限度地发挥人们预防被害，从而提高预防犯罪发生的主动性和积极性。

（三）被害预防有利于有效实现整体预防的战略

传统的单一犯罪预防力求对犯罪人的防范和教育改造，但是我们知道，改变犯罪人和潜在犯罪人的主观恶性、不良心理以及错误的行为方式并非一蹴而就的，正是基于这一点，过去那种单一的犯罪预防对策效果是有限的、不完整的。而被害预防通过揭示被害人易遭被害的特征、被害因素以及有利于被害的环境特征，提醒人们自觉克服和控制易致被害的各种因素，消除可能被害的条件，及时发现和摆脱可能被害的危险环境，寻找自我防卫的有效措施，从而达到防止被害的目的。对此，人们更容易接受、更愿意配合，因而也更为有效。所以，从犯罪整体预防的角度而言，被害预防是更为可行的、有效的预防对策。

三、被害预防的内容

（一）对加害人的防范和对被害人的防范

1. 对加害方的防范。运用各种有效手段直接防止犯罪行为发生，从而相应地达到预防被害的目的。对加害方的防范，其主要对象是"已然加害人"（犯罪人）和"潜在加害人"（潜在犯罪人）。其最终目的是防止加害方实施犯罪行为，以相应地达到预防被害的结果。就防范"已然加害人"（犯罪人）而言，主要是对其依法定罪量刑，强制劳动和教育改造，使其认罪服法、改过自新、不再犯罪，从而通过这种"特殊预防"的措施，达到预防被害的目的。就防范"潜在加害人"（潜在犯罪人）而言，主要是对其加强管理、教育其自我约束，避免走向犯罪，这是一种"早期预防"的措施。加害方的防范主要是消除"已然加害人"（犯罪人）和"潜在加害人"（潜在犯罪人）等加害方的主观恶性，改造其恶劣品行，改变其无视法律等错误的行为方式，使其不至于走向犯罪或再次犯罪，由此相应地达到预防被害的目的。

2. 对被害方的防范。公民、社区、国家等针对有可能被害或再次被害的具体情况进行的各种防范活动，这是被害预防总体内容中的主要方面。在对被害方的防范中，就国家、社区、公民等而言，它们主要是以防范主体的身份来预防被害的，其防范的重点对象主要是被害人和潜在被害人。这些被害人和潜在被害人既是社会、国家、社区等应教育帮助、予以保护的对象，也以自我防范之主体的身份来进行自我保护：就"已然被害人"而言，他们是正在受犯罪行为侵害或者已经受犯罪行为侵害的被害人，其防范形式主要是"被害中预防"或"被害后预防"；就潜在被害人而言，其防范形式是"被害前预防"中的

"重点预防"。对于被害方的措施：主要是通过各种手段，消除有助于被害的那些因素或条件，进一步加强自身保护的设施和自律自卫能力，以免被害或重复被害。例如，通过加强有关被害预防方面的宣传教育，提高被害人对于被害的敏感性，增强防范意识；及时调解各种纠纷和冲突，防止矛盾激化；进一步加强防范设施、完善防范措施，提高防范能力；消除性格强暴、逞强好斗、无端挑衅、搬弄是非、粗心大意、轻浮放荡、玩忽轻信、管理不善等致害因素，以达被害预防的目的。

被害方的防范与加害方的防范是相互联系、相互作用、不可分割的，它们之间的关系是相互对应的正比关系，犯罪越少，被害自然越少；犯罪越严重，被害也越严重。从这个意义上说，我们防止和减少了犯罪，就防止和减少了被害的可能性；与此相对应，如果我们在被害方采取了各种有效措施防范了被害，那么就能够遏制、预防犯罪的发生，从而达到预防被害的目的。

（二）被害预防的对象

被害预防的对象是易致被害的因素，这些因素所涉及的内容是多方面的。被害人学的研究表明，多数被害案件都是发生在易被害群体、易被害空间和易被害时间之中的，因此，这三者就成为被害预防的重点对象。

1. 易被害群体。易被害群体，是指那些具有某些易遭犯罪侵害的特征以及与之相应的生活方式、行为特征的人所构成的群体。一定的性别、年龄、职业、文化程度、经济条件、社会地位，以及与这些特征相应的生活方式、行为特征等，往往成为易遭被害的致害因素，具有这些致害因素的个人由此可集合成易被害群体。例如，被害人学的创始人之一德国犯罪学家亨蒂认为：女性、青年人、老人、智能缺陷者、酒精中毒者、移民、一些少数民族团体、痴呆者容易成为犯罪被害人；精神沮丧者、好猎取者、好色者、不道德者、贪财者、孤独者、抑郁者、冷酷无情者以及失去权势者也容易被害。在我国，一般认为下列类型者构成易被害群体：贪财者、好色者、逞强好斗者、无知者、独身夜行者、显露财富者、防范松懈者、多行不义者等[1]。在易被害群体中加强被害预防，是非常必要的，也是保护被害人免受侵害的有效的方法。尤其在我国，历来将"易犯罪群体"作为重点防范对象，注重其犯罪预防，因此，有必要将"易被害群体"相应地作为防范的重点对象之一，加强其被害预防。

2. 易被害空间。易被害空间，是指被害易于发生的地区、地点和场所的总

---

〔1〕 汤啸天、任克勤：《刑事被害人学》，中国政法大学出版社 1989 年版，第 185～195 页。

称，它与犯罪行为的多发空间是对应的。例如，西方国家的研究结论表明：酒吧、餐馆、舞厅、学校等公共场所，被害方必经之路及其家中等，成了杀人、伤害、强奸等易被害空间。在我国，有学者认为：[1]首先，就地区而言，如政治文化中心地区、经济活动繁荣地区等，成为财产易被害空间；偏僻地区、矿山工场地区等，成为人身易被害空间；农村地区，成为强奸、凶杀、盗窃等易被害空间；城市地区，成为抢劫、诈骗、扒窃、入室盗窃易被害空间。其次，就具体地点、场所等而言，一是荒郊旷野、深街暗巷为易被害空间。例如，一些复杂偏僻的场所，常发生杀人、强奸、抢劫等重大恶性被害案件；没有照明设施的深街暗巷、远离居民区的场所、新建或拆迁中的楼房和临时工棚、公园的假山、树林以及车站、码头附近的偏僻地段等，易发生抢劫、强奸等被害案件。二是繁华闹市、嘈杂人流为易被害空间。尤以扒窃、斗殴、侮辱妇女、伤害等被害情形为多。三是高楼独宅、电梯楼道为易被害空间。例如，在城市中的高楼内，在电梯、楼道内受害的，主要有盗窃、抢劫、凶杀、强奸等被害案件；在农村的独宅、深宅小院中，主要有盗窃、抢劫、入室强奸、行凶报复等被害情形。四是车船旅馆为易被害空间。尤以扒窃、强奸等被害情形为多。因此，被害预防必须重视对易被害空间的防范，如果能将"易被害空间"与"易被害群体"联系起来考虑，从而把"重点部位"与"重点人员"的防范结合起来，则被害预防的效果将更为理想。

3. 易被害时间。易被害时间是指被害易于发生的季节、月份、日期和时刻的总称，它与犯罪行为的多发时间相对应。对此，有的著作中认为：[2]首先，从季节、月份上看，当春去夏来时，杀人、伤害、强奸等被害案件总是不断发生，其中，性犯罪被害在春夏季节较为突出，尤以夏季明显增多，冬季则相对减少；财产被害则在秋季逐渐增多，冬季上升趋势明显，而春夏季节则相对减少，这在我国东北城市表现得更为明显。其次，从日期上看，节假日和特定喜庆日内被害较多，如春节、元旦、国庆、星期天、发工资之日等，扒窃、盗窃、抢劫的被害案件增多。再次，从具体时刻上看，性犯罪的发生在住宅内无人之时，或以双职工上班之时为最多；城市公共汽车、电车上的扒窃案，一般发生在上下班人多的拥挤的高峰时间，因此，根据某一种类的被害，掌握其易于发生的时间规律，加强在易被害时间内的防范，尤其是将"易被害时间"与"易

---

〔1〕 汤啸天、任克勤：《刑事被害人学》，中国政法大学出版社 1989 年版，第 94~98 页。
〔2〕 汤啸天、任克勤：《刑事被害人学》，中国政法大学出版社 1989 年版，第 98~108 页。

被害空间""易被害群体"三者联系起来防范，将有助于预防和减少被害。

四、被害预防的形式

按照被害发生的过程，被害预防一般可分为三种基本形式：被害前预防、被害中预防和被害后预防。

（一）被害前预防

被害前预防，是指在被害发生之前对被害加以提前防范的一种被害预防形式。就被害前预防的种类而言，可以包括：一是普通公民对初次被害的"一般预防"，它具有"防被害于未然"的性质，因而是最积极、最普遍、最广泛的被害预防；二是潜在被害人对首次被害的"重点预防"，它具有"防被害于萌芽状态"的性质，因而是最紧迫、最重要的被害预防，被视为被害预防的重点。就被害前预防而言，主要是提高被害预防的敏感性，有了这种敏感，不仅在主观上能随时有一种防范心理，而且在客观上也能加强防范设施建设、完善防范措施、提高防范技能，如此常备不懈，就有可能免遭被害。在被害前预防中，应注意：一是应充分利用并进一步加强现有的有利于被害防范的因素和条件，例如，进一步严格门卫、值勤、巡逻、财会等制度，进一步加固防范设施、完善防范措施、增强防范能力等。二是应及时发现、自觉消除自身易遭被害的各种致害因素，例如，发生冲突时切忌感情用事、逞强好斗，以防人身被害；防盗设施不健全的，应及时补足、加固，现金和贵重物品注意保管，不要随意露富显财，以防财产被害；签订民商事合同时，切忌粗心马虎、轻信、草率、不讲原则、无视财经纪律，以免遭合同欺诈之害。

（二）被害中预防

被害中预防，是指在被害发生过程中所进行的一种被害预防形式。这种预防虽然是被害前预防失效后、在犯罪过程中采取的预防对策，但它有助于降低被害程度甚至完全避免被害，因而同样具有积极意义。被害中预防首先要求被害人在心理上力求沉着冷静，切忌一开始就把被害人角色自我内化，从而丧失理智，或者与犯罪人作绝望的抗争，又或者完全被吓倒而束手待毙，从而加速被害或扩大被害程度。在防范方式上应讲究策略、善于攻心、巧妙周旋、机智灵活，这就要求被害人面临犯罪侵害，必须根据具体情况，机智灵活地采取防范措施，或者寻机迅速脱离被害现场，以免人身被害；或者审时度势、量力地同罪犯作坚决的斗争，将其制服；或者善于攻心，迫使罪犯自动中止犯罪；或者采用缓兵之计，巧妙周旋，以便脱身或寻求援救；或者尽量缓和紧张气氛，与加害人交谈，力争说服其放弃加害；或者因具体情况选择反抗的时间、方式和力度，采取一切有效的手段，阻碍加害行为的实施或完成。因此，被害中预防不只是体力之争，更重要的则是被害人与犯罪人在心智、策略等方面的较量。

（三）被害后预防

被害后预防，是指在犯罪侵害已经完成、被害已成事实的情况下，对再度被害、重复被害以及恶性逆变等加强防范的一种被害预防形式。这种预防是被害前预防、被害中预防的一种必然延伸，因而仍然具有积极意义。就被害后预防而言，可以包括以下三种：已然被害人对于防止再度被害的"再次预防"；习惯性被害人对于防止长期重复被害的"受容预防"；已然被害人对于防止自身向犯罪人恶性逆变的"逆变预防"。就被害后预防具体措施而言，可分为：首先，从"再次预防"和"受容预防"的角度来看，被害人在被害后，一是要消除其被害的受容心理，排除其忍气吞声、自认倒霉的心态，及时报案，协助司法机关尽早抓获并惩处犯罪人，防止自身再度被害或重复被害；二是要认真吸取被害教训，尽快消除存在于自身的各种致害因素，加强防范，避免再度被害或重复被害。其次，从"逆变预防"的角度来看，要防止被害人因被害而转为对犯罪人及其家属乃至对社会进行泄愤报复，从而由被害人恶性逆变为犯罪人。再次是社会、国家、社区等应加强对被害人的社会保护，提供必要的援救或帮助，保障其正当诉讼权利、刑事赔偿或补偿的权利的实现。最后，家属、邻里、领导、同事等对被害人应给予充分的理解，给予其必要的心理安慰和物质援助，尤其切忌歧视性犯罪中的女性被害人，避免将其推向绝路。

五、被害预防的途径

被害预防的途径多种多样，但总体上可以分为"宏观""中观""微观"三个途径，它们构成了一个被害预防的系统工程，如果与犯罪预防的系统工程相结合，无疑将有助于"减少犯罪、减少被害"这一防范目标的实现。

（一）以国家为主体的"宏观被害预防"

以国家为主体的"宏观被害预防"，是指从宏观上依靠国家的权威力量，防范被害发生的一种被害预防途径。就预防被害而言：单靠公民、法人、其他组织等个体以及社区的努力，是远远不够的，还须依靠国家的力量通过"宏观"预防途径才能见效。宏观预防的具体防范措施主要有：①加强宣传教育。社会应利用各种渠道和形式，广泛进行被害预防的宣传教育，提高人们对于被害的敏感性和防范能力。②开展被害预测。被害预测旨在使被害预防更具有超前性、针对性和实效性，它可以同犯罪预测同步进行。③净化环境，努力提高人们的道德水平、法制观念和文化素质，树立良好的道德风尚和社会风气，为人们创造出一种有助于被害预防的环境氛围。④消除易致被害的隐患，例如，那些"社会治安较差地区""繁华闹市地区""车站、码头人杂拥挤地区"等，存在着许多被害隐患，对此，必须依靠国家的强大力量和特殊作用，使其得以控制和消除。⑤提高快速反应能力，即国家应提高公安、武警等部门的现代化装备，在犯罪发生时，能快速反应，迅速到达现场，以减轻或避免被害。⑥加强社会保障。国家应尽可能改善易被害群体的处遇和社会地位，尤其应切实保障妇女、儿童、老人等的合法权益；同时，社会还应切实加强对易被害空间、易被害时间、易被害群体等方面的被害预防。⑦强化权利保障，即国家应通过立法、司法等措施，切实保障被害人的诉讼权利、刑事赔偿或补偿权利，使其尽早恢复正常生活。⑧开展社会援救，如社会应成立相应的被害人援救机构或帮助机构，为被害人提供必要的人身援救、法律援助或经济援助等，帮助其渡过难关。

（二）以社会团体为主体的"中观被害预防"

以社会团体为主体的"中观被害预防"，是指在某一特定范围内，依靠社会各组织体的力量和组织内全体成员的共同努力，防范被害发生的一种被害预防途径。社会中的各种社会组织体，如企业、事业单位、社会团体、社会基层组织存在于社会生活的方方面面，它们的被害是由于其自身的各种易致被害因素的存在，因此，要防止被害，就需要发挥各社会团体的重要作用。例如在某一社区内，如果居民相互较为熟悉，关系较为密切，能够相互帮助，邻里间能互相守望、互相援救，则会大大降低社区内居民的受害率；如果企业、公司有严格的管理制度和完善的监督体制，就会避免遭受犯罪的侵害。可见，以社会团体为主体的"中观被害预防"的潜能是应予重视的。就其具体防范措施而言，应包括：①应促进社会基层组织的建设和发展，大力加强防范力量和防范设施。②企事业单位应建立规范的管理体制，加强自我保护，消除和减少致害因素。③应建立社区巡逻队伍，健全社区内的执勤制度和邻里防卫制度，采取具体措施，加强保护。④应提高社会组织成员的凝聚力，和睦相处，互相照应、互相帮助，共同提高预防被害的自觉性和防范能力。

（三）以公民个人为主体的"微观被害预防"

具体个体的"微观被害预防"，是指每一公民个人加强自我保护，以防范自身被害的一种被害预防途径。被害预防主要是以被害人为本位的预防，公民个人的"微观被害预防"是更为直接的、根本的被害预防途径，既然防止被害与每一个体的切身利益息息相关，那么，个体"微观被害预防"也就更为主动、更为自觉，采取的控制和防范措施也更是有的放矢，容易收到较好的效果。就个体的微观被害预防而言，要增强防范意识、消除致害因素、加强防范设施、提高自律自卫能力、妥善保管贵重物品，特别是克服消极心理和不良行为习惯，如恐惧、贪利、疏忽大意、逞强好斗甚至道德败坏、行为不端等。对个体的微观被害预防在被害预防的总体内容和形式中都有所涉及，在此不作详论。

思考题

1. 犯罪社会预防的含义及其特点。
2. 犯罪社会预防的功能。
3. 社会政策在犯罪预防中的作用。
4. 微观社会预防的基本环节。
5. 犯罪被害预防的基本形式和途径。

拓展阅读

1. ［英］皮特·雷诺、莫里斯·范斯顿：《解读社区刑罚——缓刑、政策和社会变化》，刘强、王贵芳译，中国人民公安大学出版社 2009 年版。
2. ［英］詹姆斯·迪南：《解读被害人与恢复性司法》，刘仁文、林俊辉等译，中国人民公安大学出版社 2009 年版。

犯罪控制

第十三章

犯罪的事后控制与犯罪的事前预防相对应，按照犯罪学对犯罪概念的广义理解，对于犯罪的预防应分为对未实施犯罪行为的一般公民的预防以及对具有犯罪意图的潜在犯罪人的控制防范和对已经实施犯罪行为的人进行制裁、矫治。两种预防依靠的主体不同，针对的对象不同，采取的措施的针对性、侧重点也不同。所谓犯罪控制，是指国家司法机关及司法行政机关运用强制手段，以制裁违法犯罪行为，控制犯罪行为的发生，使犯罪不超出一定范围的有组织的预防活动。犯罪控制是为了防止犯罪对社会造成的危害，把其限制在正常范围以内，通过治安处罚制裁轻微的违法犯罪，不使犯罪边缘的人转化为实施严重犯罪的人；通过刑罚惩治犯罪，防止犯罪行为的再次发生。

第一节　犯罪的治安控制

一、犯罪的治安控制的概念与特点

犯罪的治安控制，是指国家专门的控制机构运用国家赋予的权力，控制犯罪行为实施的外部条件，发现和制止犯罪行为的实施，防止和减少犯罪对社会的危害的各种行政活动及其措施。

犯罪治安控制是利用犯罪行为的特点，凭借特殊的公共权力，通过管理、改善和控制可能被利用来实施犯罪或掩护犯罪的环境因素，以消除、减少犯罪机会，并运用特殊的公共权力发现犯罪的迹象，阻止可能犯罪的人实施和完成犯罪。因此，犯罪治安控制与犯罪预防的其他措施相比，有如下特点：

（一）针对性

犯罪治安控制是对特定的人、特定的行为、特定的场所或特定的行业实施的预防性措施。它具有很强的针对性，具有明确的控制对象。

与其他犯罪预防措施不同，犯罪治安控制不是普遍的、一般性的犯罪预防工作，而是一种带有针对性的预防措施。它的目标十分明显，即防止具有犯罪倾向的人实施犯罪或者完成犯罪。这个目标决定了犯罪治安控制不是针对一切人，而只是针对实施轻微违法犯罪的人；不是针对犯罪产生的一般原因，而是针对那些犯罪实施的过程和条件。它的范围尽管可能涉及没有犯罪的人，但是它的出发点并不是要对一般人进行普遍的思想教育和法制宣传，而是要影响那些可能犯罪的人的行为，防止或阻止其实施犯罪。这种有针对性的预防措施是犯罪控制区别于其他犯罪预防措施的重要标志之一。

（二）专门性

犯罪治安控制既然是有针对性地预防犯罪，它就必然要主要依靠专门的社会控制力量来进行。这种专门的社会控制力量，在我国主要是拥有行政处置权的治安行政管理部门，如公安机关。治安行政管理部门通过训练有素的专业力量，运用国家赋予的权力，对特定对象、特定场所和特定行业进行管理、监督，控制可能被犯罪分子或具有犯罪意图的人利用来实施犯罪的各种外部条件，减少实施和完成犯罪的机会，并利用专门手段，发现犯罪迹象，阻止犯罪行为的实施和完成。因此，犯罪治安控制也是一种专门性很强的工作。

在治安行政管理部门的指导帮助下建立起来的治安保卫组织和治安联防队，特别是近年来，在经济发达地区出现的保安组织，是协助治安行政管理部门进行犯罪控制的群众性自治组织。这种群众性的社区控制力量与专门的治安行政管理部门的专门力量相结合，是我国犯罪治安控制的特点之一。

（三）强制性

犯罪治安控制作为一种有针对性的专门预防措施，不可不带有强制性。无论是治安管理，还是治安处罚，其性质、内容都包含了强制性，表现在：一是治安管理规章制度中规定了严格的禁止性条款，有关单位与部门必须严格遵守与执行。二是有多种惩戒性措施与方法，从警告到拘留，其威慑性仅次于刑事惩罚。

（四）有效性

犯罪治安控制是在犯罪行为准备到犯罪结果出现这个阶段上采取的一种专门化预防措施。所以与其他犯罪预防措施相比，犯罪治安控制的有效性表现更加明显。这项工作做好了，便可以直接减少犯罪的实际发生，使一定时间、一定区域内的犯罪率明显降低。这种预防犯罪的有效性使犯罪治安控制在犯罪预防体系中，历来都是备受重视的环节。

当然，犯罪治安控制是通过对犯罪实施的外部条件的控制来预防犯罪的，它可以有效地减少犯罪实施的机会和犯罪成功的概率，但不能触及犯罪产生的原因，不能从根本上预防犯罪。这种由于犯罪治安预防措施的采用而使犯罪发生率降低的现象只是暂时的。在没有消除或减少促使犯罪产生的原因的情况下，犯罪控制一旦放松，犯罪的发生率又会明显上升。这又表明，犯罪治安预防必须与消除犯罪原因的社会预防相结合，才能更好发挥其效能。

二、治安控制的任务

1. 预防、控制和减少违法犯罪，维护社会治安秩序，保证社会稳定。治安控制是一种最为直接的预防工作，预防、控制和减少违法犯罪是其首要任务。它通过对具有犯罪倾向或者决意要实施犯罪的人采取有效的防范与控制措施，预防犯罪的发生或者防止违法行为向犯罪的恶性转化。此外，治安预防通过对社会秩序的整治以及治安案件的防范与处理，起到维护社会秩序，增强社会公众的安全感，减少犯罪对社会与公民造成的损失，保障社会稳定的作用。

2. 惩戒、教育违反治安管理的行为人和轻微违法犯罪人。治安控制不仅体现在日常治安管理与查处工作中，而且还体现在对已经实施了违反治安管理的轻微违法犯罪人予以惩戒、教育上。违反治安管理的行为人，实施轻微违法犯罪行为不够给予刑罚处罚的行为人，是治安预防的最主要的对象，这方面的防范工作做得好坏直接关系到犯罪现象的整体规模与状况。治安处罚措施有警告、罚款和拘留。惩戒不是目的，只是手段。它是通过治安处罚警戒和教育那些违反治安管理的行为人，让他们以此为戒，悬崖勒马，成为遵纪守法之新人。

3. 儆诚教育社会一般成员，指引人们遵守行为规范。治安控制的依据是治安管理法律规范，通过规定人们在治安管理法律上的权利、义务以及违反治安管理法律规定应承担的责任来调整人们的行为，以达到预防违法犯罪的目的。治安管理法律规范的制定、颁布、施行与广泛宣传，为人们提供了一个维护社会治安秩序和公共安全的行为准则，人们可以以此为标准判断、衡量自己的行为。治安预防具有判断行为有效或合法与否的作用，通过这种评价影响人们的价值观念和是非标准，从而指引人们的行为。

三、治安控制的对象

（一）对潜在犯罪人的治安控制

对于潜在犯罪人的控制就是依靠治安行政管理部门的力量，对有犯罪倾向的人进行有针对性的控制工作，以防止其实施犯罪行为。

针对有犯罪倾向的人的特点，对潜在犯罪人的控制应当主要针对下列人员进行：

1. 具有不良习性并实施了违法行为的人。在社会生活中已经染上了某种不良习性并且已经实施了相应的违法行为的人，应被认为是有犯罪趋向的人，从而表明其有可能实施某种犯罪。这种人主要包括：①有习惯性偷窃、诈骗、抢夺等违法行为尚不够刑事处分的人；②经常进行营业性赌博的人；③多次制作和传播有毒有害信息以及淫秽物品的人；④经常携带凶器出入公共场所或者多次打架斗殴的人；⑤种植罂粟或吸食毒品的人；等等。

对于具有不良习惯并且实施了违法行为的人，应采取以下措施：首先，应当针对他们已经实施的违法行为，依照《治安管理处罚法》的有关规定严肃处理，并在处理过程中进行有针对性的法制教育，要求他们具结悔过。其次，治安行政管理部门应当要求其所在学校、单位或基层保卫组织对其进行耐心细致的思想教育工作，帮助他们戒除不良习性，并监督他们的违法行为。再次，治安行政管理部门应当运用国家赋予的行政管理权，对这类人员进行经常性的检查监督，责令他们遵纪守法，控制其不良行为发生的环境和途径，如查禁淫秽物品、加强刀具管理、查禁赌场、打击贩毒分子等，减少其走上犯罪道路的机遇。一旦发现其有犯罪迹象，即应及时采取有效措施，制止其实施犯罪行为。

对于因矛盾冲突而可能犯罪的人，首先应当进行有针对性的法制教育，使他们冷静下来，然后采取疏导的方法，同时，应当运用治安行政管理部门的力量，对他们采取临时性的监控措施，防止他们实施暴力犯罪。这是制止因矛盾冲突引起的刑事犯罪的不可缺少的重要环节。

2. 准备实施或者正在实施犯罪行为的人。准备实施或者正在实施犯罪行为的人即犯罪嫌疑人，是指有某种迹象表明其正在实施某种严重犯罪或者正在为实施某种严重犯罪做准备的人，以及有证据证明其可能已经实施了某种犯罪并且有可能进一步实施同类犯罪或更严重的犯罪的人。例如，犯杀人、放火、爆炸、投毒、抢劫、强奸等罪行的嫌疑人，进行盗窃、诈骗活动的人，非法制造、运输、贩卖或者盗窃、抢夺、抢劫枪支弹药、爆炸物品及其他凶器的人，流窜作案的人，伪造证件的人，各种犯罪集团的成员，等等。这类人员，由于随时都存在着实施或进一步实施严重犯罪的现实可能，所以具有很大的人身危险性。对这类人员的控制，在整个犯罪控制中具有重要的地位。

对这些犯罪嫌疑人员的控制，首先需要及时发现、确认这类人员。这就要求治安行政管理部门通过多种渠道，进行大量的、细致的调查研究。一旦有迹象表明某人具有犯罪嫌疑，就应动用专门力量，进行重点调查，然后加以排除或者确认。

对于确实具有犯罪嫌疑的人员，应当及时采取有效的控制措施，制止犯罪行为的实施或防止其造成严重的危害结果。这种控制措施应当因人而异：①对于可能以住宅为犯罪现场或者藏匿犯罪工具或赃物的，可以在掌握嫌疑人员基本情况的基础上，通过正当理由入户观察，或者在其住宅附近设立临时观察点，随时掌握其活动情况，一旦发现其实施犯罪，便及时制止。②对于活动范围广泛的犯罪嫌疑人员，则应与其活动范围内的保卫人员相配合，进行方位观察，形成观察控制网络，及时阻止犯罪的发生。③对于有可能流窜犯罪的人员，除在本辖区内跟踪观察之外，还要及时通知流窜地有关辖区内的治安行政管理部门注意其可能实施的犯罪活动。④对于准备实施重大暴力犯罪的嫌疑人员，应当运用治安行政力量首先查获其准备用于犯罪的危险物品，监视其活动动向。⑤对于可能是犯罪集团成员的嫌疑人员，应当监视其社交活动，分析其可能进行的犯罪活动，以采取相应对策。⑥对于可能进行诈骗犯罪的人员，应当适时揭露其真实身份。

同时，对于确实有重大犯罪嫌疑的人员，在掌握了确凿证据时，应当适时采取刑事强制措施，限制其人身自由，杜绝其再犯罪的机会；不宜采取刑事强制措施的，则应在必要时采取行政强制措施或其他合法手段限制其活动范围，阻止其进入可能的犯罪现场，防止其实施新的犯罪。

3. 刑满释放人员和社会服刑人员。

（1）刑满释放人员经过司法管教部门一定时期的教育改造，多数能够悔过自新，成为守法公民。但也确有一些人由于种种原因而重新实施犯罪，其中有些人恶习较深，没有真诚悔改；有些人受他人的教唆、引诱又重蹈覆辙；有些人确有悔过自新的愿望，但重返社会后在就业、婚姻、生活中遭受挫折或受到歧视时，便自暴自弃，重新犯罪。运用治安行政管理部门的力量，防止刑满释放人员重新犯罪，是犯罪控制的重要内容。对上述人员进行控制的主要手段是一般性的考察监督。这些人已经服刑完毕，因而不能采取监狱的管理方式对待他们，而应当尊重他们的公民权利，不妨害他们的正常生活和工作。因此对他们的控制只能通过日常的治安行政管理进行考察监督。这种考察包括：了解他们在服刑期间的改造情况，考察其思想状况；了解他们重返社会后所处的客观环境，看其是否有利于促使他们巩固改造成果；了解他们重返社会后的社会交往，观察他们的现实表现。

（2）社会服刑人员是已由人民法院判处刑罚但未在监狱服刑的人员，如被判处管制、宣告缓刑、假释和监外执行的犯罪分子。对其进行考察监督，既是治安行政管理部门依照刑法、刑事诉讼法的规定执行人民法院判决和裁定的执法活动，也是防止其实施其他犯罪的犯罪控制工作。我国相关法律、法规已经设立社区矫正制度，规定专门机关负责对社会服刑人员进行考察监督。考察监督的内容应当根据他们的不同情况依照相应的法律规定来确定。考察监督主要是要向他们宣布有关规定，监督他们切实遵守这些规定。对违反规定的，提出批评并限令改正。必要时可进行一定的管束，甚至限制其一定的行动自由；经常对他们进行法制教育，帮助他们提高认识转变思想；随时了解他们的活动情况，对于确实具有再犯可能的，应当通过法定程序，及时收回监内服刑。如果社会服刑人员在社会服刑期间没有再犯新罪的，刑期届满时应当按照法律规定的程序宣告其服刑期满，并随之解除对他们专门的考察监督工作。

（二）对公共场所的治安控制

公共场所，主要是指以下各类场所：①娱乐型公共场所，如影剧院、舞厅、俱乐部、体育场、展览馆、游泳场、公园、风景游览区等。②营业型公共场所，如各类商场、银行、餐厅、集市贸易场所、销售性展览场所等。③集会型公共场所，如各种永久性或临时性集会场所、大型庆祝活动场所等。④流动型公共场所，如公共汽车、电车、火车、船只、飞机等正在使用的交通工具以及为之服务的车站、码头、机场等场所。

从犯罪学的角度看，这些公共场所由于人多拥挤，人员构成复杂，人、财、物高度聚集且流动频繁，社会管理难度大等特点，容易发生扒窃、诈骗、抢劫、赌博、打架斗殴、行凶伤人等违法犯罪活动和治安案件。如公共营业场所是人员、物资、货币大量集中和流通的地方，往往给盗窃、诈骗、抢夺、抢劫等犯罪分子提供了可资侵犯的对象和机会。所以一些犯罪分子往往聚集其间，进行各种侵犯财产的犯罪。有些人往往利用城乡集市贸易场所管理上的漏洞进行各种欺行霸市，贩卖违禁物品活动。在流动型公共场所，不仅盗窃（扒窃）犯罪的发案率比较高，而且一些犯罪分子也往往混杂其中，转移赃物、销毁罪证，甚至逃避通缉逮捕；有的犯罪分子利用公共交通工具，夹带走私物品、毒品、枪支弹药及其他违禁物品，造成重大事故隐患。

对这类场所进行犯罪控制，应当贯彻"以防为主，以快为主"的原则，即着眼于必要的预防性措施，减少犯罪机遇，当犯罪发生时快速作出反应，及时制止犯罪，疏导围观群众。

治安行政管理部门作为犯罪控制的专门力量，应当督促、配合各类公共场所的主管部门加强管理，维护公共场所的正常秩序；在公共场所，要经常宣传有关的规章制度，教育、提醒在场人员遵守有关规定，维护正常秩序。要制定紧急疏通方案，保证疏散渠道畅通，以便在紧急情况下能有效地组织群众撤离现场；对出入人员复杂的公共娱乐场所，应适当增加治安人员，以便及时发现、有效控制犯罪；在公共营业场所，要随时提醒人们保管好自己随身携带的物品，谨防扒窃、诈骗。对在公共场所发生的各种纠纷和争执，应当及时调解，防止矛盾激化而发生暴力犯罪。

（三）对特殊行业的治安控制

犯罪学中所称的特殊行业（又称"特种行业"）是指与一般行业相比，其业务活动本身的特殊性使其容易被犯罪分子所利用的行业。这类行业主要包括以下几种：旅馆业，如旅馆、旅社、宾馆、招待所、饭店、浴室、茶社、货栈和车马店等；印铸刻字业，如印刷、铸字、刻字、誊写、复印、晒图、拍摄等行业；旧货业，如旧货店、古玩店、寄卖行、废品收购站等。

这些行业本身，与其他行业一样，都是社会生活所不可缺少的。但是从犯罪学的角度看，这些行业的特殊性在客观上有可能被犯罪分子所利用。例如，印铸刻字业具有制造、复制、仿造文字、图案、画面的功能。这种特殊性既可能被犯罪分子用来直接进行各种犯罪活动，如制造淫书淫画，伪造货币、有价证券，制造、仿造商标，伪造证件、印章等，也可能被犯罪分子用来为实施其他犯罪做准备，如制造空白合同、介绍信，仿造文字等，为诈骗、盗窃等犯罪准备必要的用品。旧货业是专门收购、代销各种废旧的物资。这种行业性质决定了它们能够收存各种物品，这在客观上就使一些犯罪分子有可能把自己通过盗窃、诈骗、抢劫、抢夺、贪污所获得的赃物存放于此或者通过这类行业进行销售，因此，这类行业容易被窝赃、销赃的犯罪分子所利用。

由此可见，不论是在犯罪的准备阶段、实施阶段，还是在犯罪的完成阶段，上述行业都具有可能被犯罪分子所利用的客观条件。特殊行业的治安管理，就是为了维护特殊行业的治安秩序，根据发现、控制、预防和打击犯罪活动及其他违法行为的需要而采取的带有一定的强制性质的行政管理。

特殊行业治安管理和控制的基本方法是：①建立必要的规章制度并监督检查其落实情况。在开业前，必须到治安行政管理部门办理申报、备案手续，建立严格的情况报告制度，发现犯罪嫌疑人员或活动，及时报告。特殊行业在经营过程中，还必须建立健全并严格遵守本行业内部的安全防范制度。如旅馆业必须按照治安管理部门的要求建立旅客住店登记制度、财务保管制度、值班巡逻制度等；印铸刻字业必须建立、执行验证、承接登记制度，特别是承接印刷文件、重要标记和刻制机关、单位印章等，必须交验有关机关的证明文件，机密文件、资料的印刷还必须有严格的保密措施；旧货业要建立物品登记、运输、保管制度，特别是对高档、稀有、贵重物品，工业用废旧金属材料、成品和半成品等物资以及其他国家控制物资，更要清楚地登记送货人的姓名、单位和住址。②检查、限制某些业务活动，例如，在一定时期内，要求某种物品必须由指定的旧货店收购或寄卖，而不准其他旧货店收购或出售，以便于掌握和控制盗窃、转移该类物品的情况。③调查处理该行业发生的治安案件和犯罪活动。特别是对住宿于或隐藏、出入于特殊行业的有重大犯罪嫌疑的人员，要及时采取必要的监控措施，防止其危害社会。为此，治安行政管理部门应当建立快速反应系统，以便在发现重大犯罪嫌疑时能够迅速了解情况，适时控制犯罪。

治安行政管理部门在对特殊行业实行治安管理的过程中，应当重视法制宣传教育工作，帮助特殊行业中的从业人员增强法律意识，充分调动他们做好安全防范工作的积极性，同时还应当向他们传授有关的治安业务知识和安全防范的基本技能，提高他们发现和控制犯罪的能力。

四、治安控制的主要措施

治安控制和预防的主要依据是我国《治安管理处罚法》等法律法规。治安控制措施与刑罚惩罚不同，它虽然也会给被处罚人造成一定的痛苦，但其严厉性和强度弱于刑罚。一般认为，治安控制措施具有强制性、治疗性、教育性的特点。它是国家整个刑事处罚体系的组成部分，在国家的整个刑事政策中是作为国家刑罚的一种辅助方法，与刑罚相辅相成，从而共同发挥预防犯罪的重要作用。

根据治安控制措施的内容和所采取的具体措施不同，我国现有的治安控制措施主要有以下几种：

1. 治安管理处罚。治安管理处罚是对实施了危害社会的行为，但情节轻微、尚不构成刑事处罚的违法行为适用的处罚措施，包括警告、罚款、拘留三种。应受治安处罚的行为主要有扰乱社会秩序，妨害公共安全，侵犯公民人身权利，侵犯公私财产，妨害公共管理秩序，违反交通、消防、居民身份证等方面的管理规定，以及卖淫、嫖宿暗娼等有伤风化但尚不构成刑事处罚的行为。

2. 收容教养。收容教养是对那些实施了危害社会行为但不负刑事责任的已满 14 周岁不满 16 周岁的少年所采取的强制性教育保护措施，即将那些具有反社会倾向、实施一定危害行为的少年收容于一定的设施内，剥夺其人身自由，强制地施以教化，培养其劳动习惯，训练其劳动技术，矫正其犯罪倾向。我国《刑法》和《预防未成年人犯罪法》对此均有规定。我国的收容教养制度贯彻教育、感化、挽救的方针，坚持教育为主的原则，实行半天学习、半天劳动的制度。收容教养的性质相当于国外保安处分中的少年保护处分。

3. 强制禁戒与治疗。强制禁戒是指将吸食、注射毒品成瘾的人收容于戒毒所，强制戒除其不良瘾癖的保安措施。这种措施就其性质而言，是一种行政性的矫正改善处分，不具有处罚意味。新中国成立以来一直重视这一措施，并在一系列行政法规和政策性文件中予以明确规定。强制禁戒措施的具体内容主要包括三方面：一是采取强制手段将戒毒对象送入戒毒所；二是在一定期间内剥夺吸毒者的人身自由；三是治疗和教育。强制治疗是针对那些实施危害社会的行为但无刑事责任能力的精神病人和患有性病的卖淫、嫖娼者，强制其接受医疗的保安措施。这种措施立足于治疗和改善，本身并无惩罚性。

4. 非人身的治安控制措施。非人身的治安控制措施，主要是由公安机关和其他国家行政机关采取的行政处罚，其种类主要有：禁止从业，责令停产停业，暂扣或者吊销许可证和营业执照，罚款，没收违法所得，没收非法财物等。

禁止从业，是指对于把职业或营业作为违法犯罪条件的人，禁止其从事一定的职业或营业以预防其再犯的治安控制措施。如《产品质量法》第 50 条规定："在产品中掺杂、掺假、以假充真，以次充好，或者以不合格产品冒充合格产品的……情节严重的，吊销其营业执照……"此外，为了维护经济领域正常秩序，我国法律明文规定的行政处罚形式还有：通报、批评、警告，责令追回已售出的禁止生产经营的产品，销毁禁止生产经营的物品，扣留、查封、扣押以及冻结，限期出境等。有权作出这些行政处罚的机关有工商行政管理机关、税务机关、金融管理机关、国土资源管理机关、环保及卫生防疫等管理机关、海关以及各级人民政府。这类处罚的对象既可以是自然人，也可以是单位。

没收非法财物，是指对于供犯罪所用的物品或具有诱发犯罪的危险性的物品予以没收的治安控制措施。我国《刑法》中明确规定："犯罪分子违法所得的一切财物，应当予以追缴或者责令退赔；对被害人的合法财产，应当及时返还；违禁品和供犯罪所用的本人财物，应当予以没收。"其他许多行政法规和有关条例也都对此作了规定。

第二节　犯罪的刑罚控制

一、刑罚控制的概念

犯罪的刑罚控制，是指国家运用刑罚手段来遏制犯罪和改造犯罪人以防止犯罪再次发生的控制活动。这个定义表明：

（一）刑罚控制的主体是专门的国家机关

刑罚控制的主体是享有刑事立法权的国家权力机关和享有刑事司法权的国家司法机关。在我国，享有刑事立法权的国家机关是全国人民代表大会及其常务委员会。它制定刑事法律、规定刑罚的种类及其具体运用的原则、制度和量刑标准，规定适用刑法的机关、程序和执行，规定特定时期适用刑法的基本政策。享有刑事司法权的国家机关是公安机关、国家安全机关、检察机关、人民法院以及监狱机关。公安机关和国家安全机关在自己分工管理的范围内对刑事案件享有侦查、拘留、预审等权力。检察机关对刑事案件享有批准逮捕、提起公诉或决定免予起诉的权力和对部分刑事案件进行侦查的权力，以及监督刑法适用的整个过程是否合法的权力。人民法院享有审判刑事案件、决定对具体案件适用何种刑罚的权力。监狱享有执行部分刑罚、对犯罪人进行强制性教育改造的权力。上述机关的职能活动，构成了制刑、量刑、行刑的完整过程。除此之外，其他任何机关和个人都不享有适用刑法的权力，不能成为刑罚控制的主体。

（二）刑罚控制的方法是刑罚

刑罚控制是通过制定和适用刑罚来控制犯罪、预防犯罪的，它所使用的方法是刑罚。刑罚是国家用以惩罚犯罪、制裁犯罪人的一种最具强制性的法律制裁手段。它既可以是对犯罪人的某种人身权利、民主权利或财产权利的限制，可以对犯罪人造成肉体上的痛苦、精神上的压力或经济上的损失，也可以是对犯罪人生命权利的剥夺。刑罚作为最严厉的一种法律手段，是国家意志的表现，因此，刑罚的运用必须由专门机关严格依照法律的实体性规定和程序性规定进行。

运用刑罚来预防犯罪，包括三个方面的活动：一是制定刑事法律，设置刑事司法系统；二是适用刑罚惩罚犯罪、改造犯罪人；三是通过刑罚适用的实例教育公民不去犯罪。

（三）刑罚控制的对象是犯罪人、潜在犯罪人和一般公民

刑罚作为一种最具惩罚性的强制措施，它适用于已经实施了犯罪并给社会造成了严重危害后果的犯罪人，对已经犯了罪的人适用刑罚，通过强制教育和改造，使其悔过自新，做守法公民，防止其再次犯罪。这是刑罚预防的基本方式。同时，对犯了罪的人适用刑罚，必然会对潜在犯罪人（尚未犯罪但有犯罪冲动或受到犯罪诱惑的人）和一般公民发挥预防作用，教育和警戒其不致走上犯罪的道路。

（四）刑罚控制的目标是遏制犯罪和防止再犯罪

刑罚是一种制裁性的强制措施，刑罚的适用也是针对已经发生的犯罪进行的。但是刑罚的适用不仅仅是对已然犯罪的惩罚，它本身也是对未然犯罪的预防。刑罚适用的目的，既是为了教育改造已经犯了罪的人，使他们不致再犯罪，同时也是为了震慑处在犯罪边缘的潜在犯罪人，使他们受到威慑、警戒，使其放弃犯罪的冲动，从而遏制犯罪的发生。这种目标虽然立足于已然的犯罪，但是其着眼点却是未然的犯罪。只有防止人们实施犯罪，从而遏制了犯罪增长的趋势，减少了犯罪的实际发生，才能真正达到刑罚控制和预防犯罪的目的。

二、刑罚控制的功能

刑罚对犯罪的控制预防功能具体表现在以下几个方面：

（一）惩罚、改造犯罪人，减少或剥夺其再犯机会

刑罚的特殊预防是针对犯罪人在实施了犯罪行为之后所采取的惩治、控制措施，目的是剥夺和限制其再犯能力，减少再犯机会。刑罚的运用必然使犯罪人充分感受到惩罚的痛苦，体验到犯罪给自己带来的不利后果，从而抑制或消除再次犯罪的意念，痛改前非。

刑罚执行的方式无论轻重，都具有惩罚的功效和作用。它能够使犯罪人的人身自由受到限制，使其享有的部分公民权利被剥夺或者无法行使，由此大大减少了犯罪人再次实施犯罪的机会和条件。在刑罚执行期间，犯罪人从根本上丧失了实施某些犯罪的条件，他们无法与犯罪被害者接触，甚至无法自由地行

动，即使其有犯罪意图，也不可能或者很难付诸实施。这在一定程度上就意味着限制了其再犯罪的能力。至于那些被适用死刑的犯罪人，刑罚的执行就完全终结了其生命，永久地剥夺了其再犯的能力。

在刑罚的执行特别是自由刑的执行过程中，要在惩罚、威慑犯罪人的同时，对犯罪人进行教育改造。在刑罚的执行过程中，劳动锻炼，严格的管束、深入的法制教育、长时间的反省，都会促使犯罪人矫正自己反社会的个性品质，消除犯罪意识，真正改恶从善，重新做人。

（二）抑制犯罪冲动，威慑、警戒潜在的犯罪者

刑罚作为犯罪的法律后果，通过对犯罪人的谴责、惩罚得以实现。它表现为一定的人身权利的被剥夺或者被限制，甚至包括生存权利的被剥夺，或者一定财产权利的丧失。因此，对于那些意图实施犯罪行为的潜在犯罪人，除了对法律无知者之外，必然会考虑到自己的犯罪行为可能给自己带来的不利后果。慑于刑罚之苦，相当一部分人的犯罪冲动都自觉地或者不得不停留在意识之中。即使那些怀着侥幸心理欲意实施犯罪的人也会不断受到刑罚之苦的心理压力而不敢轻举妄动，有的甚至在实施犯罪的过程中迫于这种心理压力而中止犯罪或在实施犯罪之后主动投案自首。刑罚的这种威慑和警诫作用，使它在防止意图实施犯罪的潜在犯罪人方面发挥着极为重要的作用。

刑罚不仅可以抑制潜在犯罪人的犯罪冲动，而且可以消除被害者的犯罪冲动，防止其由犯罪的被害者发展为犯罪的实施者。因为犯罪不仅危害了社会和公共利益，而且在大多数的场合还直接侵害了某些个人的权益，或者给被害者造成了肉体、精神伤害、财产损失，或者剥夺了被害者的生命。这些都必然激起被害者及其亲属的愤怒情绪，产生对犯罪人的私人复仇冲动。这种泄愤复仇冲动有些就很可能使被害人逆变为犯罪实施者。对犯罪者适用刑罚，就可以在一定程度上满足被害者及其亲属要求惩罚犯罪的强烈愿望，使之得到一定的精神抚慰与物质补偿，这对于平息或者预防被害人及其家属的犯罪冲动具有直接作用。

（三）传达刑法禁令，规范公民行为

国家的刑法制定、刑罚权的实施，包括制刑、量刑和行刑等一切活动，通过信息传递、辐射作用，对社会公众都产生教育、警诫效应。通过刑罚，人们可以认识到哪些行为是刑法所禁止的。刑罚的适用告诫人们必须遵守刑法发布的禁令，否则就会给自己带来不利的法律后果。刑罚向人们传达刑法的禁止性规范，即不遵守禁令时将会受到怎样的刑罚惩罚，它比任何正面传达（即直接

规定应当怎样或不应当怎样）的法律规范对人们的影响都要强烈，都要持久。另外，刑罚的严厉性也使人们不得不时常考虑刑罚所传达的禁止性规范，从而对人们的行为发生约束作用，使人们不敢贸然实施刑法所禁止的犯罪行为。如人们通过大众传媒对具体、真实案例的宣传报道，直接接受刑法禁令的信息，这些刑法禁令的信息使公民以此规范自己的行为，进一步知法、懂法，提高守法的意识和观念。

三、刑罚控制的局限性

刑罚通过其控制功能的正常发挥起到预防犯罪的作用，但是预防犯罪不能完全依靠刑罚。因为刑罚对犯罪的预防作用是以国家的大量投入为基础并受一定条件限制。刑罚不能消除犯罪产生的社会根源和各种引起犯罪的社会因素，因而不可能从根本上预防和消灭犯罪。特别是当社会生活中大量存在着产生犯罪的原因时，刑罚对犯罪的预防作用便会大大削弱。目前由于一些制度调整，政策制定所引起社会矛盾造成某些犯罪增多，再重的刑罚也难以从根本上消除或者减少此类问题。当然在社会治安形势较为严峻的形势下，刑罚作为治标之策仍然是不可缺少的手段与方法。在强调刑罚对犯罪的预防功能时，我们绝不能将刑罚作为防止犯罪的唯一对策，认为有了刑罚就可以对付一切犯罪。中国历史上历次出现的重刑主义，都是把刑罚对犯罪的预防功能无限扩大，致使刑罚走向了自己的反面，成为激化矛盾、诱发犯罪的因素。历史的教训使我们在适用刑罚时不得不考虑影响和制约犯罪的诸多因素的作用，考虑犯罪的非刑化问题。对于那些可以通过消除社会生活的各种弊端或者改善和采取某些社会措施便可以预防的行为，尽可能地不作为犯罪对待，不适用刑罚。刑罚量有限而犯罪量无限，如果遵循重刑主义的逻辑，继续不惜一切代价地超量投入刑罚，必将使刑罚趋于极限而难以为继。[1]

在犯罪预防的具体环节上，刑罚对犯罪的预防功能同样受到一定的限制。由于受多种引起犯罪发生因素的影响。刑罚不可能对所有犯了罪的人或者企图实施犯罪行为的人都产生预防作用。在对不知法的人所具有的犯罪冲动的抑制上会显得无能为力；对熟知法律但认为自己可以逃脱刑罚惩罚的人来说，他们更不会因为刑罚的存在而不去实施犯罪行为；对于那种认为犯罪所得大于犯罪所失的人不会因为惧怕刑罚而不去实施犯罪行为；而对于各种受激情驱使以致

---

[1] 参见梁根林等："合理地组织对犯罪的反应"，载《金陵法律评价》2001 秋季卷。

把生死置之度外的人也不会慑于刑罚而中止犯罪。因此，我们不能企盼有了刑罚就可以预防一切犯罪，也不能企盼一切受过刑罚惩罚的人都不会再犯罪。刑罚目的是国家通过制定、适用、执行刑罚所期望达到的目的。刑罚目的性理论主张刑罚的意义在于通过对犯罪人的惩罚预防犯罪、保卫社会，而不是单纯以惩罚罪犯实现社会正义。刑罚目的作为观念是抽象的，但它作为政策则具体表现为各种制度和措施，如不定期刑、缓刑制度等都是作为刑罚目的刑的结果而出现的。此外，减刑、假释等刑罚执行制度也都随着目的刑思想的注入而迅速得到普遍发展。

总之，刑罚作为一种威慑力量，其作用是有限的。在重视刑罚对犯罪的预防功能时，我们也应当对其具有清醒的认识，不能过分夸大刑罚在预防犯罪中的作用，更不能把刑罚当作预防犯罪的唯一途径，滥施刑罚。必须破除"刑罚万能"的观念和重刑主义的思维定式，转换刑罚观念，寻求更有效的刑罚措施。

四、刑罚控制应遵循的原则

为了充分发挥刑罚控制的功能，在刑罚的制定和实施过程中要遵循一定的原则。这些原则包括：

（一）人道主义原则

刑罚的人道主义原则，是指刑罚的设定、适用和执行都应符合人的本性和社会的道义要求。人道主义作为一项刑罚原则，是资产阶级革命时期的产物。封建社会的刑罚基于报应和威吓的目的，肆意贬低和侮辱犯罪人的名誉和人格，对犯罪人经常施以野蛮、残酷的刑罚，给犯罪人造成巨大的肉体痛苦。资产阶级在反封建的斗争中提出了刑罚的人道主义原则，主张对人的尊重，反对愚昧的、野蛮的、残酷的、给人带来巨大肉体痛苦的刑罚方法。即使是在惩罚最卑劣的凶手时，他身上至少有一样东西应该受到尊重，亦即他的"人性"。人道主义思潮推进了欧洲各国的刑罚改革，于是，自由刑逐渐替代了死刑与肉刑，成为现代刑罚体系的中心。而后西方各国又推行行刑社会化，变封闭的行刑为开放式的行刑，特别是20世纪70年代后，"社会服务"刑成为刑罚执行制度改革的重要内容。在刑事立法和刑事司法中，遵循人道主义原则意味着要摒弃野蛮、残酷的刑罚，尽量规定并适用宽缓的刑罚。刑罚的执行方式文明、人道，避免给人造成巨大的肉体折磨。在刑罚的适用过程中，"把罪犯当人看"，尊重犯罪人的人格和名誉，不歧视、不虐待、不随意打骂体罚，保障犯罪人的人权。总之，其核心思想是，适用刑罚不是为了给罪犯造成身心痛苦，而是以改造罪犯、预防犯罪为最终目的。[1]

(二) 公平原则

刑罚的公平原则，是指对犯罪人适用刑罚要公正、平等、适度。具体内容包括：首先，公平原则要在刑事立法上予以确立。立法公正是司法公正的前提和基础。对此，马克思曾指出："如果认为在立法者偏私的情况下要有公正的法官，那简直是愚蠢而不切实际的幻想！既然法律是自私自利，只能够无所顾忌地运用它。在这种情况下，公正是判决的形式，但不是判决的内容。内容已被法律预先规定了。"[2] 其次，在适用刑罚时，要严格依照法律的规定，遵循罪刑法定原则、罪刑相适应原则以及法律面前人人平等原则，反对重罪轻罚或同罪异罚。在裁量刑罚时，要严格依法掌握量刑标准，避免出现量刑畸轻畸重的现象。再次，在刑罚执行过程中，应依照法律规定的条件和程序对符合减刑、假释等条件的罪犯依法予以减刑或假释，不徇私枉法。这样，才能提高法律的尊严和威力，巩固和强化公民的法律意识，从而充分发挥刑罚打击犯罪、教育改造犯罪人、预防犯罪的功能。

(三) 刑罚个别化原则

刑罚个别化，是指根据具体情况运用刑罚。刑罚个别化作为一个刑罚原则，不仅要求刑罚裁量要考虑犯罪及犯罪人的具体情况，刑罚执行中考虑犯罪及犯罪人的具体情况，而且要求在刑罚制定中也要考虑犯罪及犯罪人的个别情况。犯罪是由具体的人实施的，而每个犯罪人的主观恶性程度都有所不同，其实施犯罪的具体手段、方法等也都有差别。而且，从犯罪前的情况来看，各个犯罪人的反社会人格的形成过程、犯罪人的家庭状况、文化背景等也都存在差异。因此，在制定和实施刑罚的过程中，必须考虑到这些不同情况，区别对待。这具体表现为：首先，在刑事立法方面，要考虑犯罪行为和犯罪人的不同情况规定不同的刑罚方法和幅度。刑罚制定上的个别化不仅可以提高刑罚规定的明确性，而且还为刑罚裁量、刑罚执行上的个别化提供了制度性资源。[3] 其次，在刑罚适用时，也要根据个案的不同情况，区别对待，判处有利于改造罪犯和预防犯罪的适当的刑罚。最后，在刑罚的执行过程中，要以是否有利于实现刑罚

〔1〕 参见王牧：《犯罪学》，吉林大学出版社 1992 年版，第 389 页。

〔2〕 《马克思恩格斯全集》（第 1 卷），人民出版社 1995 年版，第 287 页。

〔3〕 参见翟中东：《刑罚个别化研究》，中国人民公安大学出版社 2001 年版，第 224～246 页。

的目的为标准，实行因人而异、有的放矢的教育改造措施。[1] 刑罚个别化原则是刑罚合理化、科学化的体现，它有利于刑罚教育改造罪犯目的的实现。

（四）效益原则

对于刑罚控制，国家是要投入相应的人力、物力和财力的，这就决定了刑罚的运用必须考虑经济效益，必须使刑罚资源产生最大的刑罚效益。因此，刑罚控制在以有效打击、预防犯罪为目的的同时还要注重刑罚的效益，不使刑罚的运用与效益相脱节而成为不经济、不合理的方法。

所谓刑罚的效益，是指国家通过动用刑罚自身成本即刑罚的制定、刑罚的强制力和刑罚的实际适用、执行所获得的对罪犯的应有的处罚效果和迫使人们不去犯罪或者不再犯罪的效果。[2]

刑罚控制要遵循效益原则，就意味着在制定刑罚、适用刑罚时，要考虑刑罚的实际效果，要使刑罚足以惩戒犯罪人，既反对刑罚投入量不足，也反对刑罚投入量过度。刑罚投入量不足，一方面不仅不能使犯罪人受到应有的惩罚，而且会使其从犯罪中获得较大利益，从而强化犯罪动机，刺激犯罪分子重新犯罪或者促使潜在犯罪人实施犯罪；另一方面，被害人的心理难以安抚，被害人会认为正义没有得到伸张，这可能导致被害人转向私力报复。至于刑罚投入量过度，虽然在一定程度上可以产生心理威慑效果，消除犯罪分子因犯罪所得的收益，抑制犯罪分子再次犯罪的利益驱动，遏制潜在犯罪人的犯罪动机，满足被害人的报复之心，但同时也会使犯罪分子产生对抗之心，增强犯罪分子及其家属与国家的对立情绪，淡化公正标准，加大刑事司法成本。总之，刑罚虽然可以产生抑制犯罪的积极社会效益，但作为一种社会资源，也存在合理配置，有效利用的问题。因此，在刑罚政策的制定、实施过程中，确立刑罚效益原则，有利于充分发挥刑罚功能，更好地实现刑罚目的。

第三节　对犯罪人的矫治

在犯罪预防体系中，对犯罪人进行矫治，是犯罪的事前预防失败后，针对正在服刑的犯罪人所采取的一项重要的刑罚制裁和矫正措施。在刑罚执行的过程中，对犯罪人进行良好而有效的矫治是发挥制裁中个别预防措施功能的关键

---

〔1〕　参见王牧：《犯罪学》，吉林大学出版社 1992 年版，第 388 页。
〔2〕　参见陈正云：《刑法的精神》，方正出版社 1999 年版，第 151 页。

环节，也是降低重新犯罪率，控制和减少犯罪的基本途径。

人所具有的社会性，决定了人必须在社会环境中生存、发展，社会中的各种因素也影响和决定着人们的思想和行为。犯罪是一定的客体外界因素与行为人主观内在因素综合作用的结果。这表明犯罪不是某个人或某些人与生俱来的生物因素、生理结构等特征所决定的固有现象，不存在某一特定人群或种群注定要犯罪的说法。正是基于此，我们认为，在社会生活实践中形成的犯罪意识是可以改变的，犯罪习性是可以戒除的，犯罪人是可以改恶从善，成为守法公民的。

犯罪行为的实施是行为人在犯罪意识的支配下，采取与社会规范相冲突的手段所导致的结果，对其行为的矫治需要严格的管束。在强制的状态下，用正面的、积极的力量加以教育和引导。当然犯罪意识的形成并非一蹴而就，要在根本上进行改变和消除更非一日之功，它需要在对犯罪人进行监督、管制的前提下，运用一系列矫治措施从心理矫治和犯罪习性矫治两方面入手，以保证矫治效果的真正实现。

一、犯罪心理矫治

（一）矫治犯罪心理，消除主观恶性

犯罪心理不仅是指犯罪人在实施犯罪行为过程中的内心活动，而且是促使犯罪人实施犯罪行为的思想意识，即反社会的生活态度。犯罪心理矫治就是要改变犯罪人的主观心理，消除其主观恶性，这是防止犯罪人再次犯罪的重要途径，也是达到个别预防的根本所在。它主要包括：

1. 改善生活态度。与社会公共准则要求背离的反社会的生活态度是犯罪人共有的本质特征，表现为他们低劣的思想素质，缺乏严肃的生活态度，缺乏社会责任感，在处理个人和社会、个人与他人的关系中，遵循自我中心的个人主义思想，行为放荡不羁，无视社会规范和法律，守法意识淡薄。一些正在服刑的犯罪人在进入监狱这一特殊环境时，其反社会的意识并未立即消失，而会暂时潜伏起来，如这时不及时地给予矫治，就可能使其反社会的生活态度朝恶性方面转化，并逐渐膨胀。在改变犯罪人反社会意识时，要进行法制教育，使他们对法律和社会公共准则在现实社会中的作用有正确的认识和评价，并以此约束自己的行为。对于正在服刑的犯罪人，要根据犯罪的具体情况，结合其主观罪过以及犯罪前的社会经历，进行有针对性的思想感化和教育。

2. 培养健康的意识结构。有缺陷的意识结构主要表现为：对于事物的认识和预见具有片面性、表面性，争强好胜，自我抑制力薄弱以至于鲁莽行事。对于犯罪人进行心理矫治，就是帮助他们建立对社会、对人生、对友谊、对自我的正确理解和态度，克服意识结构中的缺陷，帮助他们形成冷静、全面地思考问题的习惯，加强意志力的培养，提高自我控制能力，注意消除性格上的盲目、冲动等缺陷。只有培养犯罪人健康的意识，才能使其在外界刺激或者犯罪诱惑力面前有效地控制自己，避免为争一时之气而实施犯罪行为。

3. 重建目标体系。犯罪人所确定的目标往往是短浅的，只顾眼前的暂时利益而不考虑长远的根本利益。其实人们对目标的确定是由多方面的目标所组成的体系，在这一目标体系中，行为人根据目标的价值与现实可能性作出判断和选择，犯罪人往往在某一目标的指引、刺激下实施犯罪行为。帮助犯罪人重建目标体系，是犯罪心理矫治的中心环节。通过疏导和教育提高犯罪人的思想认识和觉悟水平，从而使之改变对犯罪前原有目标的认识，重建新的目标体系。监狱管理干部要积极帮助他们确立正确的目标，将近期目标与长远目标相结合，调动犯罪人改造的积极性。

（二）加强教育引导，促其重新社会化

犯罪心理矫治的基本方法是在强迫改造的过程中，进行强制的思想灌输和有针对性的说服教育。它包括：

1. 针对犯罪心理形成的共性，在一定范围内对犯罪人进行强制性的集中教育，采取摆事实、讲道理、理论联系实际的方法，促使犯罪人接受符合社会规范的正确思想，并在集体中陶冶自己，逐渐端正认识，弃恶从善。在进行集中教育的同时，根据各个犯罪人犯罪心理形成的不同情况，进行有针对的引导，即因人施教。因人施教是更加细致的矫治方法，它要求在矫治工作者与矫治对象间建立一种"帮助关系"和"支持关系"，在矫治对象积极、主动的配合下，以便于进行启发教育。

2. 依靠社会力量和家庭力量的协助，加快和巩固心理矫治的进程和效果。在犯罪人心理矫治的过程中利用社会力量对犯罪人进行教育和影响，能够启发犯罪人接受矫治；利用家庭力量对犯罪人规劝、教育往往会产生明显的效果，加快犯罪人矫治的过程。

3. 要使犯罪人重新社会化，还要注意防止其在精神上与社会隔绝。社会的快速发展，使每个人在知识、信息、能力交往等方面都应同步发展，而羁押在监狱中必须限制犯罪人与外界的接触和对信息的掌握，为了让犯罪人在回归社会后能尽快适应社会、融入社会生活，有必要尽量使犯罪人对社会保持一定的了解，避免犯罪人在精神上与社会隔绝，监狱应通过报刊、书籍、广播、电视中有教育意义的内容的宣传、播放，建立起信息的桥梁，从而使犯罪人能够及时地了解社会，适应社会以便于日后回归社会。

（三）强化狱政管理，创造有利的矫治环境

多数犯罪人在羁押之前在社会上属于违法乱纪、为非作歹、恶习较深的人，被收押后，和具有各种犯罪心理的人生活在一起，就有可能相互感染，彼此传习。因此，要在这种场合对犯罪人进行心理矫治，就必须强化狱政管理。严格军事化管理和监规纪律约束，严格采取相应的奖励和惩罚措施，消除对他们各种有害的交往，严格制裁犯人中的邪恶势力和传播犯罪思想、传授犯罪技术的犯罪人，使犯罪人始终处于行为有准则、活动有规范的矫治环境中。以确保正面的教育、引导能够被接受，悔过自新的人能受到支持、鼓励，有了这样的环境无疑会加速犯罪人犯罪心理矫治的进程。

二、犯罪习性矫治

犯罪习性是长期或多次实施犯罪而形成的动力定型，往往表现为惯犯、累犯的行为特征。具有犯罪习性的人，在实施犯罪的场合，不需要外界刺激等犯罪诱因的作用，没有明显的意志选择过程。这种习性一旦形成，行为人容易保持犯罪的冲动，他们的犯罪动型总会处于主导地位而罪责感、怜悯心总是难以调动。他们对其所实施的犯罪，不仅不能自觉，反而感到荣耀且心安理得。在行为选择中，他们不是犯罪与不犯罪的问题，而是在实施什么犯罪以及在犯罪技巧方面进行考虑。有时行为人慑于刑罚的威力也想暂时放弃犯罪，但却无法抑制已然定型的性格倾向、行为冲动。因此，对于犯罪习性的矫治是一项非常艰难的工作，但同时又是一项预防犯罪人再次进行犯罪的不可或缺的重要工作。

（一）严格限制和惩处，矫治犯罪习性

犯罪习性是犯罪人在长期社会生活中形成的放荡不羁、桀骜不驯和顽劣的行为习惯，要改变这种行为必须在一定的时间内借助于特定场所，采取强制手段方可奏效。犯罪习惯的顽劣性使犯罪人不可能主动、自觉地接受矫治，需要营造一种适应矫治的特定环境，这种特定的场所最适宜的只能是监狱等执行刑罚的场所。只有在刑罚的执行过程中，在严格的军事化管理和监规纪律约束下，才能使犯罪人远离其原有的那种不良的环境和条件，限制其违法犯罪心理的恶性膨胀，才能有效地强制犯罪人接受矫治；要唤醒他们的罪责感和悔罪心理，使犯罪人从根本上认识到自己已经养成的犯罪习性的危害性和违法性，产生强烈的渴望自由的需要，坚定戒除和纠正这一习性的决心。犯罪习性的矫治，还需要一定时间的保障。犯罪的动力定型是犯罪人经过长期的积累，逐渐演变而恶性发展的结果，它的养成是日积月累的过程，而非一朝一夕的变化，因此，要矫治它也不可能在短时间内完成，并且某些具有犯罪习性的犯罪人，具有明显的改造效果不稳定、犯罪恶性顽固的特点，在严密的监管环境里，他可能暂时收敛其行为，但一段时间之后，他们的犯罪习性又会充分表现出来。因此，时间条件是犯罪习性矫治的必要保障。

（二）限制原有的行为定型，淡化犯罪行为习惯

据生物学和心理学的研究表明，人们的心理与行为习惯是由于外界事物长期对人神经的刺激而出现的较固定的反射，当原有刺激点停止刺激或转移时，原有的反射行为就会被抑制或消退。运用这一原理来矫正犯罪人原有的动力定型，一方面要利用监狱的特殊条件和狱政的监管制度、措施及教育、劳动等的作用，隔断原有不良刺激通向行为的反应过程，使造成犯罪人原有动力定型的刺激物不再对其产生刺激作用，或者淡化这种刺激作用。另一方面要转移犯罪人的注意力，在犯罪人对某个行为恶习特别专注时，采取干扰或转移的方法，使其接受正面的引导。如果犯罪人因外界刺激等原因而注意力集中，并产生对行为恶习的向往和满足，就会出现犯罪习性的反复。因此，促使犯罪人接受新的刺激物，及时转移犯罪人对行为恶习的注意力，就可能限制、淡化原有的行为定型。

（三）进行新的行为训练，形成适合社会要求的行为定型

通过严格的纪律训练，健康的集体生活训练和精神文明训练，促使犯罪人培养适合社会要求的动力定型，逐步消除自私、懒散、不能与他人相处的行为缺陷，养成遵纪守法的习惯，形成新的动力定型以适应社会生活，通过这种训练有助于培养犯罪人抵御、战胜不良行为习惯再现的能力，增加自我抑制能力，通过自我抑制来控制自我，改变对旧的行为恶习缺乏抵抗力的状况。

对犯罪人犯罪习性的矫正，要靠外界的约束、限制，靠新的行为习惯的培养、训练，更要靠调动犯罪人矫治其犯罪习性的主观能动性。在矫治工作中，要贯彻行为矫治与心理矫治相结合，个别矫治与群体矫治相结合，强制矫治与鼓励犯罪人自觉矫治相结合的原则，真正达到矫治犯罪人、控制和减少犯罪发生的目的。

➲ **思考题**

1. 犯罪治安控制的概念、特点及任务。

2. 治安控制的对象。

3. 犯罪刑罚控制的概念、功能及其局限性。

4. 刑罚控制应遵循的原则。

5. 简述对犯罪人犯罪心理和犯罪习性的矫治。

➲ **拓展阅读**

1. ［加］欧文·沃勒：《智慧的犯罪控制：共建安全未来的指南》，吕岩译，中国法制出版社 2018 年版。

2. ［挪威］尼尔·克里斯蒂：《犯罪控制工业化》，胡菀如译，北京大学出版社 2014 年版。

3. ［挪威］托马斯·马蒂森：《受审判的监狱》，胡菀如译，北京大学出版社 2014 年版。

第五编　类型犯罪

第十四章 青少年犯罪

第一节 青少年犯罪的概念

青少年犯罪在我国虽不是严格意义上的法律概念，但它是犯罪研究中和现实生活中经常使用的概念。我国宪法或其他法律文件中就有"青少年"这一称谓，但未明确表述和界定。按照我国法律规定，18 岁以下为未成年人，18 岁以上为成年人。18 岁以下的未成年人有一部分属于少年。就成年人而言，一般将18~25 岁的人称为青年。在我国，16 岁是完全负刑事责任的起点年龄，14 岁是相对负刑事责任的起点年龄。所谓青少年犯罪，是指 14~25 岁这个年龄段的人犯罪。我国刑法没有用"青少年"这个概念，与此相应地是规定了"不满 14 岁的未成年人"以及"已满 14 岁、不满 18 岁的人"犯罪的特殊处理。我国青少年犯罪有广义、狭义之分。广义上的青少年犯罪不仅包括犯罪行为，也包括某些违法行为和不良行为，主体年龄也有所放宽；狭义上的青少年犯罪主要是指14~25 岁的人触犯了刑事法律而应受到法律处罚的行为。犯罪学主要采取广义概念。

目前各国法律对"青少年"的规定，都是以他们的生理、心理特征为基础，结合各国社会的具体情况而规定的。像《美国青少年教养法》规定：少年犯罪"是指不满 18 周岁的人实行违反美国法律，但不受死刑或无期徒刑惩罚的行为。"青少年罪犯"是指定罪时不满 22 岁的犯人。"《德意志联邦共和国青少年刑法》规定："少年指在行为时期已满 14 岁不满 18 岁的人，未成年人是指在行为时已满 18 岁不满 21 岁的人。"《日本少年法》则规定少年指未满 20 岁的人。另外，在同一国家中，法律因角度不同对青少年的定义也不同。关于青少年犯罪行为的范围，按照青少年犯罪的英文拼写 juvenile delinquency，这个概念不仅包括犯罪行为，还包括违法行为、不良行为以及危险行为的信号。联合国预防和控制犯罪委员会秘书处提出青少年犯罪行为可以分两大类，一类即犯罪，另一类包括逃学、逃跑、不正当性行为等。

在美国，青少年犯罪的范围很广，具体包括犯罪行为，违法行为和违反道德规范、社会风俗习惯和各种社会组织的规章等社会规范的不良行为。在日本，未成年人犯罪通常包括犯罪行为，触法行为和可能导致犯罪的虞犯行为。其中可能导致犯罪的虞犯行为主要是指具有不服从监护人正常监护，无正当理由不接近家庭的，与具有犯罪性质或不道德的人交往的，出入于可疑场所的以及具有损坏自己或他人品德的行为。

第二节　青少年犯罪的特点

作为一个具有国际性的社会问题，各国青少年犯罪都具有一些共同的基本特征，即盲目性大，纠合性强，诱发快，蔓延广，可塑性和反复性大，社会危害严重。具体来讲，目前我国青少年犯罪的基本特点表现如下：

一、青少年犯罪的主体特征

1. 青少年犯罪的低龄化趋势明显，始犯年龄降低。从违法犯罪的青少年的年龄看，近些年出现了始犯年龄提前，平均年龄降低的情况。据调查，大多数违法犯罪的青少年是在 12~14 岁之间开始越轨违法的，14~18 岁是初次犯罪的高发年龄段。这一状况在校园欺凌及未成年人暴力案件中得到充分体现。中国青少年研究中心"预防青少年违法犯罪课题组" 2002 年对全国十个省、直辖市的 2780 名在押未成年犯的调查显示，未成年犯的平均犯罪年龄为 15.73 岁[1]。张远煌教授于 2009 年组织的对北京、湖北和贵州三省市未成年人犯罪专项抽样调查结果显示，未成年犯实施犯罪时的平均年龄为 15.56 岁，青少年犯罪低龄化表现突出。

2. 农村、闲散青少年犯罪增多。据河南检察机关的调查显示，在全省范围内，农村户籍的涉罪的未成年人占全部未成年人犯罪的 71% 以上。值得注意的是，在查获的青少年作案成员中，处于失学、失业、失管状态的闲散未成年人所占比重较大，甚至出现流失社会后立即走上犯罪道路的案例。农村及闲散未

---

〔1〕　参见关颖、鞠青主编：《全国未成年犯抽样调查分析报告》，群众出版社 2005 年版。

成年人犯罪主要以盗窃、抢劫、聚众斗殴为主，在其他犯罪类型，如杀人、伤害、强奸、寻衅滋事等案件中也有他们的踪影，其犯罪常采取团伙的形式，危害十分严重。

3. 女性青少年犯罪日趋严重。女性特别是女性青少年的犯罪率，从一定程度上是衡量全社会道德水准的标志。虽然从整个青少年犯罪情况来看，女性青少年犯罪仍大大低于男性青少年犯罪，但其增长率和危害程度高于男性。一般青少年犯罪的特点在女性青少年身上同样有所反映，但由于女性青少年自身所特有的生理、心理特点，又表现出自己的特殊性。一般而言，女性青少年犯罪往往是从受害开始的，犯罪类型多集中在性犯罪和财产犯罪方面，暴力作案较少。此外，女性青少年犯罪有极大的腐蚀性，女性青少年犯罪者对没有犯罪的少年的教唆腐蚀，比男性罪犯更容易产生效果，最后与他们一起甘愿堕落、走上违法犯罪道路。女性青少年犯罪不仅腐蚀性强，而且犯罪能量也很大，特别是由女性组成的犯罪团伙，具有很强的凝聚力。

二、青少年犯罪的行为特征

（一）青少年犯罪类型多样

我国当前青少年犯罪类型呈现多样性、交叉性和复杂性的特点，除传统犯罪以外还不断出现新型的犯罪，并且有向国际上青少年犯罪类型靠拢的趋势。与成年人犯罪相比，一般来说，青少年犯罪以盗窃犯罪为最多，而成年人的犯罪则遍及各种罪。但是近年来，我国青少年犯罪逐渐向杀人、抢劫、强奸等暴力犯罪发展，而且与五六十年代相比，由过去单一的暴力型犯罪，趋向混合的暴力型犯罪，即因盗窃、抢劫、强奸等犯罪而杀人灭迹等一案多罪的混合暴力型案件，在青少年犯罪中所占比率明显上升。

1. 财产犯罪突出。因财产犯罪被判刑的青少年占整个财产型犯罪的比例很高，青少年财产犯罪主要涉及盗窃、诈骗、抢劫、抢夺、敲诈勒索和故意毁坏财物等犯罪。当前青少年财产犯罪中盗窃犯罪处于首位，仅盗窃一项，约占青少年犯罪的半数以上，并且财产犯罪的形式多样化，目标趋于高档化。

2. 暴力犯罪严重。近几年青少年暴力犯罪案件中，强奸、故意伤害、聚众斗殴、抢劫、绑架人质等严重暴力犯罪案件屡有发生。抢劫手段由原来的赤手空拳、口头威胁发展到使用凶器暴力作案，目标针对钱财集中的场所和人员。青少年杀人、伤害案件也是多发案件，有的青少年谋财害命，有的因婚姻、恋爱、财产、邻里矛盾而伤害他人。另外，校园暴力犯罪日渐成为社会广泛关注的问题。

3. **性犯罪持续高发。**性犯罪是青少年犯罪的主要类型，主要有聚众淫乱、强奸、组织容留卖淫、强制猥亵等。近几年，网络直播淫秽表演类犯罪增多。在涉卖淫嫖娼的违法犯罪活动中，青少年占相当大的比例。据某市调查，卖淫女性中，25 岁以下的青少年是主要组成部分。

4. **毒品犯罪急剧传染。**近年来，吸毒贩毒的现象在某些地区的青少年中出现并快速蔓延。据国家禁毒委《2017 年中国毒品形势报告》，截至 2017 年底，全国 35 岁以下青少年吸毒人数 143.4 万人，占 56.2%，其中不满 18 岁的吸毒者 1.5 万人，占 0.6%。在一些娱乐场所，合成毒品和新精神活性物质的滥用以青少年为主。目前青少年因吸毒诱发的各种犯罪案件诸如盗窃、抢劫、谋财害命、组织容留卖淫等现象十分普遍。同时，青少年吸毒还会导致艾滋病的传染。

5. **青少年网络犯罪和被害问题突出。**我国青少年网络违法犯罪和被害日益成为严重的社会问题。青少年网络犯罪主要涉及非法侵入他人信息系统，盗窃他人财产、商业机密和国家机密，制造网络病毒，通过网络进行诈骗、赌博和销赃等犯罪。近年来，网络直播、短视频、"两微一端"等新媒体平台逐渐成为传播淫秽色情、暴力、低俗等信息的"重灾区"，而青少年群体无疑成为最大的受害者。调研发现，有近 1/3 的青少年曾在上网过程中接触到暴力、赌博、吸毒、色情等违法不良信息，这严重影响了青少年的健康成长。

某些青少年长期沉迷于网络，除了造成身体上和物质上的被害外，更会造成其人格、心理等精神性被害，"网络成瘾综合征"是其极端典型表现。

（二）犯罪手段狡猾、隐蔽，趋于智能化

过去青少年犯罪手段较为单一，主要是进行一般的盗窃和寻衅滋扰活动。现在，不少青少年犯罪手段正趋向成人化。例如，跨地区流窜作案；拦路抢劫、持刀强奸和行凶杀人等暴力犯罪；使用电击、麻醉、爆炸等技术作案手段进行犯罪等。青少年进行欺诈犯罪的案件目前不断增多，他们伪造证件，巧设圈套，诱惑某些财迷心窍的人上当受骗。许多青少年案犯进行犯罪活动时，有目标、有预谋、有分工，作案后伪造现场，消除痕迹，逃避打击。此外，已较多地发现有些犯罪青少年利用现代化通信联络、现代交通工具，利用各种电器、电子设备，包括电视、录像录音设备等器材，甚至有利用枪支弹药、化学医药材料等作案的。有的犯罪分子为了犯罪的需要，经常积累犯罪的知识，精心策划制定犯罪的最佳路线、最佳方案，有些人专门学习汽车驾驶、枪支使用以及通信联络技术等。而随着计算机网络的发展，侵犯计算机信息系统，编制、传播计算机病毒，利用网络平台、手机软件编造、传播虚假信息，进行盗窃、诈骗、敲诈勒索的案件不断增多，一些犯罪青年不仅拥有一定的电脑知识，而且掌握了一定的犯罪技能，智能化因素较高。另外，为了逃避打击，转移侦查视线，在实施犯罪前学习侦查原理，掌握反侦查技巧，在作案中，采取反侦查措施。

（三）青少年犯罪的主要形态是团伙犯罪

青少年犯罪团伙一直是我国青少年犯罪中的主要形态。据 2010 年的调查结果显示，青少年三人以上团伙犯罪率高达 68.2%。在青少年团伙犯罪中，有临时纠合较为松散的低级犯罪团伙，也有成员较为固定、组织程度较为严密的犯罪集团，还有带黑社会性质的犯罪组织。目前查获的一些青少年犯罪团伙，结构日趋严密，组织者、领导者固定，制定严密的犯罪计划，实施种种犯罪活动。20 世纪 80 年代的青少年犯罪团伙主要以实施流氓犯罪为特征，而当前的犯罪团伙复杂多样，交叉重叠。有盗窃、抢劫、诈骗勒索等财产型犯罪团伙，有流窜犯罪团伙、卖淫嫖娼团伙，许多青少年犯罪团伙以实施一罪为主兼施他罪，有的则"五毒俱全"。维系青少年犯罪团伙的精神支柱往往就是哥们义气，他们纠合在一起，寻衅滋事，聚众斗殴，猥亵和强奸妇女，抢劫盗窃，无恶不作，对社会造成严重危害。

三、青少年犯罪的心理特征

青少年犯罪的突发性是一个重要特点，由于他们的思想不稳定，他们中的一些人往往在某种刺激和诱惑下贸然犯罪作案。有的青少年初次违法犯罪是由于在自身受到侵害和袭击时引起的激情犯罪。青少年的情感强烈，好冲动，逞强好胜，自控力不强，有些人犯罪前并没有犯罪预谋和动机，只因在突发的情境下，感情冲动，说干就干，不计后果。也有的是在实施某种行为的过程中，突然遇到阻碍和制止时，他们的行为动机转变为犯罪动机或向恶性转化，此类情况下发生的违法犯罪行为大多是伤害和杀人。

目前，青少年重新犯罪的问题不容忽视。重新犯罪率的高低不仅反映刑事司法的效用，而且也反映社会诱发犯罪因素和控制犯罪能力的状况。青少年思想上的不稳定性决定了他们犯罪的反复性较大。对犯罪人的教育、改造，在犯罪青少年身上很容易产生效果，但缺乏持久性。他们回归社会后，在某种因素的诱发下仍然会重蹈覆辙。据典型调查，青少年重新犯罪的突出特点就是所犯新罪往往比以前的犯罪更加严重，许多大案、要案、恶性案件多系他们所为。

第三节　青少年犯罪的原因

青少年犯罪作为犯罪现象的基本类型，是各国政府和社会关注的焦点，也是众多学者研究的重点问题。许多学者从青少年犯罪产生的特有原因入手进行了多方面的深入探讨，也形成了多种罪因理论，诸如政化理论、标签理论、犯罪生涯理论等，对正确认识青少年犯罪具有重要参考价值。基于犯罪原因的一般原理，犯罪不是某一个方面或某一单一因素所能决定的，它是主客观方面诸多因素综合作用的结果，青少年犯罪也是如此，青少年犯罪原因既要从其心理和生理不成熟的特殊性入手，也要在此基础上进一步分析青少年成长的微观社会环境对其个性形成及犯罪行为实施所产生的影响。

一、青少年的生理发展、心理矛盾与违法犯罪

青少年时期是从儿童到成人必须经历的重要时期，也是决定人生的体格、体质、心理发育的关键期。在这一时期，他们无论是生理发育上，还是在心理的完善、人生观的定型方面，都有着自己的特点。生理的发展引起了心理上的一系列矛盾，他们一般表现出这样一些特点：思想单纯，兴趣广泛，好奇心和模仿力很强，精力充沛，容易接受外界事物。但由于身心发展的不成熟，世界观尚未定型，他们缺乏辨别是非的能力，所以情绪不稳定，感情容易冲动，反复性也很大，思想和行为常带有片面性、盲目性和冲动性。当然青少年的生理发展、心理矛盾，在通常情况下，并不会直接引起犯罪行为。但它暗示着青少年今后可能的发展方向。它可能是少年健康成长的起点，也可能是少数少年失足堕落的分支点。因此分析少年身心特征和违法犯罪的关系，是青少年违法犯罪研究中的一个重要内容。

（一）青少年的生理发展与青少年犯罪

1. 青少年活动能量增大，精力过剩。青少年从11、12岁开始，随着身体各部位的迅速发育，生理机能增强，因此他们往往精力充沛、活动能量大。但由于青少年的生理发育和心理水平的提高存在矛盾，心理水平提高相对滞后，这就使青少年不能自觉地调节、支配自己活动的能力。有些青少年就是以游荡的形式释放过剩能量和精力，由于游荡使人的活动范围加大，他们常处于社会各种不良因素的诱惑和影响之中。这就为某些青少年步入歧途提供了可能性和便利条件。

2. 性的萌发和成熟，是这一时期最突出的变化。在这一时期，随着人体各个器官的发育成熟，性激素分泌增多，性腺开始发育成熟，性机能迅速发展，青少年开始有了性的冲动。如果不对他们进行正确的道德教育和性知识教育，那么他们容易接受外界不良的刺激，特别是网络中淫秽色情信息的影响和不良伙伴之间的相互传习，使得他们的欲望不断被激发，达到难以控制的程度，以致走上犯罪道路。

3. 脑神经系统结构和机能的发育成熟，使青少年的观察力、理解力、想象力不断发展，好奇心增强且具冒险性。从少年时期开始，大脑的发育速度加快，大脑神经机能处于由兴奋多于抑制逐步转换到抑制多于兴奋的交替变化过程。脑系统的发育成熟，是青少年时期的一个重要特征，也对心理的发展起着重要作用。青少年的兴奋过程的出现比成年人来得快，他们也难以或根本无法控制这种兴奋过程的出现，有些青少年就是由于难以控制自己的不良情绪而导致激情性犯罪的发生。

（二）青少年的心理矛盾与违法犯罪

青少年时期特别是在 18 岁以前，心理发展充满着矛盾，主要表现在：

1. 独立意向迅速发展，但认识能力相对滞后。由于身体的迅速发育和智力水平的迅速发展，特别是思维的独立性发展，使青少年的独立意识得到增强。然而，由于主客观条件的局限，青少年的认识能力还不强，思维的独立性处于极不成熟的阶段，容易怀疑一切，盲目轻信，有时好走极端。总之，他们的认识能力还跟不上他们独立意向的发展，总是处在一种想独立又不能完全独立的矛盾状态中，当他们的愿望得不到满足时，就会产生怨恨和不满的情绪，甚至离家出走。在这种心态下，如果遇上他人的引诱，投其所好，他们就会逐渐偏离正道，走上违法犯罪的道路。

2. 自尊心强，争强好胜，但辨别是非和控制自己行为的能力较差。现实中，很多青少年就是由于缺乏辨别和控制自己行为的能力，在对新奇事物盲目模仿中走上犯罪道路。有的青少年在争强好胜思想的支配下，行为失去控制，为争片刻之强、求一时之胜而做出成年人不会做的事情来。在这个时候，学校、家庭应当特别谨慎地保护他们的自尊心，要正确引导，使他们辨别是非和控制自己行为的能力不断得到提高。

3. 青少年个人需要与客观现实的矛盾。随着生理、心理水平的迅速发展和社会活动内容的增加、活动范围的扩大，青少年的需要结构也发生了很大变化。在他们生理需要、物质需要不断增长的同时，追求独立、自尊、自我表现等高级精神的需要也表现强烈。但是青少年个人的许多需要在客观现实中并不能完全得到满足，有些需要是无法或无力立刻得到满足的，而有些需要的内容本身是不合理、不道德甚至非法的。总之，青少年的个人需要与客观现实存在着一定的矛盾，如果不进行自我调解加以控制，势必会使他们形成错误的价值观和反社会的个性倾向，从而采取违法犯罪的手段来追求或满足其不正当需要或畸形需要。

综上所述，青少年心理发展过程是一个矛盾的过程，他们就是在不断解决这些矛盾的过程中，提高自身修养，顺利完成其社会化过程的。但是，如果这时青少年所处环境不良甚至恶劣，这种矛盾将朝着消极的方向发展，形成不良的个性品质和畸形的需要结构，从而导致青少年违法犯罪行为的出现。

二、社会环境因素与青少年犯罪

青少年时期特别是未成年时期是一个人身心发展的特殊时期，也是其品格、个性和观念形成的关键时期，在这一时期中，家庭、学校和社区等微观社会环境中出现的问题及不良消遣活动，包括网络传媒中的负面信息都会对青少年产生影响，从而导致青少年犯罪的发生。

青少年正处于生长发育的特殊阶段，他们虽然初步形成一定的个性，有一定的对社会及社会环境的认识能力，但由于其生理和心理尚未成熟，对环境因素的被动接受较为明显而对环境的判别主动选择较为薄弱，其行为的实施和个性的形成都在相当程度上受环境的影响。这样，社会环境中的消极因素自然会滋生并助长青少年的消极个性，进而诱发犯罪的发生。从总体上来看，社会环境中对青少年犯罪影响较大的消极因素主要表现在：

1. 不良的社会风气。经济快速发展在不断提高人们生活水平的同时，也带来了生活态度和价值观念的转变，滋长了不良的社会风气。表现在崇尚自我中心，一味追求个人价值的实现而缺乏社会责任感，现实中存在着经济利益至上、金钱万能、享乐为先、权大于法的现象，如一些国家工作人员滥用职权、贪污受贿，少数私营企业掺杂使假、坑蒙拐骗、大发不义之财等。这些不良的社会风气荼毒了未成年人的心灵，使他们的个人主义倾向得到强化，增强了违法犯罪发生的可能性。

2. 不良的文化环境。文化娱乐生活的丰富，也带来了网络、影视、书刊等传媒业的发展。无疑，传播媒介的便捷多样，为未成年人获取各种知识提供了方便和可能。但是，由于文化市场的管理和监督不力，社会中充斥着低俗、庸俗的文化，某些宣传色情、暴力等的书刊、音像制品、网络游戏随处可见，对青少年的影响很大。许多影视中的角色，常常成为一些青少年生活中模仿的对象和行为的样板，这些信息在借助互联网的传播之后波及范围更广，让青少年更早地接触到暴力、赌博、吸毒、色情等违法不良信息。

3. 弱化的约束机制。社会转型对于社会政治、经济、文化、道德、法律等各个层面的影响是极为深远而广泛的。在这一时期出现的传统价值观迷失使青少年感到困惑，贫富差距加大，失业或隐性失业增多，学习、生活方面竞争加剧都会深深地影响青少年。此时，更需要国家采取有效措施，强化对青少年的保护及约束机制。然而，青少年保护及约束机制的弱化在一定时期一定程度上表现十分突出，具体表现在以下几个方面：

（1）对青少年的社会管理失控，主要表现在三个方面：①对课余生活管理失控。许多娱乐场所虽然挂着"未成年人不准入内"的牌子，却没有实际监督，导致青少年经常光顾。这些地方人员复杂，管理混乱，严重影响未成年人的健康成长。②对失学辍学的青少年管理失控。这部分人无书可读、无业可就，成为闲散在社会上的"游民"，在一定条件和相关因素的诱发下，极易走上犯罪道路。[1] ③对有劣迹的问题少年管理失控。对一些有轻微违法行为的未成年人，学校、家庭、司法部门等监管不到位，使得这部分人大多流落社会，逐渐成为危害社会的群体。而且，这些问题少年常常成为"亚文化"群体的主要成员，以至于结成帮伙，相互感染，形成了滚雪球效应。

（2）对流动青少年的监管不力。人口由农村向城市、欠发达地区向发达地区流动是目前我国人口流动的趋势，而且流动人口中的相当一部分为青少年。流动者和固定居住人的观念和行为会因生活环境的不同而发生冲突。面对城市多种金钱和物质的诱惑，这些外来人口往往产生犯罪欲念，成为城市违法犯罪的主要成员。根据中国青少年研究中心开展的一项关于"流动青少年权益保护与犯罪预防研究"的抽样调查表明，在北京、上海、广州、南京、杭州、成都、郑州、沈阳8个流动人口较为集中的城市，被调查的25周岁以下的3162名违法犯罪的青少年中，流动青少年共2101名，占66.4%。[2]

（3）对问题少年的帮教乏力，主要表现为：①问题少年的社会安置、后续

---

〔1〕 参见庄会宁："青少年，爱惜你们的花季"，载《瞭望新闻周刊》1999年第Z1期。
〔2〕 参见"流动青少年权益保护与犯罪预防研究"课题组："我国八城市流动青少年违法犯罪状况调查"，载《青少年犯罪问题》2009年第1期。

帮教落不到实处。因为目前的就业形势严峻，未成年犯罪人回归社会后，顺利就业的希望很小，同时，由于社会后续帮教、社会安置等工作缺乏相关职能部门具体协调，难于落到实处，使得一些问题少年陷于焦虑、无助的境地。为了摆脱内心痛苦与无奈，相当一部分问题少年可能会自暴自弃，重蹈覆辙。②标签效应的存在。一些问题少年在接受矫正时也有改恶从善、重新做人的愿望，回归社会后，由于被贴上坏的"标签"，他们往往被疏远、冷遇甚至歧视。这种"标签"会使得一些问题少年出现适应社会困难，并逐渐认同其被贴标签，破罐破摔再次实施犯罪。

总之，青少年犯罪的滋生和蔓延是特定的主观因素与复杂的家庭、学校及其他社会环境因素相互影响、交互作用的结果。多角度地认识和分析未成年人犯罪产生的原因，有助于确定和采取有针对性的有效的防治对策。

第四节　青少年犯罪的预防

一、各国有关青少年犯罪的预防措施

预防和矫治青少年犯罪，是青少年犯罪研究的最终目的。各国学者对青少年犯罪特点、原因的探讨，也都是为了这个目标。各国学者针对青少年犯罪的预防提出了多种建议和主张，采用了许多防治措施。这些措施和方法主要体现在三个方面[1]：

（一）保护性措施

这类措施主要目的是通过对青少年生活的社会环境的治理，通过对问题少年的特殊保护，遏制和减少社会负面作用的影响，保护未成年人不走上歧途。在各国立法和实践中，保护性措施有很多具体的内容，总体说来，大致可分为以青少年群体为预防对象的保护性措施和以特定犯罪少年为预防对象的保护性措施。

1. 以青少年群体为预防对象的保护性措施，主要是采取多种手段抑制和消除社会环境中的不良影响。如：在日本，国家制定专门的《儿童福利法》和《少年法》，前者侧重于儿童的福利保障，促使儿童的生活得到保障与爱护；后

---

[1] 参见张旭：《犯罪学要论》，法律出版社 2003 年版，第 316 页。

者则主要服务于改造违法少年品性、调整违法少年的环境两个方面。[1] 在美国，为了减少传媒进行暴力宣传的负面影响，1996 年 3 月国会通过法律，规定电视机需装"反暴力芯片"，这种反暴力芯片装入电视机后，能够接收关于每个节目的编码信息，家长们能够给电视机编程序，滤掉编码所指出的那些包含暴力、性和污秽语言等节目内容。

2. 以特定犯罪少年为预防对象的保护性措施，以减少标签效应为主要宗旨，主要包括以下几个方面：首先，对未成年人犯罪的案件在程序上进行保护。如在英国，对于 14 岁以下的儿童除杀人罪外不适用刑事诉讼程序。对可能提起诉讼的少年的调查必须有他的父母或者监护人在场等。[2] 其次，对未成年人在具体的处遇措施上加以保护。如附条件撤销案件，运用非刑罚方法或其他开放性措施等。如在德国，检察官在征得少年法庭同意后，指控少年能够弥补由于自己的犯罪所造成的损失，或支付一定的款项给慈善机构，或指令被告做一些有利于公共利益的事，或交付一定数量的罚款，则可以撤销案件。如认为少年有罪，可向少年法庭提议采取惩戒性措施，例如给少年规定强制性义务；在某个公共机构里参加义务劳动；或者听交通规则课。再次，对未成年人在刑罚执行方面加以保护。如尽量不在监狱内执行，避免交叉感染；注重对未成年人品行和能力的培养，使之更容易复归社会等。如，在德国，少年法庭经过庭审后，如认为不能立即决定少年犯是否已达到非判不可的程度，法官可先定罪，暂不判刑，规定 1 年到 2 年考验期。[3] 最后，关于问题少年后续性的保护措施。为了防止问题少年再次走上犯罪道路，对受过处理的人采取针对性的帮教措施。如在新加坡，专门设有几个收容所和少年寄宿宿舍。再如在泰国设有观察监护中心，对于释放后的少年的住所、职业、学习负有尽可能帮助的义务。[4] 而我国澳门地区从 20 世纪 80 年代开始推行外展社工服务。社会工作人员通常主动与青少年接触，通过观察、对话，了解有关问题少年所面临的困扰，从而提供适当的服务，尽力协助他们走上正途。

（二）感化性措施

对于未成年人最适宜的矫治方法就是调动其个性中的良好成分，进行积极

---

〔1〕 参见康树华、赵可：《国外青少年犯罪及其对策》，北京大学出版社 1985 年版，第 275~285 页。
〔2〕 参见郭翔："美、英、德少年司法制度概述"，载《政法论坛》1995 年第 4 期。
〔3〕 参见郭翔："美、英、德少年司法制度概述"，载《政法论坛》1995 年第 4 期。
〔4〕 参见康树华、赵可：《国外青少年犯罪及其对策》，北京大学出版社 1985 年版，第 375 页。

的人格改造。而感化性措施是人格改造的最好方法。这种感化性措施也有许多不同形式，但主要都是以问题少年或触犯刑律的少年作为感化对象。加拿大颁布的《少年犯条例》中明确规定，对每个少年犯都不应当作为罪犯而应当作为被错误引导、需要救助、鼓励、帮助和支持的少年儿童来对待。[1] 在感化性措施方面，更有特色的是德国的"感化度假"制度。"感化度假"又称经历教育法或历险教育法，是让不良少年世界各地旅游，进行强化管理。德国心理学家和犯罪学家认为，生活中的一些特殊经历和新的视野，将有助于不良少年纠正其偏离的人生轨迹。对那些最难教育的对象来说，只有在全新的环境中经历一次截然不同于以往的新开端才能奏效。德国比勒菲尔德市的青少年问题研究者胡勒尔曼说，这种措施特别适用于那些吸毒的和喜欢暴力的青少年。[2]

（三）惩戒性措施

1. 刑罚措施。这类措施主要是以剥夺、限制一定未成年人的自由和活动为内容的措施，在各国预防和矫治未成年人犯罪方面，它都是不可缺少的措施之一，只不过适用的具体情况不相同。在许多国家，对于未成年犯罪人而言，刑罚通常在法院考虑了犯罪人的犯罪性质、情节、过去表现、个人性格以及其他情况，确信没有其他合适方式处理时，才能作为最后的措施适用。如在日本，按照法律规定，对未成年人的处理，应从挽救未成年人出发，既要达到预防的目的，又要有福利政策的效果。所以，要尽量回避刑罚，使保安处分及其他非刑事措施处于优先地位。又如在埃及，根据《青少年法》规定，一般刑法中规定的处分或刑罚不适用于未满 15 岁的未成年人，除非罪行严重的，才可以适用刑罚制裁措施。

2. 禁戒性措施。除了刑罚措施之外，许多国家还规定了禁戒性措施，试图通过对未成年人行为的限制达到预防犯罪的目的。包括美国、泰国、英国、法国等在内的国家实施的未成年人"宵禁令"，明确禁止未成年人在晚上至次日早晨特定时间段内单独出门。日本对未成年人行为的限制种类则很多且规定明确，如限制深夜外出、限制深夜进出演出场所、限制文身、限制观看色情表演等。

进入 20 世纪 80 年代，国际社会更加关注青少年犯罪问题，青少年立法和司法政策与发展进入一个新的阶段。联合国先后制定《联合国少年司法最低限度标准规则》（《北京规则》）、《联合国保护被剥夺自由少年规则》和《联合国预

---

〔1〕 参见赵树华、赵可：《国外青少年犯罪及其对策》，北京大学出版社 1985 年版，第 92~93 页。

〔2〕 参见高克强："德国实行少年犯改造'感化度假'制"，载《国外法制信息》1997 年第 1 期。

防少年犯罪准则》（利雅得规则）三部国际性法律文件，确立了当今世界少年司法的标准，为各国处理青少年犯罪问题指明了方向。它们强调对少年需要采用保护主义和正当程序；强调了立法和制定规划的重要性；对少年不能滥施刑罚，尽量减少司法干预；宣告犯罪是可以预防的，预防少年犯罪政策的重点在于，对家庭、学校、社区以及大众传媒等都要规定具体的准则。这三部国际性法律文件，为世界各国统一保护青少年与儿童健康成长提供了权威性的规范，为解决青少年违法犯罪问题规定了处置原则和具体措施与方法。因此，这三部国际性法律文件的种种规定与要求，对联合国各成员国起着指导、统一、协调的作用，对促进全世界青少年保护工作的发展，以及推动各成员国形成和逐步完善青少年法律保护体系都具有重大的实践意义。

我国有关法律、法令、条例、指示等法规中，有大量保护青少年、处理青少年违法犯罪、改造挽救失足青少年的内容与条款。先后颁布的《未成年人保护法》《预防未成年人犯罪法》，成为我国针对未成年人的专门立法。我国现行《刑法》《刑事诉讼法》对青少年犯罪的定罪量刑及审理程序都作了特殊的规定，标志着我国青少年立法工作进入一个新的阶段。

二、我国青少年犯罪的预防

根据青少年犯罪的特点和青少年犯罪主客观原因的分析，借鉴和吸收国外预防和矫治青少年犯罪的方法和经验，从实际情况出发，我国对青少年犯罪的预防应做好以下工作：

（一）强化家庭教育，创造良好的家庭环境

家庭是未成年人生活和成长的主要场所，预防青少年犯罪应从强化家庭的教育职能，创造良好的家庭氛围做起。一方面要鼓励家长不断提高自身的文化素质和修养水平，规范自己的言行，以自身的实际行动教育和影响子女，通过家长综合素质的提高，带动子女养成尊重师长、诚实守信、踏实上进、谦虚认真等良好品德，增强抵御犯罪的能力。另一方面要强化家庭教育功能，提高家长的教育水平，帮助家长改善教育方法，如经常开办家长培训班，请教育专家、学者或家教成功的家长讲课，给家长以指导，或定期召开家长教育经验交流会，介绍成功的经验。这样，使家长从理论上提高对子女教育的科学认识，从实际上掌握对子女教育的科学方法，从思想上转变对子女教育的旧观念。

（二）加强学校教育，促进青少年健康人格的形成

1. 加强德育教育。重视和加强德育教育是学校应尽的职责，也是预防青少

年犯罪的一项重要措施。德育教育包括：引导树立正确的人生观和世界观，反对好逸恶劳、贪图享受、拜金主义、个人主义；重视行为规范的养成，培养其良好的文明习惯和修养；加强法制教育，使其知法、懂法、守法；积极组织青少年参加劳动和社会实践，增强对社会的责任感等。

2. 进行心理素质教育。关注青少年的心理发展和健康，在犯罪预防中非常重要。加强心理素质教育，首先要求教师、家长了解青少年遇到的困境，教会他们如何控制和调节自己的情绪，及时调整心态，积极健康地投入到生活中去。其次，引导青少年养成关爱、理解、宽容、友爱等品质，使其能够较好地适应社会生活，处理好人际关系。再次，要加强心理品质的教育，用典型事例激发其情感，形成爱国家、有理想、富有正义感的健康审美观，帮助其养成良好的心理素质。

3. 进行性生理教育。性犯罪是青少年犯罪的主要类型。青少年特别是未成年时期处于性的萌生阶段，若引导不好或受人引诱，很容易走上歧途，甚至违法犯罪。家长、老师应重视他们的生理发育和教育引导，注重性生理知识、性道德和婚恋观的教育，使他们平安度过脆弱的危险期。

4. 开展预防被害教育。近些年来，来自校园的欺凌、敲诈、抢劫以及暴力事件比较突出。由于缺乏自我保护意识、危险意识和逃生抗暴力能力，青少年在被害时只能任人摆布，使犯罪分子更加猖狂。在美国，从小学起就开设了面对地震和洪水、遇到歹徒等应付危机的课程，教给学生基本的生存防范意识和逃生技能。加强对青少年的自我保护、自我防卫教育，对于预防青少年被害十分重要。

（三）改善社会环境，创造良好的社会氛围

1. 针对青少年走出校门即脱管失控的现象，应设立专门研究青少年的社会机构。同时要动员社会各阶层关心青少年的成长，如设立爱心工程基金会、开办少年心理咨询中心等，以帮助未成年人解决生活和学习中的困难，解除心理障碍。

2. 加强对文化市场和学校周边环境的管理。强化文化市场的管理，一要坚持正确的宣传导向，制作、出版适合未成年人特点并使未成年人乐于接受的读物和影视作品。二要加大监督和查处力度，对网络不良信息进行标识和屏蔽，禁止有毒有害信息在网络上流传。三要加强对娱乐场所的管理，禁止未成年人出入不适宜的场所。四要做好未成年人的文化建设，新闻媒体、出版部门、教育工作者要为青少年提供健康向上的精神食粮。

此外，还要加强学校周边环境的清理与控制，禁止在校园门口摆摊设点，兜售不健康的劣质玩物；取缔面向学生开放的易造成不良影响的影视场所和带赌博性质的游戏厅、网吧，为青少年的健康成长创造良好的社会环境。

（四）加强刑事政策调整，有效控制青少年犯罪

未成年人犯罪的刑事政策是国家针对未成年人犯罪的现实所作出的预防和控制的对策反应，它包括指导原则、实施的方针策略以及具体的操作措施，坚持"教育、感化、挽救"的方针和"教育为主、惩罚为辅"的原则，尽可能淡化诉讼的强制性，采用教育和疏导方式，集教育、矫治、依法惩处、预防犯罪、挽救未成年人于诉讼一体，达到寓教于审、预防犯罪的目的，同时尽量减少司法干预。

依据"宽严相济"的刑事政策，在对实施严重暴力犯罪的未成年犯罪人依法惩罚的同时，更加注重对犯罪未成年人的司法保护。国际社会也出现了对犯罪的未成年人在处置上适用非刑化、轻刑化、非监禁化等司法保护的趋势，行刑社会化、惩治方式多样化将成为当前和今后一个时期刑事政策针对未成年人进行调整的主要内容。

1. 对未成年犯罪人的定罪政策。《北京规则》指出："在承认少年负刑事责任的年龄这一概念的法律制度中，该年龄的起点不应规定得太低，应考虑到情绪和心智成熟的实际情况……现代的做法是根据未成年人的辨别和理解能力来决定是否能对本质上反社会的行为负责。如果将刑事责任的年龄规定得太低，或根本没有年龄限度的下限，那么责任概念就会失去意义。"

对于刑事责任年龄的规定，由于各国的具体文化、法律背景不同，规定上也存在较大的差别，我国刑法根据我国的现实情况以及少年儿童的成长过程以及各类犯罪情况的实际并适当借鉴别国的立法经验，在刑法中对刑事责任年龄进行了具体规定。我国《刑法》第 17 条第 3 款明确规定"已满 14 周岁不满 18 周岁的人犯罪，应当从轻或者减轻处罚"。第 49 条规定，犯罪的时候不满 18 岁的人不适用死刑。这是刑法在刑罚适用时对未成年人犯罪的特殊规定。实践中，尽管未成年人实施犯罪的手段、方式与成年人相似，所造成的社会危害甚至严重于成年人，但基于未成年人特殊的生理、心理特点，其主观上对犯罪目的的追求远不如成年人强烈，对自己行为所造成的危害后果往往缺乏认识或认识不足，而这一点却无法从我国刑事立法上得到充分反映。面对这一情况，刑事政策可以根据客观形势和发展的需要适时的进行调整，以指导未成年人犯罪的刑事立法和司法实践。在决定对未成年人刑事案件定罪量刑时，要着重考虑其犯

罪的主观恶性和其人身危险性。正是未成年人的身心特点决定了其犯罪的特殊性，也直接影响其犯罪动机的形成、犯罪目的的确定。因此，未成年人刑事政策的制定，其重点就是要考虑未成年罪犯的特殊性，以实现"教育、感化、挽救"失足未成年人，维护社会秩序的实际效用。

2. 对未成年犯罪人的刑罚政策。对于未成年犯罪人的刑罚政策，应贯彻在少年司法的各个阶段，主要包括：

（1）在审判阶段，给予未成年犯罪嫌疑人、被告人特殊的保护。根据现行刑事诉讼法的规定，主要表现在：

第一，在整个诉讼过程中，对没有委托辩护人的未成年犯罪嫌疑人、被告人，公安机关或者检察院应当通知法律援助机构指派律师为其提供辩护。法定代理人有权参与诉讼。我国对少年刑事案件的审理一般是在少年法庭中进行，法庭气氛较为宽缓，允许父母和监护人参加庭审，允许律师参加辩护。

第二，注重权利保障。严格适用逮捕措施；对被拘留、逮捕和执行刑罚的未成年人与成年人应当分别关押、分别管理、分别教育；在讯问和审判阶段，要求法定代理人到场并代为行使诉讼权利；案件审理不公开进行；犯罪时不满18周岁，判处5年以下有期徒刑的，对犯罪记录予以封存等。

第三，全面考虑犯罪少年的处境。公安机关、检察院和法院在办理未成年人案件时，根据情况可以对未成年犯罪嫌疑人、被告人的成长经历、犯罪原因、监护教育等情况进行调查，进一步了解少年的社会和家庭背景、学历、教育经历等有关事实。

（2）在量刑上，对青少年适用各种不同的灵活处理方法，其目的都在于最大限度地避免监禁。国外对缓刑、假释等非监禁刑的适用十分普遍，这提示我们在适用刑罚方面，应考虑：

第一，尽量减少监禁，除非未成年犯有涉及对他人使用暴力的严重行为或屡犯其他严重罪行，并且不能对其采取其他合适的对策，否则不得剥夺未成年犯的人身自由。最高人民检察院在《人民检察院办理未成年人刑事案件的规定》中规定，对于罪行较轻，有监护条件和帮教措施的未成年犯罪嫌疑人，系中止、未遂、从犯、胁从犯、自首、立功等法定情节的或过失犯和有悔罪表现，积极退赃的，可予以不捕。同时又规定，对于犯罪情节轻微，依照刑法规定不需要判处刑罚或者可以免除刑罚处罚的未成年人，可以作出不起诉决定。

第二，限制监禁的程度和时间。把少年投入监禁机关始终应是万不得已的处置办法，而其期限应是尽可能最短的必要时间。《北京规则》提出："本规定要求，如果不得不对少年实行监禁，则应就剥夺自由的程度限制在最低限度，并就监禁作出特殊安排，同时注意区别罪犯……"并且，"应首先考虑采取'开放'而不是'关闭式'监禁机构。此外，任何设施均应是教养或感化性的，而不是监禁性的。"

第三，处罚方法多样化。对未成年犯罪人应充分考虑在刑罚的适用方法和种类上的多样化，在刑罚量的调整和刑罚适用上要趋于轻缓，以尽可能使其重返社会，成为守法公民。方法主要有照管、监护和监督的裁决，缓刑、社区服务的裁决，罚款、补偿和赔偿，中间待遇和其他待遇的裁决。

（五）对未成年犯罪人的处遇政策

对未成年犯罪人的处遇包括：对未成年犯罪人矫治场所的设置和管理、对未成年犯罪人的矫正措施等司法系统内部处遇以及对未成年犯罪人的社会预防即社区矫正。实践表明，绝大多数受到刑事制裁的未成年犯罪人是要重新回归社会的，正因为如此，社会在运用刑罚惩罚罪犯的同时，有责任创造尽可能有利于他们回归的条件[1]。基于这一认识，社区矫正已成为当今世界各国刑罚处遇制度的发展趋势。

在我国，2011年《刑法修正案（八）》从法律层面确立了社区矫正制度，2012年最高人民法院、最高人民检察院、公安部、司法部联合发布了《社区矫正实施办法》，明确规定对未成年犯适用社区矫正，目的是让未成年罪犯通过社区矫正接受积极的教育感化，使他们彻底悔过，早日回归社会。

我国《未成年人保护法》《预防未成年人犯罪法》等法律、法规，确立了"预防为主，惩罚为辅"的战略思想，明确了对具有不良行为的未成年人要及时矫治，对犯罪未成年人要教育挽救。需要强调的是，要进一步加强未成年人犯罪的立法、健全少年司法体系。实践表明，未成年人犯罪有其特殊性，需要制定特殊的定罪、量刑和处遇政策，需要有符合未成年人身心特点的预防对策。2018年修正的《刑事诉讼法》在特别程序中设专章规定了未成年人案件诉讼程序，使未成年人案件在立法体例上相对独立，构建了我国未成年人刑事案件诉讼制度。对于未成年犯罪人实行保护处分和教育处分的特殊处遇，增加非刑罚的处理方法，不仅可以维护他们的合法权益，保证对他们处理的公正合法性，也有助于对他们的教育、感化和挽救。

---

[1] 刘强："社会稳定与刑罚改革的人权刑法观思考"，载《河南司法警官职业学院学报》，第43~48页。

⮕ **思考题**

1. 青少年犯罪的概念及特点。

2. 青少年犯罪的原因。

3. 各国青少年犯罪的预防措施。

4. 我国青少年犯罪的预防。

⮕ **拓展阅读**

1. 姚建龙：《超越刑事司法：美国少年司法史纲》，法律出版社 2009 年版。

2. 尹琳：《日本少年法研究》，中国人民公安大学出版社 2005 年版。

3. 蔡德辉、杨士隆：《少年犯罪：理论与实务》，五南图书出版有限公司 2017 年版。

4. ［美］尼尔·波兹曼：《童年的消逝》，吴燕莛译，中信出版集团 2015 年版。

5. ［德］Hans-Jürgen Kerne：《德国刑事追诉与制裁——成年刑法与少年刑法之现状分析与改革构想》，许泽天、薛智仁译，元照出版公司 2008 年版。

第十五章 有组织犯罪

第一节　有组织犯罪的概念

1991 年在莫斯科举行的国际反对有组织犯罪研讨会上，美国司法部提供的文件认为，有组织犯罪是指"由划分为两级以上的犯罪组织或由若干不同的犯罪组织采用阴谋的手段，以分工合作的方式所从事的刑事犯罪活动。其目的在于获取经济利益或对公众生活施加影响"。

美国犯罪学家 D. 斯坦利·艾滋恩和杜格·A. 蒂默认为："从最一般的意义上讲，我们将有组织犯罪规定为'旨在通过非法活动获得经济利益而组织起来的商业企业'。"这包括广泛的犯罪活动，如开设赌场、毒品交易、卖淫、放高利贷、讹诈、证券或金融上的欺诈，勒索劳动力，市、州和国家政府及其司法系统的腐败。

2000 年《联合国打击跨国有组织犯罪公约》规定：有组织犯罪集团是指由三人或多人所组成的、在一定时期存在的、为了实施一项或多项严重犯罪或根据本公约确立的犯罪，以直接或间接获得金钱或其他物质利益而一致行动的有组织结构的集团。

我国理论界对有组织犯罪认识不尽一致，有人从刑法角度出发，认为严格意义上的有组织犯罪就是犯罪集团所实施的犯罪行为；也有人认为，有组织犯罪是实质意义上的黑社会组织犯罪，它在组织形式以及运行方式上都与一般社会组织相类似；还有人以有组织犯罪形成的经济特征作为依据，认为有组织犯罪的成员实施有组织犯罪就是为了谋取经济上的最大利益，为达到这一目的，必须具有固定、有序的组织形式，在具体实施犯罪时则采取恫吓、暴力或贿赂腐蚀的手段；另外有人将称霸一方，为非作歹，欺压残害群众，扰乱一方平安的团伙犯罪视为一种黑社会性质的组织犯罪。

有学者认为，所谓有组织犯罪，又称为集团犯罪，是指以从事有计划的犯罪活动为宗旨，具有严密的犯罪组织，与正常的社会生活及法律相对抗的犯罪。有组织犯罪是群体犯罪的高级形式；在西方，这些犯罪的组织内部一般有严格的等级，由不同的"家族"或"犯罪辛迪加"组成，在许多大城市中进行犯罪活动。有组织犯罪主要进行诸如赌博、盗窃珠宝、走私贩毒、组织卖淫、组织非法制品等较大的犯罪活动。据美国于 20 世纪 70 年代的一项调查表明，所有有组织犯罪所控制的总金额达 500 亿美元；而联合国有关机构的预测表明，20 世纪 90 年代以来，在全世界范围内，仅由犯罪集团所控制的毒品交易总额一项每年就达到 4000 多亿美元以上。而且，有组织犯罪人对政客、官员、检察官、警察等大量进行贿赂而在某种程度上控制政治或法律实施。在某种程度上，有组织犯罪的最高形式就是通常所说的"黑社会"，它们已经成为日益国际化的一种犯罪现象。

有学者认为，分析有组织犯罪的概念，应注意两点：①犯罪学的宗旨；②有组织犯罪自身的特点。从犯罪学的宗旨上看，研究有组织犯罪是为了预防犯罪，而要达到有效预防的目的，犯罪学就必须将有组织犯罪从萌芽形态到发展形态再到成熟形态的全过程纳入其关注范围。因此，在犯罪学中研究有组织犯罪，必须明确它是一个范畴概念，其所指的不是某一个静态的阶段，是一个初级形式到高级形式、再到最高形式的动态发展变化过程。这种变化可以是组织结构从简单到复杂，组织能力从弱到强，也可以是组织化程度从低到高。从有组织犯罪自身的特点上来认识有组织犯罪，其具有不同于其他犯罪现象的明显特性，表现为犯罪主体数量上的众多性及状态上的系统性，正是这种特性使有组织犯罪具有了更大的社会危害性和更强的反侦查能力，同时这些特性也可以帮助我们将有组织犯罪与其他犯罪区别开来。并且，团伙犯罪、集团犯罪、黑社会性质犯罪和黑社会犯罪都在有组织犯罪的概念范围之内，是有组织犯罪概念的下位概念。而针对近年来愈演愈烈的恶势力犯罪，其与现有概念存在差异。根据 2019 年 4 月 9 日施行的最高人民法院、最高人民检察院、公安部、司法部《关于办理恶势力刑事案件若干问题的意见》第 4 条规定，"恶势力，是指经常纠集在一起，以暴力、威胁或者其他手段，在一定区域或者行业内多次实施违法犯罪活动，为非作恶，欺压百姓，扰乱经济、社会秩序，造成较为恶劣的社会影响，但尚未形成黑社会性质组织的违法犯罪组织"。因此实质而言，恶势力犯罪亦是有组织犯罪的重要表现形式。

我们认为：有组织犯罪是指具有一定的组织形式，为了谋求经济利益和其他权益而共同实施与正常的社会生活及法律秩序相对抗的一种犯罪形态。从有组织犯罪的组织结构形态来看，既包括临时性、松散性的犯罪团伙结构和黑恶势力，也包括组织形式严密、结构稳固的带有黑社会性质和黑恶势力的犯罪集团，还包括拥有一定经济实力，组织形态较为完备的黑社会性质的犯罪组织和黑社会组织。

我国目前存在的有组织犯罪所涉及的犯罪类型主要有走私、贩毒、贩卖人口、开设赌场、强迫妇女卖淫、制贩枪支弹药、制贩淫秽书刊视听制品和非法出版物、独霸一方的黑恶势力的犯罪。从组织形式上看，团伙性犯罪是有组织犯罪的初级形态，其基本特点是成员不固定。另一类是组织稳定型的集团犯罪，这类组织成员相对固定或由于长期在一起共同犯罪而形成一定的犯罪集团，他们中有街邻、同乡、同学等亲朋好友，组织较为严密，犯罪时多抱成一团，一般作大案，对社会危害较大。有组织犯罪的高级形态是黑社会性质的有组织犯罪，其犯罪能量很大，其成员有累犯、惯犯，他们有犯罪伎俩和逃避打击的能力，其组织较为庞大和严密。他们控制一方，或涉足某一些行业，并不断扩充范围，这是对社会安全威胁最大，最危险的一类犯罪。因此，我国的有组织犯罪经历了团伙犯罪、集团犯罪、黑社会性质组织犯罪三个发展阶段，其组织化程度不断提高，犯罪能量不断加大，同时赋之以合法企业的掩护，犯罪所涉领域广泛，凭借以商贿权、以权护黑的演进模式，最大限度地攫取各种利益。如今，我国有组织犯罪经历次"打黑除恶"等专项整治斗争得到了一定的控制，但其对社会的危害性、对政权的破坏性仍呈现出日益强化、加剧的特征。

第二节　国外及我国港澳台地区的有组织犯罪

随着社会的不断发展，有组织犯罪日益成为一个国际性的严重犯罪问题，国外及我国港澳台地区都存在不同程度的有组织犯罪。犯罪组织作为一种严重危害社会的恶势力，甚至在很大程度上左右着一些国家的政局稳定和经济兴衰。据国际刑警组织资料显示，"黑手党"几乎控制着西欧许多国家 1/5 的商业、企业经济，每年获取的暴利就高达 60 多亿美元；而为有组织犯罪集团控制的世界毒品市场已经成为仅次于军火交易的第二大交易，高于全球石油、粮食等大宗产品的贸易额。据统计，哥伦比亚麦德林贩毒集团年收入达 600~800 亿美元，超过哥伦比亚全国的年财政收入。[1]

一、国外典型的有组织犯罪

(一) 意大利黑手党

意大利黑手党于 1282 年在西西里首府巴勒莫市诞生，当时它是一个反抗异族统治的进步组织。进入 19 世纪后，它逐渐演变为一个犯罪组织。二战结束时，黑手党的势力已经渗透到所有党派之中，现今意大利黑手党的犯罪活动不仅涉及贩毒、走私军火、敲诈勒索、绑架暗杀等，还与政府官员的贪污受贿等所谓"白领"犯罪紧密联系在一起。据国际刑事犯罪研究专家们估计，意大利黑手党有 500 多个派系，党徒十几万人，帮凶遍及政府、司法界乃至各行各业。至于渗透到国外的黑手党党徒以及各国受其影响衍生的黑手党分子，更不下百万之众。[2] 由于意大利政府多年来不断地对黑手党给予打击，意大利黑手党逐渐由从前的暴力犯罪组织向经济犯罪组织演变，并加强了向美国、俄罗斯等国家的渗透。

(二) 美国的黑手党

西方黑社会犯罪始于意大利，但组织性更强、犯罪范围更大的黑社会是在美国形成和发展起来的。20 世纪 80 年代以前，美国形成了以纽约五大黑手帮派为核心的遍及全国各地的庞大的黑手党组织。美国的黑手党在 20 世纪 80 年代受到严厉打击，大规模的打黑运动导致四大家族头目落网，只剩下纽约甘比诺家族的约翰·戈蒂独立支撑着黑手党，但黑手党的犯罪活动依然猖獗。在美国，近几年华裔的有组织犯罪风头正劲，他们所涉及的犯罪行为包括绑架、敲诈勒索、经营非法赌场、开设妓院、洗钱和放高利贷等。[3]

(三) 俄罗斯的有组织犯罪

俄罗斯有组织犯罪产生于勃列日涅夫时代，发展壮大于 20 世纪 80 年代末 90 年代初。根据研究资料，在俄罗斯领土上有近 6000 多个犯罪组织在积极活动，在地区间和国际上进行犯罪活动的大约 6300 名骨干分子联合成的 46 个犯罪

---

〔1〕 参见刘守芳、汪明亮："试论黑社会性质组织的概念与特征"，载《北京大学学报（哲学社会科学版）》2002 年第 3 期。

〔2〕 参见康树华、魏新文主编：《有组织犯罪透视》，北京大学出版社 2001 年版，第 23 页。

〔3〕 参见康树华主编：《当代有组织犯罪与防治对策》，中国方正出版社 1998 年版，第 59 页。

组织和集团，成了最大的社会危险。[1] 根据俄罗斯官方统计数据，俄罗斯境内有组织犯罪数量从 2008 年才开始呈下行趋势，即从 2008 年的 3.6601 万起降至 2011 年的 1.7691 万起犯罪，此后有组织犯罪数量指标一直保持在 1.75 万左右，直至 2014 年又减少了 4000 例，2015 年维持在 2014 年的数量水平，2016 年有组织犯罪数量为 1.2581 万，与 2015 年相比下降了 8.4%，2017 年又呈上升趋势，其数量为 1.3332 万，与 2016 年相比增加了 5.2%。这里应当强调的是，俄罗斯关于有组织犯罪的官方统计数据，特别是经济领域犯罪存在着较为严重的犯罪黑数现象。[2] 当前俄罗斯有组织犯罪除了从事传统型犯罪活动（贩卖武器、金融欺诈、毒品生意、敲诈勒索、走私等）以外，还积极渗透到合法经营领域，利用与政府官员之间的腐败联系得以建构和实现"有组织犯罪—腐败—影子经济"三位一体的企业化路径。

（四）日本的暴力团

在日本，黑社会组织被称为暴力团。日本暴力团数量众多，其中最大的暴力团是山口组，它发源于日本关西，成立于 1915 年。其党羽 3 万多人，约占日本黑社会势力的 1/4。据 1991 年统计，山口组在东京拥有 52 个团体、68 个事务所和 530 名活动组员。据日本警视厅调查，山口组所属的这些企业大多数从事放高利贷、土地买卖、交通事故谈判、公司破产的重整等获利较大的行当。[3] 1986 年至今，暴力团总体势力呈下降趋势，暴力团转向经营合法企业，其中以不动产、金融业等为突出，以合法经营的外衣来漂白其违法行为，而现如今，暴力团犯罪逐渐智能化。对暴力团的犯罪，日本颁布了相关法律对其行为进行规制，如 1991 年颁布的《暴力团对策法》，1999 年颁布的《组织犯罪处罚法》。《暴力团对策法》的立法目的即对暴力团员的暴力给予必要规制，寻求必要措施预防因其暴力抗争活动对民众造成的危险，通过民间公益活动预防其对民众造成的侵害，保证国民生命与财产安全。该法自颁布至今经多次修订，这体现日本政府对暴力团的控制政策。

---

[1] 参见［俄］阿·伊·道尔戈娃:《犯罪学》，赵可等译，群众出版社 2000 年版，第 577 页。

[2] 参见俄罗斯联邦内务部官方网站: https://mvd.ru。

[3] 参见康树华、魏新文主编:《有组织犯罪透视》，北京大学出版社 2001 年版，第 56 页。

二、我国港、澳、台地区典型的有组织犯罪

（一）香港三合会

香港三合会是以"三合会"的组织规则和系统为基础所形成的黑社会犯罪的集合体，是香港黑社会组织的代名词。香港三合会产生于 19 世纪 40 年代初期，起源于清代南方三合会，在 160 多年的发展变迁中，香港三合会已经从一个以"反清复明"为宗旨的秘密会社，逐渐蜕变成为一个职业化犯罪集团。根据香港警方 1994 年向立法局提出的一份"香港三合会情况"的文件，"现时香港大约有 57 个'三合会'组织，其中比较活跃的有 20 个左右。估计三合会会员约 20 万人，其中 7%～10%的黑社会成员是活跃分子"。[1] 由于香港警方持续的打击，香港三合会大多数组织内部关系日趋涣散，犯罪活动进入了一个较稳定的时期。据统计，从 1991～1998 年其罪案数量基本维持在 6000～8000 宗之间，一般占整体罪案数量的 7%～10%。[2] 尽管如此，由香港三合会所操纵的贩毒、暴力、色情业、赌博业、敲诈勒索、走私等犯罪活动仍然严重威胁着香港地区的社会治安。

（二）澳门黑社会

一般认为，澳门黑社会始于鸦片战争前夕。澳门素有"东方赌城""东方蒙特卡罗"之称，与美国的拉斯维加斯和摩洛哥的蒙特卡罗并称世界三大赌城。澳门土生的黑社会组织凭借赌博业丰厚的利润不断发展壮大，到 20 世纪 20 年代初已经达到了相当大的规模。20 世纪 50 年代初，香港"14K""和安乐"及"和胜义"等三合会部分成员流入澳门，经过多次血腥火并之后，逐渐成为澳门黑社会的核心组织。澳门司警部认为：澳门目前的黑社会成员总数大约 3 万多人。人数最多的黑社会组织成员的人数约占澳门黑社会总人数 70%[3]。这些黑社会组织大肆实施组织卖淫、赌博、毒品走私、暴力等犯罪活动，严重危及澳门地区的社会治安。经过多年来澳门警方坚持不懈的斗争，澳门黑社会组织受到了沉重的打击，黑社会势力大大削弱。

---

〔1〕 参见周心捷："论香港三合会现状及其对广东地区的渗透"，载《华东政法学院学报》2000 年第 5 期。

〔2〕 参见周心捷："论香港三合会现状及其对广东地区的渗透"，载《华东政法学院学报》2000 年第 5 期。

〔3〕 参见康树华、魏新文主编：《有组织犯罪透视》，北京大学出版社 2001 年版，第 181 页。

（三）台湾黑社会

台湾黑社会始于郑成功于公元 1661 年在台湾创立的"金台山明运堂"，当时创建该组织的宗旨是"反清复明"。但清朝灭亡后，在一定的历史条件下，该组织逐渐演变为黑社会组织。在日本占领台湾时期，日本"黑龙会"浪人和台湾地痞流氓勾结起来，大搞鸦片走私和诈骗活动。20 世纪 50 年代中期，台湾出现了第一个大规模的黑社会组织"四海帮"。此后，经过激烈兼并，"竹联帮""松联帮""天道盟"等大型黑社会组织脱颖而出。现在，竹联帮是台湾最大的黑社会组织，也是世界上最著名的犯罪集团之一。[1] 这些黑社会组织实施的具体罪种涉及谋杀、绑架、爆炸、拐卖人口、走私、贩毒、组织卖淫等，严重威胁着台湾地区正常的社会秩序。

第三节　有组织犯罪的基本形态及其特征

自 20 世纪 70 年代末 80 年代初以来，我国的犯罪形态发生了明显的变化，先是犯罪团伙大量滋生，至 1983 年"严打"时期，全国摧毁犯罪团伙 20 多万个，占当时案件总数的半数以上。20 世纪 80 年代中期以来，出现了在组织性质上有明显变化的犯罪组织。近年来，随着我国经济、社会转型的加快，有组织犯罪其自身具备的组织性、隐蔽性、反侦查能力、抗打击能力的日渐加强。根据全国"打黑办"的分析，我国现阶段的有组织犯罪正处于活跃期——活动相对频繁、强烈。针对这一现状，虽然我国对"有组织犯罪"严厉打击取得初步成效，但该类型犯罪仍是破坏社会和谐稳定、影响人民群众生命财产安全、扰乱市场经济秩序、危害基层政权建设的突出问题。[2] 由此看出，我国有组织犯罪经历了从低级向高级，即由团伙犯罪向黑社会性质组织犯罪演变的过程，这些组织形态既有联系，又有区别。研究有组织犯罪的基本形态，对于我们认识有组织犯罪的形成和发展，掌握有组织犯罪的状况、发展趋势和制定防治对策都有重要意义。

---

[1] 参见康树华主编：《当代有组织犯罪与防治对策》，中国方正出版社 1998 年版，第 121~145 页。

[2] 参见靳高风："当前中国有组织犯罪的现状、特点、类型和发展趋势"，载《中国人民公安大学学报（社会科学版）》2011 年第 5 期。

一、有组织犯罪的基本形态

有组织犯罪的基本形态存在萌芽至成熟的阶段特征，具体包括犯罪团伙、犯罪集团、黑社会性质组织、黑社会组织。各种形态虽内容不同但在某些方面存在交叉，初级的组织形态如果没有受到及时遏制，便会向高级形态转化。

犯罪团伙是有组织犯罪的初级形态，它是指 3 人以上结成一定组织而结合比较松散的共同犯罪形式，团伙犯罪并不是严格意义上的法律术语，而是 20 世纪 70 年代后期在司法实践中对刑事犯罪的研究中提出来的概念。由于这一提法是对我国社会新出现的特定的犯罪现象的简单明了的概括，所以被人们普遍地接受。犯罪团伙实施某一活动进行简单的召集、分工和配合，没有复杂程序与明确组织纪律，哥们儿义气是维系他们的思想基础，且由于该类犯罪组织程度较低，多发生在社会亚文化群体中，如城市的违法少年群体、城市闲散人员及农村中不务正业的农民群体等。具有临时性、松散性的"黑恶势力团伙"亦属于犯罪团伙的范畴。据有关学者统计，截至 2018 年 6 月，根据各地发布的扫黑除恶信息可知，恶势力已成为本次活动实际打击的主体，除恶的比例远高于扫黑，甚至在有的省份、地区，恶势力犯罪在专项斗争中占比超过了 90%。[1] 犯罪集团是有组织犯罪的中级形态，根据我国《刑法》第 26 条第 2 款规定，犯罪集团，是指 3 人以上为其实施犯罪而组成的较为固定犯罪组织。与团伙犯罪相比，其具有严格的组织性，组织内部有严格的规章制度，犯罪活动有具体的计划与分工，且人员结构具有层次性，共同的利益、目的是维系他们的思想基础，该类犯罪的组织活动大多具有职业性的特点。当然，当黑恶势力组织形式严密、结构稳固，便可将其划入犯罪集团范畴。

黑社会性质的犯罪组织和黑社会组织是在团伙犯罪和集团犯罪之上的一种有组织犯罪形式。全国人大常委会副委员长王汉斌在《关于中华人民共和国刑法（修订草案）的说明》中指出："在我国，明显的、典型的黑社会犯罪还没有出现，但带有黑社会性质的犯罪集团已经出现，横行乡里、称霸一方，为非作歹、欺压、残害群众的有组织犯罪时有出现。另外也发现有境外黑社会组织成员入境进行违法活动的，可能会对社会造成严重危害。对于黑社会性质的犯罪，必须坚决打击，一定要消灭在萌芽状态，防止蔓延。"因此，1997 年《刑法》

---

[1] 参见刘仁文、刘文钊："恶势力的概念流变及其司法认定"，载《国家检察官学院学报》2018 年第 6 期。

专门规定了黑社会性质的组织犯罪，即以暴力、威胁或者其他手段，有组织地进行违法犯罪活动，称霸一方，为非作恶，欺压、残害群众，严重破坏经济、社会生活秩序的黑社会性质的组织的行为。黑社会性质组织虽已在某种程度上具备了黑社会组织的某些特征，对社会的破坏性也很大，但自身的生存能力和对抗社会制裁的能力较弱。近年来，随着经济社会的发展与国家刑事法治工作的不断完善，传统涉黑涉恶案件中的暴力手段呈现"隐蔽化"趋势，犯罪分子将其犯罪目的隐藏于"软暴力"手段中，以此逃避暴力手段实施违法犯罪的风险，这无疑加大了国家对涉黑涉恶犯罪的打击难度。针对该情况，2019 年 4 月 9 日施行的最高人民法院、最高人民检察院、公安部、司法部《关于办理实施"软暴力"的刑事案件若干问题的意见》第 1 条明确指出，"软暴力"是指行为人为谋取不法利益或形成非法影响，对他人或者在有关场所进行滋扰、纠缠、哄闹、聚众造势等，足以使他人产生恐惧、恐慌进而形成心理强制，或者足以影响、限制人身自由、危及人身财产安全，影响正常生活、工作、生产、经营的违法犯罪手段。该司法解释的出台，有利于国家精准、有力地打击黑社会性质组织犯罪，保障公民权利，维护社会长治久安。

二、有组织犯罪的特征

（一）组织严密，组织化程度较高

虽然我国有组织犯罪与国外有组织犯罪相比，处于一个初级阶段，但其仍具有"严密性"的特征。从组织成员来看，组织、领导者明确，重要成员基本固定，组织成员众多，可以达到一定规模，形成一个小"社会"或控制一个社区。从组织形态看，组织形态严密，具有明确的组织纪律和规章，且其不是为了一次犯罪而临时结伙，而是以发展壮大犯罪为目标、以策划有组织活动为职业。从"打黑除恶专项斗争"到"扫黑除恶专项斗争"，从"浮在表面"到"深入内部"，随着打击力度的加大，我国的有组织犯罪在一定程度上得到了遏制，但同时伴随其犯罪经验与手段不断提高。一方面，其通过强化内部制约，增强心理凝聚力和成员关系牢固性，使得每个成员在组织中找到认同感与归属感，以增强组织的反侦查、抗打击能力，使其在一次次的打击中得以"保存实力"；另一方面，其通过对国外成熟的黑社会"管理经验"的借鉴和对国内传统"拉帮结派""江湖义气"等帮会组织经验的传承，增强组织严密性，提高组织化程度。

（二）合法企业掩护，犯罪领域扩大

随着我国经济水平的增长，滋生有组织犯罪的土壤也不断扩大，其犯罪手段日趋隐蔽，一般表现为"有组织犯罪的企业化""以商护黑、养黑"等。一方面，他们采用"公司"等其他合法经营形式作为掩护，掩盖其在"公司经营"中的违法犯罪行为，以"公司利润"等来源掩盖其非法所得，以此攫取经济利益；或者不正当参与市场竞争，采用暴力、胁迫等手段垄断其经营行业、霸占经营市场，欺行霸市，攫取暴利，且犯罪领域已经逐步由劳动密集型产业向计算机、高级工业等知识密集型产业转移。在这种情况下，其设立的公司大多只是其攫取利益的一个外壳。例如，吉林市张永福黑社会性质组织案，其创立养殖公司并以此为依托，招募刑满释放和社会闲散人员，采取暴力、威胁等多种手段，为非作歹，攫取经济利益；而四川省刘汉、刘维案更是犯罪领域转型的典型。另一方面，便是传统的"以商护黑、养黑"，也被称为"合法企业的有组织化犯罪模式"，是指合法企业与犯罪组织勾结，采用暴力、胁迫等手段参与市场经营，在企业自身获得经济利益的同时，为犯罪组织提供滋生的土壤。有学者将合法企业的有组织犯罪划分为三个阶段：初级阶段——企业触黑；中级阶段——企业染黑；高级阶段——企业纯黑。到了高级阶段，纯黑的企业的主要架构和业务都是围绕有组织犯罪展开的，其组织结构和功能就完全犯罪化。[1]因此，现阶段我国有组织犯罪呈现向合法领域渗透的特点，他们意图为其犯罪披上合法的"外衣"，从而隐蔽犯罪，逃避打击。

（三）寻找权力庇护，犯罪势力增强

由于有组织犯罪的犯罪组织获利途径多样、获利数量巨大，而"保护伞"能够包庇、纵容其犯罪行为，有罪不罚，使其势力增强，打击难度加大，故而寻找保护伞成为其普遍采取的手段之一。他们以金钱等利益求得政治庇护，捞取政治资本，有些地方甚至出现有组织犯罪的领导者与当地官员相互勾结的现象，这一定程度上影响社会秩序的稳定与政府公信力的建立。例如，2009 年 6月~2010 年 4 月 24 日，重庆市立案查办暴露出的职务犯罪共 134 件 156 人，54%的涉黑犯罪都有保护伞，保护伞涉及多个公权力部门，并与涉黑组织控制的

---

〔1〕 参见卢建平、刘鑫："犯罪与企业的结合——有组织犯罪的发展趋势之一"，载《第四届当代刑法国际论坛：全球化时代有组织犯罪的惩治与防范国际学术研讨会会议文集》，北京师范大学刑事法律科学研究院 2011 年版，第 35~50 页。

各个行业相对应。[1] 如今，随着我国"扫黑除恶专项斗争"的日益深入，挖出的"保护伞"呈现出范围广、数量大、级别高等特点，这一定程度上说明有组织犯罪的犯罪组织受庇护程度之深，受保护范围之广，犯罪势力不断增强，造成的危害巨大。因此，打击有组织犯罪，是我国现阶段刻不容缓的责任。

（四）危害严重，威胁政治和社会稳定

与单独犯罪相比较，有组织犯罪是为了长期进行犯罪活动而勾结起来的，因此，不论其实际作案的次数多少，都对社会具有严重的危害性。近几年来，有组织犯罪的性质、组织形式、人员结构和作案动机都发生了新的变化，其反社会性越来越强烈，有的已开始向职业犯罪和黑社会组织犯罪发展，形成了对社会和基层政权建设的严重威胁。尤其是我国的黑社会性质组织，他们与犯罪集团相较具有更大的危害性，具有更大的规模、更高的犯罪效率、更广泛的影响力和更强的抗打击能力，甚至趋向智能化，可以说，我国目前黑社会性质组织已遍布全国各省市。因此，有组织犯罪的社会危害巨大，一方面，犯罪组织活动猖獗，他们称霸一方，无恶不作，给社会带来极大危害，严重危害人民群众的生产、生活秩序。另一方面，由于有组织犯罪的犯罪组织经济实力雄厚，导致其往往采取金钱收买、性贿赂等手段，在政府和国家公职人员中寻找靠山，更是严重破坏了改革开放和经济建设的社会秩序，威胁政治安定和社会稳定。

（五）区域性、国际化程度增强

我国有组织犯罪初级形态向高级形态发展、转化周期加快，导致其一直处于比较活跃的状态。近年来，美国、日本、越南、老挝、缅甸等国家和地区的黑社会组织加剧对我国境内的渗透，通过"投资建厂""公益赞助""旅游"等表面合法的途径，实际暗地向我国境内扩张其犯罪势力，为其违法犯罪寻找便捷合法的途径。例如，澜沧江—湄公河流域的有组织犯罪在中国、缅甸、老挝、泰国多年的联合打击下有所缓和，但由于其特殊的地理特征，境内外各方势力相互渗透，使得多种有组织犯罪之间相互交织，走私贩卖毒品、拐卖人口等仍然层出不穷。因此，国外黑社会势力向我国境内的渗透，是我国境内势力与境外黑社会势力相勾结的主要原因，同时也加速了其组织形态的转变。

综上所述，有组织犯罪形态之间呈现递进演变的发展过程，初级的组织形态若没有受到及时遏制，就会向中、高级形态转化。因为黑社会性质组织及其

---

〔1〕 参见梅传强、胡江："我国惩治黑社会性质组织犯罪的刑法完善——兼论对《刑法修正案（八）（草案）》相关条款的修改建议"，载《现代法学》2011 年第 2 期。

集团犯罪组织并不是一开始就具有那种完整而稳定的组织形式，它经历着一个逐步发展、不断升级的演变过程，且在转变过程中没有不可逾越的界线。几种形态的主要区别在于其组织化程度、组织规模以及犯罪的能量不同，但这一区别也是相对的，是从量的积累逐渐向质的方面转化的过程。初级形态的有组织犯罪一般以实施犯罪、危害社会治安为主要特征，而有组织犯罪的高级形态即黑社会性质组织犯罪则借助于经济实力和"保护伞"向社会渗透，犯罪的规模、犯罪的隐蔽性和危害性都超过了一般团伙犯罪和集团犯罪。

有组织犯罪是当前国际社会面临的严峻挑战，也是危害我国社会治安的日趋严重的问题。我国《刑法》在总则和分则中对有组织犯罪均作了规定，为我国打击有组织犯罪提供了法律保障。随着科学技术的高度发达，世界经济一体化以及国际交往日益频繁，跨国有组织犯罪将成为有组织犯罪发展的世界趋势，他们将不断参与国际法所禁止的交易与活动，包括贩卖非法商品、提供非法服务，竭力攫取巨额利润。我国的有组织犯罪目前利用恐吓、暴力手段和贿赂渗透等手段强行占领、操纵市场，以至于出现某些地方的政府也陷入其中的现象。应当说，从目前的国际、国内形势看，要完全避免和杜绝有组织犯罪在我国的发生是不现实的，但是认识有组织犯罪的特点和形成规律，降低和压缩它们的发展速度和规模，把有组织犯罪控制在一定的范围和水平，这是完全能够做到的。

第四节　有组织犯罪的原因

犯罪是社会政治、经济、文化、历史及其个体心理、意识因素综合作用的结果，有组织犯罪作为犯罪现象中的一种特定类型，也是在其主观原因和诸多客观原因相互联系、相互作用的原因系统中产生并发展的。因此，在研究有组织犯罪产生原因时，不仅要分析犯罪人自身的主观原因，也要看到外部环境因素对有组织犯罪的影响。

一、有组织犯罪的主观原因

（一）满足组织成员日益膨胀的各种犯罪需求

与其他刑事犯罪相比，有组织犯罪是一种能产生较大"犯罪效益"的犯罪形式，其原因在于：①有组织犯罪实施的大多是一些走私、贩毒、赌博等蕴涵巨大非法暴利的犯罪活动，这可以满足组织成员日益膨胀的物质需求。②犯罪组织成员之间通过模仿、暗示、学习组织内部权威人物的思维习惯和行为方式，或者通过交流犯罪技能和逃避侦查打击的经验，满足其扭曲的交往成就感的心理需求。③有组织犯罪通过周密的预谋和策划，根据其参与者的技能特长、经验等进行人员分工和任务安排，使犯罪行为成为一个相互配合、相互促进的有机整体，满足组织成员自我显示的成功需要。④由于有组织犯罪成员认识结构的变化，其内在的抑制系统表现出两极性的特点：一是对犯罪意志、动机的抑制力减弱，同时，对犯罪冲动的抑制有所增强。二是抵制诱惑的能力降低，但心理缓冲的能力和自我调节等能力增强。因此他们大多数能够在比较冷静的状态下实施犯罪。这加大了侦破、打击的难度，满足了有组织犯罪成员自我确认的需求。

（二）满足组织成员的合群心理、归属感和成就感

社会心理学研究表明，人是一种群集动物，人类具有合群生活的习惯和需要，并且人们总是与一些在价值观、兴趣爱好等方面与自己有共同点和相似性的人相互吸引，结成亲密关系，形成小群体。在这样的小群体里，他们相互交流情感、寻求精神寄托，满足作为人的基本心理需要，并通过这样的情感交流增强组织的凝聚力和成员之间的默契。故有组织犯罪行为人便因共同的反社会心理结合在一起，通过群体的力量实现其个人无法达到的犯罪目标，获得归属感与成就感。

（三）减轻组织成员的罪责感

罪责感是个体抵制犯罪冲动、抗拒犯罪诱惑的情感过程，是对犯罪行为或犯罪意识的一种自我评价和认识。许多犯罪人在犯罪动机形成时甚至实施犯罪后，都会或多或少地产生一定程度的罪责感，并且罪责感是阻止犯罪冲动及犯罪动力定型的一个重要因素，是促使犯罪心理良性转化的一个积极因素。由于有组织犯罪是多人纠集在一起，共同实施犯罪，这使参与者感觉到自己的行为只是整个犯罪行为中的一部分，从而增加了犯罪行为人的犯罪勇气和安全感，并且由于成员内部分工明确，易使其认为即使受罚也是众人分担，从心理上削弱自己应承担的责任，这种罪责分担和扩散心理在一定程度上减轻了有组织犯罪人的罪责感。

二、有组织犯罪的客观原因

（一）有组织犯罪的经济原因

现代意义的有组织犯罪基本上以谋取巨大经济利益作为作案及生存目的。美国黑手党能在近现代迅速发展，主要是由于美国禁酒令时期和二战后，造酒与贩毒具有极大的经济利益。中国有组织犯罪的形成与初始发展同样与经济因素密不可分。首先，改革开放时期计划经济体制向市场经济体制改革过程中的漏洞与空隙，为有组织犯罪的存在和壮大创造了有利条件。而非法需求和地下经济的客观存在则为有组织犯罪提供了巨大的发展空间。此外，改革同时导致失业和农村剩余劳动力剧增，这些为有组织犯罪提供了充足的后备人员。其次，虽然"允许一部分人先富起来"的政策极大地促进了生产力的提高和经济的繁荣，但同时加大了我国的贫富差距，一些收入相对较低、处在社会底层的人员由于缺乏有效的谋生手段和技能，远离财富和令人羡慕的社会地位，而他们对金钱、财富的向往或追求十分强烈和迫切，因此容易产生被他人剥削和被社会抛弃的情绪以及对社会富裕阶层的仇视心态，从而实施报复社会或攫取不法利益的犯罪行为。为了进一步提高获取非法暴利的速度和增加安全系数，他们拉帮结伙，组成违法犯罪群体。

如今，我国正处于经济结构转型升级阶段。新兴产业、科学技术在促进经济发展的同时，为有组织犯罪提供了土壤，加之有组织犯罪的犯罪组织经济实力雄厚、组织严密，更是利用科技的手段隐蔽犯罪，逃脱法律的制裁。

（二）有组织犯罪的政治原因

腐败是全世界共有的现象，无论国家的政治制度、历史传统及经济发展水平如何，都存在这一难以治愈的问题。腐败是刑事犯罪得以生存的社会条件之一，特别是在有组织犯罪中，犯罪行为人为了获取更大的非法利益，更好地逃避法律制裁，需要采取由腐败所提供的有效的贿赂手段寻求政治上的庇护。在有组织犯罪中，犯罪行为人与腐败官员的结合不同于普通刑事犯罪，他们的结合是多方面的、牢固的、长期的，而且不仅仅是保护与被保护的关系，他们也形成了一种互惠互利的关系，腐败官员利用这种结合将手中的权力转化为现实的经济利益，而有组织犯罪的行为人则借助这种结合将犯罪力量发展成为一种社会力量，扩大活动空间，增加非法收益。腐败严重地削弱了对有组织犯罪的打击力度，同时更助长了犯罪分子的嚣张气焰，挫伤了广大群众与有组织犯罪作斗争的积极性和信心。

（三）有组织犯罪的历史原因

历史有其延续性，它广泛而深刻地影响着人们的思想和行为方式，因而有组织犯罪的产生及蔓延也有一定的历史渊源。我国是世界上封建制度延续时间最长的国家，故中华人民共和国成立之前，中国旧社会的帮会集团活动已经相当严重，他们规模大、势力强、盘踞一方。几千年的"江湖义气"伦理观念，"拉帮结派"的意识和观念已经根深蒂固。这一影响极其深远，其毒素远未肃清，一旦遇有合适的土壤和条件，就会复苏，滋生出新的犯罪组织。从目前我国有组织犯罪的实际情况看，它们的组织形式绝大部分是直接从历史上延续下来的犯罪文化的继承，沿用着封建行帮的组织形式，主要表现在组织名称、组织信念和纪律、结伙仪式、组织成员结构、组织分工等方面。

（四）有组织犯罪的外部原因

从改革开放时期至今，由于我国与国际社会的交往日益频繁，境外的新老黑社会犯罪组织也不断伺机向我国境内渗透，我国有组织犯罪在迅速发展的同时，具有了新的时代特征。

20世纪80年代初期，境外黑社会组织主要在深圳、珠海经济特区进行渗透活动。80年代中期逐步发展到珠江三角洲地区，最近几年沿海以至内地也陆续发现境外黑社会组织的渗透性犯罪活动，总体呈现沿海向内陆蔓延的趋势。据海南省调查，境外黑社会组织多以投资经商为名取得合法身份入境进行活动，他们每人都有自己的公司企业。江苏省已经发现有18名境外黑社会组织成员在南京、无锡等地建立合资合作企业19家以掩护秘密活动。

由此可见，境外黑社会组织主要利用"合法"身份或利用政策漏洞获取财富，并在此基础上，变本加厉地进行渗透性犯罪活动；或境内物色不法分子发展成为黑社会组织成员；或以投资经商作掩护，勾结内地不法分子实施严重犯罪活动；或境内外犯罪组织勾结，进行跨境犯罪。总之，这种境外渗透导致了我国有组织犯罪的迅速蔓延和日趋严重，同时也增大了打击的难度。

第五节　有组织犯罪的防控

针对有组织犯罪产生原因的复杂多样性，对有组织犯罪的预防也必须采取多方面、多渠道的防控对策，主要包括犯罪预防和犯罪控制两个方面。犯罪预防着眼于犯罪形成之前，以预先防范为重点，将犯罪遏制于犯罪的孕育阶段。

而犯罪控制则是运用国家强制手段，制裁犯罪，控制有组织犯罪的发生。因此，二者在有组织犯罪的防控方面，均具有重要作用。

一、有组织犯罪的预防

（一）加强思想教育，逐步消除封建帮会意识

行为是意识的外化，有组织犯罪的组织形式是建立在个人主义、无政府主义、享乐主义的思想基础上的，其成员遵循和崇尚的封建行帮意识是他们的精神纽带，因此必须从教育着手根除其腐朽思想，提高公民素质，提高全民的文明水平和法制观念，增强对腐朽思想的抵御能力。具体地说，在家庭教育中，要注重对子女的品德教育。在学校教育中，要重视学生的德育教育，使他们树立正确的友谊观。社会要注重培养和强化人们的道德观念和法制观念，增强公民的社会责任感和法制意识，使人们在知法、守法的同时，更要学会用法律武器来保护自己的人身权利和财产权利，勇敢地同有组织犯罪作斗争。

（二）加强对有组织犯罪人的心理治疗，矫正其不适应社会的心理特征

社会环境方面的原因是产生有组织犯罪的决定性原因，但是犯罪人方面的原因并不是被动地、机械地形成的，其在有组织犯罪综合原因的形成过程中具有一定的能动性，对有组织犯罪的产生也具有较大影响。有组织犯罪人具有各种不良心理及其他促发有组织犯罪的个体特征，尤其是其心理特征在促发有组织犯罪方面更值得关注。所以，针对有组织犯罪人的心理特征进行心理治疗，从而清除或削弱产生有组织犯罪的犯罪人方面的原因，在整个有组织犯罪预防中也具有不容忽视的作用。如加强教育与心理治疗，对其进行心理与行为的矫治，消除其犯罪群体情绪，调动其罪责感和罪恶感，从而最大限度地预防和减少有组织犯罪的发生。

（三）加大反腐力度，清除有组织犯罪的保护伞

犯罪组织要生存，并向黑社会组织形态演变，必然要渗透和腐蚀党政机关和执法部门，寻求保护伞。有学者指出"腐败掩护了犯罪，犯罪利用了腐败"，反黑必先反腐。因此，在 2018 年 1 月，中共中央、国务院下发了《关于开展扫黑除恶专项斗争的通知》，决定在全国开展扫黑除恶专项斗争，要求针对涉黑涉恶问题的新动向、新特点，聚焦问题突出的重点地区、重点行业、重点领域，持续组织开展扫黑除恶，而且要求把扫黑除恶与反腐败斗争、基层"拍蝇"结合起来，深挖黑恶势力"保护伞"。因此预防和控制有组织犯罪，惩治腐败是首

要的、关键的一环，其具有重要意义：①清除犯罪组织的保护伞，消除犯罪组织的依靠，打击有组织犯罪的嚣张气焰，铲除有组织犯罪行为人的侥幸心理和犯罪组织抗打击能力；②建立、健全有组织犯罪的预防和控制机制，制定反腐败的法律、法规，使国家机器正常运转；③树立党和国家机关在群众中的良好形象，建立健全一系列具体的制度和措施，发挥国家公务员在预防有组织犯罪中的作用，形成打击有组织犯罪的良好社会氛围。

（四）加强政权组织及其他社会组织建设，强化社会控制能力

打击有组织犯罪首要的就是强化和严密社会控制能力，缩小有组织犯罪的活动空间，剥夺其发展、蔓延及扩大活动规模的空间条件。强化社会控制能力，要做好以下工作：①加强政权组织建设。要强化党组织的建设，尤其是基层党组织的建设，同时更要强化公检法等司法机关的建设。②加强经济组织管理，主要是加强公司、企业等经济实体的规范管理工作，以确保这些经济实体在法律规定的范围内从事活动，防止他们沦为犯罪组织寄生的保护伞或受犯罪组织操纵的傀儡，成为有组织犯罪对抗社会和国家的工具和活动基地。③加强其他社会组织建设，如教科文卫组织、群众自治组织及社团组织的建设，可以严密社会控制机制，增强社会控制能力。

二、有组织犯罪的控制

由于有组织犯罪形态存在萌芽到成熟的发展过程，如不在其萌芽阶段进行遏制，那么它便很有可能迅速转化为成熟形态，也正是其这个特点导致我国对有组织犯罪的打击一直秉持"打早打小"原则，即在其尚未成型的阶段提前介入，精准、严厉地打击，阻断其向成熟形态转变的过程。

（一）加强国际合作，有效打击跨国有组织犯罪

有组织犯罪往往是跨国性和跨地区性的，尤其是那些组织庞大、成员众多，在国际社会较为典型的有组织犯罪集团，如意大利的"黑手党"、日本的"山口组"、我国香港地区的"三合会"等，活跃于世界各地，已经形成了跨国的各种有组织犯罪网络；同时，由于有组织犯罪具有相当强的实力又有极大的隐蔽性，使得单靠一国警力难以侦破。这样，加强国际合作，以共同的力量来遏制日益复杂的有组织犯罪就成为必需。具体而言，要制定双边、多边国际条约，进行必要的人员交流和情报交换，在引渡、诉讼和转移管辖方面进行协调和完善并开展其他刑事司法协助，进一步发挥国际刑警组织的作用。

(二) 严密法网，严厉打击

近年来，我国刑事政策实现了由"严打"向"宽严相济"的转变。由于有组织犯罪较一般共同犯罪而言，社会危害性更加严重，所以，对有组织犯罪应当始终坚持"从严处罚"的政策导向。"从严处罚"具体有两个方面的体现——严厉处罚与严密法网：①有组织犯罪的刑罚更为严厉。通过提高各种有组织犯罪的法定刑，为有组织犯罪制定更为严格的刑罚裁量和执行制度。②有组织犯罪的刑事立法网更为严密。将与其产生、关联度高的洗钱犯罪、腐败犯罪等纳入预防和惩治有组织犯罪刑事制度的范围。因此，可从制度层面为有组织犯罪的定罪、处罚提供有力的保障与依据。但有组织犯罪的"从严"在具体应用时，并非一味严苛，而是"以严为主、以宽相济"。宽严相济刑事政策本身就体现"刑罚个别化"的思想，同时由于有组织犯罪的犯罪组织结构严密、组织成员分工明确，因此，依据不同情况分别处罚有利于实现内部成员的分化，进一步打击其组织凝聚力，瓦解其严密的组织结构。

🔘 **思考题**

1. 有组织犯罪的概念及特征。
2. 国外及我国港、澳、台地区典型的有组织犯罪。
3. 我国有组织犯罪的基本形态及其特征。
4. 有组织犯罪的原因及防控。

🔘 **拓展阅读**

1. 王牧等主编：《中国有组织犯罪实证研究》，中国检察出版社 2011 年版。
2. 何秉松主编：《全球化时代有组织犯罪与对策》，中国民主法制出版社 2010 年版。

第
十
六
章

恐怖主义犯罪

　　恐怖活动和恐怖主义犯罪的存在和蔓延，不仅造成广大无辜群众生命和财产损失，而且严重威胁国际和平与安全。因而，随着恐怖活动和恐怖主义犯罪加剧，如何对其进行科学的认识，如何对其原因进行深入探索以及有效惩治与防范恐怖主义犯罪，不但是一项重要的理论课题，也是一个迫切需要解决的实际任务。

第一节　恐怖主义犯罪的概念

　　科学界定恐怖主义犯罪的概念是我们研究恐怖主义犯罪问题的逻辑起点，也是确立我们对恐怖主义犯罪问题基本立场的前提。但是不可否认，恐怖主义的定义是一个世界性难题，存在诸多理论争议。"恐怖主义"一词的用法也各式各样，其结果是在探讨恐怖主义相关问题时困难重重。荷兰学者施密德在1988年出版的《政治恐怖主义》一书中考察了109种有关恐怖主义的界定，[1] 实际存在的关于恐怖主义的界定恐怕远不止于此。而且，实际上"没有人把'恐怖主义'一词用在自己身上，没有人会把自己的行为称为恐怖主义，也没有人会把该词用在自己所同情的那些人身上，或把自己所支持的行为称为恐怖主义。正如老生常谈的那样，一个人眼里的恐怖分子是另一个人眼里的自由斗士。"[2] 这主要是因为，当前国际恐怖主义往往与政治、民族、宗教等问题纠缠在一起而难以界分。恐怖主义又往往以一定的政治诉求为目的，因而受到具有相同诉求的人群的支持。例如，在巴以冲突中，巴勒斯坦和以色列双方都指责对方实

---

〔1〕　参见王逸舟等：《恐怖主义溯源》，社会科学文献出版社2010年版，第7页。

〔2〕　［英］依高·普里莫拉兹编：《恐怖主义研究——哲学上的争议》，周展等译，浙江大学出版社2010年版，第2页。

施了恐怖主义的行为，但是均否认自己在从事恐怖主义，并且试图证明自己所实施的被对方称为恐怖主义的暴力行为的正当性。然而，从全人类的利益来看，恐怖主义是具有极大危害的，对恐怖主义进行准确的定义是防范和打击恐怖主义所必须。因此，如何界定恐怖主义的概念，是各国反恐怖主义立法中的一个基本问题。

我国理论上对恐怖主义和恐怖主义犯罪的概念都有界定。例如，胡联合认为恐怖主义概念的内涵具有恐惧性或心理性；暴力性或破坏性；政治性或社会性；宣传性或宣扬性；违法性或刑事犯罪性，并在此基础上对恐怖主义概念做出界定：恐怖主义是指一种旨在通过制造恐惧气氛、引起社会注意以威胁有关政府或社会，为达到某种政治或社会目的服务的，无论弱者或强者都可以采用的，针对非战斗目标（特别是无辜平民目标）的暗杀、爆炸、绑架与劫持人质、劫持交通工具、投毒、危害计算机系统以及其他形式的违法或刑事犯罪性质的暴力、暴力威胁或非暴力破坏活动[1]。实际上，由于研究者的角度不同，认识的方法和政治立场不同，对恐怖主义犯罪概念的界定也存在较大差异。

我国反恐怖主义立法一直致力于明确界定恐怖主义及其相关的概念。2011年《全国人民代表大会常委会关于加强反恐怖工作有关问题的决定》中就对恐怖活动作出界定，但是并未涉及恐怖主义的定义。《刑法修正案（九）》在分则第二章危害公共安全罪中增设准备实施恐怖活动罪，宣扬恐怖主义、极端主义、煽动实施恐怖活动罪，利用极端主义破坏法律实施罪，强制穿戴宣扬恐怖主义、极端主义服饰、标志罪，非法持有宣扬恐怖主义、极端主义物品罪等恐怖主义相关的罪名。其中涉及的"恐怖主义""恐怖活动"等概念需要明确。鉴于此，我国《反恐怖主义法》首次以立法的形式对恐怖主义进行了明确定义。即该法第3条第1款规定，"本法所称恐怖主义，是指通过暴力、破坏、恐吓等手段，制造社会恐慌、危害公共安全、侵犯人身财产，或者胁迫国家机关、国际组织，以实现其政治、意识形态等目的的主张和行为"。

第二节　恐怖主义犯罪的特点

现代意义上的恐怖主义是在"二战"以后迅速发展起来的，特别是进入20世纪80年代后，恐怖主义活动愈演愈烈，造成的社会危害也日益严重，近年

---

[1] 胡联合：《当代世界恐怖主义与对策》，东方出版社2001年版，第28页。

来，恐怖主义活动呈现出不同于其他犯罪活动的特征，具体表现在以下几个方面：

一、恐怖活动和恐怖主义犯罪发生频繁

恐怖活动和恐怖主义犯罪在 20 世纪 60 年代兴起之后，很快在世界范围内泛滥成灾。明显表现之一是恐怖活动和恐怖主义犯罪发生频率急剧上升。据统计，在 1968~1997 年三十年时间内，全球至少发生国际恐怖主义事件 13 600 起，平均每年约 453 起，造成的人身伤亡与财产损失难以数计。仅在 20 世纪 80 年代，全球发生 5431 起国际恐怖事件，造成 4684 人死亡；90 年代，发生国际恐怖事件 3824 件，死亡 2468 人。美国在过去 20 年中，死于恐怖主义活动的人数为 856 人，"9·11 事件"死亡人数大大超过了过去 20 年任何一次恐怖事件的死亡人数。近期发生在英国地铁的恐怖主义爆炸事件，造成数百人死亡。英国社会学者米·詹金斯统计，目前恐怖活动的持续增长率为 10%~12%，如此下去，10 年后的每一年我们都会目睹到 800 起这类事件的发生。恐怖活动和恐怖主义犯罪的频繁发生无疑会强化恐怖主义氛围，加剧人们的恐慌心理。

二、恐怖组织繁多、活动猖獗

作为一种国际现象，恐怖活动和恐怖主义犯罪往往表现为有组织、有目的的暴力。由于国家之间的利益分歧，民族与宗教的矛盾，民族与种族的冲突以及国内矛盾的激化，各色各类的恐怖组织不断增多。根据一些学者的统计，世界上大大小小的各类恐怖主义组织数以千计，分布在欧洲、中东、北美、拉美、非洲、亚洲等世界各国。这些恐怖组织组织紧密，纪律严格，经济基础丰厚，他们比黑社会犯罪组织的组织化程度更高、更严密。由于恐怖主义犯罪是政治、宗教、民族等原因所致，因而往往不是个人对集团的行动，而是集团对集团，甚至于是集团对政府、政府对政府的行动。如本·拉登领导的基地组织、巴勒斯坦的哈马斯恐怖组织、斯里兰卡的泰米尔猛虎组织，类似于一个准政权机构。正是由于恐怖主义犯罪组织化程度高，出现了规模壮大化、组织国际化的趋势。如法国的埃塔恐怖主义组织，人数已达 5 万人之多；巴勒斯坦的哈马斯，人数也达数万之众；再如拉登领导的恐怖主义组织基地，其网络已遍及世界 50 多个国家，主要活动地就有 12 个国家和地区。

三、犯罪手段复杂多变，危害后果严重

20 世纪 60 年代的恐怖主义通常有某种特定目标，为了赢得人们的支持，他们往往最低限度地使用武力，有意地限制造成的伤亡人数。进入 80 年代后，随着客观情势的变化，恐怖主义组织和恐怖分子也改变了指导思想。为了扩大影响、增强恐怖效果，他们不惜采用残忍、血腥的手段。一般采取暴力或暴力威胁手段，较多的方式是爆炸、袭击和伏击、暗杀、绑架和扣押人质、劫持飞机和其他交通工具、投毒。

例如，1990~2001 年，我国境内外的东突（东突厥斯坦或东土耳斯坦的简称）恐怖势力，在新疆制造 200 余起恐怖暴力事件，造成各族群众、基层干部、爱国宗教人士 162 人丧生，440 多人受伤。其中包括多次在乌鲁木齐市公共汽车上实施爆炸，5 辆汽车被炸毁，12 人丧生，91 人受伤。恐怖分子还在商场、集贸市场、饭店、文化场所广泛制造爆炸事件、投毒事件，并策划组织暗杀、骚乱、暴乱，引发打、砸、抢、烧的破坏公私财产行为，人民生命财产受到严重损失。[1] 在暴力或者破坏行为之外，恐怖主义还常常使用恐吓、强制等其他手段，造成社会恐慌，严重影响社会正常的生活秩序。例如，我国新疆维吾尔自治区存在强制妇女穿"吉利巴普"服，结婚不唱歌、不跳舞，人死后不哭丧、不做乃孜尔，商店不卖烟酒等宣扬恐怖主义、极端主义思想的强制行为，严重影响了当地的民族生活习惯和社会正常的社会秩序，也成了暴力恐怖活动形成的温床。恐怖手段的繁多及恐怖手段的现代化和科技化，使得恐怖活动和恐怖主义犯罪造成的危害后果更大，防范的力度随之增加。

近年来，恐怖活动又呈现出新的特点。"9·11"恐怖袭击发生后，随着"基地"组织及其分支机构的加紧渗透，越来越多的美国人成为潜在"独狼"。最近两年，曾有疑犯企图在纽约市中心制造汽车炸弹袭击事件，也有人密谋对华盛顿地铁发动连环爆炸袭击。一个人因狂热思想或仇恨心理实施的"独狼行动"，危害性更大，而且更难以追踪。反恐怖主义方面防守甚为严密的美国本土虽然没有再次受到类似"9·11"的大规模恐怖袭击，但个人恐怖的威胁警报却频频拉响。胡德堡枪击案、纽约时代广场汽车炸弹未遂案等系列案件，都表明美国本土正面临着一种新的恐怖威胁变种——"独狼"式恐怖袭击。正如美国

---

[1] 参见国务院新闻办公室："'东突'恐怖势力难脱罪责"，载人民网，http://www.people.com.cn/GB/shizheng/3586/20020121/652705.html，最后访问时间：2019 年 7 月 4 日。

前总统奥巴马所言：今后美国最有可能面临的恐怖威胁将不再是类似"9·11"那种大规模、高度协调的袭击，而是"独狼行动"，即某个人拿着可以实施大规模杀伤式武器行凶。2011年，警方逮捕了至少20名本土恐怖分子，其中多数都是"独狼"。当前美国面临的恐怖威胁中，单独行动的"独狼"式袭击威胁要远远高于精密协调组织的大规模袭击。这种"独狼"式袭击成为当前美国安全部门花费最多精力防范的袭击类型。2013年4月15日下午，波士顿马拉松比赛遭遇到致命的恐怖爆炸事件，经专家排查，此次爆炸案可能是"独狼式"恐怖袭击。

恐怖主义犯罪的危害体现在两个方面，一是恐怖主义犯罪的直接危害，二是恐怖主义犯罪造成的间接影响。仅1960~1970年间在欧洲、拉丁美洲、亚洲地区就有4455人死于恐怖主义事件。1975~1985年又有5000人死于恐怖主义，这其中绝大部分是无辜的平民。1999年8月31日开始的俄罗斯系列轰炸中，车臣分离恐怖主义分子炸毁了4栋居民楼，造成300名无辜居民丧命。随着高科技手段的广泛的运用和恐怖主义攻击目标的日益扩大，恐怖主义犯罪造成的生命财产损失越来越巨大，仅"9·11"恐怖事件就直接造成了数千人死亡。此外，恐怖主义犯罪往往使政局动荡，延缓经济发展和社会进步。它还起到了加剧民族、种族、宗教矛盾的恶劣后果。由于恐怖主义犯罪的手段恶劣，往往会激起受害政府和人民的愤怒，在愤怒中可能采取过激行为，破坏有关国际法的准则和社会法律基础。

四、恐怖主义活动的攻击对象与目标具有不确定性

随着现代交通、通讯媒介的发展，我们生活的地球变得越来越小，这种现状也为跨国犯罪的实施带来方便的条件。表现在恐怖主义活动方面，就是恐怖组织的成员、活动地点和袭击对象呈现出明显的国际化趋势。随之而来的就是攻击目标趋于广泛化、具有明显的不确定性。也就是说，恐怖活动和恐怖主义犯罪不仅将攻击的目标指向政府首脑、外交官员、新闻记者和无辜群众或重要的政治、军事和经济目标，而且无限扩展自己的活动范围，几乎世界各地都留下了恐怖主义活动的印迹。攻击目标的泛化无疑会造成更具灾难性的后果，带来更严重的恐怖效应。

五、恐怖主义活动打着革命、民族、宗教旗号，具有明显的政治目的

当今的恐怖主义犯罪都带有强烈的民族、宗教色彩，据不完全统计，目前世界上的基层组织有1/3是民族主义恐怖组织。民族主义恐怖组织与恐怖分子往往打着维护本民族利益的"正义""崇高"旗帜，以极端的民族主义情感为动机，因而其活动与行为具有非常明显的狭隘性、复仇性与攻击性，而具有宗教色彩的民族恐怖组织与恐怖分子更具有缺乏理智的宗教狂热情绪，这使其恐怖活动更带有残酷性。民族主义型恐怖活动在全球各地呈普遍蔓延与泛滥之势，严重危及人们的生命财产安全，对国家安全甚至世界和平构成不同程度的威胁。

有些恐怖活动的主体，其宗教信仰意识虽已十分淡漠，但为了恐怖活动和政治需要，也为自己蒙上一层浓厚的宗教色彩，其目的是得到当地社会中的许多群体的支持。同时，通过宗教，恐怖主义组织还可以获得国外同一宗教势力的支持，从而形成恐怖主义的国际网络。

当代极左派恐怖主义打着革命、民族、宗教等旗号，将其所从事的恐怖主义活动视为推翻不公正与黑暗统治的革命行动，视为为了本民族利益和本宗教利益而争的崇高事业。有了这种具有广泛号召力的革命口号、民族主义、宗教理论与情感作为宗旨，就更具有广泛号召力、凝聚力，致使其成员舍生取义、视死如归。由此其组织结构也十分稳定。

恐怖主义分子都具有明显的政治目的，他们或是反对本国政府，或是反对别的民族和别的宗教，而其最明显也是最普遍的目的则是反美。近年来，美国成为伊斯兰恐怖组织集中打击的对象，针对美国的恐怖事件大有增长的发展趋势。1995 年，全球共发生恐怖事件 440 起，其中涉及美国利益的占 22.5%，1996 年全球恐怖事件 496 起，其中涉及美国利益的占 24.7%。据统计，整个 90 年代，将近 40%的恐怖活动是针对美国和美国人的。主要原因是美国在国际事务中对他国内政的干预变得比冷战期间更加有恃无恐，对不如其意的国家采取干涉甚至公然出兵打击的对外政策，动辄以打击国际恐怖主义为名，对有关国家进行经济封锁与军事打击。其结果必然是引起广大遭受不公平对待与受歧视、受欺辱的发展中国家人民的广泛不满，使得一些激进的与不受欺负的人们，不顾生命安全而从事反美的国际恐怖主义活动。当然，从现在的情况来看，传统的暴力手段在恐怖主义犯罪中还处于主要地位。

第三节　恐怖主义犯罪的原因

恐怖主义的产生和发展绝不是偶然的，它有着深刻的历史背景和政治、经济、社会根源，以及人们的意识形态、宗教信仰和价值观等多种因素，更涉及国际政治、经济、文化、宗教等方面的有关问题。对恐怖主义犯罪的主要原因，在此进行如下几个方面分析。

一、地区经济落后或经济发展不平衡

由于历史、地理、政策等各方面的原因，一些国家的经济发展极不平衡，地区经济差异较大，有的地区（特别是民族地区）的经济发展长期滞后，人民生活水平长期低下，与整个国家的经济发展差距日趋扩大，致使该地区人们对国家的认同感降低，不满情绪普遍，民族分离主义表现突出，恐怖主义活动或宗教极端型恐怖主义活动愈演愈烈。

纵观世界各有关国家的实际情况，不难发现，不管一个国家的生产力水平如何，经济发达的状况如何，如果其国内存在比较严重的贫困问题、失业问题、贫富两极分化问题并由此使阶级矛盾激化，那么该国就可能遭受不同程度的恐怖主义活动的危害。正由于此，自20世纪60年代末以来西方发达资本主义国家就一直遭受着不同的恐怖主义活动的危害；而不少发展中国家也因此而深受恐怖主义活动之害。在美国、德国、英国、意大利、法国、日本等资本主义发达国家，恐怖主义活动的普遍滋生与蔓延，仍然源于人们经济生活的绝对贫困或相对贫困。

对于一些资源丰富而经济相对落后的少数民族地区而言，有时其谋求通过独立而独享资源丰富的好处的动机更加明显，从而加剧其恐怖主义活动。虽然地区经济落后往往是滋生恐怖主义的根源，但是在少数情况下由经济发展不平衡造成的局部地区经济发达也可能成为滋生恐怖主义的原因。例如，在西班牙的巴斯克地区和加拿大的魁北克省，国家区域经济发展的不平衡造成的民族地区富裕与发达大大超出其他地区或国家的整体水平，这是该地区恐怖主义活动持续不断的重要经济根源。在这里，民族分离主义恐怖主义活动的滋生，就在于经济发达赋予的民族优越意识，认为本民族优越于其他民族，认为在现有的国家制度安排中，其经济利益被其他民族（如主体民族）所剥削或分割。因此，企图脱离主体民族而独享经济发达的好处。在这里，少数民族地区的经济超前富裕却孕育了民族分离主义恐怖主义活动。

二、民族矛盾和宗教冲突加剧

据统计，目前世界上有近30%的国际恐怖组织是由极端民族主义分子组成的。一些民族分离主义者为了谋取民族独立或自治，往往把恐怖主义作为实现其政治目的的主要手段。苏联解体，冷战结束，在超级大国和民族独立的两大格局下，独立国家政权内部民族矛盾和宗教矛盾开始激化，在这种情况下，产生了民族狂热，谋求民族分裂，谋求宗教上的所谓合法化，以期以政治上、经济上获取利益。由于历史原因，由帝国主义殖民统治遗留下来的问题长期没有得到彻底解决，在强权政治、霸权主义的干扰下，加剧了国与国、民族与民族之间的斗争，使广大无辜百姓遭受磨难。

近年来，世界上的宗教教派迭出，宗教派别之间的不和与争端，尤其是极端宗教势力和邪教的活跃，是导致国际恐怖主义活动发生的又一重要原因。在各类极端宗教恐怖活动中，伊斯兰原教旨主义发展最快、影响最大。伊斯兰原教旨主义又称"伊斯兰复兴运动"，是伊斯兰教中一股极端保守的宗教势力。他们无法接受西方文化的深入，号召全面实现政治、经济以及社会生活的"伊斯兰化"。激进的原教旨主义分子把恐怖活动延伸到原始教义中去，对外反对现代西方文明。20 世纪 90 年代以来，发生在法国巴黎、埃及美军驻地、美国驻肯尼亚和坦桑尼亚使馆等一系列爆炸案均是他们所为。

三、国际霸权主义、双重标准盛行

二战结束后，世界上许多国家获得民族独立。而美国却一直想垄断世界，推行资本主义全球化、美国化，它打着"民主""人权""人道主义"的幌子，干涉别国内政，破坏国际关系准则，挑起国家与国家之间、民族与民族之间、当权者与反对派之间的矛盾，想要不同国家和人民接受美国等西方国家的价值观，因而造成局部战争和武装冲击连年不断。自从苏联解体后，美国的独霸地位得以确立。美国以自我为中心，到处拓展势力，挑斗，掠夺和侵略，导致世界各国的不满。目前，国际恐怖主义泛滥，主要是针对美国。例如，1991 年海湾战争，美国驻军到沙特阿拉伯，留有 1000 多军人，引起本·拉登不满，认为异教徒军队驻留沙特阿拉伯是一种耻辱。美国以主持正义为借口于 1991 年 1 月 17 日入侵伊拉克，经过 10 年经济封锁，导致上百万人死亡，激起了阿拉伯人对美国的憎恨。

在美国看来，只要能削弱美国全球性竞争对手的恐怖主义，或者非西方阵营的反政府的恐怖主义都值得支持。因此，美国对这样的恐怖主义的"人权"问题，称之为是为了自由而战的事业，甚至对有重大影响地区的民族分离主义分子分裂国家的行为，大加赞赏称之为"民族解放斗士"，由此不难看出，在对待恐怖主义问题上的双重标准，不仅使得一些恐怖主义组织发展起来，而且，也使美国等西方国家成为恐怖主义的袭击目标。

四、恐怖分子的狂热化性格特征

除了民族矛盾、种族与宗教冲突加剧，以及强权政治、霸权主义等客观原因之外，就恐怖分子的犯罪心态而言，往往具有狂热化的性格特征。这一性格特征，正是其所生的客观环境所决定的。在不少国家，贫富悬殊，民族矛盾，宗教矛盾等社会问题社会日益突出，加上经济衰退和失业等原因，使得这些国家的一些组织或个人对现实社会产生强烈不满，但又找不到适当的解决办法，于是在心理上埋下仇恨的种子。

恐怖主义者之所以不顾一切，意志坚决地实施恐怖犯罪活动，探究其犯罪心态的形式：一是有些恐怖组织的成员，从童年时代就被灌输民族仇恨、宗教仇恨等的思想，以及进行"英雄主义和爱国主义教育"，使得一些弱势群体以制造自杀性恐怖事件来进行报复。二是有些恐怖组织的男女敢死队的成员，则从童年就开始接受军事训练，专门进行培养，形成"在敢死队中，谁被选中执行敢死队的任务，就无上光荣，应受到全体成员尊敬"的思想。正是在这种从童年就开始进行为了民族、为了宗教以及国家复兴的舍生取义教育，很多恐怖主义的成员长大成人后则成为视死如归的"勇士"。

第四节　反恐怖主义犯罪的对策

一、加强国际反恐怖主义的合作

当今恐怖主义犯罪的国际化趋势及对世界和平、经济发展、社会生活乃至人类文明造成严重威胁，各国进一步认识到国家间合作的重要性。近些年来，在惩治与防范恐怖主义犯罪方面，国家之间已展开的广泛合作，取得了相当的成效，但随着恐怖主义犯罪的日益严重，迫切需要进一步加强与改善。

首先，国际社会要敦促各国积极加入到反恐怖主义犯罪的行列中来，展开广泛的交流与合作。国家间的合作除了采用传统的有关文书送达、调查取证、情报交换与共享、搜查扣押、引渡等方式外，还要针对现代恐怖主义犯罪分布范围广、随意性强、技术手段先进及国际化趋势增强等方面的特点，拓宽合作渠道，增加合作形式，如代为进行反恐怖主义培训，进行反恐怖联合行动，寻求预防恐怖主义犯罪、牟求合作措施等。

其次，各国应达成观念上的共识，即尽管某些恐怖主义者的行为动机和希望实现的目标可以理解，但恐怖主义滥杀无辜、滥用暴力本身是对人类尊严和生存价值的粗暴践踏，是一种严重的反人类罪行。因此，一旦将恐怖活动付诸实施，就应该给予严厉的惩治，绝不能姑息。否则，将会给世界各国的政治、经济和社会生活带来日趋严重的影响。各国也应树立起合作精神，恪守《联合国宪章》和国际条约规定的义务，求同存异，不为一己之利而影响世界范围内的制止恐怖主义犯罪的大局。

二、消除国际强权政治和霸权主义

联合国作为世界上最具有普遍性的政府间国际组织，是世界各国打击国际恐怖主义开展合作的重要场所，理应在这一方面发挥积极的主导作用。国际社会必须在遵循《联合国宪章》的宗旨和国际法律准则的基础上采取反恐怖主义的相关措施。因此，联合国当务之急是要在过去打击恐怖主义国际公约的基础上制定一个长期的战略，以进一步确保今后在全球开展反恐怖主义斗争的合法性。例如，联合国安理会在2001年9月28日通过的第1373号决议，就为全球有效地打击恐怖主义活动提供了法律依据。

恐怖主义犯罪是跨国犯罪，需要国际社会共同合作。要有效地预防和严厉打击国际恐怖主义犯罪，不仅要在军事和金融领域严厉打击恐怖主义，更重要的是要彻底改变不合理的国际政治和经济秩序；尊重世界"多极发展，多元共存"；不同文化间和平共处、相互促进，在国际大家庭内部各成员国之间的关系中摈弃独裁，发扬民主；公正合理地解决地区矛盾、民族和宗教矛盾和冲突；缩小南北差距和贫富差距，从而使发展中国家特别是最不发达国家获得更多的人权，首先是生存权等。也就是说，在国际关系中必须铲除强权政治和霸权主义。强权政治和霸权主义的存在及其推行的政策为恐怖主义的滋生和发展准备了必要的条件；同时强权政治和霸权主义为实现自己的目的，有时又需要利用恐怖主义，明里暗里对恐怖主义予以支持。因此，只要强权政治和霸权主义存在，恐怖主义就不会灭绝；强权政治和霸权主义越膨胀，恐怖主义就会越猖獗。

恐怖主义犯罪是现代社会的产物，是社会政治、经济、宗教、文化多方面因素综合作用的结果。由于导致恐怖主义犯罪发生的诸多因素不可能一下子消除，恐怖主义犯罪也就不可能在短期内消失。要有效遏制恐怖主义犯罪的蔓延，还需要进一步完善国际反恐怖主义犯罪的立法，加强国家之间的合作，消除霸权主义和强权政治，增进主权国家制止恐怖主义犯罪的积极性和自觉性。

三、完善反恐怖主义的国际和国内立法

针对本国的恐怖主义犯罪的特点，各国相应的制定了反恐怖主义的有关法律。有些国家制定专门的打击恐怖活动法律，如西班牙1984年制定的《惩治武装组织和恐怖主义分子基本法》；有些国家在刑法典中专设惩治恐怖主义犯罪的条款，如《俄罗斯联邦刑法典》第205条、第277条分别规定了恐怖主义罪、故意虚假报道有关恐怖活动罪、谋害国家要员或社会要员的生命罪，并规定相应的刑罚；有的国家虽在刑法中未将恐怖主义犯罪规定为独立的犯罪，但是根据行为的性质和手段分别将各种恐怖主义犯罪规定在不同的章节之中。例如，我国《刑法》中将爆炸、放火、决水、劫持航空器等犯罪归类于危害公共安全罪中，并在第120条中明确规定了组织、领导、参加恐怖组织罪和相应的刑罚。

值得注意的是，近年来，我国在反恐怖主义立法方面有重大进展。自1997年《刑法》将恐怖组织首次入刑以来，中国反恐立法不断推进。2001年美国"9·11"事件后，中国修改《刑法》，增设资助恐怖活动罪；2011年10月29日，十一届全国人大常委会第二十三次会议表决通过了《关于加强反恐怖工作有关问题的决定》，这是我国第一个专门针对反恐工作的法律文件，其中首次以法律文件的形式正式明确了恐怖活动的定义。但是，应当看到，这些关于反恐怖主义的立法都散落于各种规范性文件中，为了满足我国反恐怖主义的需要，切实维护国家安全，制定一部体系完整、内容全面的反恐法实属必要，并很快提上立法议程。2014年鉴于各地发生多起恐怖事件，3月举行的全国两会上，多名代表、委员建议尽快制定反恐怖法。2014年4月，由国家反恐怖工作领导机构牵头，公安部会同全国人大常委会法工委、国安部、工信部、中国人民银行、国务院法制办、武警总部等部门成立起草小组，组成专班，着手起草反恐怖主义法。2014年11月3日，第十二届全国人大常委会第十一次会议初次审议了《中华人民共和国反恐怖主义法（草案）》。2015年2月25日十二届全国人大常委会第十三次会议进行《反恐怖主义法》草案二审。2015年12月21日十二届全国人大常委会第十八次会议继续审议《反恐怖主义法》草案。2015年12月27日《中华人民共和国反恐怖主义法》由中华人民共和国第十二届全国人民代表大会常务委员会第十八次会议通过，自2016年1月1日起施行。

随着国际社会法律趋同化趋势的发展，各国法律将进一步融合与渗透，制定一部国际社会普遍接受的国际反恐怖公约势在必行。需要指出，在统一的反国际恐怖主义犯罪公约出台之前，有必要确立一些打击国际恐怖主义犯罪的基

本原则以指导各国以及国际社会的反恐怖主义犯罪实践。尽管对此尚存争议，但有罪必罚原则、优先保护面临危险人的权利原则及最低限度宣扬原则应该得到遵循。这些原则对统一各国认识，采取一致行为排除打击国际恐怖主义犯罪中的障碍，减少恐怖主义犯罪，有效遏制其发展势头都有重要意义。

思考题

    1. 恐怖主义犯罪的概念及特征。

    2. 恐怖主义犯罪的主要原因。

    3. 反恐怖主义犯罪的对策。

拓展阅读

    1. 王逸舟等：《恐怖主义溯源》，社会科学文献出版社 2010 年版。

    2. 赵秉志等编译：《外国最新反恐法选编》，中国法制出版社 2008 年版。

    3. ［西班牙］胡塞·路易斯·德拉奎斯塔："西班牙的反恐立法：基于刑事法视野的考察"，杜邈译，载《中国刑事法杂志》2008 年第 1 期。

    4. ［新加坡］维克托·V. 拉姆拉伊等主编：《全球反恐立法和政策》，杜邈等译，中国政法大学出版社 2016 年版。

    5. ［美］布丽奇特·L. 娜克丝：《反恐原理》，陈庆、郭刚毅译，金城出版社 2016 年版。

职务犯罪

德国法学家耶林说过：世上不法之事莫过于执法之人自己破坏法律。执法之人的职责是严格执行法律，如果执法之人违背其职责要求而去破坏法律，从法律上讲，这就是一种职务犯罪行为。在中国古代，一向以"肃贪吏"为整顿"吏治"的重点。由此可见，职务犯罪这种社会现象，在古今中外以及当代世界的所有国家中，都是普遍存在的。职务犯罪，严重破坏了我国的经济建设，腐蚀着国家公务员队伍，败坏社会风气，诱发了其他犯罪。如果我们掉以轻心，任其泛滥，就会严重损害党和政府的威信，甚至有可能危及我们的人民政权的稳定。

第一节　职务犯罪的概念

职务犯罪严格地说不是一个法律概念，而是法学研究者对与职务有关的犯罪的统称。但是长期以来，我国法学界对职务犯罪的概念并不统一。给职务犯罪下一个概括性的定义比较容易，即职务犯罪是指行为人违背职责要求，实施了触犯刑律，应受刑罚处罚的行为。但是如果想下一个具体的定义，从概念上把犯罪的主体、职务犯罪的行为特征都揭示出来，难免会出现各种不同意见。目前，我国刑法对职务犯罪的概念没有明确的法律规定，而且法学界对此问题的认识也不统一。

多数学者认为，界定某类犯罪行为的概念，应当遵循两个条件：一是要反应这类犯罪行为的共同特点和本质，也就是说要找出这类犯罪的共性；二是要使其界限清楚，不致与其他相类似的犯罪行为发生混淆。根据这两条标准，我们认为，所谓职务犯罪，是指国家工作人员，利用职务上的便利，违背职务要求滥用职权、徇私舞弊或者玩忽职守，危害国家机关正常活动及其公正、廉洁的信誉，使公共财产、国家利益和人民利益遭受重大损失的行为。

第二节　职务犯罪的现状与特点

一、职务犯罪的现状

从全国各级人民检察院、各级人民法院查处情况来看，职务犯罪总的说来呈不断上涨的趋势。这期间虽经常打击，但总的效果不理想。可以说，职务犯罪几乎成为普遍现象。这种普遍性主要表现为牵涉面广。首先是涉及的行业广，几乎各行各业、各条战线，都存在职务犯罪，有些案件还发生在党政机关、军队、文化、艺术等单位；其次是涉及的地域广，有涉及几个省，十几个市县，甚至还有跨境、跨国作案的；再次是涉及的人员广，其中有一般的国家工作人员，还有担任党政机关领导职务的国家工作人员，甚至有担任高级领导职务的国家工作人员。如北京市海淀区承建一公司发生的特大贪污案，涉及案犯 37名，其中有党员、干部、材料员、保管员，也有个体户和社会上的其他人员。

另外，从年龄段上看，职务犯罪的低龄化现象也日益严重。1999～2003 年，湖北省监察部门共立案查处涉嫌贪污贿赂等职务犯罪的县处级干部 161 人，其中 50 岁以上的多达 67 人，占 42%。而到了 2003 年，据统计，北京朝阳区检察院查办的案件表明，国有企业财务人员、业务人员职务犯罪现象严重，犯罪人员中 1/4 是 30 岁左右的年轻人。而北京海淀区检察院近 3 年来查处的不满 30 岁的犯罪嫌疑人 19 人，占贪污贿赂、挪用公款案件总数的 17.6%。北京东城区检察院查处的国家机关涉职务犯罪的干部中，30 岁左右的年轻人也占相当大的比例。

面对日益严峻的职务犯罪形势，国家反腐败体制也面临着重大变革，主要体现在国家监察体制的改革上。2016 年 11 月，国家监察体制改革大幕正式拉开。改革以北京、山西、浙江三省市为首批试点，为全国其他地区提供可复制、可推广的经验。党的十九大对深化国家监察体制改革作出战略部署，提出将试点工作在全国推开，组建国家、省、市、县监察委员会。2017 年 10 月 29 日，中央办公厅印发《关于在全国各地推开国家监察体制改革试点方案》。随后，十二届全国人大常委会第三十次会议通过《在全国各地推开国家监察体制改革试点工作的决定》，省、市、县三级监察委员会组建工作与地方人大换届工作紧密衔接。2018 年 3 月 20 日，十三届全国人大第一次会议审议通过《中华人民共和国监察法》，设立中华人民共和国国家监察委员会。将中华人民共和国监察部并入新组建的国家监察委员会，中华人民共和国国家预防腐败局并入国家监察委员会。国家监察体制改革是事关全局的重大政治体制改革，目的是加强党对反腐败工作的集中统一领导，依法建立党统一领导的反腐败工作机构，实现对所有行使公权力的公职人员监察全覆盖。

监察机关具有监督、调查、处置的职责。其中，所谓调查，是指监察机关对涉嫌贪污贿赂、滥用职权、玩忽职守、权力寻租、利益输送、徇私舞弊以及浪费国家资财等职务违法和职务犯罪进行调查。检察机关不再履行相关职务犯罪的侦查职能。而是由监察机关对涉嫌职务犯罪的案件，将调查结果移送检察机关依法提起公诉。我国新的职务犯罪预防与惩治体系经由《宪法》《人民检察院组织法》《刑事诉讼法》等相关法律的修订，得以最终确立，有利于加大对职务犯罪的打击力度，有效预防该类犯罪的产生。

总之，职务犯罪的出现，不仅直接损害了国家和人民的利益，而且严重影响了国家的正常建设和发展，败坏了党风和社会风气，给创建和谐社会带来了障碍，阻碍了我国社会主义的法治进程，通过全新的预防与惩治机制予以应对实属必要。

二、职务犯罪的特点

综合起来，现阶段职务犯罪表现出以下几个特点：

（一）犯罪主体的特殊性

职务犯罪是特殊主体，行为人必须具有"从事公务"的身份，而且要求"利用职务上的便利"才能构成职务犯罪。具体讲，包括以下两个方面：

1. 犯罪主体身份的特殊性。即犯罪主体主要是一些国家机关工作人员，或者受委托从事业务的人员；根据我国法律的规定，"从事公务"的人员主要包括以下几类人员：①国家机关工作人员，指国家各级权力机关、行政机关、审判机关、检察机关、军事机关，中国共产党的各级机关和中国人民政治协商会议的各级机关中从事公务的人员，以及直接隶属于国家机关、行使一定的政府管理职能的企业、事业单位中从事公务的人员。②国有公司、企业、事业单位、人民团体中具有经营、管理职责或者监管单位财物职责的人员。③国家机关、国有公司、企业及事业单位委派到国有公司、企业、事业单位、社会团体中从事公务的人员。④其他依照法律从事业务的人员，包括各级人民代表大会代表中国共产党的基层组织工作人员、各民主党派中的专职工作人员、人民陪审员、基层群众性自治组织中依照法律从事业务和社会公益事务的人员，由法律、法规授权行使管理管理职权的组织的人员。⑤上述国家工作人员以外的在国有公司、企业、事业单位和社会组织中从事本单位公务的人员。这类人员的业务性虽不具有国家性，但因其代表集团或团体的利益，其违反职务要求的行为，同样也会损害到本集团或团体的利益，故有关法律、法规和组织章程也对其规定了特殊的职业义务要求。

2. 犯罪主体的权力性。职务犯罪主体大多文化程度较高，掌握和经手着国家和单位的某种权力，尤其是掌握着财权、物权审批权等，这些权力为他们利用职务或者滥用职权进行各行犯罪活动创造了便利条件。在我国，职务犯罪常常与行业不正之风联系在一起，具有行业上的特征。例如，一个质量监督员，本身具有检查产品质量的职权，什么样的产品合格、可以提放市场，什么样的产品不合格、必须进行处理，其具有一定的决定权。如果一个质量监督员不忠于职守，甚至贪赃枉法，那么他就有可能放纵假冒伪劣产品。这时，行为人本身具有的质量监督权，为其实施这种犯罪提供了便利条件。所以职务犯罪中，主体的权力性为其实施犯罪提供了有利条件。

（二）犯罪行为与职务的关联性

职务犯罪往往与行为人的职务结合在一起，案犯往往以职权、地位和公开的管理活动为掩护来完成犯罪。一般来讲职务犯罪行为与职务的关联有以下三种形式：①利用职务上的便利条件实施犯罪行为。职务从某种意义上讲是权力的体现，具有某种职务的人，便具有了处理某种事务的权力，如果行为人利用权力搞权钱交易，以权谋私，就是利用职务上的便利实施犯罪行为，如贪污罪、受贿罪等。②滥用职权。为了保障权力的正确使用，任何权力都是有限制的，并且要按照规定的程序去行使，如果行为人超越职权、违反程序行使职权，实施了犯罪行为，就属于滥用职权实施的职务犯罪行为。③不正确履行职权。表现为行为人对工作马虎、敷衍、不负责任、玩忽职守等。由上可见，职务犯罪中，行为人的行为与其职务具有密切的关联性。

（三）职务犯罪领域的广泛性

以前职务犯罪案件多发于"三机关一部门"、国有企业、金融等重点领域，但从现在查办的案件看，犯罪逐步向一些新领域延伸。从司法实践中来看，腐败不仅在经济管理和资源分配部门大量发生，而且在文化、科技、教育、司法等传统上认为是"清水衙门"的部门也不断出现。在职务犯罪领域日益广泛的同时，职务犯罪领域日趋集中，基建领域成为职务犯罪高发区。在基建领域的工程招投标、验收、预决算、结算等各个环节都存在职务犯罪现象。职务犯罪不仅涉及大量城建主体工程的单位和个人，而且水电安装、室内外装潢、环境绿化等施工单位也有不同程度的职务犯罪行为。再如，金融机构的公职人员利用特权之便，贪污受贿、挪用资金案件频频发生。

一般来讲，哪个领域对市场经济的调控作用大，那么，在这一领域中发生职务犯罪的可能性就大。目前，职务犯罪较为集中的就是发生在铁路、金融、电力、城建、房管、商业等系统和工商、税务、海关、公安、司法等行政执法部门，其中一些垄断性行业是职务犯罪的多发区。

（四）职务犯罪窝案、串案大幅度攀升

近年来，职务犯罪有由单个犯罪向结伙犯罪发展的趋势。据一些省、市检察院的统计，国家工作人员贪污、贿赂等职务犯罪中的共同犯罪案件一般占立案总数的12%以上，有的地方高达25%。因此，检察机关办一案带一串、控一个带一窝的情形较多。例如，山东曾因一个举报电话，牵出了9起贿赂的串案。随着各单位规章制度的健全，一个人单独实施犯罪的难度加大，没有其他有关人员的配合难以完成，因而职务犯罪案件窝案增多，往往是一端一窝，集体职务犯罪愈演愈烈。

在有些职务犯罪的案件中，行为人之间虽然不属于共同犯罪，但是，此案与彼案之间，或者案犯与案犯之间，同属一个单位，犯罪的手段、条件、侵害对象、危害结果等均相同或大致相同，或是同一单位的案犯之间虽然各自独立实施犯罪，但彼此心照不宣，达成默契，互不干涉，以达到"利益均沾"的目的，因此，从个案挖出窝案、串案就成为查办贪污贿赂等职务犯罪案件的一个特点。

（五）查处的艰难性

职务犯罪在司法实践中的查处是十分艰难的。一方面，在被查处之前，不少的犯罪分子头上，除了大大小小的乌纱帽之外，还冠有或大或小、或多或少的诸如"先进""劳模""委员""代表""优秀企业家"等一系列光环和桂冠。这种现象虽有各方面的原因，但确实增加了职务犯罪的隐蔽性，增加了认识和查处上的困难。

另一方面，从主要侵害经济关系的职务犯罪来看，通常非法活动混杂在合法执行公务之中，经过预谋策划，贪污国家或公共财物，没有具体受害人，贿赂案件中没有利益对立的被害人和侵害人，且受贿人往往用各种方法掩盖犯罪。

另外，由于职务犯罪主体都担任一定的职务或负责具体的业务工作，身份的特殊性使他们容易编织关系网、人情网和权力保护伞，这些往往交织在一起，使司法机关在破案过程中面临方方面面的压力和阻力，增大了查办案件的难度。

此外，在这类职务犯罪中，行为人在犯罪之前，从作案方法到反侦查手段均预谋已久，特别是一些共同作案者，有分工合作，有逃避打击的设想，呈现出高智商的犯罪。

第三节　职务犯罪的原因

职务犯罪作为总体犯罪现象的一个组成部分，必须会受到引起犯罪的各种因素的影响，职务犯罪的原因是多方面的，综合起来，现阶段我国职务犯罪的原因主要有以下几个方面：

一、经济发展中的负面因素

随着我国市场经济体制的逐步建立，我国的经济正在迅速发展，这无疑加速了我国的现代化发展进程。但同时应看到，由于多种经济成分并存，市场经济的负面效应与计划经济的弊端同时存在，各种社会矛盾交织在一起，使职务犯罪的诱发力增大，主要体现在：

（一）社会分配制度的缺陷

社会分配制度的缺陷，是一支诱发公职人员职务犯罪心理的催化剂。随着改革开放的深入，以及多种分配方式并存，不同社会成员之间的经济收入拉开了越来越大的距离，尤其是个体、私营企业和承包经营者迅速富裕起来，还有一些不法分子借走私等经济违法犯罪大发横财，强烈刺激原来经济优势明显、社会地位较高的部分国家工作人员。为了平衡心理，补偿"分配不公"引起的损失，少数人便产生"用我的权换你的钱"的心理，一旦有适当的条件、机会，便贪污受贿。如果这种贫富不均的现象不能得到合理解决，就很难彻底消除这种因分配差距而引发的犯罪诱因。同时一部分公职人员因实施职务犯罪而"致富"的现象，就有可能刺激更多的公职人员加入职务犯罪者的行列，从而致使职务犯罪现象愈演愈烈。

（二）不良经济意识的冲击

社会存在决定社会意识，私有心理和私有观念的存在本是正常的社会现象，然而，在相当长的一段时间里，我国的工作重心主要放在经济建设上，过分强调经济的作用，而忽视了政治思想工作，传媒过分地渲染高消费的物质享乐，对社会风气起着不良的导向作用。一部分公职人员把正常的私有心理和私有观念内化为对物质的贪婪，并在这种不良心理支配下，外化为职务犯罪行为，他们将手中的权力作为一个特殊的商品，以换取所谓"等价"的经济利益。这种意识的错误引导，也是某些国家工作人员职务犯罪的一个原因。

（三）落后的经济现状以及人员素质低下

经济基础决定社会的发展水平。由于我国目前的经济状况相对落后，所以在教育、文化等方面的发展也相对落后，这也是我国目前整体人口素质偏低的一个重要原因。这种低素质主要表现在两方面，一方面是担任公共职务的人员，由于素质限制，容易被眼前利益所迷惑，将公共权力异化为私人权力，实施职务犯罪。另一方面，对普通百姓来讲，由于自身素质或其他条件所限，不能有效地主张自己的权利，也不能或不会切实地保护自己的合法权益，更谈不上对职务犯罪进行监督和反抗。

二、监督机制不完善

职务犯罪之所以屡禁不止，原因是多方面的，但其中有一个十分重要的原因是不容忽视的，那就是法律制度不够完善，监督力度不够大。为了预防职务犯罪，国家先后出台和设立了许多规定和制度，这些规定和制度，固然能起到很大的作用，但它们也有不完善之处，而这恰好为职务犯罪的产生创造了条件。如有些领域（如财会、税收、物资管理、房地产领域等），虽然制定了一些法律、法规，但规定不够细化，尚存有许多空白，造成实际执行中的困惑。还有一些领域，本身的制度规定就不够完善、具体。如财产申报制度不够完善、财会管理制度不够严密、物资管理制度不够健全，这些规定很多都无法得到很好的执行。

监督机制不完善同样是职务犯罪发生的重要原因。根据我国宪法规定，国家的一切权利属于人民。但由于现实条件的限制，人民群众不可能直接掌握权力来参与社会管理，而只能通过授权国家机关及其工作人员代表其行使国家的领导权和社会的管理权。这就造成权力所有权与权力行使权相分离的状态。为了解决这一问题，就需要一个中间环节——监督机制来保障权力的正确行使。

我国监督机制的不足主要在以下几个方面：

1. 权力监督不力。我国目前的权力监督是指各级人民代表大会及其常委会依据宪法和法律，对公权力部门及其工组人员实施的监督。各级人大及其常委会在行使监督权的过程中，由于以下几个主要因素的存在，权力监督没有发挥其应有效力。其一，对权力监督认识不足。长久以来，受传统错误思想的影响和我们工作中的失误，人大及其常委会作为国家权力机关的权威一直没有真正树立起来，甚至有相当一部分国家工作人员对权力监督工作存在模糊乃至错误的认识。其二，权力监督缺少法律保障。权力机关的立法权、决定权、任免权、监督权等四项职权的行使，没有相应的程序予以保证，使权力监督很难发挥作用。权力机关任免权的行使没有与被监督机关人员任免直接挂钩，破坏了权力监督的威信。

2. 法律监督不到位。法律监督是指人民检察院依据我国《刑事诉讼法》和《人民检察院组织法》的规定，对公安机关、人民法院、监狱等执法、司法机关的执法、司法情况进行监督。在职务犯罪的诉讼过程中，法律监督不力是职务犯罪大量增加的重要原因。其次，内部监督缺乏制约。国家监察体制改革之前，检察机关在处理职务犯罪案件时，身兼侦查、审查批捕、审查起诉等职权于一身。由于有些办案人员法治观念不强，检察机关内部对这些人员又缺少必要的教育和纪律约束，致使违法现象严重。再次，现行检察领导体制存在弊端。我国检察机关一方面要受上级检察机关的业务领导，另一方面要对本级人民政府负责。尤其是同级人民政府在人员编制、办案经费等诸多关系到检察机关切身利益的方面，牵制当地人民检察院，使检察工作极易受到地方政府意志左右，很难实现对职务犯罪的独立监督。最后，法律监督没有刚性保障。依据法律规定，检察机关虽然可以对法院职务犯罪案件的庭审活动进行监督，但由于我国相关法律中对法律监督的权力种类、权限范围、具体操作制度和制裁措施等没有详细规定，使检察机关的监督只是流于形式，对枉法裁判行为缺少刚性制裁。

3. 对具体公职人员的履行职责行为监督不畅。不受制约的权力就会产生特权，而特权则必然产生腐败。实践中，"一把手"监督是职务犯罪预防的重点和难点。如何加强对"一把手"权力的制约和监督，确保权力沿着规范化、制度化、法治化的轨道运行，已成为一个亟待解决的难题。由于缺乏对"一把手"的有效监督而导致的腐败现象较为严重。

4. 经济监督乏力。这里的经济监督是指财政、税收、金融、物价、工商等专业管理部门和审计部门对政府和企业的经济活动进行的监督。我国现有的经济监督采取的是以财政、税务、金融等专业管理部门的"条状监督"为下位监督，以审计部门的"块状监督"为上位监督，上下结合的"条块分割"监督模式。首先，缺少完备的法律规制。这造成监督机关工作人员在行使监督职权时无法可依的状态。其次，对监督职权缺乏正确认识，造成经济监督中"空白地带"的产生。再次，专职人员数量有限。经济监督部门的工作对象、工作内容包含的范围都很广，同时每天还要接受许多群众来访，处理大量群众来信，工作任务很重。相比之下，监督部门的人员数量却十分有限。

5. 群众监督不完善。在各种各样的职务犯罪中，受损害最严重的是广大人民群众。所以人民在反腐败方面有较高的支持度与参与度。但由于我国群众监督机制在实行上存在诸多问题，致使群众监督不能充分发挥效力。首先，举报无门。我国法律虽然对接受举报的主体多有涉及，但未形成一套完整明确、分工合理、行之有效的举报机制，导致法律规定形同虚设，人民群众发现职务犯罪、职务犯罪分子后不知应该向哪个机关举报。其次，举报无利。举报人在举报过程中享有的权利和承担的义务没有明确的法律规定；实践中对举报人的保护极不到位，举报人被打击、报复的现象时有发生，从而严重挫伤了广大群众举报的积极性，致使职务犯罪发现渠道不畅。再次，辅助监督不力。人民群众监督借助舆论监督而发挥作用是近年来我国司法实践中的一道风景。但由于我国新闻工作没有刚性保障，舆论监督举步维艰。

三、行为人个人心理原因

职务犯罪的发生，除了具有经济、政治等方面的原因之外，与行为人的个人因素是分不开的，除了其个人素质之外，行为人的心理原因也不容忽视。行动受思想支配，任何犯罪都是在特定心理支配下进行的，少数公职人员之所以沦为罪犯，除客观方面的原因外，畸形心理状态也不可忽视。公职人员职务犯罪的心理，在不同阶段有不同的心理活动，其犯罪心理轨迹在很大程度上是由其自身的社会经历和个性特点所决定。归纳下来，主要有以下几种：

1. "见钱眼开"的贪婪心理。贪婪是一切贪利性犯罪的共有心态，是贪污贿赂等职务犯罪的共同心理，是走向犯罪道路的主要思想基础。具有贪婪心理的人，为了钱财，可以不择手段，铤而走险，采取各种形式，甚至冒着生命的代价，肆意收受贿赂、挪用侵吞公款。

2. 蒙混过关的侥幸心理。不少公职人员犯罪，都是侥幸心理占上风时陷进去的。他们具有自决心理机制突出的"鸵鸟心态"。一方面，他们有固定的经济收入，生活上有保障，并不愿意因贪污贿赂而丢掉公职，希望"鱼与熊掌"兼得；另一方面，他们都有一定的文化水平，智商较高，往往自认为身份特殊，见多识广，保护伞厚，且行为隐蔽、方法巧妙、手段高明、赃证匿藏天衣无缝，或相信朋友不会出卖自己，在自信能侥幸过关的情况下走上犯罪道路。

3. 深感吃亏的"补偿"心理。有些公职人员在社会分配拉开差距的情况下，看到别人的待遇比自己高、住房比自己好，或者原来的下级各方面都超过自己，或者看到才华、学问比自己差的暴发户发了财，便产生不平衡的补偿心理。有些公职人员在犯罪最初阶段，不具有利用职务非法牟利的积极性、主动性，而是处于消极、被动的状态；当陷入犯罪的泥潭时，错误地认为这是对自己工作多年的"补偿"。

4. 按"劳"取"酬"的交易心理。一些公职人员为别人办了事、帮了忙，内心总希望"投桃报李"。这种人利令智昏，把人民赋予的权力当成自己的私有财产。在图报心理作用下，一朝权在手，未办事先谈酬劳，谈妥酬劳再办事，"不见兔子不撒鹰"。在他们眼里，权利不过是一种待价而沽的特殊商品。在这种交易心理驱使下，他们把职责范围内应该承办的事情与按"劳"取"酬"画等号，不送礼不办事，甚至伸手索要所谓的"辛苦费""好处费"，成为贪婪的"硕鼠"。

5. 有恃无恐的攀比心理。改革开放后，我国部分地区和部分人先富了起来。面对这一现实，大多数思想过硬的公职人员，无论自己的经济状况如何，都不会心理失衡，明白要自己同自己比，现在同过去比，"知足常乐"，而没有"人比人气死人"的不现实的烦恼。但少数意志薄弱者，看到别人买汽车、购洋房，心理不平衡。从而放任自身欲望的膨胀，与社会上的"富者"尽快"缩小差距"，或者"跑步致富"，成了其强烈的心理需要。这种攀比心态，一旦遇到适当的物质诱因和客观条件，就有可能成为不惜"践踏一切人间法律"和"敢于冒绞首的危险"的巨大动力。从公职人员犯罪情况看，因攀比心理而坠入犯罪的人员占较大比例，特别是那些经济状况差、工作时间较短的年轻公职人员尤为突出。

6. 捞了就跑的投机心理。这种人深谙为人处世之道，善于投机钻营，见风使舵，对上竭力投其所好，对下则无原则地一团和气。具有这种心理的人，大多数在开始作案前或在作案的时候，就已经准备好后路。他们并不打算在一个地方或一个单位长期做下去，只要把钱捞到一定程度后，就携款潜逃，或申请调动到另外的单位另谋出路。

其实，公职人员职务犯罪的心理往往是复杂多变的，有的甚至是相互交织在一起的，我们研究和了解这些心理，对于在办案过程中击破案犯的心理防线、收集证据，具有重要作用。

第四节 职务犯罪的预防

如何有效地预防职务犯罪，是目前我国法学界及整个社会都普遍关注的一个问题。其实，要想真正有效地预防职务犯罪，必须消除职务犯罪滋生的土壤，减少产生职务犯罪的环境和条件。所以，根据职务犯罪产生的原因，我们认为，对职务犯罪，应采取以下主要预防措施：

一、建立完善的经济体制，消除职务犯罪产生的条件

经济发展水平落后和经济方面存在的一些问题，不仅是产生某些贪利性职务犯罪的重要原因，也是整个职务犯罪存在的重要条件。所以，预防职务犯罪，必须要消除职务犯罪赖以存在的各种经济原因。

党的"十五大"为发展经济和如何进一步建立和完善社会主义市场经济体制指明了道路，这无疑为我们消除因新旧体制并存而产生的职务犯罪提供了很好的时机和条件。另外，应逐步实现"高薪养廉"的经济保障机制。职业声望和收入地位发生严重背离，在一定程度上反映了收入序列的混乱和异常，反映了目前收入分配体制的不合理。这种混乱和异常，造成了人们某些价值观念上的困惑，也是使得一部分人试图通过一些不正当的社会行为来满足对社会地位的追求的社会和心理诱因。因此，应以机构改革和人事制度改革为契机，在"精兵简政"的同时，逐步实现"高薪养廉"的经济保障机制。这也是消除因分配制度不合理而产生职务犯罪的又一有效方式。

二、发挥法制在预防职务犯罪中的作用，建立健全监督体系

1. 完善立法。加强社会主义法制建设，对职务犯罪而言，具有十分重要的意义。因为完善立法，是惩治和预防职务犯罪的首要条件和重要手段。这里的立法，主要包括两个方面：

第一，经济、行政方面的立法。就我国的立法传统而言，尤其是关于改革的立法，都是首先以行政形式出台，立法总是滞后的。即在政策指导下的改革发展得较为成熟时，再着手立法，以法律形式对已采取的政策予以认可。但是这种做法随着改革的不断深入愈来愈暴露其弊端。由于政策的规范化程度不如立法，弹性较大，可操作性差，并且缺乏足够约束和救济手段，容易出现规避责任的现象。一些进行职务犯罪的犯罪分子钻改革的空子，且往往是钻政策规

定的空子，使政策的运行偏离政策制定者的本意。所以用政策的形式来体现改革中所建立起来的各种制度，有时会使这些制度变得松散无力，甚至被扭曲，导致一些职务犯罪的发生。因而，为了预防职务犯罪，在对通过经济体制和政治体制改革所建立起来的各种制度，及时以立法的形式固定下来的同时，今后必须进一步加强对改革后立法的统筹考虑，尽量立法与改革同步进行，用立法来固定和创设改革中的各种制度，杜绝改革中出现一些不应有的失范行为。

第二，刑事立法。在 1996 年和 1997 年，我国分别对《刑事诉讼法》和《刑法》进行了重大的修改和完善。我国 1997 年《刑法》对有关职务犯罪的规定较 1979 年《刑法》有了重大改进。这主要是表现在：①在立法体例上突出了对职务犯罪的打击，将"贪污贿赂""军人违反职责罪"作为一类单独的犯罪，在分则中单设一章；并充实了"渎职罪"一章的内容，使其更能适应打击职务犯罪的需要；②根据客观需要增加了职务犯罪的新罪名。尤其是对于一些原来《刑法》无明确规定而在有关经济、行政法律中规定的职务犯罪，1997 年修订后的《刑法》对其进一步作了明确规定，使实践中惩治这类犯罪有了明确的法律依据。我国 1996 年《刑事诉讼法》的修订在一定程度上也体现了对打击职务犯罪的重视。尽管如此，我国《刑法》《刑事诉讼法》关于职务犯罪的规定在一定程度上存在过于分散的现象。这不利于加大力度打击职务犯罪。其次，关于职务犯罪的查处，在国家监察体制改革之前，实际上存在着侦查主体分散的现象。职务犯罪作为一类犯罪，有着共同的特征，并且实践中往往相互牵连，由相对统一的部门管辖，依据统一的标准，有利于案件的查处，从而有效地打击和预防职务犯罪。因此，经过国家监察体制改革，将职务犯罪的调查集中于监察机关管辖，能够有效缓解权力分散的问题。总之，我国刑事立法关于职务犯罪的规定尽管已经比较完备，但仍须进一步完善。立法机关应当在总结实践经验的基础上，进一步完善有关规定，以适应惩治和预防职务犯罪的需要。

加强有关职务犯罪的立法，无论是刑事、行政还是经济方面的立法，应当做到明确具体，避免"可塑性"。从我国现有的有关法律来看，一定程度上存在着笼统、粗糙的现象，造成了法律本身的"可塑性"，以致一方面有些法律缺乏可操作性，让执法者无所适从；另一方面有些法律条文具有伸缩性，在客观上给执法者滥用权力，贪赃枉法，徇私舞弊创造了条件。所以，为了预防职务犯罪，首先要使法律明确具体，避免"可塑性"。法律应当具有一定的"硬度"，执法人员根据法律规定，对同样的情况只能作出一种处理结果，而不能作出两种甚至更多的处理结果。

2. 严格执法。惩治职务犯罪是预防职务犯罪的重要方面。现在，关于惩治职务犯罪，在立法上基本实现了有法可依。我们在强调立法的同时，更应加强刑事司法工作，充分发挥刑事司法对预防职务犯罪的作用。

在司法实践中，要想真正做到严格执法，应注意以下几个问题：一是要做到严格依法办事，切实做到法律面前人人平等。只要行为人实施了职务犯罪，那么，不论其职工高低、贡献大小，都应依法严惩，而不能"以官抵刑"或"以功抵刑"，更不能姑息养奸，以行政处分代替刑罚处罚。二是要排除办案干扰，对职务犯罪进行严惩。决不能讲情面，对犯罪分子心慈手软。鉴于职务犯罪的特殊性，其犯罪主体往往不同于一般的刑事犯罪。所以，在查处职务犯罪时往往会有来自方方面面的干扰，甚至威胁。在这种情况下，就执法执纪机关来说，应紧紧依靠党委和上级机关领导，顶住压力，顶住说情风，加强内部监督管理，不断提高执法执纪人员素质。要坚信党和国家反腐败的信心和决心，要认识到个别领导干预代表不了党委的意见，要有不怕丢乌纱帽的气概和豪情，敢于碰硬、善于碰硬，要敢于顶住说情、善于顶住说情，要通过加强内部监督管理，提高执法执纪人员素质，来不断提高办案质量和水平。可以说，执法执纪机关对反腐败工作的态度和工作情况是优化执法环境的重要内容，所以，优化执法环境，执法执纪机关严格执法执纪、反腐败的态度越坚决，工作效率和水平就越高。三是要加强对职务犯罪的刑罚的正确执行问题。目前关于职务犯罪，在执行方面存在着突出的问题，主要表现在对罪犯暂予监外执行、减刑、假释等。执法机关应严格执行法律，依法提请暂予监外执行和提请减刑、假释，并应防止罪犯及其家属等弄虚作假，使实施了职务犯罪的主体逃避应受的惩罚。尤其是监狱管理机关等有关机关在批准对罪犯暂予监外执行时，应严格把关，防止罪犯弄虚作假。人民检察院也应当切实根据法律规定，加强这方面的监督工作。我国的刑事诉讼是由不同的阶段组成的有机整体，一个职务犯罪的罪犯被判处刑罚，凝聚着公民的热情举报，凝聚着调查侦查人员、检察人员和审判人员的辛勤劳动。所以，在执行阶段应当确保罪犯能受到应有的处罚，巩固惩治职务犯罪的成果。这对于我们预防职务犯罪，消除犯罪人存在的逃避处罚的侥幸心理，具有极其重要的意义。

实际工作中，我们应加强对各行各业，包括本单位工作特点、规律的调查研究，并注意加强对各种职务犯罪发生的原因、规律的调查研究，为制定科学、完备的规章制度提供有效依据。再科学、完备的规章制度，如果缺乏有效的监督管理，也得不到执行、落不到实处，而成为一纸空文，所以，我们还应狠抓监督管理，使各项规章制度得以执行，落到实处，发挥规章制度的效用，预防和减少因监督管理不到位而引发的职务犯罪。根据我国目前的具体情况，要有效地预防职务犯罪，对职务主体的监督应包括以下几个方面的内容：

1. 加强对权力的监督。权力是一柄"双刃剑"，一方面，社会正常秩序离不开权力的维护，另一方面，当它不受制约时，又会导致职务犯罪，从而摧毁社会的政治基础，因此权力应受到规范和监督。

首先，提高对权力监督重要性的认识。一方面要加强法制宣传教育，使领导干部和广大人民群众认识到权力监督的重要性，自觉接受权力机关的监督，为权力监督工作的开展创造一个良好的外部环境；另一方面要采取一些具体措施，保障权力监督的顺利进行，逐步树立权力机关的威信，迫使被监督者服从监督；再一方面提高权力监督机关工作人员业务素质和监督意识，使其能够正确理解国家政策、法律、法规，充分认识自己手中的权力，敢于破除压力，合法合理地同不法行为作斗争。其次，进一步完善法律规范。做好《监察法》与《刑法》《刑事诉讼法》等相关法律的衔接工作，形成监督权力、惩治犯罪的完善法律体系。再次，保障监察委员会有效行使权力监督职权。

2. 检察监督。根据《宪法》规定，人民检察院是国家专门的法律监督机关。人民检察院通过履行法律监督职能，促使从事公务的人员依法实施职务行为，从而预防职务犯罪的发生。近年来，我国各级人民检察院运用法律监督手段，在预防职务犯罪中发挥了积极的作用。但是，我国目前在检察监督方面还存在一些问题。为了充分发挥检察监督在预防职务犯罪中的作用，我们认为应当从以下几个方面加强检察监督制度：①强化检察监督的手段。就目前而言，尽管立法规定了一些监督手段，但检察监督的手段软弱无力是一个比较突出的问题，在一定程度上影响了具有中国特色的检察制度作用的发挥。例如，很多常用的监督手段诸如发布纠正违法通知书、检察建议书等，并不具有法律效力；有的监督手段并没有有效的救济措施，一旦对方不接受监督或变相规避监督，检察机关便束手无策。所以，我们应当采取措施，切实加强检察监督手段，确保人民检察院的监督效力。有人曾尖锐地指出，我国目前存在着一种削弱检察监督的倾向。弱化检察院职能是不符合世界潮流的，也不利于我国的民主法制建设，不利于预防和遏制职务犯罪。②检察机关应当敢于监督、善于监督。作为法律监督机关，人民检察院应当充分认识到自己肩负的责任，要采取切实有力的措施，真正发挥自己的作用。要注意排除来自各方面的干扰，忠于职守、忠于法律。要加强与党委、人大等部门的联系，主动接受领导和监督。③要注意对检察人员的政治保护。检察人员在履行职务的活动中往往会遇到各种各样的阻力，同时也常常会触动某些人，容易成为某些人打击报复对象。所以，我们应当在人事制度、领导体制等方面采取有效措施，加强对有关检察人员的政治保护。

3. 党内监督。中国共产党是我国的执政党，国家工作人员中大多数是共产党员，因而，加强党内监督对于预防职务犯罪尤为重要。首先，要正确贯彻民主集中制，切实发扬民主。其次，增强领导干部廉洁自律意识。在现今社会中，下级对于上级的行为，往往存有趋同、仿效的心理，所以领导干部是以身作则，还是率先破坏党纪、败坏风气，对于整个廉政建设关系十分重大。因此，应当增强领导干部的廉洁自律意识，防微杜渐，为下级干部和普通党员起到表率作用。最后，建立上下结合的监督机制。目前我国对各单位"一把手"的监督存在这样一种情况：上级监督具有权威，但掌握情况不足；下级机关和人员虽然容易掌握真相，但监督效力缺乏权威。要纠正这种情况，一方面上级机关要克服远程遥控的不足，要在了解事实真相、全面掌握下级干部动态上下功夫；另一方面应为下级干部控告开辟渠道，使下级机关和干部想、能、敢对上级领导进行监督，从而形成上下结合的党内监督网络。

另外，在党内监督检查中，纪检监察监督也是十分重要的手段。纪检监督，是指共产党内部设立的纪律检查委员会，对广大党员和党员干部进行的党纪监督；监察监督，是指监察机关对公职人员依法履职、秉公用权、廉洁从政从业以及道德操守情况进行监督检查。纪检监察监督是我国整个监督体系中的重要组成部分，对于防止公务人员利用职权进行违法犯罪活动具有重要作用。通过国家监察体制改革，纪检监察监督得到了实质上的增强，有利于该类监督效能的发挥。今后，我们应当依照相关法律规定进一步加强纪检监察监督的规范性，纪检监察部门应当主动加强与司法部门的联系，对于自己调查的已经构成犯罪的案件，应当及时移交司法部门追究刑事责任。

4. 新闻监督。新闻监督，是指新闻媒体通过对职务主体违法犯罪行为的报道宣传进行的监督。新闻监督是预防国家工作人员，尤其是国家机关领导人员利用职权进行职务犯罪的重要手段之一。新闻部门通过电视、广播、报纸、杂志等舆论工具，把有关人员违法犯罪的"丑闻"，向社会曝光，这无疑是对职务主体滥用职权或者利用职权进行其他违法犯罪活动的一种有力遏制。这也可以使那些潜在的犯罪人，加强戒心，不敢肆无忌惮地实施职务犯罪。很多国家都非常重视新闻监督的作用，我们国家近年来也较为重视。今后，我们应进一步提高职务行为的透明度，加强媒体的监督手段，使新闻监督在预防职务犯罪中发挥更大的作用。

5. 社会监督。社会监督，是指广大人民群众对国家工作人员的职务行为进行的一种监督，也就是我们常说的群众监督，这也是预防职务犯罪的一个重要手段。但我国目前公务行为的透明度不高，而且有些职能部门官僚主义作风严重，对一些群众的来信来访怠慢、压制和推诿，这些都影响了对职务犯罪的预防和惩治。所以，我们要切实提高对社会监督的意义和重要性的认识，加强社会监督的作用。具体讲，可以采取以下一些具体的方式：①尽快制定《举报法》，使举报人的合法权益得到充分保障。②建立、运用主要领导接待日，设立投诉信箱、网站、电话等形式，畅通群众监督的渠道，使犯罪分子处于无处藏身、四面楚歌的境地。③对举报线索认真对待，及时查处。④增强人民群众的主人翁责任感，促使其主动揭发职务犯罪。⑤营造一个举报光荣的社会氛围，重奖举报人。通过采取这些方式，相信可以使社会监督更进一步地发挥作用。

三、建立完善的财产申报制度

科学的财产申报制度是预防职务犯罪的一个重要措施，其作用是使国家工作人员在任职期间将其财产数额公开，接受公众监督。如果一个国家工作人员在任职期间其财产明显增加，与其正常收入不相称，就应向公众说明这些财产的来源，只要是来源不明或不合法的，就要受到追究。这一制度，对于预防职务犯罪，具有十分有效的作用。目前，我国已建立了财产申报制度，但这一制度还欠完善。如申报对象的范围太窄，对申报制度的监督不得力，就会使财产申报制度流于形式。所以，我们认为，应完善我国的财产申报制度，并严格执行。

1. 应着力提高国家工作人员的申报意识。从思想教育入手，使每一个国家工作人员都清楚地认识到财产收入申报制度是加强党风廉政建设的重要措施，使其能够自觉地向有关部门申报自己的实际收入和财产状况。

2. 尽快制定《国家工作人员财产申报法》。在制定这部法律时可以借鉴韩国《公务员道德法》，我国台湾地区"阳光法案"等法域有关法律中的规定。

3. 健全相关配套措施。例如我国目前虽然已出台了存款实名制，但规定得很不严密。对于违反这一规定的各方主体的责任规定得不够具体，没有相应的制裁措施。所以，应完善存款实名制度，使对国家工作人员的财产监督真正落到实处。

四、建立国家工作人员回避制度

1. 完善职务回避制度。以立法形式，明确禁止国家工作人员在公私企业和营利性组织中兼职或直接经商办企业，借此防范各种变相的以权谋私、索贿、受贿行为的发生。

2. 完善亲属回避制度。为了整顿国家公务员队伍，杜绝职务犯罪隐患，我国应进一步完善亲属回避制度。

3. 完善区域回避制度。领导干部在某一地区长期任职，亲朋旧故难免不在其权力上做文章，有的领导干部便利用手中的权力，对其亲戚好友进行袒护包庇、以权谋私的腐败活动，严重侵犯其职务的廉洁性。为治理这种现象，应当建立一个全国范围的领导干部调动轮任制度。

4. 完善公务员回避制度。在我国诉讼活动中，常常出现这样一种现象，当事人在聘请律师时，关心的不是该律师的业务水平，而是他与审理本案的法官能否"说上话"。为了避免类似问题的发生，我国台湾地区"公务员服务法"第17条规定，公务员执行职务时，遇有涉及本身或其家族之利害事件，应当进行回避。这一制度值得借鉴。

5. 明确回避方式。遇有上述四种回避情况时，国家工作人员应当主动申请回避。

五、继续开展职务犯罪原因和预防的理论研究，加强预防职务犯罪的国际交流和合作

首先，要全方位地分析职务犯罪产生的原因。这就要求我们深入、系统、全面地研究可能产生职务犯罪的薄弱环节和漏洞，逐步建立完善的预防职务犯罪的理论体系。其次，要加强行业职务犯罪状况研究。再次，做好犯罪预测。监察机关应该注意借助数学、统计、逻辑等方法和电子计算机技术，对在犯罪调查中所获得的资料和信息进行分析，科学地预测未来的犯罪状况，进而为有效地控制职务犯罪提供合理依据。复次，积极参加国际上打击和预防职务犯罪的各种会议，了解预防职务犯罪的国际动态，结合我国国情，科学借鉴各国在预防职务犯罪方面的有益经验。最后，加强与相关国际组织、国外有关机构的交流和合作。如加强与国际刑警组织的合作，保证对在逃职务犯罪分子的顺利抓捕和引渡，从而实现职务犯罪的国际预防。2015年4月下旬，我国集中公布了100名涉嫌犯罪外逃国家工作人员、重要腐败案件涉案人等人员的红色通缉

令，加大对职务犯罪人员的全球追缉力度，并取得显著成效。2018 年 12 月 14 日，在中央反腐败协调小组国际追逃追赃工作办公室统筹协调下，在新西兰执法部门的协作配合下，经中央有关部门和北京市追逃办密切合作，"百名红通人员"之一的蒋雷回国投案。这是第 55 名归案的"百名红通人员"。

🔄 思考题

1. 职务犯罪的概念及特征。
2. 职务犯罪的现状与成因。
3. 职务犯罪的预防策略。

🔄 拓展阅读

1. ［美］戴维·O. 弗里德里希斯：《背信犯罪：当代社会的白领犯罪》，刘荣译，法律出版社 2018 年版。

2. ［英］史蒂芬·普拉特：《资本犯罪：金融业为何容易滋生犯罪》，赵晓英、张静娟译，中国人民大学出版社 2017 年版。

第十八章 环境犯罪

第一节　环境犯罪的概念

环境犯罪是指违反环境保护法规，破坏环境生态系统，情节严重，依法应受到处罚的行为。一般表现为人们在开发、利用自然资源的过程中过度地开采资源或超标准排污，导致自然资源遭到破坏，环境遭受污染的行为。

环境犯罪是随着经济的发展而日趋严重的一类犯罪。从世界各国的情况看，在工业生产、核能利用、外层空间探索以及海底开发等活动中，对于构成人类生存的自然基础的水域、大气、野生物种等地球生态环境造成的污染和破坏十分严重。因此，环境犯罪成为目前威胁人类安全、健康与生存，影响世界经济发展的严重的国际性问题。

20 世纪 70 年代前，西方国家只对破坏森林、野生动物和饮用水等具有直接经济价值和直接影响人类生存环境的行为予以刑事制裁。70 年代后，环保事业迅速发展，受保护的范围也扩大到全部人类生存环境，包括大气、外层空间、各类水体、生物资源、文化娱乐环境、森林地带、植物群和动物群的保护等，与此相适应，危害环境及其刑事责任的范围也相应扩大。

环境犯罪通常称为"法定犯罪"，它不像传统犯罪那样为社会道德、伦理所不容，但环境犯罪危害的后果足以危及人类现在和将来的生存和发展。鉴于此，许多西方国家都制定了保护环境的刑事性法规和刑事性条文，将惩治危害环境的犯罪提上刑事司法日程。我国正处于工业化、城镇化快速发展的时期，环境问题极为严重。如虽我国可耕地面积减少速度趋缓，但一些省（市）人均耕地面积已低于联合国粮农组织确定的警戒线；大量工业"三废"直接危害人们的生活环境，城市中的生活污水和一些含有机物的工业废水大量排入海洋导致赤潮不断发生；近半国土不同程度出现雾霾天气，使空气质量成为百姓关注的主要环境问题，雾霾治理成为一场攻坚战、持久战；长江以南、云贵高原以东地区成为酸雨污染的主要地区；我国二氧化碳、甲烷等温室气体的浓度情况均略高于全球水平；破坏森林资源，破坏野生生物，破坏风景名胜，不当处置废弃物，噪声污染、有毒化学物质污染等破坏环境的行为屡禁不止。根据环保部等国务院 13 个部门共同编制的《2015 中国环境状况公报》显示，全国移送行政拘留、涉嫌刑事犯罪的环境案件约 3800 件；据北京师范大学《2015 年中国"污染环境罪"案件调查报告》显示，自 2013 年我国环境犯罪案件数量呈快速上升之势。由此可见，近年来我国环境犯罪总数上升大，增长速度快。最高人民法院、最高人民检察院《关于办理环境污染刑事案件适用法律若干问题的解释》自 2017 年 1 月 1 日起施行，这是 1997 年《刑法》施行以来最高司法机关就环境污染犯罪第三次出台专门司法解释，这充分体现了我国对环境保护的高度重视。该司法解释的出台，有利于进一步依法惩治环境污染犯罪，加大环境司法保护力度，有效保护生态环境，对推进美丽中国建设将发挥重要作用，同时响应了"绿水青山就是金山银山"的绿色发展理念。

第二节　环境犯罪的特点

环境犯罪伴随着经济与社会的发展而不断出现并日趋严重，它与一般传统犯罪不同，其特点主要表现如下：

一、环境犯罪客体的特殊性

所谓环境，是指影响人类生存和发展的各种天然的和经过人工改造的自然因素的总和，包括大气、水、海洋、土地、矿藏、森林、野生动物、自然遗迹、人文遗迹、自然保护区、风景名胜区、城市和乡村等。凡是污染和破坏了这些环境的行为就是侵害了环境权的行为。

根据《联合国人类环境宣言》，环境权是指："人类有权在一种能够过尊严和福利的生活环境中，享有自由、平等和充足的生活条件的基本权利，并且负有保护和改善这一代和将来世世代代的环境的庄严责任"。环境权包括公民环境权、法人和非法人单位环境权以及国家环境权。公民环境权是指公民享有的在清洁、优美、适宜的环境中生存的权利，包括公民依法享有舒适环境的权利和依法承担保护环境的义务两项内容。法人和非法人单位环境权包括在一定质量水平环境中从事生产经营或其他活动的权利，开发利用环境资源的权利，并负有依法不对环境造成破坏性影响和排放超标准污染物的义务。国家环境权是指国家享有独立自主地管理和改善本国管辖或控制区域内环境而不受他国干扰和破坏的权利，并负有保证其境内的活动不对其管辖范围以外的环境造成损害的义务。

环境权从根本上体现出环境犯罪所侵害的客体，虽然大部分环境犯罪危及公共安全，破坏自然资源的犯罪也侵犯社会经济秩序，但环境犯罪的客体具有特定性，环境权在本质上体现了国家保护生态平衡和生活环境的要求。

二、环境犯罪主体的多样性

与一般犯罪相比，环境犯罪涉及的面广泛而复杂。特别是在现代工业社会中，越来越多的环境犯罪主体是法人和非法人单位，如工厂、企业等。国家作为环境犯罪的主体，通常是指污染事件发生在一国，但污染的结果危及或影响到了他国，即污染物或污染的后果越过国界，造成了对他国环境、公民、财产的损害。另外污染国参与缔结了有关防治环境污染的国际公约，而其跨国境的污染事件违背了这些公约所要求的责任和义务。环境犯罪既有故意，也有过失，但大多是因为行为人对环境危害后果采取放任或应当预见而没有预见的过失所引起，它首先危害的是环境，通过环境的媒介危害到人的安全，造成财产损失。

三、环境犯罪危害的严重性

环境犯罪的危害结果具有隐蔽性和潜伏性，且其的后果极为严重，它不仅可带来现实的直接危害即直接危害人民群众的生命健康、财产安全，还可导致未来生存环境的恶化，具有较长的潜伏期。有些危害结果可能在当时并不为人们所认识，但经过一定时期后，可能会对人类生命健康和公私财产造成严重损害，这种潜在的危害更为严重，而又是易被忽视的。环境犯罪多数是微量行为，经过长时期的重复累积而造成问题。例如，对一般河流、海洋流域的污染，单就一个污染者的单一行为，或单就一个污染者的连续行为都不致造成严重危害，只有经过多数污染者连续行为的累积与加成效果，才会造成严重问题，这是环境犯罪与其他刑事犯罪的重要区别。其所造成的环境污染和破坏在许多情况下是难以根除的，或根本就无法恢复，如物种的消失、地下水的污染等。鉴于此，应该从预防环境危害行为的发生角度出发，把潜在的或可能造成严重危害的环境犯罪行为纳入防范与惩治的范畴。

第三节　环境犯罪的原因

一、对经济利益的极端追求，是导致环境犯罪发生的主要原因

环境犯罪是在经济发展和工业化过程中出现的副产品，我国的环境犯罪问题也是近年来在经济高速发展过程中的产物。经济发展需要利用、开发自然资源，而过度的开发，必然会对生态环境造成破坏。西方发达国家和我国改革开放以来经济发展的教训都提醒着我们，在经济发展的热潮中，各行为主体为了追逐自身效益的最大化或减少投入，随意排放"三废"，或是不合理地开发利用资源，这些行为超过了环境的承受力，必然导致环境污染和破坏。一些地方的厂矿、企业为局部的利益大兴土木，盲目上马的小矿山、小煤窑、小型造纸厂和化工厂比比皆是。其实，企业的领导明知其行为有悖于国家的有关法律、法规，有害环境保护，但受经济利益的驱使，仍然大肆进行开采或破坏性开采矿产资源或超标准排放污染物的活动。一些公民在巨额的金钱诱惑下，乱砍、滥伐森林，非法捕杀珍贵、濒危野生动物，严重破坏生态环境。

随着市场经济的发展，大量的乡镇企业、私营企业不断的崛起，这些企业有相当一部分根本不具备治理环境污染的条件，加之赚钱心切，常常伴随着大量的污染事件出现。有些国有企业为了节省排污费用，或因有关人员的玩忽职守，也屡屡发生污染事故。值得注意的是，随着企业发展，自主经营、自负盈亏的原则更使某些企业为了追求经济效益的最大化，不愿在治理污染、净化环境方面投入成本，而是想方设法地偷排污染物，将本应由企业内部支付的环保成本转嫁给社会，造成环境污染和对人民群众的损害。

二、环境保护意识淡薄，是导致环境犯罪的主观原因

现实社会中人们对环境保护缺乏应有的认识，环保意识淡薄，对环境犯罪的容忍度较大，是该类犯罪持续蔓延的主要原因。事实上，有不少人认为环境资源取之不尽、用之不竭，只想自己的眼前利益，丝毫没有考虑到环境破坏后的严重危害。

一些人深受"先污染后治理、先破坏后恢复"思想的影响，错误地认为，经济发展了再治理污染、恢复生态也不迟，对废水、废气、废尘、有毒气体或液体等的排放缺乏科学态度，甚至到了无视其危害的地步，结果必然导致恶性

环境污染的产生。实践证明，污染容易、治理难，想要恢复极其困难，等到环境污染了、生态破坏了再来治理，要付出沉重的代价，甚至造成无法弥补的损失。地球只有一个，资源不可再生，用牺牲环境的代价牟取发展，是缺乏可持续发展观念的表现，是十分有害的，也必然遭到大自然的报应。

三、缺乏有效的监督、打击不力，是环境犯罪存在、蔓延的外界诱因

环境犯罪是一种新型犯罪，涉及环境监测、排污标准等一系列问题，因此对环境保护监督不够、打击不力是环境犯罪蔓延的重要原因，如对企业的行政监督不力，执行人员未受训练，缺少科学有效的技术，监督能力和手段，监督措施落后。对于污染破坏环境的违法犯罪行为没有及时查处，刑罚制裁的力度不够，以罚代刑的现象十分普遍，没有发挥刑罚应有的威慑力。尽管 2015 年 1 月 1 日实施的修正后的《中华人民共和国环境保护法》在第 63 条提到了可能构成刑事犯罪的四种情形，2016 年最高人民法院与最高人民检察院对《关于办理环境污染刑事案件适用法律若干问题的解释》第三次修订，这一定程度上打击了污染环境犯罪，但仍然存在后劲不足的风险，如"地方保护政策严重"——环境犯罪的被查处主体多为自然人，而对 GDP 贡献巨大的企业却没有受到应有的查处；再如"环境监测数据造假"——2016 年 10 月西安市长安区环境空气质量监测站数据造假，等等。诸如此类案件均是环境高压政策下的畸形产物。总之，执法不力仍然是我国目前环境法制建设的一个严重问题。该管的不管、该收的不收、该罚的不罚，只能带来消极示范效应，使危害环境的违法犯罪现象有恃无恐，蔓延滋生。

第四节　环境犯罪的防治对策

对于环境犯罪的防治对策，与其他犯罪一样，在加强环境立法、有力惩治环境犯罪的同时，要重视对环境犯罪的事先社会预防。主要应包括以下几个方面：

一、加大教育力度，增强社会和公民的环保意识

环境保护要从教育入手。目前我国的社会大众对环境保护的认识程度和参与程度与西方国家相比差距较大，公民的环保意识不强。随着环保事业的发展和环保工作的逐步深入，进一步强化全民环境教育，努力提高公众环境意识和

绿色文明观念，充分动员组织全社会广泛参与环境保护事业，已成为实现经济、社会可持续发展的当务之急。我国虽然已颁布了一系列环境保护的法律法规，但宣传得很不够，很多人对此缺乏必要的了解。因此，要注意发挥各级政府机构、环保部门、新闻媒介、工厂企业以及广大公民的积极作用，去除各种无视环境保护的错误观念，形成一个对环境犯罪的预防、打击、补救和控制的综合治理体系。

值得庆幸的是全民的环保意识正在逐步提高，陕西省 2001 年启动的创建"绿色文明示范工程"就成为我们在全民环境教育道路上的一次有益探索和创新。该活动持续开展 18 年来，范围覆盖了 13 个行业类别，形成了政府主导、部门联动、全民参与的绿色创建格局，全省县级以上命名表彰的绿色单位已达 3000 多个，其中国际生态学校 7 所，国家级绿色单位（学校、社区、家庭）26 家，省级绿色单位 490 家。且陕西省政府始终高度重视和关注"创绿"工作，创建工作成员单位有 15 个省级部门，并以创绿为载体，使环境宣传教育由过去的一味宣传拓展为上下结合、全面展开，在促进公民自觉参与环保、践行环保方面发挥了重要作用。

因此，每一个公民都应当认识到自己的环境职责，大力弘扬生态文明，积极倡导科学、健康、环保、文明的生活方式和消费方式，以实际行动支持环境保护。

二、加强环境立法，强化执法力度，完善监督机制

环境是人类赖以生存和发展的基础，由于社会大生产的发展，环境问题日趋严重，各国的环境立法也经历了从零散的夹杂在其他法律中的保护环境条文，到单行法规，再到综合性法规，对整个环境保护中的社会关系进行通盘调整的过程。在调整手段上也需要采取行政、民事、刑事等多种手段。如日本 1967 年颁布了《公害对策基本法》，美国 1969 年颁布了《国家环境政策法》，我国 1979 年颁布了《环境保护法（试行）》，1989 年底正式颁布修改后的《环境保护法》，2014 年经修订成为"最严环保法"。2002 年 10 月 28 日颁布的《环境影响评价法》正式将我国的环境评价制度由建设项目评价向战略性环境评价发展。到目前为止，全国人大已制定和颁布了《环境保护法》《水污染防治法》《大气污染防治法》《环境噪声污染防治法》《固体废物污染环境防治法》《海洋环境保护法》《环境影响评价法》《清洁生产促进法》《森林法》《草原法》《渔业法》《土地管理法》《野生动物保护法》《水土保持法》《节约能源法》《防沙治

沙法》等多部环境保护和生态建设的法律，国务院颁布了多件环保法规、多个部门规章。这些法律法规的制定和实施，对环境保护和生态建设起到了引导、规范、保障和促进作用，为实施可持续发展战略创造了较好的法制环境。到目前为止，我国已初步形成了相互联系、比较协调的环境法体系。

仅有环境保护的配套法律是不够的，重要的是在执行中有法必依、执法必严，而目前我国的环保部门执法水平不高是影响执法力度的主要原因之一。因此，端正作风，加强执法人员专业训练和职业道德培训是树立和维护环境执法部门形象的必要手段。与此同时，需要开展环境执法检查，及时发现和处理环境违法行为，推动和促进环境执法的顺利进行。执法检查既要有针对环境管理相对人的外部执法检查，又要有针对政府环境行为和环保部门系统内部执法情况的检查，通过执法检查，可以增强各级领导干部和广大社会公民的环境意识和法制观念，查处环境违法案件，促进环保问题的解决，并收到良好的效果。

三、充分利用生态环境资源，环境保护经济化的新思路、新办法，从根本上防止环境犯罪的发生

在经济发展过程中之所以伴随着环境犯罪的出现，主要原因之一是环境保护和经济发展之间缺乏联系。环境保护经济化，就是采用经济方法管理生产中的生态问题，其方法是建立节约燃料动力资源制度和废弃物回收利用标准，利用再生资源及建立少废无废工艺的措施，其直接目的虽是取得经济效益，但客观上有助于环境保护。

实践证明，生态和环境是十分重要的资源。保护环境、进行生态建设并不是只有投入、没有产出的纯公益性事业，也不是政府和社会的负担，而是潜在巨大的资源和产业。注重生态环境的保护、建设、合理开发和经营，必然会获得巨大的经济效益、环境效益和社会效益，形成良性的环保与经济发展协调一致的共赢模式。近年来，全球环境产品贸易增长迅速，至 2014 年该项贸易额已经达到 1.4 万亿美元，预计 2020 年还将翻一番。根据 "2018 中国环境产业高峰论坛" 公布的数据可知，我国 2016 年环保产业销售收入达到 1.15 万亿元，2017 年环保产业收入同比增长 17.4%，2018 年第一季度销售收入约为 2794 亿元，同比增长 15%。以环保产业成效突出的浙江省为例，2014 年杭州市厨余垃圾分选减量暨生化利用一期项目启动试运行，该项目预计每年可从厨余垃圾中回收塑料纸张等约 8000 吨、金属约 100 吨、玻璃约 660 吨，发电约 1000 万千瓦时，厨余垃圾减量率可达到 70% 以上，而产生的沼气是清洁能源。2015 年，杭州天子

岭废弃物处理总厂的垃圾填埋系统日平均处理 5000 吨左右，同时利用沼气发电，每天可回收利用填埋气体 13 万余立方米，减少二氧化碳排放量 1500 吨，日均发电量 18 万余度，可供约 2 万户居民使用，节约标准燃煤 22 吨，成功地实现了填埋产生的沼气资源转化利用。四堡污水处理厂日处理能力 60 万吨，污泥产生的沼气发电，年创产值 270 万元。可见污染治理实行市场化经营，能够形成巨大的环保产业。

事实说明，生态环境是可利用的资源，它能产生巨大的经济效益。各级各行各业都应当与时俱进，解放思想，转变观念，破除旧的思维理念，充分发掘、利用生态环境造福人类。相信这一巨大的资源的有效利用必将对我国全面建设小康社会，确保可持续发展起到积极的促进作用。

四、加强环境保护的国际交流与合作

环境犯罪是伴随着经济的发展日趋严重的一类犯罪，是国际社会共同面对的问题。目前，同环境犯罪进行斗争已成为一项全球性任务，通过国际合作来制定国际环境保护法规，建立保护环境的国际机构，是同环境犯罪斗争的有效手段之一。在国际环保领域里，有 1954 年的《防止海洋石油污染国际公约》、1973 年的《国际防止船舶造成污染公约》、1982 年的《联合国海洋法公约》等。国家之间也出现了国际环保法律文件，如《丹麦、芬兰、挪威、瑞典环境保护公约》等。

从 20 世纪 70 年代以来，联合国多次召开国际会议专门讨论环境及环境犯罪问题。1972 年，联合国在瑞典首都斯德哥尔摩召开了第一次人类环境会议，《斯德哥尔摩宣言》的前言中指出："……享有健康而舒适的生存环境是人类的基本权利"。1990 年召开的欧洲司法部长会议批准通过了 77（28）号决议案，并号召规定有关的环境犯罪，为水、土壤、大气和其他环境因素及人类提供法律保护。1991 年国际刑法会议向联合国大会提交的报告中也有关于环境犯罪的建议。

在随后频繁的国际环境交流合作中，我国亦加入多个环境保护公约，成为保护臭氧层、防止全球气候变化、保护生物多样性、控制危险废物越境转移等活动的积极组织者和参与者，以我国的实际行动在国际环境保护中起着越来越重要的作用。

⊃ **思考题**

    1. 环境犯罪的概念及特征。

    2. 环境犯罪的原因。

    3. 环境犯罪的防治对策。

⊃ **拓展阅读**

    1. 侯艳芳:《环境资源犯罪常规性治理研究》,北京大学出版社 2017 年版。

    2. 冯军、敦宁主编:《环境犯罪刑事治理机制》,法律出版社 2018 年版。

第十九章 网络犯罪

第一节 网络犯罪的概念

一、网络的概念和特性

（一）网络的概念

网络是多个计算机及其连接工具以一定的方式连接，使用户共享资源，进行信息传递的电子虚拟空间。网络空间是针对传统的物理空间而言的。根据互联网计算机的规模和范围，网络空间可分为局域网、城域网和广域网，其中因特网是目前世界范围内规模和影响最大的、发展最快的广域网，即全球信息网。如今，除计算机以外，像手机、平板电脑、电视等均能够借助各种网络进行连接的工具成为网络信息制作、获取、传播的载体。

我国计算机网络始建于 20 世纪 70 年代，1994 年正式接入国际互联网，自 1995 年开始接受因特网入网申请以来，互联网广泛应用于科研、教育、生产、服务、生活等各个领域。根据中国互联网信息中心（CNNIC）发布的第 43 次《中国互联网络发展状况统计报告》显示，截至 2018 年 12 月，我国网民规模为 8.29 亿，手机上网成为网民最常用的上网渠道之一。互联网的普及和发展，一定程度上增加了网络安全监管的难度，网络信息传播呈现前端失控、精准推送、及时扩散的状态，特别是当前非法获取、出售、提供公民个人信息行为日益猖獗，使得网络犯罪中涉众型犯罪成为多发、高发的犯罪类型。2017 年我国实施的《网络安全法》，对网络运营者泄露、篡改、毁损个人信息的行为进行规制，为提高网络产品和服务的安全审查，防范供应链安全风险，维护国家安全和公共利益提供了法律保障。

（二）网络的特性

1. 开放性。互联网的开放性被视为是其固有的特性，其开放性体现在技术层面，如分布式体系以及包切换的信息传递方式为互联网设立了总的开放框架，TCP/IP 协议和超文本标识语言又为其开放性提供了软件保障。开放性意味着任何人都能够得到发表在网络上的任何信息，意味着任何个人、任何组织包括国家和政府，对互联网的控制都是有限的。这为个体对国家和社会的基于实力平等的挑战提供了可能，它极大地提高和扩展了犯罪人的个人力量，增加了查获和控制网络犯罪的难度，同时也对网络信息的监管提出了新的要求。

2. 虚拟性。互联网的虚拟性是指其所具有的空间虚拟化特征。这种虚拟世界的存在形态是无形的，它以知识、信息、文字、图像、声音等作为自己的存在形式。现实中的信息通过网络"转化"后，可以被增加、删除、更改，变得面目全非。任何信息都可能是虚拟的，这里的虚拟不是指其代码、信号本身不存在，而是指它们所传递的信息可能和实际信息源完全不符。所以，与传统世界不同，网络世界的虚拟性是把现实生活中的各种身份、脸谱、场所等都模糊化、符号化和平等化，从而为各种可能的犯罪活动提供了更为便捷和隐蔽的条件。

3. 无时空限制性。传统犯罪必须具备一定的物理时空条件方能完成，而互联网无时空限制，为网络犯罪的跨地域、跨国界提供了极大的便利，导致国际网络犯罪的滋生、蔓延，同时也提高了刑事犯罪管辖和调查取证的难度。

二、网络犯罪的概念及其主要类型

2001 年，欧盟各国签署的《网络犯罪公约》中规定，网络犯罪是危害计算机系统、网络和计算机数据的机密性、完整性、可用性，以及对这些系统、网络和数据的滥用的行为。在我国，对于网络犯罪的概念表述仍有争议，我们认为，网络犯罪作为一种新的技术型犯罪，应从其发生机制、有效的防控角度出发进行定义。一般而言，网络犯罪是针对和利用网络进行的犯罪，是指以网络信息系统安全为侵害对象和利用网络作为工具的犯罪类型。这里的以网络为工具，是指行为人利用网络作为犯罪工具，实施危害网络安全的犯罪行为，主要包括网络诈骗、网络贩毒、网络窃密和黑客犯罪等；以网络为对象是指行为人以网络作为犯罪侵害对象而实施危害网络安全的犯罪行为，包括以网络为侵害获利来源的行为和以网络为危害对象的犯罪行为。网络信息系统安全是指网络及其相关的配套设施的安全，网络运行环境的安全，网络信息数据存储、处理、输出的安全，网络功能的安全等。

网络犯罪的主要类型，根据 2009 年 8 月 7 日全国人大常委会修正的《关于维护互联网安全的决定》，我国网络犯罪主要类型有：

1. 涉及互联网运行安全的网络犯罪：

（1）侵入国家事务、国防建设、尖端科学技术领域的计算机信息系统；

（2）故意制作、传播计算机病毒等破坏性程序，攻击计算机系统及通信网络，致使计算机系统及通信网络遭受损害；

（3）违反国家规定，擅自中断计算机网络或者通信服务，造成计算机网络或通信系统不能正常运行。

2. 涉及国家安全和社会公共安全的网络犯罪：

（1）利用互联网造谣、诽谤或者发表、传播其他有害信息，煽动颠覆国家政权，推翻社会主义制度，或者煽动分裂国家、破坏国家统一；

（2）通过互联网窃取、泄露国家秘密、情报或者军事秘密；

（3）利用互联网煽动民族仇恨、民族歧视，破坏民族团结；

（4）利用互联网组织邪教组织、联络邪教组织成员，破坏国家法律和行政法规的实施。

3. 涉及社会主义市场经济秩序和社会管理秩序的网络犯罪：

（1）利用互联网销售伪劣产品或者对商品、服务作虚假宣传；

（2）利用互联网损害他人商业信誉和商品声誉；

（3）利用互联网侵犯他人知识产权；

（4）利用互联网编造并传播影响证券、期货交易或者其他扰乱金融秩序的虚假信息；

（5）在互联网上建立淫秽网站、网页，提供淫秽站点连接服务，或者传播淫秽书刊、影片、音像、图片。

4. 涉及个人、法人和其他组织的人身、财产等合法权益的网络犯罪：

（1）利用互联网侮辱他人或者捏造事实诽谤他人；

（2）非法截取、篡改、删除他人电子邮件或者其他数据资料，侵犯公民通讯自由和通信秘密；

（3）利用互联网进行盗窃、诈骗、敲诈勒索。

5. 利用互联网实施其他构成犯罪的行为，主要是以上四类网络犯罪行为还没能包括的其他犯罪行为。

随着网络经济和网络信息技术的快速发展，网络犯罪还将会出现许多新的犯罪形式和变化趋势。

据诺顿公司发布的《2017 年诺顿网络安全调查报告》指出，2017 年接受调研的 20 个国家地区大约有 9.78 亿个消费者曾遭受网络犯罪的攻击，导致黑客牟利高达 1720 亿美元。而我国仅在 2017 年就有 3.53 亿网民成为网络犯罪的受害者，经济损失达 660 亿美元。移动终端的加速发展，使网络犯罪的便捷性大大增强，新的犯罪手段和犯罪形式不断出现。目前我国网络犯罪呈高发态势，类型多样化，网络诈骗、传销、赌博、色情等犯罪成为突出的犯罪类型。利用网络传播影响国家安全、公共安全的信息，组织非法活动，破坏社会稳定的案件频发。近年来在我国发生的多起群体性事件，其酝酿组织多是通过发电子邮件和手机短信完成的。与互联网金融、大数据技术相伴而生的网络金融犯罪呈愈演愈烈之势，非法集资、非法证券、洗钱犯罪激增。网络恐怖主义犯罪成为国际反恐所面临的新的挑战，利用网络宣传、散布恐怖思想，发展成员，传播恐怖袭击方法和手段，实现网络管理、指挥和联络。目前我国网络犯罪形势严峻。

第二节　网络犯罪的特点和发展趋势

一、网络犯罪的特点

网络犯罪是信息时代特有的一种犯罪，这类犯罪与传统犯罪相比，虽在犯罪构成条件上相同，但明显有着自己的特点，具体表现在以下几个方面：

（一）犯罪人的智能性和低龄化

与传统犯罪相比，实施网络犯罪需要掌握计算机网络技术和知识，而网络系统的安全防范措施日益严密，行为人须具备更高的操作技能，这表明网络犯罪具有一定高智能性和专业性的特征，这在侵入或破坏计算机网络系统犯罪中得到体现。但需要强调的是，随着计算机网络技术的发展和普及，各职业、年龄、身份的人都可能成为实施网络犯罪的主体，同时网络犯罪人的低龄化特征也越来越突出。青少年是网络参与的最主要的群体，他们可以轻松快速地在网络环境中获得相关专业知识或黑客工具，成为网络犯罪的犯罪主体。各种智能手机、平板电脑等电子终端产品有利于青少年非线性思维方式的形成以及开发青少年的创造能力，但是青少年也更容易受到网络中消极因素的侵蚀，从而走上犯罪的道路，比如青少年沉迷网络所引起的网络盗窃、网络色情等犯罪。

（二）犯罪手段特殊，具有较强的隐蔽性

网络犯罪不受时空条件的限制，其犯罪手段方式特殊隐蔽，犯罪人通过制作发送信息，瞬间即可完成犯罪过程。而借助计算机进行的网络犯罪侵害的对象一般是系统的功能、应用程序、计算机数据等，不会对计算机造成物理性损坏，因而难以被人发现。加上熟悉业务的专业操作人员和维护人员掌握系统的漏洞，有人就会采取破坏计算机网络系统的手段发泄不满、进行报复，还有以网络为工具盗用系统资源、虚设账面、挪用资金等，以达到攫取不法利益的目的。计算机网络涉及范围广泛、处理的信息量极其庞大、运转速度极快，所以，查出犯罪人的困难较大。

（三）造成的危害后果严重且极易扩散

网络犯罪直接侵害到网络及电子商务中的巨大的社会财富，而且网络联系着社会的方方面面，一旦遭到破坏，其波及面极其广泛，会造成社会损害严重。我国从 1986 年开始出现网络犯罪，1993 年突破百起，近几年利用计算机进行网络犯罪的案件以每年 30%的速度递增，每年造成的直接经济损失达上亿元，可见网络犯罪案件危害程度越来越严重。除了经济损失外，网络犯罪对正常的社会管理秩序和国家安全也造成了严重的威胁，如恐怖主义犯罪，在借助计算机网络这一平台后，造成的危害后果难以估量。

此外，网络的扩展性也导致网络犯罪危害结果极易扩散，一次危害行为可能导致的危害结果呈现几何式递增及连锁反应。网络犯罪的对象可以是有针对性的，也可以是随意不固定的，甚至是不可控的。互联网的无时空限制性也使得网络犯罪本身具有扩散性且不可避免地呈现国际化趋势。"互联网+"时代孕育了各类电子产品，微信、支付宝等各类支付应用软件的诞生，导致网民的财产权、隐私权等权益极易受到侵害。现在的网络时代，跨地域、跨国性网络犯罪也随时可能呈现出快速增长。

（四）具有极高的犯罪黑数

作为一个虚拟的空间，网络犯罪主要是通过对数据和程序的无形操作实现的，犯罪分子只需要向计算机输入指令就能实现犯罪，因而可以随时实施犯罪，作案时间短，影响范围大，且不留痕迹，给侦查工作带来了难度。例如，犯罪分子在执行完"犯罪程序"后再加上一条指令，就可以抹掉程序记录。即使是留下犯罪证据，也因这些"犯罪指令"都是些不可直接阅读的电磁记录，很难查清和确认具体在哪些部位和工作环节上被做了手脚。即使在计算机网络技术发达的美国，计算机银行盗窃案的破案率也仅为 2%，更不必说其他国家或地区的破案率。另外，计算机网络犯罪往往涉及公司企业的信誉，从被害者角度而言，他们宁可自己受损也不声张。

二、网络犯罪的发展趋势

网络犯罪作为一种新型的犯罪，近些年发展变化较快，而且每年以较大幅度的增加。从目前来看，网络犯罪大致呈现以下发展趋势：

1. 网络犯罪的危害程度越来越严重。网络犯罪在数量迅速增加的同时，危害后果和程度也越来越严重，其犯罪已由早期的非法侵入计算机系统等行为发展到利用网络大肆进行传统犯罪。网络犯罪产生初期，犯罪行为集中在少数特定领域，以电信、金融等领域为代表。而现在，网络犯罪正在向传统犯罪领域渗透，如贩毒、赌博、恐怖活动等，都可以利用计算机网络来实现犯罪目的。除此之外，网络犯罪造成的经济损失更是惊人。

近年来，由于物联网尤其是互联网汽车等产业的快速发展，其对网络速度有着更高的要求。第五代移动通信技术（5G）逐渐兴起，这又将大大增加这些网络的安全和可靠性的风险。5G 网络之下，流量和连接设备的大幅增长将显著扩大网络犯罪分子的攻击面和规模，使得网络犯罪所造成的损害成倍增长。

2. 网络犯罪将成为国际性犯罪形式之一。随着互联网的发展，国际网络的开通，网络犯罪不再局限于某一国家或某一地区，而是呈国际化发展。近几年来，跨国境的网络犯罪呈上升趋势，网络的虚拟性、开放性和无限延展性使得网络犯罪从"跨越两国"向"跨越全球"发展。从目前国内外的具体情况来看，国际性的计算机犯罪的形式主要表现为：一方面，计算机病毒可能会出现新的高峰。计算机病毒随时可能侵害到正常的计算机运用，而且，犯罪人也随时会制造出更多的具有更强破坏性的新病毒。另一方面，国际金融系统中时常会有巨额资金在国家与国家之间或银行与银行之间流转，这也是犯罪分子攻击的目标之一。

3. 国际计算机网络的广泛应用给国际敌对势力利用计算机信息网络窃取对方军事、政治、经济和商业秘密提供了便利条件。如有些情报部门，利用各种手段，在网上收集对方的各种情报，甚至攻击对方的重要计算机信息系统。

4. 危害国家安全，带有政治色彩的恐怖主义活动以及传播有毒有害信息的计算机网络犯罪将呈上升趋势。由于互联网是一个开放的虚拟空间，所以在这个空间里，有可能会出现各种各样的情形，而国际社会对此的统一规定相对滞后，因此更造成了网络空间的无序状态，这无疑又给跨区域、国际型计算机网络犯罪提供了生存的土壤。

第三节　网络犯罪的原因

网络犯罪是随着信息时代的到来和发展而产生的一种特殊犯罪，在网络的应用和发展过程中，难免存在诸多不完善的方面，给网络犯罪的发生提供了条件。一般而言，网络犯罪发生的原因，主要有以下几个方面：

一、个体的心理原因

最初，网络犯罪多为犯罪行为人出于政治、宗教等敏感问题报复心理或自我炫技的心理而进行的破坏性行为。随着全球经济进入数据经济时代，经济利益成为驱使行为人实施网络犯罪的最常见动机。行为人不仅可以通过网络技术正面威胁或者以欺骗的方式获得钱财，还可以通过破坏的方式获取经济利益。一般而言，网络犯罪行为人的心理原因可总结为以下数类：

1. 炫技心理。由于计算机网络犯罪人一般具有较高的文化程度，或者即使文化程度不高但作案手段"文明"，与传统犯罪中的犯罪人有较大的不同，因而，公众在心理上不仅不把他们作为犯罪人来看待，有些人甚至还把他们称为"网络天才"。另外，网络空间中亚文化思想的消极影响，诱发了部分计算机网络犯罪的发生。在网络上人们奉行一种"黑客道德准则"，如网络空间绝对自由，智力挑战高于一切，把编码当成炫技，藐视一切权威，无视他人的正当权利和法律的威严。这种亚文化成为诱使某些人犯罪重要的心理原因。

2. 好奇心理。网络的发展使我们的生活逐渐走向科技化、智能化，与此同时也增强了人们的好奇心。网络的未知性与虚拟性极易引起人们对于未知与接触新知识的渴望，比如很多黑客或者普通网民对于很多尖端科技密码保护、数据库系统等抱有好奇的心理，在这种好奇心的驱使下就特别想要去刺探摸索，往往走向了违法犯罪的道路。

3. 贪财谋利的心理。网络盗窃、网络电信诈骗、互联网金融诈骗、网络赌博等类型的犯罪就是犯罪行为人以非法占有为目的，获取高额的犯罪收益的新型犯罪。"e租宝案件"、"泛亚有色金属交易所"网络集资诈骗案件、"共享单车二维码盗窃"案件等在我们身边无处不在，潜在的被害者众多。网络贩毒、网络色情等多数都源于贪财谋利的心理。

二、安全技术和管理滞后

安全技术控制和管理，是防止网络相关犯罪最直接的力量，但目前，防范网络相关犯罪的安全技术体系虽已建立但尚未完备。网络设备、计算机系统甚至智能联网设备的安全漏洞问题严重，修复进度未跟上步伐，黑客可以绕过访问控制从中获利或进行金钱敲诈。目前广泛应用的某些关键软硬件设备，如操作系统、中央处理芯片、网络设备如路由器等，被几家大公司、企业垄断，由于这些设备所使用的技术被严格保密，人们难以觉察出技术上的安全漏洞。一旦这些技术缺陷为犯罪人利用，将造成严重的危害和重大的损失。

另外，安全技术的保护是相对的。这些安全技术（如防火墙技术、加密技术），在一定程度上可以维护系统的安全，但是，由内部人员绕过安全防范措施而实施的网络犯罪难以防范。此外，有些单位往往不愿意投入资金更新完善其系统安全体系。实际上，薄弱的安全保护措施，正是计算机网络犯罪发生的重要原因。

三、法律控制体系不完善

网络犯罪的出现，向传统法律提出了严峻的挑战。德国著名犯罪学家施耐德认为，"专门针对计算机犯罪的刑罚条款比只把计算机犯罪归属于一般的刑罚条款（诈骗、盗窃、侵吞、贪污等）具有更大的威慑作用。这种专门的刑罚条款不仅仅服务于明确无误地适用刑法，而且也能够为形成一种计算机职业内部的职业道德打下基础。"[1]

我国早期有关计算机的犯罪行为主要是犯罪行为人侵入重要的计算机系统、非法获取他人存储在计算机中的数据及传播木马病毒等，基于此，国务院于1994年发布实施了《计算机信息系统安全保护条例》，明确规定了计算机系统的安全保护制度。1996年又发布实施了《计算机信息网络国际联网管理暂行规定》，主要解决针对计算机信息系统实施犯罪的问题。后公安部于1997年发布实施《计算机信息网络国际联网安全保护管理办法》，针对计算机信息系统实施犯罪的问题予以细化。2017年开始实行的《网络安全法》对于保障网络安全、维护网络空间主权和国家安全、社会公共利益及公民合法权益提供了法律依据。

---

〔1〕［德］汉斯·约阿希姆·施奈德：《犯罪学》，吴鑫涛、马君玉译，中国人民公安大学出版社1990年版，第72页。

有关计算机的犯罪行为被规定为刑法意义上的犯罪是在 1997 年修订《刑法》时，规定了非法侵入计算机信息系统罪和破坏计算机信息系统罪两个罪名，后又于《刑法修正案（七）》和《刑法修正案（九）》中针对新出现的有关计算机犯罪的情况作出规定。但是，我国计算机网络犯罪的刑法规制尚需不断完善，对新型网络犯罪的刑事立法仍严重滞后，处罚方式单一，缺少财产刑和资格刑处罚的相关规定。

四、网络犯罪取证难、侦破难度大

网络犯罪具有很强的隐蔽性，有相当一部分犯罪是在不动声色中完成的，尤其是专业人员利用职务进行的犯罪，更难以发现。据有关机构估计，在计算机网络犯罪中，大约只有 1% 被发现，而被发现的犯罪中，大约只有 70% 被披露，而破案率则更低。另外，计算机犯罪相对于其他犯罪来说，取证也较为困难。网络犯罪侦破难度大，主要有以下原因：一是计算机硬件系统和软件系统日益复杂，外存储器容量越来越大。软件系统复杂庞大，依靠人工方法难以发现进入其中的犯罪程序。二是犯罪证据易遭破坏。由于计算机网络犯罪往往是在瞬间完成的技术性犯罪，非法处理的信息往往难以找出痕迹，而且大多数计算机犯罪的证据都可以从计算机系统中销毁或自然删除而不被发现。三是数据加密和反跟踪技术复合使用，使侦查人员难以分析判别犯罪手段，增加侦查取证难度。四是计算机技术与通信技术的融合发展，极大地促进了计算机网络技术的发展，使得联机、异地网络犯罪易于发生。五是计算机系统工作连续性也妨碍侦查取证工作。一些计算机系统具有不可间断性，这就需要动态分析取证，或在短时间内完成侦查取证工作，这对于目前复杂的系统和现有技术很难完成取证，而且一旦恢复系统运行，有些证据可能会被毁掉。六是互联网监察的不完善。即使我国目前已经建立了一支专门的计算机网络警察队伍，但网络监察是一项新型的公安业务，有效的工作机制尚在不断完善，网络安全监察力量不足，对于计算机网络犯罪的取证缺乏经验，这无疑增加了查处的难度。

第四节　预防网络犯罪的对策

网络犯罪作为一种特殊的犯罪形式，对社会的多个领域均造成重大的损害，它不仅可能造成巨额的经济损失，危及国家政治、军事、科技利益，还可能侵犯公民隐私，对公民财产造成严重的损害。但是，鉴于网络犯罪难发现且取证困难，除了对已经发现的网络犯罪予以刑事惩治外，在治理网络犯罪的对策上，各国都将重点置于事前的防范，即从技术、法律、管理等方面综合预防。

一、技术预防

网络本身的漏洞是网络犯罪产生的温床，对于网络犯罪的预防，首先应注重运用技术手段加强防范，完善网络安全防护体系，减少犯罪发生的可能性。

（一）采用过滤工具，对网络进行过滤

为了防止互联网上的有毒有害信息对人们的影响，英国联网公司推出了一种网络"过滤"技术。用户除了能够享受通常的互联网服务外，还能限制人们调阅其中的不良信息。美国的一个公司也推出了一种网络过滤软件，可以封锁互联网中可传播不良信息的地址。实质上，目前对于计算机网络上有害信息的侵入，技术解决办法归纳起来主要有两种：

1. 采用路由器过滤。用具有过滤功能的路由器把住几个国际因特网出口，使国外有害信息源 IP 地址在路由器上被过滤掉，使一切对国家安全和社会稳定不利的信息、险恶用心的谣言信息、黄赌毒相关的垃圾信息都不能进入国内的计算机网络。

2. 控制用户应用。即用专门的软件在服务器上形成一个过滤网关，一旦发现符合滤除条件的内容，即可进行过滤，而使无害的信息顺利地通过网关。这种办法需要专门的软件，而且对服务器的处理能力也提出了较高的要求。此外，还可以实行上网身份证实名制，各种监控的软件共同运行，都可以在各种网络平台上最大限度地预防网络犯罪的发生。要求当下流行的社交软件实行身份证实名注册制，可以引导绝大部分网民完成自我信息认证，便于网络犯罪案件信息的排查，也便于公安部门对案件的侦破。

（二）对计算机病毒进行及时有效的杀毒

当今世界，新的病毒不断产生，花样越来越多，编程手段也越来越高明。2005 年 1~10 月金山反病毒监测中心共截获或监测到病毒达 5 万多个，其中以盗取用户有价账户的木马病毒为主，多达 2000 多种。2017 年 5 月，一种勒索病毒席卷全球，在短短一周时间里，上百个国家和地区受到影响。计算机病毒专家分析说，因特网的普及以及一些应用软件的破坏性是导致世界范围内新计算机病毒数量上升的主要原因，电子函件也是计算机病毒传播的主要渠道。如何做好数据保护与防备，如何防止计算机病毒的侵害，以及在计算机信息系统数据库的数据丢失或遭破坏后的补救已是人们关注的重要问题。

对于计算机中的反病毒,一是预防,在机器或磁盘未染毒之前,采取有效措施,防止病毒感染;二是杀毒,在确认机器或磁盘已染毒后,应坚决将其清除。

(三) 对泄密窃密盗版进行技术防范

对计算机犯罪中的泄密等防范,主要是在重要的计算机系统上加电磁屏蔽,防止电磁波辐射而造成信息外窃和外部电磁场干扰计算机的正常工作;在通信过程中加设口令、用户鉴别和终端鉴别等;对高等机密的部门和区域设置核对指纹、声纹的设备;在要害部位设置电视监视系统和自动报警系统;在信息的输入、处理、存贮、输出过程中完善加密技术;开发各种加密软件和更可靠的密钥。

现在的因特网上,用户为了防止自己的软件在传输时被盗版,往往注意使用加密技术。例如"防火墙"(Fire Wall)就是一种防止外来的非法访问,并堵塞那些已知的可能引起问题的来源的技术。目前,"防火墙"已经发展到第五代,设计思想也更合理。另外,当下的防卫措施越来越多,早先的安全措施主要是依赖防火墙,现在已发展成多层次防卫。

二、法律预防

只是从技术方面来预防网络犯罪是不够的,要预防网络犯罪的发生,有必要从刑事法律角度来对网络犯罪预防。要加大对网络空间的立法和相关规定,保护网民的基本信息资源,杜绝随意泄露或散布网民的隐私信息,铲除利用网民的个人信息获取暴利的行为。要注重依法监管网络信息的传播,系统筛选网络信息内容,防止不良网络信息影响整个网络的运行,避免网络环境的恶化。

首先,从刑事立法角度上讲,完善的法律规定,是防范网络犯罪行之有效的手段。目前,世界上大多数国家,都有专门针对网络犯罪的法律规定,但是,由于各个国家的立法体制不同,所以各国法律的规定也差异较大,我国在1997年实施的修订后的《刑法》中,对计算机犯罪作出了专门的规定。但是,刑法规定尚不完善,现有规定无法反映变化了的新型网络犯罪的形势,需要强调的是,网络犯罪已经从把网络当成犯罪对象发展为当作犯罪工具的转变,要适时完善网络犯罪相关罪名,[1] 推进我国关于网络犯罪行为的刑事立法。

其次,从执法角度讲,确实而有效的刑事执法,是防治网络犯罪的重要手

---

[1] 参见胡红梅、谢俊:"网络犯罪的国际治理何去何从",载《科技日报》2014年8月29日。

段。一方面严厉打击，使网络犯罪分子不敢冒险再犯，另一方面还要发挥一般预防的威慑作用，使有网络犯罪意图者受到警诫而不敢轻举妄动。应对网络犯罪在执法过程内应注意以下几个方面：

（一）加强执法人员的专业训练

具有专业知识的刑事执法人员，是有效防止网络犯罪的先决条件，执法人员不仅要有较高的法律业务水平，而且网络技能要过硬。在网络执法中，如警察不了解如何取证或不会使用部分设备，办案成效将大打折扣。因此，对刑事执法人员进行专业化的训练，培养其维持网络安全必备的法律知识和互联网技术，是当前惩治网络犯罪的重要措施。

（二）建立网络犯罪记录制度

完善网络犯罪记录制度，对于及时查处打击网络犯罪具有极为重大的意义。在记录网络犯罪案件的过程中，寻找案件内在的相似性，例如对于金融系统计算机犯罪手段的比较，查明是否同一案犯或同类案犯作案；对于计算机病毒犯罪的比较，可以发现犯罪分子的整个作案过程，是否造成相似形态的损害。对于计算机犯罪的典型案例，应注意全面剖析，也可定期或不定期地发布计算机网络犯罪司法公告，作为司法人员执法工作的参考。

此外，加强国际反网络犯罪合作，成立专门的防治网络犯罪的刑事组织。目前世界上许多发达国家已经成立了计算机网络警察，专门打击计算机网络犯罪。目前，在国际上已有一些国际法文件来约束网络犯罪行为，可进一步成立制约网络犯罪的国际组织。此外，现代的网络犯罪比较严重，跨越了时空的限制，因此有必要进行多元防控。

三、管理预防

对于网络犯罪的防治，除了上述的技术预防、法律预防外，还需要加强管理上的预防。这里的管理预防，主要是指加强相关机构在管理方面的具体措施。

首先，应加强对网络用户的管理。我国对网络用户采取较强硬的政策，规定用户和互联网服务商必须到公安部门登记。公安部发布的《计算机信息网络国际联网安全保护管理办法》规定了用户的禁止性事项，警告任何用户不要抱有侥幸心理，在互联网上进行查阅、制作活动，其查阅时间和具体内容，都会留有记录。

其次，加强人事、制度管理。要增强管理人员的法律意识，让其起到一定的监管作用来预防网络犯罪。对于关键岗位的人选，如系统分析员等，不仅要有严格的政审，还要考虑其现实表现、工作态度、道德修养和业务能力等方面，尽可能保证这部分人员安全可靠。人事部门亦应定期对计算机系统所有工作人员进行经常性考核。

四、教育预防

培养网民的网络安全意识，在普法教育宣传的同时进行思想道德教育宣传，比如制作一些相关的网站、协同相关媒体对违反道德底线的一些犯罪行为进行报道。此外，还需要倡导网民远离网络不良信息的残害，学会用法律的手段保护自己，时时刻刻都保持警惕，远离网络犯罪。在网络行为中，要时刻警惕钓鱼网站、远离色情网站、屏蔽虚假网络信息，及时向有关机关举报违法网站的存在。

🖢 思考题

1. 网络犯罪的概念及特征。

2. 网络犯罪发展趋势及原因。

3. 网络犯罪的预防策略。

➲ 拓展阅读

［瑞士］索朗热·戈尔纳奥提:《网络的力量：网络空间中的犯罪、冲突与安全》，王标等译，北京大学出版社 2018 年版。

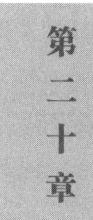

暴力犯罪

暴力犯罪普遍存在于社会中，且由于其行为手段的特殊性以及造成损害的严重性，是衡量一个社会治安状况的重要指标，因此，也是各国犯罪预防与打击的重点。本章将从暴力犯罪概念的界定入手，分析暴力犯罪的现状与特征，探讨暴力犯罪形成的原因以及可能的防治对策。

第一节　暴力犯罪的概念

在犯罪学理论史上，最早提出"暴力犯罪"概念的是意大利犯罪学家加罗法洛。众所周知，加罗法洛在 1885 年出版的《犯罪学》一书中，将犯罪分为自然犯和法定犯，并主张对不同类型的犯罪人采取不同的处罚措施，以有针对性的措施有效地预防犯罪的侵害。加罗法洛将实施暴力犯罪的暴力犯归为自然犯罪人之一种，认为其是为了满足自我而施暴者。对于暴力犯，加罗法洛主张："尽管一个实施过残忍行为的人已经没有机会去实施谋杀行为，也没有显示任何患有精神病或神经病的迹象，但是，他有可能继续显示残忍、堕落的特征。"[1]因此，对此类犯罪者应当采取的唯一的刑事处罚就是流放。"既然这种罪犯的天性是真正野蛮人所具有的天性，就应当把罪犯放逐到遥远的地方，在那里，文明还没有弥漫，罪犯可以设法自己去谋生，并消除有害于文明人的一切可能性。"[2]

在现今的犯罪学理论上，不同学者对"暴力犯罪"概念的界定并不一致。例如，有学者认为，暴力犯罪是"对遭遇者（受害人）施加或威胁施加肉体

---

〔1〕　［意］加罗法洛：《犯罪学》，耿伟、王新译，中国大百科全书出版社 1996 年版，第 342 页。
〔2〕　［意］加罗法洛：《犯罪学》，耿伟、王新译，中国大百科全书出版社 1996 年版，第 342 页。

（精神）的暴力。暴力行为的结果可能导致死亡、肉体损伤或者精神损害"。[1] 又如有学者认为："暴力犯罪是以暴力为内容或者与暴力内容密切相关的犯罪。具体地说，是指实施身体的动作，给人以强烈刺激，使他人的人身、财产遭受侵害，危害社会的行为。"[2] 还有观点认为："暴力犯罪是以实施暴力或者以暴力相威胁等手段实施的危害社会的犯罪行为。"[3]

上述关于"暴力犯罪"概念的观点，有的仅从手段的暴力性进行界定；有的认为所施加的暴力既可以是肉体的，也可以是精神的；有的则认为是以身体动作使他人遭受人身、财产的损害。通过学者们的探讨可以发现，界定暴力犯罪的概念存在暴力行为与侵害结果两方面的问题。因此，我们认为，关于暴力犯罪的概念，需要从行为的暴力性特征与结果的损害内容两个方面进行界定。所谓暴力犯罪，是指以身体力量的使用，造成他人身体伤害的行为。因此，诸如单纯侵犯人身的杀人、伤害、强奸以及通过暴力侵犯人身的方式来侵财的抢劫都属于暴力犯罪的范畴。存在的问题是，家庭暴力中被认为也存在所谓的"冷暴力"问题。由于此种情况并未将情绪转化为现实的暴力行为，无法对人身造成直接的损害，我们认为"冷暴力"不属于暴力犯罪的范围。

第二节　暴力犯罪的现状与特点

一、暴力犯罪的现状

当今世界各国，暴力犯罪都是主要影响社会治安状况的犯罪类型，是犯罪惩治与预防的主要对象。从各国犯罪的总体状况来看，暴力犯罪都处于上升的趋势。主要发达国家如美国、日本、英国、法国等，近年来暴力犯罪有增无减。例如，在美国，谋杀、强奸、抢劫、严重暴行等暴力犯罪，1976 年比 1960 年上升了 242%，1982 年比 1960 年上升了 504%。

自 20 世纪 70 年代起，我国暴力犯罪有所增加，暴力犯罪在刑事案件总数中所占比例有所提高。据统计，从 1980 年至 1990 年，暴力犯罪的发案率增加了两倍。2000 年，严重暴力犯罪案件达 6549 起，同比上升 3.8%。21 世纪以来，我

---

〔1〕 ［俄］B. B. 卢涅耶夫：《二十世纪的犯罪》，黄道秀等译，北京大学出版社 2015 年版，第 331 页。

〔2〕 康树华、张小虎主编：《犯罪学》，北京大学出版社 2016 年版，第 211 页。

〔3〕 张绍彦主编：《犯罪学教科书》，法律出版社 2000 年版，第 179 页。

国的暴力犯罪发案数有所下降，2003 年 1 ~ 11 月，爆炸、放火、强奸、杀人、抢劫的发案数均较 2002 年同期有不同程度下降，其中爆炸下降 33.7%、放火下降 25.3%、强奸下降 9.8%、杀人下降 7.7%、抢劫下降 5.7%。[1] 但是，发案绝对数仍然处于高位，且又形成新的特点。例如，暴力犯罪的组织化特征有所显现，重大恶性暴力犯罪案件时有发生等。

二、暴力犯罪的特点

（一）严重暴力犯罪剧增

近年来，严重暴力犯罪数量剧增，且手段较为残忍。严重暴力犯罪往往造成群死群伤的严重危害结果，对社会治安状况造成严重影响，有的甚至造成社会恐慌。特别是个人极端暴力犯罪，往往具有突发性的特征，以不特定的民众为犯罪对象，难以进行事前有效的防范。据统计，2001 年至 2014 年 8 月，我国见诸报端的个人极端暴力犯罪典型案例共 75 起[2]，包括：靳如超爆炸案、黄勇杀人案、马加爵杀人案、阳进泉爆炸案、杨佳杀人案、邱兴华杀人案、温州龙湾"5·17"爆炸案、太原"11·6"爆炸案、福建"割肉男"案、贵州凯里"1·13"爆炸案、广东清远灭门惨案、厦门公交车纵火案、北京首都机场爆炸案以及湖北随州暴力杀人剖腹挖心案等。这 75 例个人极端暴力犯罪案件中，共造成被害人死亡 575 人，受伤 883 人，合计伤亡 1458 人；平均每 1 个犯罪人杀死 7.7 人，伤害 11.8 人，合计每 1 个犯罪人致 19.5 人伤亡，社会危害性极为严重。

（二）犯罪主体低龄化

暴力犯罪的主体呈现低龄化的趋势，青少年实施的杀人、抢劫、强奸、伤害等严重暴力性犯罪案件不断增多。"一般地，不满 18 岁的青少年暴力犯占整个监狱暴力犯罪总数的近 20%，18 ~ 25 岁的占成年暴力犯罪总数的近 40%，两项合并共占 60%。"[3] 根据最高人民法院统计，从 2000 年到 2004 年，全国各级人民法院判决生效的未成年人犯罪的人数平均每年上升 14.18%，其中抢劫、故意伤害、强奸、寻衅滋事等暴力犯罪排在犯罪类型的前列。

---

〔1〕 参见康树华、张小虎主编：《犯罪学》，北京大学出版社 2016 年版，第 213 页。

〔2〕 参见冯卫国、王超："个人极端暴力犯罪及其防控机制研究——基于 75 个犯罪案例的实证分析"，载《河南警察学院学报》2015 年第 6 期。

〔3〕 康树华、张小虎主编：《犯罪学》，北京大学出版社 2016 年版，第 214 页。

此外，校园暴力问题日益凸显，成为各国面临的难题。据统计，日本的校园暴力事件数呈三阶段阶梯式上升之势，其中 1983～1996 年为第一阶段，每 1000 名学生中年均暴力行为发生数为 0.3～1.4 件；1997～2005 年为第二阶段，年均暴力行为发生数为 1.6～2.5 件；2006～2016 年为第三阶段，年均暴力行为发生数为 2.8～4.2 件。[1] 近年来，我国校园暴力事件也频繁发生，关于校园暴力的报道频繁见诸报端。例如，2016 年 2 月，徐某、蹇某等 6 名中学生因对女孩小婷采取扇耳光、淋水、强迫脱衣和下跪等行为，被温州市鹿城区人民法院以强制侮辱妇女罪、非法拘禁罪判处有期徒刑 9 个月至 6 年 6 个月不等的刑罚。又如，北京市海淀区中关村第二小学一名学生长期遭到同班同学的欺凌，2016 年 12 月的某日竟然还被同学用厕所垃圾筐扣头，垃圾纸洒落一身。该名学生由于长期被欺凌，出现失眠、易怒、惧怕上学等不良症状。[2] 鉴于此，2017 年 11 月 22 日教育部等十一部门制定了《加强中小学生欺凌综合治理方案》，其中更是对校园欺凌作了明确定义，即发生在校园（包括中小学校和中等职业学校）内外、学生之间，一方（个体或群体）单次或多次蓄意或恶意通过肢体、语言及网络等手段实施欺负、侮辱，造成另一方（个体或群体）身体伤害、财产损失或精神损害等的事件。

（三）有组织暴力犯罪增多

暴力犯罪是有组织犯罪中常见的犯罪手段，为实现组织犯罪的目的而不择手段，对暴力行为所造成的严重损害也无所顾忌。对有组织暴力犯罪各国都采取了较为严厉的打击与预防措施。日本就专门制定有《关于防止暴力团成员实施不当行为的法律》（又称为《暴力团对策法》），其中所谓的"暴力团"即是指可能助长其团体成员（包括组成该团体的组成人员）集体或者常习性地实施非法暴力行为的团体。据统计，暴力团成员实施各类犯罪占该类犯罪总数的比例，非法剥夺自由为 47.5%，敲诈勒索为 43.7%，胁迫为 36.1%，伤害为 14.9%。[3]

近年来，我国的黑社会性质组织犯罪组织化程度进一步提高，暴力犯罪仍然是有组织犯罪的主要手段之一。有组织暴力犯罪的行为表现形式主要包括欺行霸市、强买强卖、收保护费、暴力讨债、强揽工程等。涉及的犯罪类型有抢

---

〔1〕 参见黄河："中日校园暴力问题及法律规制比较研究"，载《青少年犯罪问题》2018 年第 3 期。
〔2〕 参见谭堃："校园暴力问题的风险治理与少年司法模式"，载《青年探索》2017 年第 2 期。
〔3〕 参见 [日] 大谷实：《刑事政策学》，黎宏译，中国人民大学出版社 2009 年版，第 390 页。

劫、敲诈勒索、故意杀人、故意伤害、非法拘禁、聚众斗殴、寻衅滋事等，犯罪形式的暴力性是黑社会性质组织犯罪的主要特征。

（四）家庭暴力问题凸显

暴力犯罪不仅存在于陌生人之间，也大量存在于家庭成员之间。家庭暴力犯罪已经成为严重的社会问题，对家庭成员造成身体和心理上的伤害。家庭暴力在各国广泛存在，有学者将针对女性的暴力视为一个世界范围内的"流行病"现象，大赦国际报告显示，"英国的应急服务机构每分钟会接到一起关于家庭暴力的电话"。[1] 鉴于近年来家庭暴力问题凸显，我国于 2015 年制定了《反家庭暴力法》，其中第 2 条规定，"家庭暴力，是指家庭成员之间以殴打、捆绑、残害、限制人身自由以及经常性谩骂、恐吓等方式实施的身体、精神等侵害行为"。现实中尽管存在女性施暴的情况，但是大多数家庭暴力的施暴者为男性。

第三节　暴力犯罪的原因

一、暴力犯罪的生物因素

关于暴力犯罪是否存在生物因素有较大争议。例如，有遗传因素论的学者认为，生物遗传因子，不仅决定了有机体的本质，同时可能将有缺陷的基因遗传给子女而影响其行为。[2] 暴力犯罪的成因，"有作为遗传结果在出生之际即表现出来的个体气质上的差异"。[3] 我们认为，不能完全否认暴力犯罪中生物因素也在起作用。例如，青少年在实施犯罪过程中往往会选择暴力的方式，从犯罪生涯的角度来看，显然与其所处的年龄阶段的基本生物特征有密切关系。此外，现实当中的暴力犯罪绝大多数都是男性实施的。有学者认为，暴力犯罪中的性别因素和男子气是重要的考量因素，"这种性别差异在人的童年时代就已经形成，随着男性越来越高大强壮也越来越具有杀伤力的成长过程而变得日益

---

〔1〕　［美］斯蒂芬·E. 巴坎：《犯罪学：社会学的理解》，秦晨等译，上海人民出版社 2011 年版，第 352 页。

〔2〕　参见蔡德辉、杨士隆：《犯罪学》，五南图书出版股份有限公司 2017 年版，第 221 页。

〔3〕　［英］詹姆斯·马吉尔：《解读心理学与犯罪——透视理论与实践》，张广宇等译，中国人民公安大学出版社 2009 年版，第 108 页。

重要"。[1] 此外，影响暴力犯罪更为重要的因素是人体内激素分泌的异常所造成的情绪激动，进而表现为攻击性的行为。

二、暴力犯罪的文化原因

现代社会，随着大众传播媒介的兴盛，诸如电影、电视、文学作品、卡通漫画、游戏世界乃至流行音乐、网络空间中均充斥着暴力内容，这已成为许多暴力犯罪的诱因。"美国最近有人对 188 件案例进行分析，涵盖的对象接近 25 万人次，得出的结论是：浸淫于暴力文化的人，其涉猎'现实暴力'的可能性比正常人高出 31%。"[2] 暴力文化对青少年实施暴力犯罪的影响尤为明显，有的甚至已经形成暴力亚文化群。大众传媒中暴力文化的传播，对青少年模仿暴力行为和学习犯罪方法具有示范性作用。青少年所处的年龄阶段具有较强的好奇心和追求新鲜刺激的心理，对自己行为的辨别和控制能力较弱，模仿能力却很强，容易受到暴力文化的影响。

三、暴力犯罪的社会因素

不论是一般的暴力犯罪还是有组织暴力犯罪，经济因素都是其生成的重要社会原因。当正常手段获取物质利益已经无法满足个人物质需求时，会诱发抢劫、绑架等暴力性的侵犯财产的犯罪。个人享乐主义的价值观念会使人们忽视社会共同的价值标准和行为准则，置社会利益与公德于不顾，选择使用包括暴力手段在内的犯罪方法追求物质利益。另一方面，在有组织暴力犯罪中，犯罪组织的形成原本就是为了控制一定的经济利益链条，从中获得不法利益。经济利益的因素是有组织暴力犯罪产生的社会基础。[3]

此外，一些民间纠纷，例如，邻里纠纷、家庭争议、婚姻矛盾等没有得到及时化解，矛盾激化之后极有可能引起恶性暴力事件。有的矛盾纠纷甚至在诉讼程序中没有得到有效化解，当事人在心理上产生了正常法律途经已经无法获得保护的认识，进而对对方当事人采取暴力行为。

---

〔1〕 ［美］斯蒂芬·E. 巴坎：《犯罪学：社会学的理解》，秦晨等译，上海人民出版社 2011 年版，第 318 页。

〔2〕 李锡海："暴力文化与暴力犯罪"，载《中国人民公安大学学报（社会科学版）》2006 年第 2 期。

〔3〕 参见［日］菊田幸一：《犯罪学（八订版）》，成文堂 2016 年版，第 642~643 页。

第四节 暴力犯罪的对策

一、完善青少年的教育与保护措施

以校园暴力为典型的不良少年事件发生之后，往往没有相应的机构或者人员来及时处置不良少年。对不良少年的教育、管制有时处于真空状态，如此才产生了校园暴力产生之后"一放了之"的现象。对此，我们急需建立家庭—学校—社区多级防控体系，以便及时发现不良少年的身心问题，及时交由专业的司法社会工作人员予以辅导、帮助。学校作为少年主要活动的场所，亦是校园暴力发生的主要场所。学校应当积极收集、汇总有关信息，对不良少年建立教育、矫正档案，更多地关心不良少年的成长，帮助其树立完善的人格。

此外，青少年暴力犯罪的预防还需要准确的评估与预测。应当对不同类型的不良少年进行分类，并采取不同的刑罚或者保护措施。通过评估精算，对于犯罪人以风险高低为标准进行分类，风险高者予以监禁以达到社会无害化的目标；风险低者则仍然是社会内处遇，但需要受到严密的监视。但是，这一过程中，犯罪人个人的矫正需求被基本忽视了。因此，少年犯罪预防中的风险评估，仍然应当注重不良少年产生的个人家庭、社会环境因素，为少年的教育、矫正提供个性化的方案。

二、净化大众传播媒介

鉴于大众传播媒介影响的广泛性、快速性、渗透力强等特点，为了避免暴力文化借助大众传播媒介扩散，应当将宣扬暴力、色情等不良文化、信息的内容从大众传播媒介上删除，净化文化传播途径。对此，采取严格的出版物审查是必要的。同时也应当考虑对不同内容的出版作品进行必要的分类，避免青少年过早接触不良信息。

另一方面，大众传播媒介自身也应当加强自律，提高传播者的职业素质和道德修养，严格节目审查，减少含有暴力内容节目的制作和播出，从而减少暴力文化、信息的传播，避免暴力犯罪行为的发生。此外，大众传播媒介应当充分发挥其社会教育以及犯罪预防的功能，让弘扬优秀文化、健康生活、正确价值观的节目得以传播，给青少年创造一个健康的成长环境。

三、学习愤怒情绪的自我管理

暴力犯罪的产生常常与非理性的认知、人际沟通不畅、愤怒情绪缺乏有效控制和管理有密切关系。特别是家庭暴力中，双方争吵而激发愤怒情绪，最终会演化为暴力行为。鉴于此，应当在家庭、学校、社区等积极开展社交技能训练和愤怒情绪控制课程。"基础教育包含观念的传播和对成长中孩子们的期望，这些反过来又使他们在理解别人行为的同时，形成他们自己对生活环境、模式和习惯的理解。所有这些因素都将影响到个人处理人际冲突的方式。"[1] 在家庭生活中避免使用暴力解决矛盾，给孩子树立克制情绪的典范，会对其将来的行为模式产生影响。反之，就有可能使孩子同样试图轻易通过暴力的方式解决问题。通过对愤怒情绪自我管理的学习与训练，人们在面临愤怒情绪等情况时，能够有效控制自己的情绪，避免愤怒情绪通过暴力行为表现于外，对他人的身心造成损害。

思考题

1. 暴力犯罪的概念及特征。
2. 暴力犯罪的现状及成因。
3. 暴力犯罪的预防。

拓展阅读

1. ［英］阿德里安·雷恩：《暴力解剖：犯罪的生物学根源》，钟鹰翔译，重庆出版社 2016 年版。
2. ［美］兰德尔·柯林斯：《暴力：一种微观社会学理论》，刘冉译，北京大学出版社 2016 年版。
3. ［英］詹姆斯·马吉尔：《解读心理学与犯罪——透视理论与实践》，张广宇等译，中国人民公安大学出版社 2009 年版。

---

［1］［英］詹姆斯·马吉尔：《解读心理学与犯罪——透视理论与实践》，张广宇等译，中国人民公安大学出版社 2009 年版，第 108 页。

第二十一章　无被害人犯罪

近年来，无被害人犯罪在犯罪学研究上日益受到重视。无被害人犯罪虽然没有明显地侵害他人的利益，但是往往存在非法交易行为，并且使得行为人自身陷于无法自拔的泥潭，进而衍生其他犯罪。一般而言，无被害人犯罪包括赌博、卖淫、药物滥用等情形，本章即对此种犯罪类型进行探讨。

第一节　无被害人犯罪的概念

关于无被害人犯罪的概念，理论上并未见有一致的定义。例如，有学者认为，"若从犯罪学的角度而言，无被害人犯罪乃指'因当事人相互间的合意，纵使是属于犯罪或偏差行为，当事人均不会对此等行为，向执法机关投诉'。倘若从刑法的观点而言，则认为无被害人犯罪，乃指犯罪行为不会造成法益侵害（包含个人、社会、国家法益）或法益危险；换言之，乃指无明显法益保护的犯罪而言"。[1] 也有学者将无被害人犯罪称为合意犯罪，以与存在非自愿被害人的绝大多数犯罪相区别，用于指称所有参与人都是出于自愿的犯罪类型。[2] 尽管学者们对无被害人犯罪的定义存在差异，但是在实施行为的合意性上存在基本共识。

无被害人犯罪，从行为实施的角度来看，是行为人之间基于合意自愿实施的犯罪。参与犯罪行为的自愿性是无被害人犯罪的一个核心特征。此外，无被害人犯罪通过合意行为，只是从他人那里得到了社会秩序或者法律所不允许的某种物品或者服务，而没有对犯罪参与者以外的第三人直接造成任何利益的损

---

〔1〕　许福生：《犯罪与刑事政策学》，元照出版公司 2012 年版，第 81 页。
〔2〕　参见［美］斯蒂芬·E. 巴坎：《犯罪学：社会学的理解》，秦晨等译，上海人民出版社 2011 年版，第 503 页。

害。有学者认为，由于合意要素的存在，已经排除了被害人存在的可能性。[1]
但是，实际上并不能认为无被害人犯罪完全不存在被害人。例如，吸毒者在吸
食毒品的过程中，身体健康会受到损害，其本身就是吸毒行为的受害者。因此，
无被害人犯罪只是对参与者之外的人没有造成直接的利益损害，而并不是指完
全不存在被害人。鉴于无被害人犯罪都存在未对犯罪参与者之外的人造成直接
利益损害的特征，不能将无被害人犯罪的非直接损害性仅仅归于刑法学上无被
害人犯罪的概念，而认为犯罪学上无被害人犯罪的特征仅限于行为人的合意性。

综上所述，我们认为，无被害人犯罪是指行为人基于合意，通过自愿参与
而从他人那里获得某种社会秩序或者法律所不允许的物品或者服务，但不会对
参与者之外的第三人利益造成任何直接损害的犯罪类型。

第二节　无被害人犯罪的类型

一、吸毒

吸毒行为贯穿人类发展的历史，在印加帝国建立之前，南美的印第安人就
开始咀嚼含有可卡因的古柯树叶。古希腊人、古印度人也有吸食大麻的习惯。
19 世纪末，吸食毒品在美国已经司空见惯。大量含有鸦片及其衍生品的非处方
药，被用于治疗头疼、牙疼、神经疼痛、失眠等症状。20 世纪初，吸食毒品上
瘾者并不被视为是犯罪人，因为在当时，吸食鸦片等毒品被认为是合法的。但
是，鉴于吸食毒品成瘾对人体造成的严重损害，在现今国际社会上，将吸毒作
为一种严重的社会问题，并在全球范围内进行控制已经成为国际社会的共识。
联合国于 1988 年 12 月 19 日在奥地利维也纳通过《禁止非法贩运麻醉药品和精
神药物公约》，这是国际社会乃至联合国制定的第一个惩治跨国贩运毒品的国际
性法律规范文件。

当前，国际毒潮持续泛滥，一些国家特别是"金三角""金新月"和南美地
区毒情形势恶化，全球制造、走私、贩运、滥用毒品问题更加突出，毒品来源、
种类、吸毒人数不断扩大，严重威胁人类健康、发展、和平与安全。据国际禁
毒组织统计，全球吸毒成瘾者近 3000 万人，合成毒品市场不断扩张，苯丙胺类
毒品缴获量增长高达 4 倍；新精神活性物质问题快速发展，110 个国家和地区已

---

[1] 参见蔡德辉、杨士隆：《犯罪学》，五南图书出版股份有限公司 2017 年版，第 288 页。

累计发现 9 大类 800 余种；吸贩毒人员通过暗网交易毒品越来越多，交易量以每年 50% 的增速递增。

2017 年 6 月 25 日，国家禁毒委员会发布《2017 年中国毒品形势报告》指出，截至 2017 年底，全国共有吸毒人员 255.3 万名（不含戒断 3 年未发现复吸人数、死亡人数和离境人数），同比增长 1.9%，增幅较上年下降 5 个百分点。其中，不满 18 岁 1.5 万名，占 0.6%；18~35 岁 141.9 万名，占 55.6%；36~59 岁 109.9 万名，占 43%；60 岁以上 2 万名，占 0.8%。尽管中国治理毒品滥用取得一定成效，但毒品滥用问题总体仍呈蔓延之势，毒品种类、滥用结构发生新变化。而且吸毒衍生犯罪行为对我国社会治安造成严重威胁。据统计，2017 年全国公安机关抓获的非涉毒类刑事犯罪嫌疑人中，吸毒人员共 15.2 万名，占 10.3%。吸毒不仅严重侵害人的身体健康、销蚀人的意志、破坏家庭幸福，而且严重消耗社会财富、毒化社会风气、污染社会环境，尤其是长期滥用合成毒品极易导致精神性疾病，由此引发的自伤自残、暴力伤害、毒驾肇祸等极端案件屡有发生。

二、卖淫

卖淫是指通过交易行为，为他人提供性服务。卖淫在犯罪学理论上也被作为一种无被害人犯罪进行探讨。目前，各国针对卖淫及性交易行为并未予以严厉处罚，相反却存在非犯罪化的趋势。但是，卖淫所衍生出的人口贩卖、性犯罪、疾病传播以及各种形式的剥削等社会问题，却需要社会予以正视。

卖淫被称为是世界上最古老的职业之一，在古代美索不达米亚就有卖淫现象存在。在古希腊、古罗马时期，卖淫活动也普遍存在。中世纪的欧洲，领取执照的合法妓院可以带来大量税收，因此，教会尽管不赞成，却仍然以卖淫可以遏制淫欲泛滥为由允许妓院存在。到了 16 世纪，为了避免梅毒等疾病在妓院的传播，大量妓院被关闭。但是，卖淫并未因此消失。到了 18、19 世纪，欧洲城市重新给妓院颁发执照，并要求对从业者进行定期体检。卖淫人数在这一时期显著增加，例如"柏林卖淫的人数从 1845 年的 600 人增加到了 1893 年的 9653 人"。[1] 19 世纪，卖淫现象在美国也很普遍，生活贫困的妇女往往将其作为职业。20 世纪早期，许多美国城市中都存在合法妓院。但是，即便采取卖淫

---

[1] ［意］切萨雷·龙勃罗梭：《犯罪及其原因和矫治》，吴宗宪等译，中国人民公安大学出版社 2009 年版，第 165 页。

合法化的国家，也会将其置于公共部门的监督之下，例如要求卖淫行为只能在被许可的特定范围内实施。[1] 绝大部分卖淫者是女性，但是男性卖淫者同样存在，而且存在男性卖淫者向男性提供服务的情况。

中华人民共和国成立后，我国采取了取缔妓院的措施，消除了卖淫现象。20 世纪 70 年代末 80 年代初，卖淫现象在我国东南沿海地区重新出现，"到 90 年代中期，卖淫在大城市已经根深蒂固，在中小城市方兴未艾，在农村的路边店里更是如火如荼"。[2] 1985～1997 年的 13 年间，全国公安机关共查处卖淫嫖娼案件 128.3 万件，250.8 万人。而 2002～2006 年 5 年间，全国公安机关共查处卖淫嫖娼案件 83.3 万件，182 万人。[3] 卖淫活动发生的场所包括宾馆旅店、发廊、洗浴中心、歌舞厅、公园等公共场所。从人员分布来看，据 1999 年对北京市的统计，卖淫女家庭处于非正常状态的比例高达 22.3%，未婚者占 70.6%。[4]

三、赌博

人类历史上，为了维护统治者的统治而立法禁止赌博在很长一段时间内持续存在。12 世纪晚期，英法两国国王下令禁止贫民赌博，但是贵族的赌博行为不在禁止之列。到 1853 年，英格兰更是规定本国贫民参与的大部分赌博行为皆为违法。在美国殖民地时期，1638 年，马萨诸塞的清教徒认为赌博有罪而加以禁止。尽管对赌博的禁令往往并不能取得很好的效果，但是，立法者仍然希望通过立法的禁令消除赌博行为的存在。据统计，绝大多数美国居民参与过赌博活动：80% 的人承认至少有过一次赌博的经历，60% 的则表示过去一年中至少参与过一次赌博。超过 2000 万的美国人有赌博或与之相关的问题，大约 200～500 万人沉迷于赌瘾之中。[5]

近年来，赌博的法律地位在各国发生了巨大的变化，赌博合法化的趋势不断涌现。美国绝大部分州都取消了对博彩业的禁令，每年美国人花费在合法博彩业上的钱高达 10 000 亿美元。另一方面，反对赌博合法化的观点则担心，赌

---

〔1〕 参见 ［日］川出敏裕、金光旭：《刑事政策》，钱叶六等译，中国政法大学出版社 2016 年版，第 95 页。

〔2〕 皮艺军、马凯："我国当前卖淫活动的共生模式（上）"，载《犯罪研究》2000 年第 6 期。

〔3〕 参见夏菲："从英国经验看我国卖淫刑事政策的变革"，载《犯罪研究》2009 年第 3 期。

〔4〕 参见皮艺军、马凯："我国当前卖淫活动的共生模式（上）"，载《犯罪研究》2000 年第 6 期。

〔5〕 参见 ［美］斯蒂芬·E. 巴坎：《犯罪学：社会学的理解》，秦晨等译，上海人民出版社 2011 年版，第 532～533 页。

博使人们浪费金钱，并且破坏家庭，使人们期盼不劳而获最终导致个人道德的败坏。的确，博彩业的发展增加了赌博者的金钱投入，而参与博彩业的大多是贫困的人群，这无疑加剧了他们经济状况的恶化。有鉴于此，面对赌博非犯罪化的趋势，仍然有一些国家坚持将赌博作为犯罪予以刑罚处罚。例如，日本刑法中就规定有赌博罪，通说认为，"设立赌博罪是为了防止依靠劳动维持生活的经济、勤劳的生活方式被破坏，并防止由于赌博而引起的抢劫、盗窃等犯罪"。[1] 我国《刑法》第303条第1款亦规定有赌博罪，将以营利为目的的聚众赌博以及以赌博为业的行为作为犯罪来处罚。

第三节　无被害人犯罪的原因

一、吸毒的成因

（一）生理因素

生理因素是吸毒行为形成的重要因素之一。生理因素异常，例如患有精神分裂症等，会导致行为人在生理上对精神类药物产生某种需求。在此情况之下，行为人会主动选择使用毒品而使得自身在生理和心理上获得一定的舒缓。因此，特异生理体质是吸毒行为产生的重要生理因素。

（二）心理因素

心理因素是吸毒行为产生的重要因素。特别是处于叛逆期的青少年，容易受到毒品的影响。调查发现，青少年吸毒的原因当中以好奇模仿居首，此外依次为朋友引诱、喜欢吸毒之后的感觉以及逃避挫折感。[2] 从吸毒者的犯罪生涯来看，吸毒者通常在少年时期便有离家出走、逃学、参加不良组织等偏差行为，到了成年时期，初次尝试毒品之后，以实施财产性犯罪获取毒资。毒品成瘾之后，对人体脑部产生认知及行为影响，进而渴求用药。为了维持庞大的开支，便会竭尽所能、不择手段获取毒品，并以此为唯一的生活目标。[3] 总之，吸毒者的心理发展相关因素在吸毒行为产生的过程中起到重要作用。

---

[1]　[日]大谷实：《刑事政策学》，黎宏译，中国人民大学出版社2009年版，第100页。
[2]　参见蔡德辉、杨士隆：《犯罪学》，五南图书出版股份有限公司2017年版，第297页。
[3]　参见林山田等：《犯罪学》，三民书局2017年版，第491页。

（三）社会因素

行为人所处的社会环境会影响行为人的情绪，进而促进行为人的行为产生变化。例如，行为人吸毒往往与其父母、兄弟姐妹的吸毒经历存在关联性。来自贫困、破碎家庭的行为人，由于缺乏家庭的关爱或被轻视，产生吸毒动机的概率较大。此外，与行为人交往的人群也会影响到吸毒行为的产生。实际上，朋友在吸毒者初次吸食毒品、获知吸毒方法、协助获取毒品、提供吸毒场所等问题上扮演着重要的角色。

二、卖淫的成因

（一）个人因素

有的卖淫者本身就爱慕虚荣、贪图物质享受，为拜金主义的价值观所困。由于自身所处的社会地位与生存能力，其又无法通过正当的职业获得所需要的物质利益，卖淫就进而成为其获取物质享受的捷径。

（二）经济因素

现实中，大多数的卖淫者都是穷人，迫于生活的需要而从事卖淫。由于贫困的女性比男性更缺乏有效的收入来源，因此被迫出卖肉体以换取经济利益。由此可见，卖淫实际上对这类为生活所迫而从事卖淫的女性来说是一种伤害。

三、赌博的成因

（一）个人因素

是否实施赌博行为与个人的性格有较紧密的关系。有学者认为，具有倾向于感官刺激人格的行为人，较容易从事冒险刺激的活动。而赌博本身就是一种冒险的活动，具有此种人格者可以在赌博当中获得其所需的感官刺激。相反，不愿追求感官刺激，对冒险活动抱有戒心的人，则会对赌博产生心理上的抵触，一般来说不会主动选择从事赌博活动。

（二）文化因素

历史与文化因素是赌博形成的重要因素，不同的历史文化背景会形成不同的赌博文化及类型。例如，在白人对澳洲进行殖民之前，澳洲的土著并不会赌博，是外来殖民的到来同时带来了相应国家或地区的赌博文化。[1] 此外，作为

---

[1] 参见蔡德辉、杨士隆：《犯罪学》，五南图书出版股份有限公司 2017 年版，第 310 页。

文化因素之一的宗教也与赌博之间具有关联。不同的宗教信仰对赌博的态度不同，自然也会对赌博行为产生不同程度的影响。

（三）环境因素

赌博本身需要掌握一定的方法，因此，赌博很大程度上是通过观察与模仿他人的赌博行为学习得来的。例如，青少年在家庭当中通过观察父母赌博的过程，了解其中的游戏规则，进而渐渐习得赌博的方式。有的家庭甚至会将孩子带入赌博的游戏当中，使得青少年很容易接触、学习赌博。

第四节　无被害人犯罪的对策

一、吸毒的非犯罪化与禁毒

欧美传统上将吸毒视为个人的恶习和道德问题，而不是犯罪。因此，即便吸毒会给人的身体健康造成损伤，也不会按照自伤行为来进行处罚。对于吸毒而言，治疗比刑罚更重要已经成为共识，进而促使吸毒行为的非犯罪化。[1]

但是，吸毒的非犯罪化并不代表着毒品的合法化，实际上，各国在政策上仍然期盼能够通过禁毒以及对毒品犯罪的严厉打击，来控制吸毒行为人的数量。当然，理论与实践中对毒品合法化的争论也较为激烈，集中体现在大麻合法化的问题上。据统计，12 岁及以上的美国人当中，40% 的人承认他们吸食过大麻。2006 年有 739 000 人次因为拥有大麻的指控而遭逮捕。自 1996 年以来，已有 12 个州立法规定特殊情况下使用大麻的合法性。美国有 23 个州和哥伦比亚特区允许出售医用大麻，其中科罗拉多州和华盛顿州两个州能够合法出售消遣用大麻。2012 年，美国科罗拉多州和华盛顿州率先通过法律，确认在这两个州内，种植、生产、销售大麻给成年人完全合法。2016 年 11 月，美国加利福尼亚州和马萨诸塞州通过了大麻合法化的法案。尽管如此，美国联邦政府还是在上述州逮捕和起诉了多名大麻吸食者，理由是美国联邦最高法院在 1995 年 Gonzales v. Raich 一案的判决中认为，非医疗研究人员占有大麻产品属于违反联邦法律的行为，政府有权逮捕他们。反对毒品合法化的观点认为，禁毒法令确实减少了吸毒人数。"一旦毒品被合法化了，会有很多人成为瘾君子，并且导致更多的死亡和疾

---

[1] 参见［日］上田宽：《犯罪学》，戴波、李世阳译，商务印书馆 2016 年版，第 300 页。

病以及其他现在已存在的由烟草和酒精导致的问题。"[1] 相反，支持毒品合法化的观点则认为，禁毒法令不但没有降低吸毒者的人数，反而使吸毒者为了筹措毒资而实施抢劫等暴力犯罪。实际上，针对大麻的惩罚性法律总体上在减少，而同时大麻吸食者的人数也在下降。[2]

作为降低毒品危害策略之先驱的荷兰，在1970年成立了寻求解决毒品问题新办法的班恩委员会。该委员会认为，吸毒是不可能消失的问题，因此不能将吸毒视为犯罪，应当把吸毒者当作需要帮助的人。1976年，荷兰政府采纳了委员会的建议，并且在贩毒者与吸毒者之间进行了区分。对于贩毒者采取刑罚处罚的禁毒措施；对于吸毒者则不再追究其刑事责任，代之以戒毒的治疗措施。在此种政策的影响之下，20世纪70年代，荷兰的大麻吸食率有所下降。2001年的调查数据显示，荷兰有吸食大麻经历的人口比例为17%，不到美国的1/2（美国为37%）；吸食可卡因的比例为4%，只有美国的1/3（美国为12%）。

我们认为，吸毒作为一种无被害人犯罪，无法为其在刑法上作为犯罪进行处罚提供妥当的可罚性根据。我国《刑法》也未将吸毒行为作为犯罪进行处罚，而只将涉及他人利益的强迫他人吸毒，引诱、教唆、欺骗他人吸毒的行为作为犯罪追究刑事责任。但是，鉴于毒品对人体健康的严重损害，政府对吸食毒品者并不能完全放任不理。对吸食毒品者采取强制戒断措施，对于避免毒品对其身心造成损害，预防吸毒所衍生的其他犯罪都具有积极的作用。我国依托《禁毒法》和《戒毒条例》，在强化强制隔离戒毒的同时，赋予社区戒毒、社区康复、戒毒药物维持治疗等戒毒措施以法律地位，逐渐形成了"以自愿戒毒、社区戒毒、强制隔离戒毒三大戒毒措施为主，社区康复为辅，戒毒药物维持治疗、戒毒康复为补充"的戒毒体系。[3] 另一方面，为了避免国民接触毒品，导致吸食成瘾，政府应当采取严厉的禁毒措施，不仅要对制造、走私、贩卖毒品的行为进行严厉的打击，对为生产毒品提供原料的毒品犯罪源头也应当进行有效遏制。据中国国家禁毒委员会办公室与缅甸中央肃毒委员会、老挝禁毒委员会合作开展的卫星遥感监测数据显示，2016年至2017年生长季，缅北、老北地区罂粟种植面积共60万亩，同比下降19.6%，可产鸦片550多吨。境外毒源对我国

---

[1] ［美］斯蒂芬·E. 巴坎：《犯罪学：社会学的理解》，秦晨等译，上海人民出版社2011年版，第519页。

[2] 参见罗羚尹："大麻合法化之国际趋势与争议"，载《中国药物滥用防治杂志》2019年第3期。

[3] 参见姚建龙：《禁毒法与戒毒制度改革研究》，法律出版社2015年版，第75页。

的禁毒工作提出了严峻的挑战，在消除境外毒源的过程中需要加强国际合作。

除此之外，还应当加强毒品危害的宣传，深入实施毒品预防教育工作。近年来，新型毒品不断出现，一些不法分子通过改变形态包装，生产销售"咔哇潮饮""彩虹烟""咖啡包""小树枝"等新类型毒品，花样不断翻新，具有极强的伪装性、迷惑性和时尚性，并主要为青少年在娱乐场所滥用。因此，遏制毒品蔓延，减缓新吸毒人员增加，需要对未吸毒人员特别是广大青少年开展毒品知识的教育、宣传。

二、卖淫的非犯罪化与卖淫现象的消除

作为一种无被害人犯罪，卖淫与吸毒一样都面临着合法化之争。支持者认为，性交易行为中的各方行为人之间完全是自愿的，尽管为了金钱而出卖肉体在伦理道德上被人们所厌恶，但是立法不应当仅仅建立在道德观念的基础之上。此外，卖淫的非犯罪化有利于减少由此引发的一些问题。例如，性交易是性病传播的重要途径，如果卖淫合法化，政府部门就能够对其进行系统的监管，要求从业者进行严格的身体检查，则上述问题可以得到很大程度的避免。女权主义者从保护妇女权益的角度出发，认为对卖淫的管制是对女性自我选择行为的不必要的惩罚，因此，卖淫应当非犯罪化。反对卖淫合法化的观点认为，卖淫行为是不道德的，绝不能将其合法化。也有一些女权主义者认为，卖淫对妇女的伤害是不可避免的，任何将卖淫合法化的尝试都将扩大卖淫者的人数，从而殃及更多妇女。尽管卖淫的合法化短期内难以实现，但是几乎没有支持者赞成对未成年人的卖淫活动进行合法化。

在我国，卖淫并没有被作为刑事犯罪来追究刑事责任，但是，卖淫在我国仍然没有被非犯罪化。依据《治安管理处罚法》第 66 条第 1 款规定，"卖淫、嫖娼的，处 10 日以上 15 日以下拘留，可以并处 5000 元以下罚款；情节较轻的，处 5 日以下拘留或者 500 元以下罚款"。因此，卖淫行为在我国仍然属于一种行政违法行为，是法律取缔的对象。总体来看，将卖淫作为一种违法行为进行处罚，对于卖淫现象的消除并未起到作用。正如有学者指出，"对付卖淫行为，只能采用提高妇女地位、提高妇女道德水平和整个社会的道德水平的办法，而不可采用将卖淫行为非法化、刑事化的办法来加以解决"。[1] 所以，将卖淫非犯罪化并不必然导致卖淫现象的泛滥，而卖淫现象的消除需要法律处罚之外的其

---

[1]　李银河："卖淫非罪化"，载《人民公安》2000 年第 18 期。

他社会政策的支持。

三、赌博的预防

赌博行为中并非真正没有受害者，只是行为人是自愿选择实施赌博行为的。理论上关于赌博是否应当合法化的争论早已存在，而且也存在赌博合法化的现实例子。但是，赌博的无被害人犯罪性质并不代表着赌博行为是值得赞赏的行为。特别是赌博行为所带来的其他社会问题，仍然需要予以重视。从实践经验来看，将赌博作为犯罪来进行处罚，对于消除赌博现象并没有太大的效果，这个问题的解决需要赌博者个人、家庭、社会等多方面共同发挥积极的作用。

就赌博者个人而言，应当摒弃不劳而获的价值观念，积极学习职业技能，避免以赌博为业。从家庭的角度来看，需要丰富家庭休闲生活，以健康的休闲方式避免家庭成员沉溺于赌博。同时，在家庭、学校、社会的教育上，应当对健康的休闲方式进行宣传、教育与引导。最后，对于赌博成瘾的赌博者，配合刑罚措施之外，还应当对其进行严密的监督，确保其不会再犯。

⊖ 思考题

1. 无被害人犯罪的概念及特征。
2. 滥用毒品与禁毒。
3. 卖淫及其预防。
4. 赌博及其预防。

⊖ 拓展阅读

1. 姚建龙：《禁毒法与戒毒制度改革研究》，法律出版社 2015 年版。
2. ［日］川出敏裕、金光旭：《刑事政策》，钱叶六等译，中国政法大学出版社 2016 年版。
3. ［日］上田宽：《犯罪学》，戴波、李世阳译，商务印书馆 2016 年版。
4. ［美］罗纳德·M. 德沃金：《生命的自主权——堕胎、安乐死与个人自由的辩论》，郭贞伶、陈雅汝译，中国政法大学出版社 2013 年版。

第二十二章

性犯罪

第一节　性犯罪的概念

关于性犯罪的概念，理论上有广狭之分。有学者专门采用性犯罪的法律概念，认为性侵害犯罪是刑法、性侵害犯罪防治法等法律所规定的性侵害犯罪的行为。[1] 基于法律定义，则我国《刑法》中所规定的强奸罪（第 236 条）、强制猥亵、侮辱罪（第 237 条第 1 款）、猥亵儿童罪（第 237 条第 2 款）等属于典型的性犯罪。但问题在于，《刑法》第 301 条第 1 款所规定的聚众淫乱罪，虽然是《刑法》所规定的犯罪，是否属于狭义的性犯罪呢？狭义的性犯罪概念既然把性犯罪界定为侵犯公民性的自由权的行为，[2] 则聚众淫乱行为恰恰是行为人自由处分自己性权利的行为，难以为狭义的性犯罪概念所包括。广义的性犯罪定义则认为，性犯罪"是指一切违反性道德规范，破坏人伦传统和社会秩序，受到相关法律、道德、风俗等惩罚、禁止和谴责的性行为"。[3] 基于此种性犯罪概念，则性越轨、性骚扰、性罪错行为、传播淫秽信息的行为以及性变态行为都属于性犯罪的范围。

我们认为，从犯罪学研究性犯罪的角度出发，广义的性犯罪是其所应当研究的对象。鉴于此，性犯罪不仅包括法律所定义的犯罪类型，实际上还包括性骚扰、性罪错等没有被法律明确定义，但是与性伦理、道德、风俗相联系的性犯罪行为。由于卖淫等性犯罪同时也是一种无被害人犯罪，因此，在无被害人犯罪一章重点探讨。

---

〔1〕　参见高凤仙：《性侵害及性骚扰之理论与实务》，五南图书出版股份有限公司 2016 年版，第 1 页。
〔2〕　参见康树华、张小虎主编：《犯罪学》，北京大学出版社 2016 年版，第 243 页。
〔3〕　康树华、张小虎主编：《犯罪学》，北京大学出版社 2016 年版，第 244 页。

第二节　性犯罪的现状与特点

一、性犯罪的现状

性犯罪在各国都较为普遍，且由于许多性犯罪伴随着暴力，因此往往对被害人造成身体和心理的双重伤害。特别是针对未成年人的性侵害，是各国刑法严厉惩治的对象。此外，如果从广义的性犯罪概念出发，则诸如卖淫等性犯罪行为在各国分布更为广泛。

据全美犯罪受害调查估算，2005 年美国发生了大约 192 000 起针对 12 岁及其以上年龄者的强奸和性侵犯案件。其中，92% 是针对女性的，占女性比例的 1.4‰。其中，73% 的犯罪是由女性认识的人实施的，仅有 26% 的犯罪由陌生人实施。一项针对加拿大多伦多市 420 名女性的随机抽样研究发现，56% 的女性宣称自己至少经历过一次强行或者强行未遂发生的性关系。其中，83% 的强奸犯罪由他们认识的人实施。[1] 而在印度，性侵犯现象极为严重，已经成为一种社会现象。根据印度国家犯罪记录局的数据，印度记录在案的强奸案件由 1971 年的 2487 起增至 2011 年的 24 206 起，增长率为 873.3%。在印度，平均每 3 分钟发生一起针对女性的暴力犯罪，每 22 分钟就会发生一起强奸案。在印度性犯罪最严重的城市新德里，平均每 18 小时发生一起强奸案件，因而被称为"强奸之都"。

二、性犯罪的特点

（一）性犯罪形式多样化

现代社会，性犯罪已经不再仅限于传统的形式，而呈现出多样化的特征。传统性犯罪多体现为男性对女性实施的侵害行为。但是，现在也出现了女性对男性以及男、女同性之间的性侵害、性骚扰现象。我国也出现了组织男性为同性提供性服务的组织卖淫案例。受恋童癖等不良性文化传播的影响，对男女儿童的性侵害也逐渐增多。在行为表现形式上，除了传统的性交行为之外，口交、肛交或器物插入乃至性虐待的行为也大量存在。

---

〔1〕　参见〔美〕斯蒂芬·E. 巴坎：《犯罪学：社会学的理解》，秦晨等译，上海人民出版社 2011 年版，第 355~356 页。

另一方面，性犯罪与特定行业相结合，饭店宾馆、洗浴中心、美容院等场所成了滋生性犯罪的温床。与固定场所发生的性犯罪不同，在流动人群中也存在性犯罪的现象。例如，在地铁、公共汽车等交通工具上所发生的性骚扰。此外，性犯罪也开始利用现代网络技术实施犯罪行为，因而也更具广泛传播的危害性以及取缔的困难性。例如，利用网络聊天工具提供性服务，进行性交易的情况大量存在。

（二）性犯罪的隐蔽性强

性犯罪的隐蔽性特征较为明显。不论是暴力性的强奸、强制猥亵犯罪，还是无被害人的卖淫，都较难被发现。一方面是因为性犯罪的被害者往往由于担心名誉受损、家庭等社会关系受牵连而选择保持沉默，不选择将自己所遭受的性犯罪公之于众。另一方面，诸如卖淫、聚众淫乱等行为尽管属于无被害人犯罪，却往往由于行为被法律所禁止而不得不采取隐蔽的方式实施。加之本身属于自愿参与其中的合意性犯罪，更无所谓被害人的检举、报案。相反，一般情况下，为了逃避法律对参与双方的处罚，行为人之间也会达成保守秘密的默契。

（三）性犯罪被害对象低龄化

据统计，2016 年全年媒体公开报道的性侵儿童（14 岁以下）案件 433 起，受害人 778 人（表述为多人受害但没写具体人数的，按 3 人计算），平均每天曝光 1.21 起；2015 年这一数据是 340 起，每天曝光 0.95 起，同比增长 27.35%。2014 年全年数据为 503 起，每天曝光 1.38 起；2013 年全年数据为 125 起，平均 2.92 天曝光 1 起。从数据上来看，近 3 年公开报道的儿童被性侵案件均大幅高于 2013 年，体现了儿童被性侵现状的严峻形势。此外，2016 年公开报道的性侵儿童案件的 778 人中，女童遭遇性侵人数为 719 人，占 92.42%；男童遭遇性侵人数为 59 人，占比 7.58%。男童被性侵现状同样不可忽视，也更具有隐蔽性；同时相关法律也存在缺失。在性侵行为人的性别中，施害者绝大多数为男性。2016 年被公开报道的案件涉及的 778 名受害者中，受害者年龄最小的不到 2 岁。其中 7 岁以下的有 125 人，占比 16.07%；7 岁（含）至 12 岁的有 143 人，占比 18.38%；12 岁（含）至 14 岁的有 449 人，占比 57.71%；另有 61 人未提及具体年龄。从统计数据可见，我国被性侵儿童以 12~14 岁的中小学生居多。[1] 低龄性犯罪被害人由于自身所处的学校、寝室等环境的特点，使得性犯罪人实施行为时也更具有隐蔽性。

---

〔1〕 参见中国少年儿童文化艺术基金会发布的《2016 年儿童防性侵教育调查报告》。

面对日益严重的对未成年人实施性侵害犯罪的现状，我国法律也加强了对性侵未成年人犯罪的惩治。例如，《刑法修正案（九）》废除了嫖宿幼女罪，将嫖宿不满 14 周岁幼女的行为作为强奸罪论处。2013 年 10 月 23 日，最高人民法院、最高人民检察院、公安部、司法部下发《关于依法惩治性侵害未成年人犯罪的意见》，明确对于性侵害未成年人犯罪，应当依法从严惩治。2018 年最高人民检察院发布第十一批指导性案例，对检察机关办理性侵、虐待未成年人违法犯罪案件进行办案指导。以上种种，足见我国立法、司法机关对性侵未成年人犯罪的严惩态度，以及保护未成年人合法权益的决心。

第三节 性犯罪的原因

一、性犯罪的社会原因

（一）女性的经济与社会地位

尽管现代社会中性犯罪的被害人呈现多元化的特征，但是不可否认，性犯罪的被害人的主体仍然大多数是女性。女性的经济、社会地位，导致其容易成为性犯罪的被害人。"女权主义学者将强奸和殴打视为父权制和男性支配不可避免的结果。这些犯罪反映出女性的社会和经济不平等以及允许男性对女性施加并维护他们的权力。"[1] 社会上将强奸等性犯罪发生的原因完全归咎于女性被害人的现象本身也说明女性在社会中的地位仍然较为弱势。

（二）色情文化的传播

色情文化的传播以及色情信息对行为人的生理与心理刺激是性犯罪的重要原因。据统计，"在 1999 年的调查中，性犯罪罪犯 14 岁以前看过淫秽物品的高达 67.9%，远远高于其他犯罪的 32.1%。在 2002 年的调查中，性犯罪罪犯中有85.3%的人曾经看过淫秽制品，比 1999 年高出了 17.4 个百分点，从总的趋势看，每年呈上升的趋势"。[2] 色情文化否定性行为的社会属性，腐蚀正常的性需求，使得人们的性羞耻心被扭曲。特别是近年来，性淫乱、性变态活动成为色情文化渲染的新对象，严重影响了人们对性本能的正确认识。

---

[1] ［美］斯蒂芬·E.巴坎：《犯罪学：社会学的理解》，秦晨等译，上海人民出版社 2011 年版，第 362 页。

[2] 周路主编：《当代实证犯罪学新编》，人民法院出版社 2004 年版，第 354 页。

此外，色情信息通过网络的传播，给社会造成了更为严重的危害。例如，陈辉等 9 人传播淫秽物品牟利罪案中，截止到 2005 年 10 月 3 日凌晨 2 时，"情色六月天"网站注册会员共计 263 169 名，共计发布淫秽图片 184 751 张、淫秽文章 179 篇、淫秽电影 124 部，累计点击数 7 074 022 次；"情色海岸线论坛"网站注册会员共计 134 622 名，共计发布淫秽图片 3047 张，累计点击数 3 244 744 次；"天上人间——中华伊甸园论坛"网站注册会员共计 60 481 名，共计发布淫秽图片 12 037 张、淫秽文章 750 篇、淫秽电影 1 部，累计点击数 766 016 次；"华人伊甸园论坛"网站注册会员共计 161 339 名，共计发布淫秽图片 11 253 张，累计点击数 560 045 次。[1] 网络信息的公开性，导致自控力较弱的未成年人能够轻易接触到色情信息，对其身心造成不良影响。

二、性犯罪的行为人原因

（一）价值观念因素

犯罪行为皆在一定的主观意识支配之下实施，而价值观念的差异会导致人们决定是否实施某种行为。各种犯罪往往与某种扭曲的价值观念有关，在此价值观念驱使之下，行为人进而实施犯罪行为。性犯罪中，行为人往往在价值观念上存在极端的享乐主义，骄奢淫逸，精神空虚。有的甚至抛弃廉耻心，完全无视伦理道德对人的行为的约束。有的合意性犯罪中，更是为了获得物质享受而出卖自己的肉体。

（二）生理因素

性本能是人的自然属性，绝大多数人都会在性刺激之下产生性冲动。但是，作为具有社会属性的人，其性本能的满足必须受到社会伦理道德以及法律的制约。任由性本能的宣泄，乃至以犯罪行为满足自己的性本能，则行为人会陷于性犯罪当中。例如，青少年阶段，人的性机能勃发，导致性需求旺盛。受到一定的性刺激，脑垂体控制性腺分泌大量性激素，进而产生强烈的性冲动。另一方面，处于此年龄阶段的人自控能力较弱，难以抑制性冲动，会在生理因素的驱使之下实施性犯罪。

---

[1]　参见陈伟："全国网络色情第一大案下判"，载《中国审判》2007 年第 12 期。

三、性犯罪的被害人原因

从犯罪原因理论出发，被害人之所以成为被害，往往因为其自身具有一定的被害性。但是，较之其他类型的犯罪，被害人原因在性犯罪的发生、发展过程中体现的作用较为明显。性犯罪人有选择性地选取侵害目标，则被害人自身固有的因素会成为性犯罪人选择时考虑的因素。

首先，性犯罪中，被害人往往存在诱惑、刺激等诱发性犯罪的因素。例如，妇女着装暴露、举止轻浮、语言轻佻等，极易诱发潜在犯罪人的性欲冲动，进而实施性犯罪行为。此类被害人在性犯罪的发生、发展过程中是存在明显的过错的。其次，有的被害人容易受到金钱、利益的诱惑，在与性犯罪人交往过程中放松警惕，甚至甘受欺骗与玩弄，最终成为性犯罪的被害人。例如，近年来进入公众视野的校园"裸贷"现象，即借款人用自己的裸照及不雅视频作抵押，以此从出借人手中获得金额不等的贷款。"裸贷"利息奇高，有的"裸条借款"周息甚至高达30%，如果借款人未能及时还款，出借人将会公布这些隐私性内容，甚至逼迫借款人进行所谓的"肉偿"。[1] 校园"裸贷"现象中的受害女生，许多是由于爱慕虚荣而陷入"裸贷"圈套的。再次，有的被害人自身所处的地位、环境容易使犯罪人有可乘之机，成为性犯罪的被害人。例如，学校中的未成年人，由于自身所处的学校环境，容易成为性犯罪的对象。实践中，许多学校中发生的未成年人受性侵害案，都是未成年人所属班级的班主任或者任课老师以补习、辅导为由，将未成年人带至办公室、寝室等场所实施的。

四、性教育缺失

人们对于性的正确认识和理性把握，必须通过科学的性教育来灌输和引导。但是，我国性教育特别是对未成年人的性教育的现状不容乐观。据统计，对全国31个省份的9151位家长的调查问卷显示，68.63%的家长没有对孩子进行过防性侵教育，31.37%的家长表示有过。41.37%的家长在教育孩子的过程中从没有提及过防性侵方面的知识，39.39%的家长提过3次（含）以上，19.23%的家长提过3次以下。假如孩子遭遇性侵害，50.61%的家长不能确定是否可以从孩子言行中识别，16.85%的家长不能识别。29.12%的家长认为性侵害的危险只可能发生在女童身上、男童没有危险，13.20%的家长对此不确定。21.44%的家长

---

〔1〕 参见叶嘉："'裸贷'肆虐，让法治蒙羞"，载《检察日报》2016年12月14日，第5版。

认为性侵害离孩子很遥远，30.32%的家长不确定儿童性侵害是否会发生在身边。[1]

调查数据显示，我国家庭中对未成年人进行性教育普遍存在缺失或者不足的问题。许多家庭羞于启齿，甚至将未成年人性教育视为洪水猛兽，担心反而使未成年人陷于不良文化的影响之中。国家义务教育中所设的生理卫生课程，又多被应试教育挤压，得不到应有的重视。性教育的缺失导致性知识的贫乏，已经成为滋生性犯罪，阻碍性犯罪预防的重要原因。

第四节　性犯罪的对策

近年来，由于性侵害案件频发，各国在性犯罪预防上也采取了许多新的措施，例如对性犯罪人进行电子监控以及登记公告、采取化学去势的手段消除性犯罪人的犯罪能力等。这些预防措施在取得一定成效的同时，也饱受争议。

一、性犯罪人登记公告制度

性犯罪人登记公告制度源于美国，在美国又被称为《梅根法案》（Megan's Law），是指要求警察机构应当将社区中的性犯罪人所登记的资料提供给民众知悉的法律。该法案以一名7岁的小女孩梅根·坎卡的名字命名。1994年7月29日下午6点多，7岁的梅根在家门口玩耍时，邻居杰西过来说家里有一只小狗，要给梅根看。杰西刚刚搬到此地，周围的人对他知之甚少。好奇的梅根便跟着杰西到了他家里，杰西却在他家里强奸了梅根，并用皮带将其勒死。原来杰西是个有性犯罪前科的人，曾两度因猥亵儿童罪被判刑。在搬到汉密尔顿镇前，杰西刚刑满释放，但当地执法机关及社区民众对此完全不知。梅根事件震惊了整个新泽西州，人们为现有法律的漏洞抱恨不已。尤其是梅根的父母，他们忍住失去爱女的巨大悲痛，在新泽西州发起了一场修改现有法律的运动，要求政府制定法律，强制性罪犯在出狱后向居住地执法部门登记，并将记录公之于众。1996年5月17日，时任美国总统克林顿签署了旨在建立将正式建档的性犯罪案件资料放到网上以供读取，且此等罪犯被释放后必须予以备案存档制度的法律，是为《梅根法案》（Megan's Law）。

对性犯罪人登记公告制度是否在预防性犯罪上有效，存在较大争议。例如，

---

[1]　参见中国少年儿童文化艺术基金会发布的《2016年儿童防性侵教育调查报告》。

美国新泽西州针对《梅根法案》的一项研究表明，没有证据显示性犯罪人登记公告制度使性犯罪的再犯率降低，而且维持该项制度运行的成本巨大。而另一项关于美国明尼苏达州的《梅根法案》的研究却认为，该制度对性犯罪人有显著的阻吓效果，并能够有效降低性犯罪的再犯率。[1]

我国并没有专门的性侵害犯罪防治法，这使得在性犯罪特别是针对未成年人的性犯罪预防上捉襟见肘。因此，借鉴国际通行做法，对假释、刑满释放等情况下的性犯罪人采取身份信息的登记制度，以供特定人员查阅，对于加害人的自我控制以及社区民众的安全保障来说都是必要的。

二、性犯罪人化学去势措施

化学去势（chemical castration）是一种药物控制法，通过注射药物以控制男性荷尔蒙的分泌，抑制性冲动的医疗处遇措施。与移除切除睾丸或卵巢的手术去势不同，化学去势不会真正阉割该行为人，也不会使其绝育。化学去势被普遍认为是可逆的，停药后作用会消失。化学去势始于美国，加利福尼亚州 1996 年立法规定出狱进入社区的特定性犯罪人，需要实施化学去势或者手术去势。该法律于 1997 年 1 月 1 日生效，使得加利福尼亚州成为美国第一个允许化学去势的州。2003 年以来，一些国家也立法对一些诸如强奸幼女的性犯罪人进行化学去势。在欧洲，德国、英国、瑞士、瑞典、丹麦、法国、芬兰、挪威等国家允许性犯罪人自愿接受化学去势。波兰于 2009 年通过法律，明确规定性侵害 15 岁以下儿童者，出狱后需要被强制施以化学或心理治疗。该法案自 2010 年 6 月 9 日开始施行，使得波兰成为欧洲第一个授权法官强制性犯罪人接受化学去势的国家。[2] 2010 年 6 月 29 日，韩国国会通过化学去势法案，决定对 16 岁以下的儿童进行性侵犯的性犯罪者实行药物治疗，最长治疗时间长达 15 年，以根除罪犯的性冲动，并于 2011 年 7 月开始实施，韩国由此成为亚洲第一个对性犯罪者实施化学阉割的国家。

化学去势对于性犯罪的预防是否有效是人们首先关心的问题。自 1970 年以来，多项研究表明手术或者化学去势确实可以降低性犯罪的再犯率。例如，1992 年的一项研究表明，化学去势能够有效降低性犯罪再犯率。该研究指出，

---

[1] 参见高凤仙：《性侵害及性骚扰之理论与实务》，五南图书出版股份有限公司 2016 年版，第 311 ~ 315 页。

[2] 参见高凤仙：《性侵害及性骚扰之理论与实务》，五南图书出版股份有限公司 2016 年版，第 332 页。

接受治疗的 40 名性犯罪人与仅仅接受心理治疗的 21 名性犯罪人相比较，接受化学去势治疗的再犯率为 18%，远远低于仅接受心理治疗的 58% 的再犯率。[1] 又如，北欧四国（瑞典、挪威、丹麦、冰岛）统计的数据显示，实施化学去势对降低恋童癖者的作案率有效，当地此类案件发案率已经从 40% 减少到 5%。[2] 尽管对化学去势的有效性仍然存在质疑，但是总体而言，化学去势对于降低性犯罪的再犯率确实有一定效果，较之单纯采取认知行为处遇等心理治疗效果更为明显。

关于化学去势的另一个争议是，对性犯罪人采取此种处遇措施是否过度进而侵犯其人权。对该问题的争论围绕着谁的权利优先展开，是遭遇残酷惩罚的性犯罪者还是期望得到保护的社会。不过也有观点认为，性犯罪人因为接受化学去势而免于监禁而丧失自由，并不是一种过度的处遇措施。此外，虽然对性犯罪人采取化学去势的措施，并不是完全不受限制。各国往往以受害人年龄为判断是否适用化学去势的重要标准，即适用对象是那些以未成年或者儿童为犯罪对象的犯罪人。此外，各国还在是否采用化学去势的措施赋予性犯罪人一定的选择自由。[3]

基于近年来我国性侵害犯罪频发，特别是针对未成年人的性侵害案件屡见不鲜的性犯罪现状，有必要对性犯罪人采取更为有效的预防措施。化学去势与手术去势不同，并不具有人体的侵入性，停止用药之后是可以恢复的，因此，并不是完全不可以考虑的处遇措施。从各国的实践经验来看，化学去势在性犯罪再犯预防上确有成效，应当适时考虑制定准许化学去势的法律，保护被性侵受害者特别是儿童的合法权益。

三、严控色情文化的网络传播

遏制色情文化的传播是预防性犯罪的重要一环。特别是要严厉打击和取缔色情网站，切断色情文化的网络传播渠道，切实保护青少年免受色情文化的毒害。色情网站往往以牟取利益为目的，进而在会员、网站、服务器提供商以及网络运营商之间形成犯罪的利益链。因此，要消除色情文化的网络传播，关键

---

〔1〕 参见高凤仙：《性侵害及性骚扰之理论与实务》，五南图书出版股份有限公司 2016 年版，第 333~334 页。
〔2〕 参见李贤华："化学阉割的实施与争议"，载《人民公安》2008 年第 22 期。
〔3〕 参见侯韦锋："我国适用化学阉割制度的可行性研究"，载《犯罪研究》2017 年第 5 期。

是要切断色情网站的利益链条。

⊜ 思考题

1. 性犯罪的概念及特征。

2. 性犯罪的现状及成因。

3. 性犯罪的预防。

⊜ 拓展阅读

1. 刘白驹:《性犯罪:精神病理与控制》,社会科学文献出版社 2017 年版。

2. 刘军:《性犯罪记录制度的体系性构建:兼论危险评估与危险治理》,知识产权出版社 2016 年版。

3. 高凤仙:《性侵害及性骚扰之理论与实务》,五南图书出版股份有限公司 2016 年版。

4. [英] 乔安娜·伯克:《性暴力史》,马凡等译,江苏人民出版社 2014 年版。

图书在版编目（ＣＩＰ）数据

犯罪学/王娟主编. 一修订本. —北京：中国政法大学出版社, 2020.3
ISBN 978-7-5620-9411-1

Ⅰ.①犯…　Ⅱ.①王…　Ⅲ.①犯罪学　Ⅳ.①D917

中国版本图书馆CIP数据核字(2019)第300509号

出　版　者	中国政法大学出版社
地　　　址	北京市海淀区西土城路 25 号
邮　　　箱	fadapress@163.com
网　　　址	http://www.cuplpress.com （网络实名：中国政法大学出版社）
电　　　话	010-58908435(第一编辑部)　58908334(邮购部)
承　　　印	保定市中画美凯印刷有限公司
开　　　本	720mm×960mm　1/16
印　　　张	28
字　　　数	487 千字
版　　　次	2020 年 3 月第 2 版
印　　　次	2020 年 3 月第 1 次印刷
印　　　数	1～5000 册
定　　　价	59.00 元